U0822912

Regional Economic Development Theory

区域经济发展理论

主　编／王爱新
副主编／程　遥　孙浩进　吕　萍

经济管理出版社
ECONOMY & MANAGEMENT PUBLISHING HOUSE

图书在版编目（CIP）数据

区域经济发展理论/王爱新主编. —北京：经济管理出版社，2015.6
ISBN 978-7-5096-3826-2

Ⅰ. ①区… Ⅱ. ①王… Ⅲ. ①区域经济发展—高等学校—教材 Ⅳ. ①F114.46

中国版本图书馆 CIP 数据核字（2015）第 144474 号

组稿编辑：宋 娜
责任编辑：宋 娜 陈美思
责任印制：黄章平
责任校对：超 凡

出版发行：经济管理出版社
（北京市海淀区北蜂窝 8 号中雅大厦 A 座 11 层 100038）
网 址：www. E-mp. com. cn
电 话：(010) 51915602
印 刷：三河市延风印装有限公司
经 销：新华书店
开 本：787mm×1092mm/16
印 张：19.5
字 数：407 千字
版 次：2015 年 8 月第 1 版 2015 年 8 月第 1 次印刷
书 号：ISBN 978-7-5096-3826-2
定 价：98.00 元

序 言

区域经济发展是一个古老而又常新的命题。一部经济史，就是一部区域经济空间经济逐渐崛起、发展乃至消亡的历史。从原始社会到封建社会，人类聚集点的兴起决定了以农业手工业为主要业态的区域经济发展支点；步入工业化社会，产业的集聚形成了区域经济发展的多维增长极；时至今日，战略性新兴产业集群正成为拉动现代区域经济发展的主导力量。区域经济的发展不是无源之水、无本之木，而是不断概括、总结、归纳出其理论体系，并指导于实践的过程。区域经济发展理论不同于那些高度抽象化或过度数量化的经济理论，而是既有抽象性、专业性又具生命力、鲜活性。在经济思想史上，斯密、李嘉图、马歇尔、佩鲁、缪尔达尔、克鲁格曼等经济学家都有其关于区域经济发展的经典理论，被世界各国在区域经济发展实践中广泛运用。某种经济理论的关注度和推广度，取决于这个国家或地区对它的现实需要程度。中国是一个地域面积辽阔、发展不均衡的国家，如何在发展社会主义市场经济过程中，既形成拉动区域经济发展的集聚带、增长极，优化空间布局结构，又形成推动区际之间协调发展的合理机制，缩小地区发展差距，是顶层设计和宏观决策所要解决的重大现实问题。因此，区域经济发展理论在中国有着重要的研究价值和应用价值。

本书所研究的区域经济发展理论是研究生产资源在一定区域优化配置和组合，以获得最大产出的学说。生产资源是有限的，但有限的资源在区域内进行优化组合，可以获得尽可能多的产出。不同的区域经济发展理论对区域内资源配置的重点和布局主张不同，以及对资源配置方式选择不同，形成了不同的区域经济发展理论学说。本书注重区域经济发展理论的实践应用，并在如下几个方面区别于其他的区域经济理论著作：

第一，本书针对黑龙江省的区域资源环境指出，黑龙江省是东北三省以及全国自然资源环境基础最佳的区域之一，从区域资源的利用类型严格划分，黑龙江省应该属于纯自然资源利用型。得天独厚的资源优势为该省的区域经济发展创造了良好的条件，为区域经济的持续发展奠定了良好的基础。作为主要依靠资源优势发展区域经济的资源型区域，多年来黑龙江省的经济发展过度依赖于对资源的开发利用，发展水平整体不高、产业结构较为单一、生态环境脆弱、资源开发利用效率低、经济发展的动力不足，陷入“资源优势”的陷阱。目前，黑龙江省在资源环境的开发利用方面，仍然存在一些不容忽视的问题，粗放型的发展模式仍然是该省区域经济发展的主要模式。区域经济的持续发展面临着资源环境的约束加剧，经济发展进入了“瓶颈”阶段。自然资源具有有限性，竭泽而渔的发展方式不可取。因此，黑龙江省在未来应该着眼于区域协调发展，更加注重资源环境的可持续利用。有鉴于此，未来该省的区域资源发展战略目标有如下几个方面：一是节能减排，优化能源资源来源结构，充分利用与俄罗斯等周边国家接壤的区位条件，进一步发挥土地、矿产等资源丰富的优势，实现又好又快发展；二是坚持抓好生态保护和建设、环境保护和资源节约，巩固发展生态保护和建设成果；三是调整和优化产业结构，合理有效地利用资源，推动区域经济走绿色发展的道路。区域经济可持续发展的核心是资源的合理有效利用，只有解决好这个问题，可持续发展的计划才能够得到顺利实施。不合理利用资源，就没有经济的稳定增长，也会影响到子孙后代以及未来区域经济的发展。

第二，改革开放以来，我国的经济发展逐渐呈现出以地缘为根基的区域共同发展特点，体现了国家的宏观发展战略规划与当地的历史传统相结合，充分发挥区域资源互补优势，促进区域整体发展的思想。党的十八大报告提出了“坚持走中国特色新型工业化、信息化、城镇化、农业现代化道路”的战略方针，并强调了要实现“工业化和城镇化良性互动、城镇化和农业现代化相互协调，促进工业化、信息化、城镇化、农业现代化同步发展”的目标要求；指出了加快农村城镇化，提升城镇化质量和水平是我国今后一段时期的重要工作和任务。显而易见，农村城镇化在扩大内需、拉动投资、带动区域经济发展、保持我国经济持续健康发展中起着支柱作用。本书将城市化与区域经济发展的有关概念与理论进行深入探讨，以东北三省城镇化研究为案例进行分析，阐述了城镇化与区域经济发展的关系。

第三，从区域空间结构的演变来看，长江三角洲已经从20世纪80年代的点轴式空间结构模式向更为紧密的网络化空间结构模式发展，都市圈的发展已初具形态。这不仅归功于上海市区域辐射功能的加强，而且更是得益于区域内次级中心城市的快速发展。但是，由于内部发展不一，中心城市和节点城市的经济能量还不够显著，内部子区域的壁垒还没有被完全打破，从而尚未形成完全的都市连绵和经济整合。

第四，投资环境问题是随着资本的跨地区跨国界移动出现的。特别是在第二次世界大战后，全球出现了大规模的资本运动。由于发达国家前一阶段的发展已经积累了大量的闲置资金，为了占领国际市场，大型的跨国公司开始对国际市场进行渗透。跨国公司在选择投资目的地时第一个要考察的就是目的地的投资环境，以便以最小的风险获取最大的利润。理论界对投资环境也给予了高度重视，一大批学者在前人研究的基础上开始了对投资环境的研究和评价。投资环境学是一门复杂的交叉学科，跨越了投资经济学、生产布局学、区域经济学、经济法学等领域。

第五，区域经济发展的本质在于是否具备一定竞争优势或不断构造新竞争优势的能力，竞争优势强则该区域经济发展快；竞争优势弱则该区域经济发展慢，即区域竞争力促进或抑制区域经济发展速度。区域竞争力不仅体现一个区域经济的现实竞争力和潜在竞争力，而且是综合反映一个区域的经济实力以及经济发展潜力的整体评价指标。作为区域经济发展实质性推动力的区域经济竞争力，主要体现在一个区域对资源的集散、对财富的创造、对服务的提供以及对周边地区辐射效应带动的能力，是该区域的地区经济、基础设施、科技水平、文化资源、人民素质等水平与能力的综合体现。提升与影响区域竞争力的因素多样，不仅包括该区域原有经济基础竞争力、基础设施竞争力、生态环境竞争力、政府调控竞争力等，而且还包括人力资源竞争力、科技水平竞争力、文化资源竞争力等。在这些因素的合理作用下形成的复合竞争力即为区域竞争力。伴随着现代科学技术的进步，中国加入世界贸易组织后的国际全球化，区域经济的发展优势已不集中在对传统土地、资源、产品等固定物质财富的占有上，当代社会财富的价值体现则越来越注重全球市场竞争中资金流、信息流、技术人才流及物流等方面。市场分割的日益弱化以及生产要素流动性的日益加强，使区域竞争力更倾向于对多样性流动财富的吸引力与利用其创造新价值的能力方面，以此不断增强区域经济地位的能力。

第六，区域可持续发展的实现需要以人为核心，通过运用人的智力，创造性地变革、协调与其他支持系统的关系，实现走内涵式发展的道路，通过区域结构的调整和区域运行机制的变革来实现区域可持续发展。因此，区域的创新活动对于实现区域可持续发展起着至关重要的作用。如今，区域经济竞争优势与社会发展越来越源于本土的创新潜力，创新成为区域经济发展的“引擎”和“助推器”，知识成为区域经济发展的主要因素，也逐渐在全世界范围内达成共识。区域创新正在成为越来越多的经济发达国家与地区提高区域整体竞争力，实现区域经济发展的基本形式。而研究区域创新系统的现象与规律是促进区域实现创新的重要组成部分，进而是实现区域可持续发展的重要举措。因此，区域创新系统研究有着较强的现实意义，对于丰富区域经济学理论体系和拓展学科领域也有着重要的理论价值。

本书以黑龙江省社会科学院经济研究所从事经济学、空间经济学、产业经济学、区域经济学、世界经济学、农业经济学、社会及文化等方面研究的专家为主，并邀请了相关区域经济理论的专家参与，经过深入研究后撰写的。本书分为总论、区域经济结构、区域经济关系、区域经济发展四个部分，每个部分都有相应的案例分析，以“理论指导实践，实践深化理论发展”为导向，为全国区域经济发展的理论和实践工作者提供决策参考和依据。全书共 13 章 55 节。

本书每一章的分析都包括理论和实证分析两部分（或第一部分是理论篇，第二部分是实践篇）。理论分析部分阐述相关的区域经济基本理论，揭示区域经济发展的基本规律；在实证研究部分，以大量的具体资料揭示区域经济的运行轨迹，产生的主要问题及其历史根源，针对当前区域经济发展中的重大问题提出分析和解决问题的思路。总论部分：区域经济发展理论综述（作者：孙浩进，撰写字数27千字），第一章：区域资源环境（作者：周琳，刘燕飞，撰写字数21千字），第二章：区域产业结构与产业布局（作者：吕萍，撰写字数35千字），第三章：区域空间结构（作者：赵砚，撰写字数15千字），第四章：城市化与区域经济发展（作者：程遥，撰写字数30千字），第五章：区域贸易发展（作者：赵蕾，撰写字数16千字），第六章：区域经济合作（作者：王力力，撰写字数20千字），第七章：区域投资环境与地区形象塑造（作者：于宏，撰写字数21千字），第八章：区域竞争力（作者：宋晓丹，撰写字数15千字），第九章：区域经济增长与发展（作者：栾美薇，撰写字数16千字），第十章：区域经济发展战略与区域规划（作者：冉政语，撰写字数33千字），第十一章：区域可持续发展与区域创新系统（作者：刘懿锋，撰写字数34千字），第十二章：区域经济发展政策（作者：朱德鹏，撰写字数19千字）。本书适合高等院校师生、科研工作人员、政府决策人员等参考选用。

作为一部继承传统的新作，《区域经济发展理论》参考了国内外有关专家学者的最新论著和研究成果，吸收了他们的学术观点和研究精华，并将他们一一列在了参考文献中。借此机会，向他们致以崇高的敬意和感谢！

目 录

第三篇 区域经济发展

总 论 区域经济发展理论综述

空间经济是经济的空间维度。在理论上，纯粹的经济学是从时间、空间和部门三维的角度，探讨人类经济活动一般规律的科学。在研究范式方面，从空间的角度研究人类经济活动的规律，或用经济学的理论方法探寻人类经济活动的空间规律，是经济科学发展的重要领域。作为经济学体系重要组成之一，探讨空间经济规律的区域经济发展理论在中国得到了迅速发展，越来越多的经济学者、地理学者加入了区域经济发展理论研究的行列。区域经济发展理论对中国经济发展、政府决策产生了举足轻重的影响和作用。

本部分从界定基本概念入手，分析区域经济存在的客观基础，探讨区域经济发展理论的形成和演进过程，进而揭示区域经济发展理论的研究对象和基本内容，并对区域经济发展理论所采用的重要方法及其演变进行阐释。

第一节 区域经济发展理论的基本界定

一、 区域经济的概念

涉及区域层面的经济，不管是世界经济还是国内不同地区的经济，都呈现为“板块”状。不同国家之间的这种板块特征是很明显的，从空间维度上考虑，在东北亚地区的中国、韩国、朝鲜、日本、蒙古以及俄罗斯远东地区，在经济体制、发展水平、产业结构等方面都存在明显的差别，经济变量在不同国家和地区之间都是不连续的。例如，人均 GDP 在这些国家和地区之间都不是连续的而是间断的，在欧盟、美国等经济体内部也是如此。在一国内部，这种板块现象也是很普遍的，比如我国沿海地区与内陆地区的各省市之间。因此，区域经济是块状经济，以经济现象的非连续和间断为特征。

在块状经济的实践维度下，如何界定和划分区域，是区域经济发展理论中首先面临的一个基本问题。然而，迄今为止，学术界对“区域”一词并没有明确的定义，其大小也完全取决于研究的目的和问题的性质。若要研究区域，必须界定好“空间”这个重要范畴。“空间，是一个难以捉摸的哲学字眼”（Blau，1961），很难用一个统一的概念来表征。空间本身没有什么内涵，只有当人类力量和经济社会活动赋予其地位时才显得重要。所谓空间，有绝对空间和相对空间之分，前者本身是“一个清晰、自然，显得真实或经验的实体”，而后者“只是事件之间的一种关系，或事件之间的一个方面，并受时间和过程的制约”。空间，也有客体空间和社会空间之分，所有社会生产语境中的“空间”，并不一定是空间中的客体（客体空间），而是自然空间中有人类存在的、开放的和占有的地方，而社会实践就发生在这种人类存在之中（社会空间）（Schatzki，1991）。在经济增长的主客观双重范畴下，空间不仅有其使用价值，亦有其效用。在空间的基础上，对区域概念的界定，不同学者从本学科的研究目的出发，对区域的界定和划分往往具有不同的看法。地理学家一般把区域定义为地球表壳的地域单元；政治学家则将区域看作是国家管理的行政单元；而社会学家视区域为具有相同语言、相同信仰和相同民族特征的人类社会聚落。区域既内含于空间——是广义空间的组成部分，又外延于空间——由空间单元所构成和延伸。

传统经济区位论认为，空间内的经济活动与空间内某一参考点的距离或位置有关，而现代区位理论则将空间或区域位置更多地与经济社会活动形态和特征联系在一起。在经济学界，目前国内学者大多采用1922年“全俄中央执行委员会直属俄罗斯经济区划问题委员会拟定的提纲”中给区域下的定义：“所谓区域应该是国家的一个特殊的经济上尽可能完整的地区。这种地区由于自然特点、以往的文化积累和居民及其生产活动能力的结合而成为国民经济总锁链中的一个环节。”（克尔日查诺夫斯基，1961）事实上，这里所指的区域，是能够在国民经济分工体系中承担一定功能的经济区概念。在这个意义上，板块经济中的“块状”空间就是区域，并有其内在的规模、结构、功能、边界。从更一般的角度看，所谓区域，是指根据一定的目的和原则而划定的地球表面的一定范围的空间，是因自然、经济和社会等方面的内聚力形成，并由历史奠定的，具有相对完整的结构，能够独立发挥功能的有机整体。它具有以下内涵：

（1）区域的二重性。辩证地看，区域既是一个实体概念，又是一个抽象的空间概念，它具有典型的二重性。我们所说的区域，通常是指地球表面存在的特定范围的空间，即特定的地区。然而，在理论研究中，“区域”一词又经常被看成是一个抽象的、观念上的空间概念，没有严格的范围、边界以及确切的方位。正因为如此，在区域经济发展理论中，“区域”和“空间”两个概念往往可以相互换用，而不必做细致的区别。

（2）区域的内聚性。从理论上审视，区域的内聚力、规模、结构、功能、边界是构成一个区域的若干基本要素。内聚力是区域形成和演变的基础，决定了区域内部的结构和功能，进而决定了区域的规模和边界。正是由于这种内聚力的存在，从而在一个区域各组成部分之间形成了一种相互依存的关系，并由此产生了一种共同的区域利益和区域意识。正如美国经济学家胡佛（Edgar Malone Hoover，1990）所指出的："一个区域，它之所以成为一个区域，就在于区内有一种认识到某种共同区域利益的一般意识。"这种意识是区域采取一些积极的措施，做出共同努力，提高区域福利水平的前提条件。区域也是动态的，处于不断演进变化之中。随着社会经济的发展，区域的内聚力将不断发生变化，继而导致区域的结构、功能、规模和边界也随之发生变化。

（3）区域的层级性。在实践中，区域具有一定的等级体系，不同等级区域的规模可能相差甚大。一个城市工业区、一个大的经济地带甚至一个国家都可以看作是一个区域。区域经济发展理论主要以国内的区域作为其研究的地域单元。按照地域规模的大小，国内区域大体可分为宏观、中观、微观三个层面，具体而言包括地带级、大区级、省区级、市级、县级、乡镇级等多个层次。当然，区域并非是无限可分割的，它具有一定的最小规模即空间单元区规模。

在政治经济学要义下，区域抑或空间不仅是一个特定地域的真实坐标和几何空间，也是自然和社会属性统一的活动载体。这是区域经济理论中所谓"空间内生化"的理论基础。著名空间政治经济学家列斐伏尔将历史性、社会性和空间性结合起来，提出了"空间中的生产"。空间指自然属性的空间，也指社会属性的空间，两者是基础与上层建筑之间的辩证关系。空间具有自然资源和社会资源的价值性，而区域作为一个整体被用来生产剩余价值而具有以下功能：空间是生产资料，充分运用其对各种经济活动的荷载功能，进行空间资源配置，有效地增进生产力；利用空间就如同利用机器一样，是财富载体和物质源泉。空间是消费对象，作为整体的空间在生产中被消费；空间作为生产资料和消费资料的供给在总体上是有限的，局部及特定类别甚至是稀缺的。面对人类不断增长的需求，当空间的利用需求超过供给，可能导致空间冲突，并成为社会主要矛盾。当空间意象和经济、政治或制度等交错在一起，这种空间冲突就体现在与空间相关的政治经济以及制度关系的冲突方面。空间又是管制工具，米歇尔·福柯认为"空间是任何权利运作的基础"，国家和地方也利用空间确保对地方的控制。

二、区域的类型

在区域发展理论上，所谓的内聚力是一个区域形成和发展的基础。因此，根据内聚力的不同，一般可把区域划分为自然区域、行政区域和经济区域等类型。自然区域是按照自然条件的一致性而划分的，行政区域是按照行政管理的需要而划分的，而经济区域则是按照经济条件的一致性或联系的紧密程度而划分的。在区域经济学理论中，一般按照区域各组成部分在特性上存在的相关性，把区域分为均质区、极化区和规划区三类。具体而言，主要有：

（一）均质区

均质区是指以某一或某些重要因素为标准，按照其特征的相似性而界定的地区。在均质区内，各组成部分的相似程度一般要高于它们与区外其他地区的相似程度。相似性特征主要包括：经济发展水平、产业结构、消费类型和劳动力的就业分布等经济特点的相似性；资源分布、土壤类型、地形与气候等自然条件的相似性；一些非经济因素的相似性，如一致的社会态度、相似的政治观点等。因此，内部一致性或相似性是均质区划界的主要依据。

均质区是区域经济发展理论划界最常使用的一种方法。因为在区域经济发展理论中，为了揭示区域的一般特征或者进行区际比较，经常需要做出均质性即内部一致性的假设。分析区际收入差异，实际上就是把区域假定为一个均质区，暂时撇开其内部差异。将宏观经济理论运用到区域分析时，抽象掉了区域内部差异，而把各个区域看成是均质的、无差异的。从便于分析的角度看，在理论上做出这种假定是十分必要的。

在经济实践中，均质区经常可见。中国的民族自治区域就是按照少数民族的地理分布和聚居特点的相似性而划分的均质区。农业专业化地区、土地利用类型区以及按人均收入水平确定的贫困地区，也都属于均质区的范畴。长期以来，中国曾根据经济发展水平的相似性和地理位置条件，将全国划分为东部、中部和西部三大经济地带。这三大经济地带也可看成是一种均值区域。至于在较小范围内，城市内部的某些均质地带或聚居区，如少数民族或其他种族聚居区、贫民集中区、批发业集中区等，从某种角度上看，也可认为是均质区域。

在区域经济发展理论中，均质区方法最早是在农业区位分析中使用，后来才被扩展到区域经济发展研究中。德国经济学家杜能（J.H. von Thunen）在其农业区位理论中，以土地利用的相似性来界定均质区域。博格（Bogue）和比尔（Beale）则根据美国的经验分析，以农业专业化地理区为基础来描述均质区域。中国地理学界开展的农业地域类型研究，基本上是沿袭这种均质区域的方法。由于单纯以农业土地来表示均质性的方法过于简单化，一些学者相继提出了界定区域的其他相似性指标，如广泛应用的人均收入水平和产业结构相似性指标，诺斯提出的区域输出基础相似性指标，维宁（R. Vining）提出的区域商业循环相似性指标等。

（二）极化区

极化区是由若干不同规模的异质节点所构成的有机整体，其通常有一个核心和一个互补的外围地区。或者说，“有一个场所、一个核心和在它们边缘地区的、明确程度不同的变化梯度”（迪金森，1980）。每一区域有一个或多个占支配地位的控制节点，构成区域的核心部分，并通过各种联系渠道吸引着区域的投入品、商品、人口和交通流量；其余的便是这个区域的乡村部分，受核心的影响、支配和控制，通常被看作是区域的外围地区。核心与外围地区相互补充，并由内部传输系统将它们连接起来。在理论上，内部的商品和劳务交换是经济学区域存在的根据，而功能一体化是极化区域内部相互关联或利益相互一致的基础。

极化区一般由节点、网络、运动、等级体系和表面五个基本要素组成。在此结构中，节点即经济中心，如大城市、大企业，是极化区的核心，在各要素中起着主导性的支配作用。网络是各节点相互联系的载体和通道，如交通运输网络、通信网络。运动是各组成部分之间能量、信息和物质的相互交流。等级体系则反映了区内各经济活动规模上的差异，如由特大城市、大城市、中等城市、小城市和小城镇所组成的城镇等级体系。

极化区的规模大小及其边界，取决于区内支配性节点的经济强度以及节点与外围地区之间在功能上联系的紧密程度。这种功能联系一般表现为流量现象，而这些流量并不以同样的速率和强度出现在整个空间，最大的流量往往是来自或者指向某些支配性节点。在每个节点四周，存在一个产生各种相互作用力的影响圈或空间场。由于距离的影响，随着离开控制中心的距离增加，流量密度也将随之下降。当流量密度在某一个半径以外降低到一种临界水平以下时，实际上就确定了空间场的最远边界。一般来说，流量的变动与节点的规模大小或吸引力成正比、与达到节点的距离成反比。

城市经济区，即城市与它周围的通勤所达地区和吸引范围所构成的区域，就是一种广泛存在的典型极化区。在这一区域中，市中心区一般构成区域的节点，交通、通信线路以及各种管线相互连接成网络，而沿着网络形成的人流、物流、资金流和信息流，则反映了区内各组成部分之间的运动和空间相互作用。市中心区、次中心区以及周围的卫星城镇、小城镇，通过网络和经济联系形成一个有机的城镇等级体系，人口和经济活动分布密度从市中心区向外的梯度变化，则在城市区域范围内形成一个立体的经济面。

（三）规划区

规划区是指政府在做出经济社会发展决策时，按照政策的目标而界定的区域。中国以往根据宏观政策所划分的各种类型经济区，包括六大行政经济区、三大经济地带、贫困地区、经济特区、经济开放区，都属于规划区的范畴。因此，规划区也就是政府“实施经济决策的地区，这实际上赋予该地区一种同一性”（理查森，1990）。

毋庸置疑，规划区须是建立在均质区或极化区基础之上的。区内自然条件、社会和经济特点的相似性，以及各组成部分之间经济联系的紧密程度，是政府确定规划区的两个重要依据。如果规划区的划分没有考虑到区内各地域单元的经济特点和功能联系，规划区域不加选择地界定，那么包括在规划区之内的某些地区可能会与区外的节点有着更高的相互依赖程度，这样将会影响规划决策的有效性。

规划区受政府和市场的双重作用。由于任何一项区域政策的实施都需要执行的权力，而这种权力主要是由政府而不是市场掌握，所以，规划区的划分还必须考虑到行政区划因素。其边界的确定，一般以现有行政区划体系为基础，适当照顾到行政区域的相对完整性，以利于基本数据的收集和政策的贯彻实施。正如胡佛在论述区域的性质时所指出的“最有用的区域分类，也就是那些遵循行政管理范围的边界划分而成的区域了”（胡佛，1990）。为了便于政策的实施，提高政策的效果，规划区一般要求有明确的界线，其地域规模也不宜太大。否则，如果地域界线不明，各项政策措施将难以具体落实到地区，因而也就难以真正得到有效的实施。

第二节　区域经济发展理论的客观基础

一、区域经济的特点

所谓区域经济或空间经济，是相对于国家宏观经济而言的，其是宏观经济的空间子系统。任何一个国家的国民经济，都是由部门、空间和时间维因素有机构成的三维系统。从空间维的角度看，一国的国民经济总体是由不同的异质区域经济有机耦合而成的。区域经济或空间经济可看成是国民经济的“器官”或“子系统”。具有不同特性和水平的区域经济，在空间上相互依存和联系，构成一国的国民经济整体。

在政治经济学要义下，任何人类社会中的经济活动，包括生产活动和非生产活动，都离不开空间，其生产、交换、流通和消费过程都必须落实到具体的区位。从这一点出发，区域经济也可看成是一个国家经济的空间侧面。另外，区域经济又通常是指国内特定地区的国民经济。在一国之内，各个地区所发生的各种经济活动及其资源配置问题，都属于区域经济的范畴。因此，那种只把区域经济与某个具体区位的地方经济联系起来的看法是不正确的。

在区域经济发展理论中，区域经济具有明显的中观性。区域经济是一种承上启下并有着自己的区域特点的中间性、非均衡性经济，是一种介于宏观经济和微观经济之间的中观经济。任何一个区域的经济发展，都既要满足本地居民的需要，谋求区内居民经济福利的增长，又要考虑整个国民经济发展的需要，做好与全国经济的相互衔接和协调，兼顾区域利益和国家利益。作为区域经济的管理部门，地方政府既要对区域内的企业进行管理和调控，又要接受中央和上一级政府的监督、指导和调控，执行国家的宏观经济政策，是一个承上启下的中观层面经济范畴。

二、区域经济发展的客观基础

区域经济是块状经济，以经济现象的非连续和间断为特征。在一国之内，各种经济活动在空间上并非是均匀的分布，它往往相对集中在某些条件比较好的地区，由此就决定了区域经济特点和发展水平的差异性。经济活动的分布和区域经济发展为什么会出现这种地域分异呢？何种因素决定了区域经济赖以存在的客观基础？归纳起来，这些因素主要包括：空间禀赋差异、空间集聚经济和空间转移成本，在经济学本质上探究，即生产要素的不完全流动性、经济活动的不完全可分性和产品与服务的不完全流动性。区域经济学家胡佛在《区域经济学导论》一书中，把这三种因素看成是区域经济重要的“三大基石”。

（一）空间禀赋差异

从外生的角度来看，经济活动的地域差异化分布决定于自然资源、劳动力、资本等生产要素分布的不均衡性。这种要素分布的不均衡性使各个地区之间客观上存在资源禀赋的差异。某些要素在一些地区相对充裕，而在另一些地区则相对贫乏。资源禀赋的这种区域差异是区域经济扬长避短发挥优势的基础，也使区域经济各具特色、千差万别。从理论层面考量，生产要素的不完全流动性是造成各个地区资源禀赋差异，进而形成区域经济活动分异的基础。假如生产要素在空间上能够完全自由流动，各个要素的供给自然会从资源富集地区流向稀缺地区，以致要素价格、成本和收益区域均等化，经济活动均匀分布，也就不存在所谓的区域经济。

在区域经济发展中，各种生产要素之所以在空间上分布不均，是因为要素本身具有不完全流动性，也即完全或局部固定性的特点。这种不完全流动性包括两层含义（陈栋生，1993）：

（1）经济要素并非都能够流动，一些能够流动，另一些则是固定不动的。前者如人口、劳动力、资金、原料、设备和技术等；后者如土地、矿产、地形、水文和气候等自然资源条件。由于这些自然资源和条件一般都具有不可移动的特点，它们在空间上基本不能流动，从而使区域资源禀赋在质和量上都相差甚大。

（2）可流动经济要素的流动性是有限的或不完全自由的。劳动力、资本、技术、原料等要素虽可在空间上流动，但这种流动远非是完全流动，在较大程度上受到市场发育程度、管理体制、政府政策、历史文化、转移成本以及其他非经济因素的制约。例如，我国长期实行的固定户籍管理制度，使人口的区域迁移和居住地的选择受到了较大的限制。

（二）空间集聚经济

集聚经济的存在使各种要素和经济活动在空间上具有不完全可分性的特点。在20世纪30年代，区域发展理论开拓者之一的奥古斯特·勒施（August Losch）就曾在假定没有任何自然资源差异的一个假想世界，即天赋均匀的一个平原上，按逻辑可望出现哪几种区位结构。在这种情况下，人们一般会认为，或者各种产业都集中在某一地点，或者各产业均匀分散于整个地区，或者各产业杂乱无章、毫无规则的分布。然而，作为逻辑结果实际出现的，是其中哪一种都不是，而是一种缜密、有规则、类似于各种结晶体的构造。它与现实世界中的城镇等级体系具有较大的相似之处。奥古斯特·勒施的等级结构理论说明了现实生活中经济空间结构的形成与演变，除了上述的资源禀赋差异外，还有其他因素起着重要的作用，如集聚经济。

在现实中，空间集聚经济大多源于特定产业的规模经济。某一企业在一定限度内扩大其生产规模，往往可以获取节省单位产品成本和提高效率的好处，即内部规模经济。各相关企业按照其产业和经济联系，在空间上相互集中在一起，同样可以为企业带来成本节约和效率提高等经济利益，如相互提供原料和产品，集中供热、供水、供电、供气和进行污水处理，共同利用道路、通信、商店、学校、医院以及文化娱乐等基础设施。这种经济利益也就是我们通常所说的集聚经济效益。相对于企业的内部规模经济，集聚经济属于外部经济的范畴。由于集聚经济的存在，各种生产要素和经济活动在空间上相互集中在一起，从而形成了以城市为中心的区域经济。

（三）空间转移成本

在物理维度上，空间是有距离的，从一端到另一端，不仅要耗费时间，而且要付出费用。这种为克服空间距离而在的经济、社会和心理等方面所花费的全部成本，就是转移成本，亦称距离成本。由于转移成本的存在，要素的空间流动或转移具有不完全流动的性质，因此必须克服空间距离的阻力。这种转移成本限制了资源禀赋优势和空间集聚经济得以实现的程度，使经济活动局限于一定的空间范围。一般来说，空间转移成本主要包括：一是运输成本，指运输人或货物为实现一定距离的空间移动所承担的货币费用，包括营运费用、转运费用和保险费用等。营运费用与运输方式、货物种类紧密相关，一般随距离的增加而增加。转运成本则不随距离而变化，只与转运或倒装的次数有关。二是时间成本，指人类经济活动为实现一定距离的空间转移所花费的时间。它与地区经济和交通运输发展水平、运输方式及其布局状况等有关。交通运输越发达，地区的通达性程度越高，实现相同距离的空间转移所花费的时间越少，即时间成本越低。三是信息成本，地区越偏僻，离主要大城市中心就越远，所获得的信息越不完全，所承担的“信息成本”也就越大。四是心理成本，由于各个地区在社会传统、习惯、文化、宗教、语言以及种族等方面的差异，迁移者在心理方面会产生一种“距离隔阂”。这种差异性越大，转移的心理成本也越大。

第三节 西方区域经济发展理论的演进

与西方主流经济学不同，关于西方区域经济发展理论的研究，最早可追溯到1826年德国经济学家冯·杜能提出的农业区位论，迄今已有近200年的历史。然而，作为一门相对独立的科学，区域经济发展理论在西方大体形成于20世纪50年代。自20世纪60年代以来，随着区位研究由微观领域向宏观领域的不断扩展，以及各国政府为解决区域问题而加强对区域经济活动的干预，大规模开展各种区域规划工作，区域经济发展理论获得了迅速的发展。

西方主流经济学一直缺乏空间维度。西方区域经济发展理论脱胎于区位理论，它是在区位经济学的基础上形成和发展起来的。正因为如此，早期的一些空间经济学家大多是从区位研究转移过来的，他们往往把区域经济发展理论狭义地理解为区位经济学。经过近几十年的发展，目前西方经济学已从传统的以单个厂商的区位选择为主要对象的区位理论，逐渐演变为主要为宏观区域决策提供理论依据的完整科学体系。

综合来看，西方区域经济发展理论的形成和发展大体经历了三个阶段：

一、第一阶段

区域经济发展理论长期以来未能融入主流经济学。在第二次世界大战以前，西方区域经济发展理论研究还主要局限在对企业、产业和城市的区位选择、空间行为和组织结构方面。在这一时期，涌现出了一批至今仍有较大影响的区位理论，如杜能的农业区位论、韦伯的工业区位论、克里斯塔勒的中心地理论等。

关于区域经济发展理论的渊源，我们应该追溯到德国传统的古典区位理论。18世纪末至19世纪初，德国仍然是一个封建割据的农业国，英、法等国却早已走上工业化道路。英国工业化前后，农产品价格上涨，一些目光敏锐的德国农场主通过与英国的农产品贸易而获利，于是尽量多购买土地，扩大生产规模，德国农业开始向大型化、商品化过渡。为了研究德国农业经营模式和产业化问题，在19世纪初叶，根据在德国北部麦克伦堡平原长期经营农业的经验，德国经济学家杜能出版了《孤立国同农业和国民经济的关系》(1826)一书。在一系列的假定条件下，杜能认识到距离城市远近的地租差异，即区位地租或经济地租，是决定农业土地利用方式和农作物布局的关键因素。由此，他提出了以城市为中心呈现同心圆状分布的农业地带理论，即著名的“杜能环”。

到 19 世纪末，德国已完成了第一次产业革命，并迅速成为第二次产业革命的策源地之一，产业的大发展使得产业迁徙和工业布局问题为学者们所重视。因此，继杜能之后德国经济学家韦伯在 20 世纪初发表了两部名著《论工业区位》（1909）和《工业区位理论》（1914），系统地建立了一系列概念、原理和规模，完整地建立了工业区位理论模式，严谨地表述了一般的区位理论，其成为工业区位理论的奠基人。韦伯的主要思想，就是区位因素决定生产场所，即生产费用最低、经济效益最大的地点。他把运费、劳动费用和集聚因素看成是工业区位指向的决定因素，并由此得出三条区位法则，即运输区位法则、劳动区位法则、集聚或分散法则。

以德国经济学家杜能和韦伯为代表的古典区位理论主要以第一、二产业为对象，进行静态、微观的区位研究，而且以成本—效益分析为主，从而形成区位理论的成本学派。20 世纪三四十年代，西方区位理论得到了很大发展。新古典区位理论代表人物是沃尔特·克里斯塔勒和奥古斯特·勒施。1933 年，德国地理学家克里斯塔勒在其名著《德国南部的中心地》一书中，将区位理论扩展到聚落分布和市场研究，建立了中心地理论。在此基础上，德国经济学家奥古斯特·勒施则在 1939 年出版的《经济空间秩序》一书中，将利润原则应用于区位研究，并从宏观的一般均衡角度考察工业区位问题，从而建立了以市场为中心的工业区位理论和作为市场体系的经济景观论。

在 20 世纪 30 年代，瑞典经济学家俄林在《地区间贸易和国际贸易》（1933）一书中，将区位研究同贸易和区域分工研究结合起来，从而开辟了一个新的研究领域——“一般区位理论”。另一位瑞典经济学家帕兰德则在《区位论研究》（1935）一书中，通过对市场区范围的深入研究，提出了市场区竞争区位理论。此外，在 20 世纪 40 年代，美国经济学家胡佛还扩展了韦伯的“运输成本”概念，提出了转运点区位理论。

二、第二阶段

20 世纪 50 年代到 70 年代，由于全球化进程中各种区域问题的出现，西方区域经济发展理论研究的重点开始转向空间经济发展和区域政策问题。在这一时期，各国学者提出了许多很有影响的空间经济发展理论和战略模式。其中，有较大影响的是输出基础理论、增长极理论、循环积累因果理论、中心—外围理论、新古典区域增长理论等。

20 世纪 50 年代，产生的第一个有重要影响的空间经济发展理论是“输出基础”理论，最初由诺斯在其著名论文《区位理论和区域经济增长》（1955）中提出，后经蒂伯特、帕洛夫、博尔顿等的发展而逐步加以完善。它的理论基础是静态比较分析中外贸乘数概念。其基本思想是：一个区域的增长取决于其输出产业的增长，区域外生需求的扩大是区内增长的主要原动力。因此，增加区域的输出基础即区域所有的输出产业和服务，将启动一个乘数过程，其乘数值等于区域输出产业与非输出活动收入或就业量之比。

20世纪50年代，产生的第二个有重要影响的空间经济发展理论是“增长极”理论。增长极概念最早是由法国经济学家佩鲁提出的。其基本思想是：“增长并非同时出现在所有地方，它以不同的强度首先出现于一些增长点或增长极上，然后通过不同的渠道向外扩散，并对整个经济产生不同的终极影响。”（佩鲁，1988）佩鲁的增长极概念是通过对经济发展过程的观察，运用归纳推理得出的一个包含社会系统、经济和地理空间中增长和结构变化的一般性概念。20世纪60年代，法国学者布代维尔把佩鲁的增长极概念扩展到内容更为广泛的区域范畴。他认为“一个区域增长极是指区位在一个城市区，并在其影响范围内引导经济活动进一步发展的一系列推进型产业”。此后，弗里德曼（Friedmann）以及其他学者用“集中的分散化”思想进一步阐述了该理论。

20世纪50年代，产生的第三个有重要影响的空间经济发展理论是“循环积累因果”理论。1957年，美国经济学家缪尔达尔在其名著《经济理论与不发达区域》中，提出了循环积累因果理论。他认为，“市场的力量通常倾向于增加，而不是减少区际不平等”，据此，由于集聚经济的存在，繁荣地区会因市场的作用而持续、积累地加速增长，并同时产生扩散效应和回流效应。前者对落后地区有利，而后者则对落后地区不利。由于前者远小于后者，经这一不均衡的互动过程，繁荣地区越发繁荣，落后地区越发落后。其后，卡尔多、狄克逊和瑟尔沃尔等学者进一步发展了缪尔达尔的思想，并提出了具体的累积因果模型。

20世纪60年代中期以来，弗里德曼在其出版的《区域发展策略》一书中，从更广泛的范围研究区域不平等过程，把落后地区看成是与中心保持着殖民关系、依赖的且缺乏经济自主权的外围区，认为思想、技术、资本和观念等，所有这些有利于经济发展的因素都产生于中心，或者由中心从海外接收。这导致空间二元结构的出现，并随着时间而增强。从长远发展看，“随着区域经济的持续增长，将推动着空间经济逐渐向一体化方向发展”（弗里德曼，1966）。

新古典经济学是主流经济学的重要组成。其中，新古典区域增长模型是运用标准的新古典国家增长理论来分析区域增长问题的一个学派。早期的新古典区域增长模型，纯以供给为出发点。它把区域看作是一个总生产单元，认为通过要素市场的顺利运转，将实现收入和就业均衡，若不平衡则仅仅反映了市场对均衡调整的滞后和自身的不完善。实际上，这是把国家增长理论简单地移植到区域层面。20世纪60年代以后，一些区域经济学家开始把需求、规模报酬递增、新技术、集聚经济以及支持投资的公共部门的影响等因素引入新古典区域增长模型，使其逐步得以完善。如美国著名区域经济学家理查森（H.W. Richardson）在其1973年出版的《区域增长理论》一书中，把区域内部空间结构的变动对区域增长的影响引入新古典增长理论，提出了融合“空间维”的区域增长理论模型。

三、第三阶段

20 世纪 80 年代以来，随着学术界数量经济分析工具的发展，西方区域经济发展理论研究开始逐步走向计量化，实证研究成为主流范式。在这一时期，无论是在区位理论方面还是在区域发展和区域政策方面，西方区域经济发展理论研究的范围和领域都有了很大的扩展，研究的内容和深度也越来越深入。

随着全球化进程中跨国企业的发展，西方一些学者突破了传统的理论框架，逐步把研究重点转移到多厂企业的区位选择与空间组织上来。当前，西方国家对多厂企业的区位与空间组织的研究，主要集中在以下几个方面：一是多厂企业投资区位的决策过程以及区位选择所考虑的主要因素；二是公司总部、地区性总部以及地区办事处的区位选择；三是研究与开发活动的国际化及其区位选择；四是企业内部的区位调整、撤资以及工厂关闭问题；五是企业内分支机构之间的空间联系与组织形式；六是企业外部的空间联系，如转包、国际战略联盟等；七是企业迁移的决定因素及其区域影响。同时，随着交通通信和信息技术的迅猛发展，经济国际化的浪潮正席卷全球，国际直接投资急剧增长。这样，国际直接投资区位的选择、经济国际化乃至全球化的空间影响以及新型的劳动地域分工问题，正日益成为当今西方区域经济学研究的热点。

在这一阶段，西方区域经济发展理论研究的重点逐渐从过去强调规范研究逐步转移到注重实证研究，其研究的主题也越来越深入细化，研究的内容极其广泛，几乎涉及经济发展的所有方面。如采用一些新的数学方法和手段，对区域收入差异的构成按部门、按地域单位或者按因素进行分解，探索区域失业和通货膨胀差异的形成及其机制；建立各种计量模型，测算区域经济增长的来源、周期波动及其收敛性，分析出口、外资流入，基础设施以及政府政策对区域经济增长的影响；从经济和文化变迁的角度，分析人力资本、社会资本、教育、企业家精神和制度创新对区域经济的影响，考察区域经济结构变化的资源配置效果；从集聚经济和专业化的角度，探讨产业和区域集群的形成和影响机制；运用计算机技术对区域演变进行动态模拟与仿真；等等。在区域政策与管理方面，当前西方区域经济学研究的侧重点，主要集中在区域可持续发展、区域政策的效应评价、宏观政策的区域效应、区域政策与产业政策的协调、地方经济政策、区域营销与形象设计、区域管治等方面。

近 20 年来，由于藤田昌久、保罗·克鲁格曼等的理论贡献与实践倡导，空间经济学越来越受到经济学界的高度重视（Paul Krugman，2000a、2000b）。空间经济学研究的是关于资源在空间的配置和经济活动的空间区位问题，虽然区位理论拥有长久的历史，但是，与时间不同空间长久以来没有能够成功地纳入主流经济学。为什么空间问题一直是主流经济学的一个盲点呢？这并不是历史的偶然，而是由于空间经济学本身的某些特征，使得它从本质上就成为主流经济学家掌握的那种建模技术无法处理的领域。而这种特征指的就是存在收益递增时的市场结构问题。近 30 年来，“新经济地理学”逐渐兴起，这是经济学中规模报酬递增革命的第四次浪潮。其主要关注两个问题：经济活动的空间集中何时得以维持？在不存在空间集中的情况下，对称均衡何时会变得不稳定？这些都取决于向心力和离心力之间的平衡。世界经济新的发展趋势是推动空间经济学兴起的主要原因之一，尤其是欧洲统一市场形成后，通过欧盟内部国家间经济和美国国内经济的比较来把握统一市场功能的种种努力，对空间经济学的兴起起了很大推动作用。空间经济学研究空间经济现象时的理论基础是规模收益递增，无论是城市还是区域经济发展，都存在这种收益递增现象。在空间经济学中，非均衡力形成的区域经济具有块状特征，区际经济变量的变化不是连续的而是非连续的过程，常常是间断或突发性的。因此，与这种非连续过程紧密相关的空间经济学模型，大多是非线性模型。

第四节 中国区域经济发展理论的演进

在改革开放前后，中国区域经济发展理论的演进大致可以划分为两个时期。1978 年前，在高度集中的指定性计划经济体制下，中国基本上不存在相对独立的区域经济。当时为了与计划集中的体制相适应，中国区域经济发展理论研究的重点集中在“全国一盘棋”的生产力布局方面。1979 年以后，随着经济体制的转轨、经济运行机制的变化，特别是社会主义市场经济体制的建立，中国区域经济发生了一系列新变化，传统的生产布局理论已日益不能适应区域经济发展的需求。在新形势下，理论界开始探讨社会主义市场经济条件下的经济布局理论问题；同时针对区域经济实践中出现的一系列新问题、新现象，逐步拓展区域经济发展理论研究，主要包括区域经济结构、区域经济发展战略、区域经济增长、区域经济合作、区际分工与区际贸易、区域发展差异、区域政策等领域。

一、改革开放前

1949 年之后，经历多年战乱，新中国继承下来的经济基础十分薄弱、分布畸形，工业偏集于东部地区。在如此条件下开展大规模的社会主义经济实践，首先面临的问题是要搞清楚国情。因此，经济工作者和地理工作者等结合国家经济建设任务，开展了一系列大规模的区域资源综合考察，如西藏、黑龙江流域、新疆、黄河中游、汉江流域、云南和华南等地区的资源综合考察，为随后区域经济开发提供了大量翔实的第一手资料。

自20世纪50年代起，中国效仿苏联计划经济模式，建立起了高度集中的指定性计划经济体制。在该体制下，不仅各经济环节、部门之间，而且各地区之间都要求有计划、按比例地发展。中央在"一五"计划中就明确指出，要"在全国各地区适当地分布工业的生产力，使工业接近原料、燃料产区和消费地区，并适合于巩固国防的条件，来逐步地改变这种不合理的状态，提高落后地区的经济水平"。1956年，毛泽东同志在《论十大关系》中指出："沿海的工业基地必须充分利用，但是，为了平衡工业发展的布局，内地工业必须大力发展。""新的工业大部分应摆在内地，使布局逐步平衡，并且利于备战。"在此之后，理论界掀起了社会主义生产布局原则的探讨。许多学者都曾对社会主义生产布局原则进行过论述，但限于当时的历史条件，很少关于区域经济发展的理念能突破领导人文献和"一五"计划中的基本框架和论述。

因为当时学术界对马恩经典作家关于平衡发展论述的机械、片面理解，以及受部分苏联学者把"在全国平衡配置生产"作为社会主义生产布局主要原则的观点影响，加之在经济建设中滋长了急于求成的思想和当时对国际形势的严重估计，导致无论是在学术界的理论探讨还是在生产布局实践中，都把布局原则放在优先地位。这些因素是新中国工业布局出现三次大分散的根本原因所在。在对社会主义生产布局原则进行探讨的过程中，由于理论界对历史上流行较广、影响较大的地理环境决定论进行"过火"批判，导致了一种片面夸大生产关系作用、否定地理环境的重要影响的地理虚无主义，以致在生产布局实践中造成若干严重失误。

在社会主义计划经济体制建立之后，随着大规模基本建设的展开，区域经济发展理论工作者、地理工作者和工程技术专家携手合作，广泛开展了新建工业布局的技术经济论证和新工业基地的区域规划实践。"一五"时期，重点工业建设项目的布局起初由各部门单独选厂，各自建设。由于在一个地区内各部门单独选厂存在诸多问题不易解决，于是由原国家计委、建委组织有关部门到一些建设项目集中的地区进行联合选厂，成组布局，协调部门发展，又在成组布局的基础上开展了区域规划工作。原国家建委还先后组织开展了对于茂名、个旧、兰州、湘中、包头、昆明、大冶等地区的区域规划工作。后来提出了地方（包括协作区、省）应建立独立工业体系的要求。在这种思想指导下，地方工业一哄而上，"小土群"、"小洋群"遍地开花，各地都追求本地工业自成体系，从而导致中国的工业布局出现第一次的大分散。这种以"小、散、全"为特征的工业布局思想，一直对中国后来的经济建设实践产生深远影响。这一时期，尽管地区也开展了区域规划工作，但由于受当时"高指标、浮夸风"影响，大多存在脱离实际的倾向，经不住实践的检验。在1961~1965年，国民经济调整时期，由于大批基建项目纷纷下马，国家主管区域规划的职能部门也被撤销，区域规划工作也随之停顿下来。但这一时期农业区划却受到前所未有的重视，不仅全国而且各省、地、县都开展了农业区划工作，而且学术界对农业区划理论也进行了深入探讨。但在随后而来的极“左”思潮冲击下，许多研究机构被撤销，大量研究及工作人员被迫改行，关于区域经济发展的规划的研究长期陷入停滞。

二、改革开放后

随着改革开放与经济增长，中国区域经济布局与发展发生了根本性变化，其理论探索也蓬勃开展，区域经济发展理论也翻开了新的一页。在党的十一届三中全会精神指引下，理论界对 1978 年以前中国生产布局的经验教训进行了理论总结。通过对沿海与内地问题、“三线”问题、集中与分散问题以及均衡布局问题等重点进行广泛深入的讨论，重构了中国社会主义生产布局原则体系。在讨论中，学术界和政界逐步认识到任何国家或区域经济都是一个由不平衡到平衡波浪式地向前发展的漫长历史过程，平衡只是相对的，不平衡是绝对的，平衡目标只有通过不平衡的途径才能实现（陈栋生，1988）。但我国是地区差异极大的社会主义发展中大国，各地区之间特别是沿海与内地之间协调发展是一个十分重要的问题，因而，这种非均衡发展必须以协调为前提，地区倾斜必须适度与合理。

在这一时期，学术界和政界的区域经济学工作者们结合国家经济建设任务和中国区域经济中出现的新问题，不断拓展了区域经济研究的领域。在 1979~1981 年的国民经济调整时期，为适应实际需要，国家组织开展了经济结构的国际比较和中国经济结构问题与对策研究，部分地区也相应开展了对本地区经济结构问题与对策的研究。1981 年 4 月，中央提出开展国土整治工作，此后国土整治与规划研究迅速在全国各地开展。原国家计委国土局组织各方面力量，研究编制了《京津塘地区国土规划纲要》和《全国国土总体规划纲要》，同时还选择了若干不同类型地区作为区域性国土规划试点。上海经济区、山西能源重化工基地、东北能源交通规划、洞庭湖地区等国土规划研究也先后开展，奠定了重要的实践基础。

1982 年，党的十二大提出“三步走”的经济社会发展战略构想后，关于研究区域发展战略的热潮迅速在全国各地兴起。关于区域发展战略研究主要集中在两个方面：一是对中国宏观区域发展战略或生产布局战略的探讨。许多学者从不同角度对中国宏观区域发展战略提出了各种理论模式，如梯度推移模式、点轴开发模式、一个半重点模式、优区位开发模式、东西结合模式、四沿开发模式、梯度推移发展极—增长点模式、西部跳跃模式等。虽然一些理论并非完全成熟，但是这种探索无疑丰富了区域经济理论，对学科发展和经济建设都具有非常重要的意义。二是对国内某一类型或某一具体区域发展战略的研究。根据党的十二大提出的宏伟战略构想，绝大多数的省、市以至有些县、乡镇都相继开展了发展战略研究。

1992 年，在我国提出建立社会主义市场经济体制的战略目标后，为促进地区经济协调发展，中央提出了加快中西部地区经济发展步伐的战略任务。在这一时期，国家有关部门组织各方面力量，先后开展了环渤海、长江中下游、东北、西南、西北，以及长江流域、陇海、京九和南昆沿线等地区的区域规划研究。各地区也相继开展了地区产业结构调整、投资环境和竞争力评价、区域营销和形象建设等方面的研究。学术界则针对改革与发展过程中出现的各种区域问题，如区域经济合作、区域经济一体化、区域发展差异、老工业基地改造以及区域政策等，进行了广泛深入的探讨。“九五”时期，中央明确提出要实施可持续发展战略，由此在全国各地掀起开展城市与区域可持续发展研究的热潮。近年来，随着国家西部大开发战略、东北地区等老工业基地振兴战略和促进中部崛起战略的实施，许多学者都加入了中央区域政策和区域发展研究的行列。同时，在有关部门的组织下，国土规划主体功能区规划和各种类型的区域规划稳步推进。在产业集聚、集群发展、企业迁移、投资区位、区域金融、区域管治、区域竞争、区域创新以及区域人力资本等方面，近年来的专项研究也在蓬勃开展。

综合来看，在实践的基础上，我国的区域经济发展理论研究成果丰硕，学科建设取得较大进展。20 世纪 80 年代末以来出版的区域发展研究和理论方法方面的专著，如雨后春笋般涌现。仅国内正式出版的区域经济学专著，就更是不计其数。近年来，随着区域经济建设实践的大规模开展，一大批经济学者、地理学者、社会学者以及管理和工程技术专家，都加入了区域经济研究的行列。区域经济研究的队伍不断壮大，研究人员迅速增加。许多机构都开设了区域经济学课程，设立了区域经济方面的专门研究机构，并增设了区域经济学硕博点和博士后流动站，区域经济发展理论的学科建设前景十分看好。

第五节　区域经济发展理论的研究范畴

一、区域经济发展理论的研究对象

在经济学体系中，区域经济发展理论有其独特的研究对象。辩证地看，一门学科相对独立存在，首先要有自己的研究对象，否则，便会失去存在的基础。作为新兴学科的区域经济发展理论，当然也不例外。长期以来，诸多学者都曾试图对区域经济发展理论给出明确的界定，但由于各自研究审视的视域不同，因而所下定义也具有较大差异，主要有以下观点：

一是界定区域经济发展理论是研究特定地理范围的经济学。它与一般经济学并没有什么差别，只是其研究的地理范围一个是国内区域，另一个是国家。持这种观点的大多是一些初步接触区域经济发展理论研究的学者，他们习惯于将研究一国经济的理论和方法照搬来研究国内某一地区，由于忽视区域与空间内在的特点，往往导致一些南辕北辙的结论出现。

二是依据区域经济发展理论研究的主要问题来进行界定。如艾萨德等在《区域分析方法》一书中，把区域经济发展理论视为研究“确定可在某一区域有效地从事生产并获取利润的单个或集团产业；改善区域内居民的福利，如提高区域内人均收入水平，改善收入分配，更有效地衡量收入等；区域内产业的分散、获得区域内资源的最有效利用”问题的科学（Isard，1960）。周起业等在其《区域经济学》中也采用了这种观点，把区域经济发展理论看成是“研究如何建立国家经济区域系统，并按照地域分工与合作的原则来组织系统内各区域中第一、第二、第三产业的发展与布局，使之成为一个既能顺乎世界经济发展潮流，又能最大限度发挥地区优势的产业结构；形成一个大、中、小企业相结合，聚集与分散相结合，以多层次城市为节点，由运网、信息网、服务点分布网等网络系统将全区城乡连成一体的经济有机体的科学”（周起业、刘再兴等，1989）。随着科学研究的不断深入，区域经济发展理论研究的问题将逐步增加，由此所列出的问题清单也将会越来越长。

三是从人类经济活动的地理分布和空间组织来界定区域经济发展理论。如诺斯在其所著的《区域经济学》一书中，将区域经济发展理论界定为“研究为人们所忽视的经济空间秩序，研究稀有资源的地理分布的科学”（Nourse，1968）。苏联学者（涅克拉索夫 H. H，1987）则认为，区域经济发展理论是为组织地区经济提供科学依据的一门经济学科，它的主要研究对象是地域经济组织。与之近似，中国部分学者也认为，“区域经济发展的研究对象是国民经济发展的地域组织规律”（程必定，1989、1991）。其意图是想弥补以往经济学研究忽视空间维的缺陷，不过由于过于宽泛，以致于囊括了许多以地理空间为对象的学科。最典型的莫过于胡佛的观点，他在《区域经济学导论》中认为，区域经济发展理论即“空间”经济学，可以用“哪里，有什么，为什么，又该怎么办?”这个问题概括（胡佛，1990）。这与经济地理学的四“W”（Where、What、Why、Which）定义极度相似。

四是把区域经济发展理论看成是研究某些特殊领域的经济学。如利菲伯（L. Lefeber）把区域经济发展界定为“空间隔离”（Spatial Separation）的经济学；博茨（G.H. Borts）把区域经济发展理论界定为“资源不流动性”的经济学；而法国学者布代维尔则把区域经济发展理论界定为一种“决策”科学，显然，这种界定未能很好地把握区域经济发展理论的科学实质。

五是把区域经济发展理论研究分为区内和区际两个层次。杜贝（V. Dubey）于 1964

年发表了《区域经济学的定义》的著名论文，他在对其他学者的定义加以研究后认为，“区域经济学是以经济学的观点，研究在资源不均匀分配且不能完全自由流动的世界中，各个地区的差异以及各地区间的关系的科学”（Dubey，1964）。这种观点概括了当代区域经济发展理论研究的对象，为许多从事区域经济发展理论研究的学者所接受，但也并不是一个令人十分满意的界定。

在人类的思想史上，任何一门新兴的学科，在其发展初期都会存在对本学科的研究对象和领域的模糊不清和争论不休。作为20世纪五六十年代以来在区位理论基础上迅速发展起来的区域经济发展理论也不例外。为什么不同的学者对区域经济发展理论研究对象的理解会出现如此之大的差异呢？大体来说，这主要有两个方面的原因：一方面，作为一门新兴的学科，区域经济发展理论的研究在不断扩展，研究领域也在不断变化之中。随着时间的推移，一些新现象、新问题将会不断涌现出来，需要不断解答和探索。另一方面，区域经济发展理论是一门实践性、应用性很强的交叉边缘学科，与生产力布局学、经济地理学、区域科学和城市科学等相关学科有着密切的联系。许多学者从不同的角度研究同一个问题，如企业区位选择、城市、区域发展等。由于知识和精力的限制，或者所研究的角度不同，不同学者对区域经济发展理论研究对象的内涵可能有着自己的不同理解。作为一门独立的学科，区域经济发展理论必然有其特有的排他性的研究对象和领域，应当有一个比较统一、准确的范式。区域经济发展理论研究对象的内涵，应当是适应社会实践的需要，能够反映本学科研究的最本质的问题。区域经济发展理论是在对象的表述上，应当有本学科使用的专门概念和术语，并用简洁的语言做出高度概括；区域经济发展理论是运用经济学的观点，研究国内不同区域经济的发展变化、经济活动的空间规律、空间组织及其相互关系的综合性应用科学。

二、区域经济发展理论的研究内容

与主流经济学相比，区域经济发展理论的历史并不悠远，而在中国也是近20年才迅速发展起来的，但它所涉及的领域和研究内容十分广泛。根据前述的区域经济发展理论定义以及中国区域经济建设实践的需要，区域经济发展理论的研究内容大体包括五个方面：

一是经济区位问题。在西方，“区位”一词最初源于德文中的“Standort”这个复合词。“Stand”是站立、位于之意，“Ort”表示地点、场所、位置等，两者的确切含义就是“分布的地区或地点”，在中国则通常称作布局或配置。由于布局概念包含有主观的计划或规划意图，因此，近年来国内学术界有用区位取代布局概念的趋势。所谓经济活动区位，是指人类各种经济活动（如生产、销售、研究开发等）在地域上的分布和组织，它一直是区域经济发展理论所探讨的核心内容。经济区位是一个十分复杂的问题。不同学科的学者，如经济学者、地理学者乃至工程技术专家，都可以从不同的角度对它进行研究和探讨。不同于地理学者和工程专家，经济学者感兴趣的主要是区位决策的过程、区位成本与效益以及不同区位模式对资源配置效率的影响。区域经济发展理论所探讨的各种区位问题，既包括微观层次的企业区位决策和自组织，又包括中观层次的城镇和区域产业区位的选择及其结构优化，还包括宏观层次的全国产业区位优化和区位政策问题。

二是区域供求问题。无论是企业区位选择还是区域经济发展，都必须同时考虑供给与需求两方面的因素。因此，深入考察区域的供给与需求关系，这是开展区域经济发展理论研究的前提和出发点之一。过去，中国区域经济研究往往过分强调区域供给方面的因素，尤其是地区资源禀赋的作用，而相对忽视市场需求方面的因素。事实上，社会主义市场经济从根本上来说是一个需求导向经济，它的社会生产和再生产过程首先是一个需求决定过程。因此，从某种意义上说，区域市场需求方面的因素往往比供给因素更为重要。当然除了要考虑供给需求因素外，区域经济学还十分重视“空间维”因素——如运输成本和集聚经济的重要作用，这也正是区域经济学区别于经济学其他分支的关键所在。

三是区域发展问题。区域经济发展就是区域总量的增长及其变迁。它是区域经济发展理论所特有的，具有排他性的研究领域。20 世纪五六十年代以来，正是由于各国十分重视区域经济发展问题的研究，区域经济发展理论在传统区位理论的基础上迅速发展成为一门独立的学科。当然，区域经济发展理论所研究的经济发展问题，并非是一般意义上的发展问题，考虑区域特性是它的出发点之一。这一点也正是区域经济发展理论与发展经济学的区别所在。因为发展经济学所研究的发展问题，主要是以一个国家（指发展中国家）为单位开展研究的，它对空间维的区域问题虽有涉及，如城乡二元结构问题，但并不像区域经济发展理论那样从空间角度做专门的探讨。毋庸置疑，区域经济发展理论可以从发展经济学中吸收许多有益的成分，但不加区别地将其理论与方法全盘照搬过来，用于分析区域经济发展问题，也将是错误而有害的。毕竟，国内不同区域的经济发展与一个国家的经济发展是具有较大差别的。

四是区际关系问题。区域经济发展理论不仅要研究经济活动的区位选择和单个区域的经济发展问题，而且还要研究各地区之间的经济关系和经济联系问题。任何一个国家经济都是由一些层次不同、特色各异的地区经济有机耦合而成的整体，各地区经济只是国民经济的一个有机组成部分。因此，在一般意义上对单个区域的经济发展进行剖析之后，还必须把区域经济放在整个国民经济的宏观背景中加以考察，分析各地区之间形成的各种经济关系，并揭示其内在的一般规律性。区域经济发展理论并不是孤立地研究某个区域内的资源最优配置，而是在实现国民经济总体最优的目标下分析各地区的资源配置问题，考察各地区经济的兴衰对全国经济的影响和作用。因此，既不能把区域经济发展理论狭义地理解为区位经济学，更不能把它等同于那种以某一地区利益最大化为主旨的所谓“地方经济学”或“块块经济学”。当然，从大区域、省域经济，到市域、县域甚至镇域经济，都应该属于区域经济发展理论研究的范畴。因此，区域经济发展理论中的区际关系，将具有十分丰富的内涵。

五是区域政策问题。区域经济政策是区域经济发展理论所探讨的另一个特有的、具有排他性的研究领域。在市场经济体制下，企业区位的选择一般遵循效率原则，即把经济活动的区位选择在那些最适合其发展的区域空间中，劳动力、资金等生产要素的流动也都具有趋利性的特点。据此，在经济发展的初中期阶段，市场的力量通常倾向于扩大而不是缩小地区之间的差距。一些发达的市场经济国家的经验已经证明了这一点。因此，为促进各地区经济的协调发展，中央政府运用各种政策手段，加强对区域经济的干预、调节，这是十分必要的。而在广泛实行分级管理的情况下，如何探索与经济体制相适应的区域经济管理新体制，以促进各地区经济高效有序的发展，也是当前中国区域经济发展中亟待解决的重要方面。

第六节　区域经济发展理论的方法范畴

作为一门独立的经济科学，区域经济发展理论不仅要有自己特有的研究对象和领域，还要有一套相对完整的科学研究方法。这些方法既可能是本学科所特有的，也可能是许多相关经济学学科所共有的。长期以来，各国区域经济学者在研究和探索的过程中，已经建立了一套相对完整的区域经济研究方法，主要包括以下方面：

一是实证分析方法。区域经济发展理论的实证分析方法大多脱胎于一般经济学。例如，目前区域经济实证分析研究中广泛应用的区域乘数概念来源于主流的宏观经济学，比较成本分析方法来源于经典的国际贸易理论，区域经济增长因素分析来源于新兴的发展经济学，而区域投入—产出模型则是一般的投入—产出模型的扩展。区域经济发展理论的形成和发展深受一般经济学理论的影响，而经济学历来就拥有很好的实证计量分析传统。作为经济学的一个分支，区域经济发展理论可以充分利用各种数学分析方法，建立各种区域经济计量模型，以分析和揭示区域经济的总体变化、内部各因素间的关系及其外部联系。目前，有许多数学分析方法，如多元回归分析、因子分析、主成分分析、判别分析、聚类分析、层次分析、决策分析、线性和动态规划、系统动力学、信息论、博弈论等，都已在区域经济研究中得到广泛运用。

二是规范分析方法。关于区域经济的规范分析是在传统的区位分析或空间分析的基础上，发展起来的空间经济研究方法，从社会、经济、文化、地理等多学科的角度，综合地分析并揭示区域形成、发展及结构演变规律。在20世纪30年代，德国经济学家克里斯塔勒在《德国南部的中心地》一书中，就采用区域的规范分析方法研究人类聚落的等级结构问题。之后，区域的规范分析方法迅速在世界各国社会科学界流行起来。20世纪40年代末到50年代初，美国经济学家艾萨德提出创建一门区域科学，并把区域经济的规范分析作为其核心的内容。1954年，国际区域科学协会在美国正式成立，并于当年独立召开首次年会。1960年，艾萨德出版了《区域分析方法》一书（Isard，1960）。1976年，史密斯（C.A. Smith）又主编数十卷的大型丛书《区域分析》，对社会系统、经济系统等的区域经济规范分析原理与方法进行了详尽的研讨。目前，在国外，区域经济规范分析已大量引进各种新的理论和方法，分析区域社会、经济、文化等一系列新的问题，如政治和阶级、城镇体系、销售市场、区域发展、社会关系。

三是空间分析方法。空间分析指有关解释和预测人类经济活动空间配置的理论、方法与模型。其核心内容包括人类经济活动的空间分布形式、空间定价、空间竞争与均衡、空间相互作用以及区位选择和区位政策等。自从19世纪初叶德国经济学家杜能提出农业区位论以来，各国学者尤其是空间经济学者和地理学者，在空间区位研究的过程中，已经发展了一整套的分析方法，包括区位商法、可变成本分析、可变收益分析、工业综合体分析、转移—份额分析、重力模型等。近年来，区位分析已广泛应用各种新技术和分析方法，建立各种空间经济模型，以解释和预测人类经济活动的空间配置与规律。在主流经济学的数理分析方法与空间经济研究的融合上，空间静态均衡分析、空间最优配置分析、空间比较静态分析、空间长期动态分析等是新兴起的空间内生化分析工具和方法。

第一篇 区域经济结构

第一章　区域资源环境

第一节　区域经济发展的自然资源

一、 自然资源概述

（一） 自然资源的概念

自然资源是一种自然状态的或未经加工的对人类社会生存和发展有用途、有价值的物质，是指人类可以直接从自然界获得并用于生产和生活的物质或能量。它是自然环境的重要组成部分。自然资源一般指的是天然存在的自然物，不包括人类加工制造的原材料。它是一个庞大的集合名词，所涉及的内涵较为广泛，自然界的任何部分，包括土壤、水、森林、草原、野生动植物、矿藏等。凡是人们可以用来改善自己的生活和生产状况的物质都可以成为自然资源。1972 年，联合国环境规划署对自然资源的定义为："在一定时间条件下，能够产生经济价值、提高人类当前和未来福利的自然环境因素的总和。"目前，在学术界对于自然资源的定义比较权威的说法是我国著名地理学家牛文元先生所下的定义："人在自然介质中可以认识、可以萃取、可以利用的一切要素及其集合体，包含这些要素相互作用的中间产物或最终产物，只要它们在生命建造、生命维系、生命延续中不可缺少；只要它们在经济系统中构成必需的'投入'并产生积极效益；只要它们在社会经济系统中带来合理的福祉、愉悦和文明，即称之为自然资源。"总之，同自然界所有的自然资源一样，区域的自然资源作为区域经济产生与发展的基础，是一切可供利用的自然物质和自然能量的总和。

（二）自然资源的类型

自然资源的类型多种多样，按照不同的划分标准可以分为不同的类型。

按照自然资源的再生性质，可将自然资源分为可再生资源（又称为可更新资源）和不可再生资源（又称为可耗竭资源）。可更新资源是指通过自然力能够以某一增长率保持或不断增加流量的自然资源，如太阳能、森林、大气、农作物、鱼类以及各种野生动植物等。在可更新的资源中，一类可更新资源的持续性和流量受到人们利用方式的影响。在合理开发利用资源的情况下，资源可以恢复、更新、再生产以至不断增长；而在不合理的开发利用条件下，其可更新性就会受到影响，存储量逐渐下降，以致枯竭。例如，过度捕鱼将会减少鱼类的存储量，并且进一步减少鱼群的自然增长率。另一类可更新资源，其持续性不受人们开发的影响。例如，太阳能、风能等，当代人消费的数量不会减少后代人消费的数量。在可更新资源中，根据财产权的明晰程度，可以分为可更新的商品资源和可更新的公共品资源。可更新的商品资源，如私人土地上的农作物、森林、草场等。可更新的公共品资源，如公共海域里的鱼类资源、多种多样的生物物种、空气等。这类资源具有消费的不可分性和非排他性，其价格既不能够对使用者之间的分配和利用资源起到优化配置的作用，也不能为生产和保护资源提供激励作用。这类资源的公共品性质很容易导致过度开发，导致在资源的生产、管理和保护等方面投资不足。另外，可耗竭的自然资源，根据其能否被重复利用，又可以分为可回收的可耗竭资源和不可回收的可耗竭资源。可回收的可耗竭资源，主要指的是金属等矿产资源。例如，报废后的汽车，汽车上的废铁就可以回收利用。可回收的可耗竭资源尽管可以回收，但是不可能达到百分之百的回收率。这是因为从物理角度来说，根据热力学第二定律，在一个封闭的系统内，无限的内循环是不可能的，甚至从系统外界不断投入能量的时候（如太阳能），无限的内循环也是不可能的。因此，每次循环利用，都会使得资源产生某种损失，从而导致资源逐渐耗竭。不可回收的可耗竭资源，主要包括天然气、石油、煤炭和铀等能源资源。这类资源一旦被使用，就会被消耗掉，不可能再次使用。例如，煤炭一旦燃烧变成热能，热量就会消散到大气中，变得不可恢复了。

此外，按照自然资源的储存条件及特征分类，可分为地下资源和地表资源；按照自然资源的形成条件、组合状况、分布规律及其与地理环境各圈层的关系等地理特征，常把自然资源分为矿产资源、土地资源、水资源、生物资源和气候资源；按照自然资源在不同的经济部门中所占的主导地位，可划分为农业资源、工业资源、交通资源、医疗卫生资源和地质矿产资源；按照自然资源的用途及利用方式的不同，可分为生活资料自然资源和生产劳动资料自然资源两大类。

（三）自然资源的特征

1. 自然资源的有限性

自然资源的有限性也叫自然资源的稀缺性，这是自然资源最本质的特征。在一定的地域空间内以及整个大自然中，自然资源不是取之不尽，用之不竭的，它的数量总是有限的。而人类满足自身需求是永无止境的，资源总是不断被开发、被消耗，长期供小于求的状态使自然资源的供给总是处于一定程度的紧张之中，呈现出稀缺性的特点。

2. 自然资源的区域性

自然资源的区域性也叫自然资源的空间性或地域性。自然资源的分布受地域的影响，不同的区域在自然资源的分布上呈现出不同的特点和倾向。此外，自然资源开发利用社会经济条件和技术水平也因地域的不同而存在差异。也就是说，自然资源的区域性就是在自然资源稀缺性的基础上，资源所具有的竞争性、选择性、分散性、传布性、增值性等特点在不同的区域会显示出不同的倾向。因此，对于不同区域对于自然资源的开发利用应该遵循因地制宜的原则。

3. 自然资源的时间性

自然资源具有时间性，自然资源的数量、种类和范畴不是一成不变的，会随着时间的推移而增减变化。随着人类社会的不断发展和科学技术的进步，人类对自然资源的认识不断深化，自然资源开发利用和保护的范围也不断扩大。例如，过去被视为外在环境因素，如空气、风景等，现在已经被纳入到自然资源的范畴。

（四）自然资源的利用方面的特征

区域的经济发展不仅要研究自然、资源、环境、经济以及社会之间所具有的横向联系，也要研究现在和未来纵向的人口增长、结构演进、资源消耗等多方面的联系以及发展机制。自然资源有其本身的特性，也有其利用方面的特征，主要有以下三个方面：

1. 自然资源利用的数量逐渐减少、依赖程度降低的趋势

就其经济观来讲，集约型的生产方式和节约型的消费方式是区域经济可持续发展的实质。这种模式是在生产中投入少而产出多、在消费中利用多而排放少，以此来实现区域经济的持续、稳定和协调发展。经济发展一定要同时兼顾质和量两个方面，也就是既要有数量的增长也要有质量的提高。然而，经济数量上的增长毕竟具有有限性，只有依靠科技的进步去提高发展的经济、社会以及生态效益才是真正意义上的经济的可持续发展。因此，在区域经济的发展当中对于自然资源利用在数量方面的减少以及依赖程度的相应降低则是一种必然的趋势。

2. 自然资源的永续利用以及可持续发展

区域可持续发展是一个客观存在的社会发展系统。对于经济的可持续发展来说，其最终目的是要保证社会拥有可持续发展的能力。换句话说，就是主张社会发展以及社会公平。社会公平包括本代人的公平以及代际间的公平两个方面。本代人的公平指的是要消除区域之间贫富差距过大、两极分化极为严重的现象，实现资源在区域空间上的合理有效的配置；代际间的公平指的是给后代人公平利用自然资源、享受优美环境的权力，实现社会财富在代际间的合理转移。社会发展则是以提高和改善人类的生活质量和水平为目的，做到适应社会经济发展的要求，并且满足人们不断增长的物质以及文化需求。然而，如果没

有自然资源的保障，这一切都将会是空谈，因为这一切的原始基础都是对自然资源的开发和利用。

3. 自然资源和经济、社会、环境之间的相互协调变得越来越重要

自然资源所具有的作用是在区域经济、社会、环境以及资源之间相互协调的基础上，不仅能够满足当代人发展的需求，也不会对后代人满足需求的能力构成危害。就其自然观来讲，区域经济的发展提倡人地关系的协调，保护资源和环境，做到人与自然的和谐相处。保障经济社会可持续发展的物质基础就是生态环境的有效保护和自然资源的永续利用。由此看来，区域经济发展是一个将经济发展、社会进步、环境保护、资源的合理利用融为一体的新型发展模式，从而实现经济、社会、环境的协调发展，维持新的平衡。其中，基础是生态，条件是经济发展，目的是社会的发展。

（五）自然资源的价值

根据传统的观点，由于存在于大自然中，自然资源是没有价值的。然而，随着可持续发展观念的崛起以及环境生态学研究的不断深入，这一传统的观点逐渐被人们抛弃，人们开始慢慢认识到自然资源所具有的价值。

其实早在100多年之前，恩格斯就曾经指出，根据经济学家的观点，劳动是一切财富的源泉，实际上劳动和自然界一起才是一切财富的源泉，自然界为劳动提供生产资料，劳动再把生产资料转化为财富。恩格斯在这里对于自然资源为劳动提供生产的材料，劳动把自然资源变成价值和财富之间的辩证关系做出了精辟的分析。

在现代工业社会中，随着科技的迅速发展，人类和自然资源二者相互结合所创造的财富的规模不断扩大，社会生产力水平也随之得到了很大的提高。与此同时，也导致社会再生产对于自然资源需求的不断扩大，相对于这种不断扩大的需求而言，很多的自然资源的实际存储量和再生量都表现出日益增长的稀缺性。这种情况使得人类不得不通过投入劳动来逐渐形成新的人工自然资源产业。这样做的目的主要有两个方面：一方面，通过投入劳动从而使得可再生资源得到更新，用人工方法让自然资源的再生量逐步等于或者超过它消耗的数量；另一方面，也是为了预防经济对自然资源造成破坏和污染，使得自然资源得以保持其作为使用价值的必要的生态环境质量。所以，人类为了保护和发展自然资源而消耗的劳动，就组成了自然资源的价值实体。因此，并不是由于自然资源本身所具有的稀缺性使得自然资源拥有了价值，而是由于自然资源的稀缺，人类必须要给自然资源投入一定的劳动来形成新的资源产业，维护或者产生新的人工自然资源。正是由于耗费了人类的劳动，才使得这种进入生态环境系统运转的自然资源具有了相应的价值。

既然自然资源具有一定的价值，那么理所当然要把自然资源看作是一种不可多得的财富。就自然资源本身来讲，一切直接或者间接地参与人类物质资料生产过程的矿物质、土地、能量以及各类动植物都可以称为财富。因此，我们必须要树立相应的自然资源价值

观、财富观，这是当今社会经济发展以及生态系统状况对我们的必然要求。所有破坏自然物质、自然资源的生产行为无疑都是破坏文明的行为，因此我们一定要严厉杜绝这种行为，实现社会的健康和可持续发展。

二、区域自然资源利用的类型

（一） 纯自然资源型

这是一种当前区域发展比较常见的模式。属于这一发展模式的区域在自然资源的占有上有着得天独厚的优势，一般来说，这类区域都有丰富的一种或者几种重要的矿产甚至是稀缺资源。区域发展的基础和动力主要依靠自然资源的大规模开发和利用。但是由于不同区域的经济发展水平和科学技术条件不尽相同，在自然资源的利用上存在着差异，因此不同区域在资源的消耗和获取的效益上也有所不同。但是不论怎样，都不能采取竭泽而渔的发展方式，因为一个区域的自然资源再丰富，储量也是有限的，资源的有限性决定了大部分资源尤其是一些稀缺资源不是取之不尽，用之不竭的。有些资源在消耗殆尽之后一段时间内还可以再生，但是有些资源过度开采之后就会枯竭，这样建立在丰富资源基础之上的经济和产业必然会受到严重的打击，最终会对区域的可持续发展产生严重的影响。

（二） 自然资源和社会资源结合型

这是一种综合利用区域内自然资源和社会资源的发展模式。这种类型的区域一般不仅有着很好的自然资源条件而且有着丰富的社会资源条件，因此区域的发展速度和发展水平都是四种区域发展模式中最好的一种。一方面，它可以发挥其得天独厚的自然资源的优势，发展那些以资源为主的产业，来促进本区域经济的发展；另一方面，由于其经济发展水平高，社会资源丰富，可以充分利用这一优势来发展第三产业，从而推动区域经济更加快速的发展。但是，一般来说，两种资源都占优势的国家和地区较少，因此在区域发展的现实中这种发展模式也是很少见的。美国就是这一类型的典型国家。

（三） 社会资源为主、自然资源为辅型

属于这一类型的区域，一般来说是自然资源比较匮乏，区域经济的发展主要是依靠其所拥有的丰富的社会资源。这一类型的区域在社会资源上占有很大的优势，经济发展水平较高，有着良好的经济效益、社会效益和环境效益。随着经济的不断发展和社会的进步，这类发展模式会逐渐成为区域发展的主流模式。属于这一类型的比较有代表性的区域和国家有日本以及中国的北京、上海等经济发达的城市。

（四） 资源缺乏型

这一类型的区域，既没有丰富的矿产资源，自然资源也十分贫乏，再加上经济发展水平不高，社会资源也处于稀缺的状态，因此，区域的自我发展能力低下。没有充足的资源

作为基础，在没有外力援助情况下，这类区域发展十分缓慢甚至停滞不前，长期处于贫困状态。非洲和南美洲的一些小国是这一发展类型的典型国家。

三、自然资源对区域经济发展的影响

自然资源是区域经济发展的物质基础，是区域生产力的重要组成部分，会对区域劳动生产率的提高、产业结构的形成和资本的原始积累都具有重要的作用。自然资源的丰富与否、优劣程度会对一个区域的经济发展产生十分重要的影响。马克思指出："劳动生产率总是离不开各种自然条件……外界的自然条件，在经济上可以分为两大类：生活资料的自然富源，例如，土壤的肥力、渔产丰富的水等；劳动资源的自然富源，如奔腾的瀑布，可以航行的河流、森林、金属、煤炭等。在文化初期，第一类自然资源具有决定性的意义；在较高的发展阶段，第二类自然资源具有决定性的意义。"

自然资源对区域经济发展的主要影响体现在如下几个方面：

（一）自然资源影响区域劳动生产率

自然资源对区域经济发展的影响首先表现在劳动生产率方面。正如马克思所说："撇开社会生产的不同发展程度不说，劳动生产率是同自然条件相联系的。"具体来讲，区域内矿产资源的丰饶度直接决定着资源的开采成本和劳动生产率；区域的地貌条件会对农业劳动生产率产生明显的影响；地理位置条件对区域的劳动生产率影响也很大。

（二）自然资源影响区域产业结构

自然资源直接影响一个区域内农业和采矿业的发展和分布。农业和采矿业的劳动对象是直接的自然资源。各种资源组合状况和分布，直接决定着农矿业的发展和布局。此外，自然资源还会对区域内原材料工业和其他加工工业的发展和布局产生间接的影响，也会影响区域产业结构的形成和发展。

（三）自然资源影响区域空间结构

自然资源会对区域空间结构产生直接的影响。各个经济区域的空间模式多种多样，其形成的原因是多方面的，但是自然资源的地域分布状况则是重要的原因。

总之，自然资源作为区域经济发展的基本要素，对于区域经济的投入结构和产出结构都会产生重大的影响。优越的自然资源，对于区域经济的快速发展和持续增长产生积极的作用；相反，自然资源的匮乏则会妨碍区域经济的健康发展。随着科学技术的发展和人类文明的进步，自然条件在区域经济发展中的作用将发生新的变化。一方面，自然资源对区域经济发展的限制作用将逐渐减弱；另一方面，人类将会更加珍惜和保护赖以生存和发展的自然条件，并运用新的科技、经济力量去不断地改善自然环境。

第二节 区域经济发展的人力资源

在经济发展到新知识经济时代的今天，人力资源已经逐渐成为创造财富的主体资源，是经济资源的重要组成部分。一个国家的经济发展状况，在很大程度上取决于这个国家的人口教育水平、科技开发能力和技术创新精神，对于一个区域来说亦是如此。所以，一个区域的人力资源环境也是我们研究区域资源环境的重点。

一、人力资源的概念及含义

（一）人力资源的概念

根据已有资料的研究可以发现，1919 年和 1921 年约翰·R.康芒斯（John R.Commons）先后分别在两本著作《产业信誉》和《产业政府》中使用过“人力资源”（Human Resource）一词，由此康芒斯也被认为是使用“人力资源”这一词语的第一人。但是我们必须清楚地认识到，我们现代所理解的人力资源和那时康芒斯所指的人力资源在含义上相差甚远，二者的相同之处仅仅在于使用了相同的词语而已。

而我们现在所理解的人力资源，是指与其他资源相比的一种特殊的资源，它必须通过有效的激励机制才能开发利用，并为组织带来可观的经济效益。这一概念是由管理学大师彼得·德鲁克（Peter Drucker）于 1954 年在他的著作《管理实践》中首先提出并加以明确界定的。彼得·德鲁克之所以提出这一概念，目的是表达传统词语所不能表达的意思。

20 世纪 60 年代之后，西奥多·W.舒尔茨（Theodore W. Schultz）又提出了人力资本的理论，这使得人力资源的概念更加深入人心，世界各国的学者对于人力资源的研究也越来越广泛和深入。迄今为止，学者们给出了诸多人力资源的含义，从不同的角度和方面对人力资源的概念做出了解释。总体上根据研究角度的不同，可以大致将这些定义划分为两大类。

第一类主要是从能力的角度来解释人力资源的含义，持这种观点的人占较大比例。例如：

（1）人力资源是指能够推动整个经济和社会发展的劳动者的能力，即处在劳动年龄的已经直接投入建设和尚未投入建设的人口的能力。

（2）人力资源是指人类可用于生产或提供各种服务的活力、技能和知识（伊凡·伯格）。

（3）人力资源是指包含在人体内的一种生产能力，是表现在劳动者身上、以劳动者的数量和质量表示的资源，对经济发展起着直接决定性作用，是组织经营中最活跃、最积极的生产要素。

(4) 人力资源是指社会组织内部全部劳动人口中蕴含的劳动能力的总和。

(5) 人力资源是指劳动过程中可以直接投入的体力、智力、心力总和以及其形成的基础素质，包括知识、技能、经验、品性与态度等身心素质。

(6) 人力资源是指组织员工所天然拥有并自主支配的协调力、融合力、判断力和想象力（彼得·德鲁克）。

第二类主要是从人的角度来解释人力资源的含义，例如：

(1) 人力资源是指一定社会区域内所有具有劳动能力的适龄劳动人口和超过劳动年龄的人口的总和。

(2) 人力资源是指组织内部成员以及外部顾客等人员，即可以为组织提供直接或者潜在服务以及有利于组织实现预期经营效益的人员的总和（梅比尔·伊莱亚斯、伦西斯·莱克尔）。

(3) 人力资源是指能够推动社会和经济发展的具有智力和体力劳动能力的人的总称。

根据上述观点，我们更加倾向于从能力角度来理解人力资源的含义，因为它更接近于其本质。而且我们都知道，资源指的是财富形成的来源，而人对财富起作用的是人所具有的知识、技能、经验、体能等能力。从这个意义上，人力资源的本质就是能力，人充当的只不过是一个载体而已。正如学者孙久文给人力资源下的一个具体的定义，他认为人力资源，是指某种范围内的人口总体所具有的能力的总和，是存在于人的生命机体中的一种经济资源，它又被称为“劳动力资源”或“劳动资源”。在通常情况下，人力资源是宏观意义上的概念，即是以国家及大的地区为单位进行划分和计量的。有时，“人力资源”这一概念也用于部门企业等。

因此，本书所界定的人力资源的概念，指的是人所具有的对价值创造起贡献作用并且能够被一个范围内的组织利用的体力和脑力的总和。这个解释主要包括以下几点：

(1) 人力资源的本质是人所具有的脑力和体力的总和，可以统称为劳动能力；

(2) 这一能力要能为财富的创造起贡献作用，成为财富形成的来源；

(3) 这一能力还要能够被组织利用。这里的“组织”既可以大到一个国家或地区，也可以小到一个企业或单位。

（二）人力资源的特征

人力资源的特征较多，但从所属状态来说大致可以分为以下三类。

第一类：存在状态。可再生性、可变化性、可开发性、可控制性、动态性、不可剥夺性等。

第二类：比较状态。社会性、能动性、智能性、生物性、时代性、主导性等。

第三类：效能状态。两重性、时效性、流动性、增值性、难测度性、类别性、层次性等。

上述所谓的存在状态是指人力资源的存在形式；比较状态是指和其他资源相比，人力资源所独具的特征；效能状态是指人力资源所蕴藏的作用形式。

作为一种特殊的资源形式，人力资源具有不同于其他资源尤其是自然资源的特殊方面，也就是它的比较状态。要想准确地理解和把握人力资源的特征，就必须从本质入手。人力资源的本质就是人所具有的脑力和体力，它所具有的特征就是围绕这个本质而形成的。因此，本书将人力资源的重要特征概括为以下几个方面：

1. 人力资源的自有性

人力资源属于人自身所有，具有不可剥夺性。虽然在从事雇佣劳动过程中，人力资源会阶段性地被雇主占有和使用，但是劳动者自身仍然拥有其终极所有权，这是人力资源区别于其他任何资源的根本特征。

2. 人力资源的生物性

人力资源归根结底是存在与人体之中的，是一种“活生生”的资源，与人的生命特征、基因遗传等紧密相关。一般来说，从事劳动密集型岗位的劳动，对人力资源的体能要求较高；而从事技术和智力密集型岗位的劳动，对其智力、情感和经验等要素的要求较高。除此之外，人力资源的生物性还表现在个人和社会角度的人力资源的再生性。

3. 人力资源的能动性

自然资源在开发过程中，完全是处于被动的地位，而人力资源则不同，它具有能动性，即是指认识世界和改造世界中有目的、有计划、积极主动的有意识的活动能力，这是人区别于动物的最本质的特征。人力资源所具有的主观能动性使其能够有目的地进行各种活动，有目的地改造客观世界。不同于低水平的动物意识，人所具有的社会意识使得作为劳动者的人在社会中处于主导地位，使得人力资源具有了能动作用，主要表现在人力资源能够通过学习等各种途径进行自我强化、能够主动地选择自身适合和感兴趣的职业、能够充分发挥劳动积极性进行积极的劳动。

4. 人力资源的时效性

人力资源的时效性是指人力资源的形成、开发和利用会受到时间的限制。人作为生物有机体具有一定的生命周期，能从事劳动的时间被限定在生命周期的某一段，不可能无限制地工作下去。此外，在人力资源能够从事劳动的时期内，处于不同的年龄阶段所具有的劳动能力也存在差异。因此，根据人力资源时效性的特征，在人力资源的开发、利用的过程中要根据人力资源不同时期劳动能力的差异采取合理的人力资源开发、利用办法，既要充分发挥人力资源的最大效用，也要注重对人力资源的保护。

5. 人力资源的社会性

自然资源具有完全的自然属性，它不会因为所处的时代、社会不同而有所变化。比如，古代的黄金和现代的黄金都是黄金，中国的黄金和其他国家的黄金也不会有什么本质的区别，人力资源则不同。人是社会中的人，它处于一定的社会范围内，其形成要依赖于社会，它的配置要通过社会，它的使用也要处于社会的分工体系之中。从本质上来讲，人力资源是一种社会资源。人力资源具有明显的社会性，它的所有权，主要应当归于社会，而不是归于某一个社会经济单位。社会经济、政治以及文化的不同，必将导致人力资源质量的明显差异。比如，古代整体的人力资源质量远远低于现代社会，同样是现代，发达国家整体的人力资源质量也是明显高于发展中国家。这就是人力资源社会性的充分体现。

6. 人力资源的再生性

不同于一些不可再生的矿藏资源，人力资源是一种可再生的经济资源。人力资源的可再生性是基于人口的再生产和劳动力的再生产，通过人口内个别个体的不断替换更新和“劳动力耗费—劳动力生产—劳动力再次耗费—劳动力再次生产”的过程得以实现。人力资源这一特点不仅遵循一般的生物学规律，也受人类自身意识的支配和人类活动的影响。

7. 人力资源的增值性

与自然资源相比，人力资源具有明显的增值性。一般来说，自然资源是不会增值的，它只会因为不断地消耗而逐渐“贬值”；人力资源则不同，它是人所具有的脑力以及体力，对于单个的人来说，人的体力不会因为使用而消失，只会因为使用而不断地得到增强，当然这种增强是有限度的。人的知识、经验和技能不会因为使用而导致消失，相反会因为不断地使用而更有价值。也就是说，在一定的能力范围内，人力资源是不断在增值的，创造的价值也会越来越多。

8. 人力资源的可变性

人力资源和自然资源不同，在使用的过程中它所发挥作用的程度可能会有所变动，从而具有一定的可变性。人力资源是人所具有的体力和脑力，它必须以人为载体，因此人力资源的使用表现为人的劳动过程，而人在劳动过程中又会因为自身心理状况的不同而影响到劳动的效果。例如，当人受到有效的激励时，就会主动地进行工作，尽可能地发挥自身的能力，人力资源的价值就能得到充分的发挥；相反，当人不愿意进行工作的时候，其脑力和体力就不会发挥出应有的作用。所以，人力资源作用的发挥具有一定的可变性，在相同的外部条件下，人力资源创造的价值大小可能会不同。自然资源则不同，在相同的外部条件下，其价值大小一般不会发生变化。

9. 人力资源的智力性

人类能够把物质资料作为自己的手段，而一般的动物却只能够依靠自己的肢体运动做功来取得所需的生活资料。人类创造了工具，创造了机器，通过自己的智力，使自身的器官得以延长、放大，从而使能力无限扩大，推动数量巨大的物质资料，获得丰富的生活资料。人类的智力具有继承性，这也使得人力资源所具有的劳动力随着时间的推移，得以积累、延续和增强。智力资源的持续发展，成为知识经济的基础。

10. 人力资源的连续性

就物质资源而言，人们对其进行一次、二次开发后会形成相对固定的产品，就此资源和产品而言，开发到此结束。但是人力资源不同，除了生物学意义上的生产再生产含义之外，人力资源还是个连续开发的资源，尤其是智力型人力资源，其使用过程本身也就是开发过程。在知识更新周期缩短、社会经济日趋国际化的时代，人力资源管理者只有把自己管理的对象视为需要不断开发的资源，不断地加以有效开发和利用，才能使人力资源的价值不断地得到提升。

（三）人力资源与人力资本

人力资本是一个容易与人力资源相混淆的概念。人力资本的概念以及相关理论最早是由美国诺贝尔经济学奖获得者西奥多·舒尔茨提出的。他认为，人力资本是通过对人力资源投资体现在劳动者身上的体力、智力以及技能。使用者能够根据某种价值标准衡量这种能力和技能，也可在劳动力市场上按照市场规则进行评估；而人力资源是劳动者在劳动活动中运用的体力和脑力的总和。按照马克思经济理论，劳动力价值不具有直接社会性。

人力资源作为一种经济资源具有稀缺性与有用性，是经过一定时期而形成的体力、智力等生产要素资源形式，强调人力作为生产要素在生产过程中的创造能力。人力资本首先是一种资本，是通过投资而形成的，强调某种代价与获得成本之间的关系，强调投资的代价可以在提高生产力的过程中以更大的收益收回。

具体来讲，人力资源与人力资本有以下四个具体的差别：

1. 概念范围不同

人力资源包括自然性人力资源和资本性人力资源。自然性人力资源指的是未经过任何开发的遗传素质与个体；资本性人力资源指的是经过教育、培训、健康与迁移等投资而形成的人力资源。人力资本是指所投入的物质资本在人的身上所凝结的人力资源，是可以投入经济活动并带来新价值的资本性人力资源。人力资本是人力资源的一部分。

2. 关注的焦点不同

人力资源关注的是价值问题，而人力资本关注的是收益问题。

3. 性质不同

人力资源所反映的是存量问题，而人力资本所反映的是流量和存量问题。

4. 研究角度不同

人力资源是将人力作为财富的源泉，是从人的潜能与财富之间的关系来研究人的问题；而人力资本则是将人力作为投资对象，作为财富的一部分，是从投入与收益的关系来研究人的问题。

二、人力资源对区域经济发展的影响

人力资源作为一种重要的经济资源，对区域经济的发展会产生很大的影响。人力资源同样也具有质和量的规定，研究区域内人力资源对经济发展的影响应该从数量、质量两个主要的方面来考虑。

（一）人力资源数量与区域经济发展

1. 人力资源的数量

人力资源的数量又分为绝对数量和相对数量两种。

人力资源绝对数量的构成，从宏观上看，指的是一个国家或地区具有的劳动能力，从事社会劳动的人口总数，它是一个国家或地区劳动适龄人口减去其中丧失劳动能力的人口，加上非劳动适龄人口之中具有劳动能力的人口。它主要包括以下几个方面：处于劳动年龄之内，正在从事社会劳动的人口，它是人力资源的主要组成部分，可以称为"适龄就业人口"；尚未达到劳动年龄，已经从事社会劳动的人口，也就是"未成年劳动者"或者"未成年就业人口"；已经超过劳动年龄，继续从事社会劳动的人口，即"老年劳动者"或者"老年就业人口"。这三个部分构成了就业人口的总体。此外，人力资源的绝对数量还包括：处于劳动年龄之内，具有劳动能力并且要求参加社会劳动的人口，这部分可以称为"求业人口"或"待业人口"，与前面三个部分一起构成经济活动人口；处于劳动年龄之内，正在从事学习的人口，即"就学人口"；处于劳动年龄之内，正在从事家务劳动的人口；处于劳动年龄之内，正在军队服役的人口，以及处于劳动年龄之内的其他人口。前四个部分是现实的社会劳动力供给，是直接的，已经开发的人力资源；后四个部分并未构成现实的社会劳动供给，是间接的、尚未开发的、处于潜在形态的人力资源。对于一个区域来讲，要保护并充分利用已经开发的人力资源，同时也要积极挖掘和开发潜在的人力资源，为区域的发展积蓄更多的力量。

人力资源的相对数量也就是人力资源率，指的是人力资源绝对量占人口总数的比例。它是反映区域经济实力的更重要指标。一个国家或者地区的人力资源率越高，表明该国家或地区的经济具有某种优势。这是因为，在劳动生产率和就业状况既定的条件下，人力资源率越高，表明可投入生产过程的劳动数量越多，从而创造的国民收入以及地区生产总值也就越多。

影响人力资源数量的因素主要有四个方面：

(1) 人口总量及其再生产状况。由于劳动力人口是人口总体中的一部分，而人力资源的数量体现为劳动人口的数量，因此，人力资源数量首先取决于人口总量及其通过人口的再生产形成的人口变化。从这个意义上说，人口的状况决定了人力资源的数量。我国本来就是一个超级人口大国，人口基数大，在未来的若干年内，我国人口的数量还会持续增长，同时也为我国提供更丰富的人力资源。

（2）人口的年龄构成。人口的年龄构成是影响人力资源的一个十分重要的因素。在人口总量一定的情况下，人口的年龄构成直接决定了人力资源的数量。

（3）人口迁移。人口迁移使得一个地区的人口数量发生变化，继而造成人力资源的数量发生变化。例如，我国三峡水利工程的建设使得沿江地带的人口分布发生了重大的变化，也影响了人力资源数量等的变化。

（4）社会突变因素。社会突变因素指的是战争、流行疾病以及大规模的自然灾害等。这些社会突变因素的爆发影响范围通常较大，会带来人口数量的巨大变化，进而导致人力资源数量的巨大变化。

2. 人力资源的数量对区经济发展的影响

劳动力是生产力的主体，掌握生产工具的人是生产力的诸多要素中最积极、最活跃的因素。区域内的任何经济活动，无论是物质生产领域的，还是非物质生产领域的，都需要劳动力的积极参与才能顺利进行。因此，任何区域经济的发展，首先必须具有一定数量的人力资源。一个区域内拥有丰富的人力资源，即为该区域的经济发展提供了最基本的条件；人力资源缺乏，推动区域经济发展所必需的人力得不到保证，就必然会影响区域经济的进一步发展。

（二）人力资源的质量与区域经济发展

1. 人力资源的质量

人力资源的质量即人力资源的素质，指的是人力资源所具有的体质、智力、知识和技能水平，以及劳动者的劳动态度。它一般体现在劳动者的体质水平、文化水平、专业技术水平、劳动的积极性上，往往可以用健康卫生指标（例如，平均寿命、婴儿死亡率、每万人口拥有的医务人员的数量、人均日摄入量等）、教育状况（例如，劳动者的人均受教育年限、每万人中大学生拥有量和大、中、小学入学比例等）、劳动者的技术等级状况（例如，劳动者技术职称等级的现实比例、每万人中高级职称人员所占的比例等）和劳动者态度指标（例如，对工作的满意程度、工作的努力程度、工作的负责程度、与他人的合作性等）来衡量。

与人力资源的数量相比较，人力资源的质量方面更为重要。随着社会生产的发展，现代科学技术对人力资源的质量提出了更高的要求。人力资源质量的重要性体现在其内部的替代性方面。一般来说，人力资源的质量对数量的替代性较强，反过来数量对质量的替代性薄弱，有时候甚至是不能替代。若单从人力资源开发角度来讲，其目的在于提高人力资源的质量，使其为社会经济发展发挥更大的作用。

人力资源的质量主要受到三个方面的影响：

(1) 遗传和其他先天因素。人类的体质和智力具有一定的继承性，这种继承性来源于人口代际间遗传基因的保持，并通过遗传与变异使人类不断地进化、发展。人口的遗传，从根本上决定了人力资源的质量以及最大可能达到的限度。但是，不同的人在体质水平与智力水平上先天差异是比较小的，这当然不包括那些因为遗传病而致残的人。因此，我们必须提倡优生优育，提高人口质量。中国现阶段提出的“少生优生”的基本国策就是为了使人力资源的体质、智力的潜在基础水平提高。这对于一个国家的社会经济发展尤为重要，对于任何一个区域来说也是如此。

(2) 营养因素。营养因素是人体发育的重要条件。一个人儿童时期的营养状况，必然会影响其未来成为人力资源时的体质与智力水平。另外，营养也是人体正常活动的重要条件，充足而全面地吸收营养才能够维持人力资源原有的质量水平。随着中国国民经济的不断发展，人民生活水平的不断提高，人民营养水平也在不断地提高。这对于区域社会、经济以及文化等各方面的发展是十分有好处的。

(3) 教育方面的因素。教育是人为地传授知识、经验的一种社会活动，是一部分人有目的地对另一部分人进行多方面影响的过程。这是赋予人力资源质量的一种最直接、最重要的手段，它能够使得人力资源的智力水平和专业技能水平都得到不同程度的提高。

2. 人力资源质量对区域经济发展的影响

人力资源的素质是决定区域经济发展的最重要的因素之一。对于一个区域来讲，人力资源素质的提高将会导致产出的增加。从本质上讲，劳动力充沛的精力和健壮的身体使其在劳动过程中能增加实际的劳动供给。同时，健康的身体能减少劳动者的生病时间，增加有效的劳动时间。从智力方面讲：首先，劳动者创新能力的提高使得劳动者能从事发明、创造、寻求解决生产过程中所出现问题的解决思路和方法，从而在劳动量投入不变的情况下增加产出量。其次，知识水平的提高，使劳动者可以较快地接受新工艺、新操作方法，适应新技术、新设备，并且能够将发明和引进的新技术尽快和生产相结合，转化为生产力，从而增加产出，促进经济发展。因此，在区域劳动力数量不变的情况下，人力资源素质的提高，将会在很大程度上提高区域的劳动生产率，从而推动区域经济的发展。

总之，人在知识经济的过程中，居于核心地位，发挥着举足轻重的作用。人不仅是知识经济化的接受者，更是知识经济化的创造者；人不仅是知识经济化的中介和凝聚，更是知识经济化发展的无穷动力。人在知识经济中，不仅迅猛地创造着物质文明和精神文明，而且迅速地创造着人自身。人力资源无疑是区域经济的第一推动力，而人力资源的数量和质量是区域经济发展的决定性力量。正如列宁所指出的，劳动者是生产力的首要因素。在一般条件下，增加劳动力的投入可以在相应程度上提高区域经济的产出水平，不断地提升劳动力的素质可以大幅度地提高劳动生产率，从而促进区域经济的快速发展。

第三节 区域经济发展的制度环境

如前所述，一个区域的发展离不开自然资源、人力资源这两个最基本、最具活力的资源要素环境。尤其是自然资源和已经形成的社会生产力是区域经济发展的基础性要素，在区域经济系统中具有十分重要的作用，是不可或缺的环境条件。但是，不可否认的是，这些要素要是处于单独存在和运作的状态时，是不能够形成区域经济系统，也不能够进行区域经济活动的。只有当区域经济运行的主体，即企业、农户、政府机构等在一定的制度框架和运行机制下，对各资源要素进行整合，使之相互交织，相互配合，才能够产生综合影响，形成现实的生产力，从而实现区域经济增长的目的。因此，在区域经济的环境条件中，制度环境是相当重要的一个方面，它与自然资源环境、人力资源环境共同构成了区域经济发展所必需的三大环境。

一、制度的概念和含义

要讨论制度对区域经济发展的作用，首先必须对制度的内涵做出一个界定。学术界对于制度的概念表述并没有统一的说法。根据经济学家的解释，我们可以认为："制度是人们在社会政治、经济和思想文化生活中所遵循的规则和习惯的总和。根据新制度经济学的代表人物诺斯的理论，我们认为制度可定义为两个层次：制度环境与制度安排。制度环境是一系列用来建立生产、交换与分配基础的基本的政治、社会和法律基础规则；制度安排是支配经济单位之间可能合作与竞争的方式的一种安排，它'提供一种结构使其成员的合作获得一些在结构外不可能获得的追加收入，或提供一种能影响法律或产权变迁的机制，以改变个人（或团体）可以合法竞争的方式'。"

二、区域制度环境分析

（一）产权安排

诺斯认为制度安排是区域经济增长的关键。在诺斯的分析中，制度主要指产权制度，产权制度是制度环境的核心内容。产权是人们拥有的对资源的用途、收入和可让渡性的权力，一些产权可能由公共持有，所有人都享用，处于非排他和不可转让的状态；也有一些权利可能是私人拥有的，既排他的同时又可以自由转让。产权安排是区域经济制度环境的中心。这是因为产权安排对区域经济发展有着重要的影响，主要表现在：①决策。安排决策程序不同，最后的结果相差很大。②责任。不同的安排所体现的所有权不一样，在经济体中所负的责任也不一样，常常影响其在经济运行中的行为方式是积极向上，还是消极怠工。③利益。不同的安排应当带来不同的利益，如果由于产权安排带来不同的利益，或者由于产权安排造成的利益分配不合理，就会打击劳动者的积极性，从而影响经济增长。

（二）交易费用

同产权安排一样，交易费用也是区域制度环境分析的一个重要方面。交易费用也叫交易成本。合理的制度可以有效地降低交易成本，为节约交易成本提供了有效途径，而交易费用的节约则是市场秩序稳定有序的主要标志，也有利于经济的发展。许多制度被制定出来就是为了降低交易成本，有效的制度能够降低市场中的不确定性，抑制人的机会主义倾向，从而降低交易成本。科斯的制度起源理论揭示了交易费用与制度形成的内在联系：交易费用的存在必然导致制度的产生，制度的运行有利于稳定有序秩序的形成，从而实现交易费用的节约。

产权与交易费用也有着紧密的联系，一种产权制度的创新能够产生足够激励机制和降低交易费用，于是就会有总产出的提高，经济增长和发展的过程就是不断出现新的降低交易费用的产权制度过程。努力实现交易成本最小化是区域经济发展的关注点之一。

三、区域制度环境的优化

根据前面的分析，区域制度环境的两个核心方面就是产权的安排以及交易成本的降低，因此优化区域制度环境也应该主要从这两方面入手。

（一）区域产权安排的合理化

第一，产权的安排要适应目前阶段本区域发展的实际。对于区域经济来说，产权安排是否合理，要看这种安排是否能够促进区域经济增长，具体可以通过区域经济增长的指标去检验这种安排是否合理。如从中国 1980 年到 1997 年经济增长的区域差异可以看出，将所有地区的各类性质的企业的增长速度进行排名，增长速度最快的是私营和个体企业，其次是外资和中外合资企业，再次是集体所有制企业，排在最后的是国有企业。而增长速度最快的几个省份，浙江是私营、个体企业比重最大的省份，广东、福建是外资和中外合资企业比重最大的省份，江苏是集体所有制比重最大的省份，而增长最慢的是内陆省份，它们都是以国有企业为主的，国有企业比例最大的省份达到 95%。很显然，东部沿海省份的产权安排代表了改革的方向。1997 年以后，中国对产权制度进行了深入的改革，国有企业从一些竞争性的领域逐渐退出，产权安排日趋合理，形成了一个以国有经济为主导的、多种所有制经济并存的所有制结构。这种产权安排，显然更能够适应中国目前阶段各地区的发展实际。

第二，要根据区域发展的模式不同来安排区域的产权，也就是产权安排要与区域经济发展的模式相适应。当一个地区选择的是外向型的经济发展模式，那么产权安排中的合资以及合作形式将会占到很大的比重。因为一个国家或者地区要想形成外向型的发展模式，必然会引进外国的资本、技术和管理，并且将国际市场作为自己的主要市场。这样，外国资本的进入就难以避免。然而一个地区的发展基本上是内向的，主要市场也在国内，其合资的形式在产权安排中的比重就会缩小，相应的私营、国有所占的比重就会上升。一个地区如果是以私人投资为主体来发展区域经济，私营股份制的产权安排所占的比重就会很大。但是，不能认为公共的、国有的产权在其中就不占主导地位，这是因为一个地区如果法律规定的地上和地下的资源都要归国家所有，那么地方政府就可以依据法律的规定，用国有的资源作为资本，从而占有相应的产权，只有这样，才能代表本区域内最广大民众的利益。

第三，产权的安排要与区域产业结构相适应。区域的产业结构有轻型和重型之分，有大型和小型之分。产业结构不同，产权安排也应该有所差异。凡是以重型的或大型化的产业结构或企业结构为主体的地区，其必然是以国有或大型股份制财团所有额产权安排为主体，原因在于：重型或者大型企业，其建设的初始投资规模大，不适于小型的私有资本的投入，而只能够由拥有巨大财力的政府、国有企业或者财团进入。当然，区域经济制度环境的塑造，中心是处理好私有产权和公共产权的关系。公共产权的比重不能过大也不能过小。因此，合理的产权安排必须寻找合适的度，也就是寻找公平与效率的结合点，或者是政府与市场的结合部，这样的产权安排才能够有效地促进区域经济健康快速的发展。

（二） 交易成本的区域最小化

交易成本的区域最小化，是制度安排合理化的最终体现。影响交易成本的区域性原因主要有以下三个方面：

1. 区域的垄断及其竞争

区域的垄断和竞争是造成交易成本上升的重要原因。所谓区域垄断，指的是区域内少数几个企业形成的寡头垄断。这些寡头企业瓜分市场，为新企业进入区域设置一系列的障碍，从而提高了社会交易的成本。其中，区域的封锁和狭隘的地方主义，更能够助长这种垄断势力，维持垄断的局面。

2. 区域集团的形成及其竞争

区域集团包括区域卖方集团、区域买方集团以及区域混合集团。这些集团的生产权归属不同，会产生迥异的行为取向。根据内部化理论，单个企业面对区域市场会导致区域交易成本的增加，区域集团的形成可以协调企业和利益，是区域制度创新的结果，区域的各类企业通过内部化而组成区域集团，许多交易费用可以用内部化的方法解决，从而引出新的管理问题与利益分割问题。总体来讲，区域集团的形成将会降低区域总体的交易费用。

3. 区域间地方政府的竞争

地方政府从理论上讲是地方公共利益的代表。一个区域的地方政府与其他区域的地方政府存在利益上的合作和冲突。地方政府的经济行为，包括对区域内地方性资源的支配及其利用、政府直接投资和政府对地区经济的管理。政府作为公共利益的代表，是从公共利益最大化的角度参与地区的经济管理。政府作为地方公共利益的代表，是从公共利益最大化的角度参与地区的经济活动。但是政府的行为不一定都是理性的，所以公共利益最大化并不是意味着也能够带来效益的最大化。所以，为了促使交易成本的最小化，必须使政府所主导的公营部门与区域内的私营部门很好地结合起来，共同营造公用事业的最佳规模，以达成最小成本的实现。区域间地方政府的竞争，往往比区域间企业的竞争更加缺少理性。然而在一致对外的基调上，政府与企业经常能够取得共识，但是这样，又往往意味着政府运用手中的权力，进行地方封锁和地方保护，以此来确保地方 企业的所占有的市场份额。这种方式常常成为保护落后和保护后进的代名词。因为在竞争的环境里，地方政府的竞争既有公营部门的竞争，也有私营部门的竞争，这种竞争越是激烈，区域交易的成本也就会越高。

综上所述，区域经济发展的资源环境是由多方面、多要素组成的，而最有直接影响的是自然资源开发环境、人力资源开发环境和制度环境。如果一个区域在这三个方面能够占有相当的优势，那么这个地区就具备了发展的最佳外部条件。

第四节　案例分析
——区域经济发展的资源环境

黑龙江地区有着丰富的资源，尤其是在自然资源的占有上有着得天独厚的优势。

在土地资源方面，黑龙江省土地总面积 47.3 万平方公里，占全国土地总面积的 4.9%。尤其是在耕地面积上，黑龙江省是中国耕地面积最大的省份，是世界上著名的三大黑土带之一。全省人均耕地面积居全国第一位，据统计，2007 年耕地面积已有 1183.8 万公顷，人均耕地面积达到 0.3 公顷。在粮食方面，黑龙江省粮食生产能力目前已经突破 50000 万吨，跃居全国首位，是中国重要的商品粮基地，2012 年粮食产量达到了 5761.3 万吨，其中，大豆种植面积和产量居全国首位，2012 年黑龙江省的大豆播种面积和产量为 260.0 万公顷，产量为 463.4 万吨；黑龙江省的绿色食品监控面积、获得表示认证的产品数量均居于全国第一位，绿色食品认证数量在2012年达到1640个，绿色食品的种植面积6720万吨。

在矿产资源方面，目前黑龙江省已发现各类矿产132种，占全国已经发现的234种各类矿产的56.4%，已查明储量的矿产有81种，占全国已查明矿产资源储量种数（223种）的36.3%。其中，原油产量居全国第一，大庆油田是全国最大的油田，累计提供原油21.5亿吨，2012年原油产量达到了4001.5万吨。黑龙江省的石油、天然气和煤炭储量在整个东三省居于第一位，在全国也居于前列。以下是2012年的相关统计数据（见表1-1）：

表1-1 分地区主要能源、黑色金属矿产基础储量（2012年）

地区	石油（万吨）	天然气（亿立方米）	煤炭（亿吨）	铁矿（矿石，万吨）	锰矿（矿石，万吨）	铬矿（矿石，万吨）	钒矿（万吨）	原生钛铁矿（万吨）
全国	33325.33	43789.88	2298.86	194.77	20938.18	405.01	877.49	21088.22
辽宁	16946.82	178.54	31.92	54.98	1386.46	—	—	—
吉林	18304.08	776.22	9.82	3.82	0.40	—	—	—
黑龙江	50137.48	1381.51	61.64	0.35	—	—	—	—

资料来源：《中国统计年鉴》(2013)，中国统计出版社，第264页。

黑龙江省林业经营总面积达到3175万公顷，占全省土地面积总量的2/3，其中林地面积2007万公顷，森林覆盖率达43.6%。黑龙江省是全国最大的林业省份之一，林业生态地位十分重要，天然林资源是黑龙江省森林资源的主体，主要分布在大小兴安岭和长白山脉及完达山，大、小兴安岭是中国最大的林区，全省森林覆盖率45.7%。其中，红松、落叶松是国内少有的珍贵树种。据统计，2010年森林蓄积量为17.2亿立方米，森林面积达到2080万公顷；黑龙江省草原面积约为433万吨，优质的牧草为畜牧业发展提供了丰厚的天然条件，全省牛奶和乳制品产量均居于全国第二位，2012年全省奶牛数量为202.2万头，乳制品产量185.7万吨，奶牛产量559.9万吨。

独特的地理位置优势，使得黑龙江的旅游资源也十分丰富。黑龙江省冰雪旅游资源堪称中国之最，其中亚布力是亚洲最大的滑雪场，镜泊湖是中国最大的高山堰塞湖，五大连池被誉为“天然火山博物馆”，境内的松花江为黑龙江省旅游业的发展创造了得天独厚的条件。

此外，黑龙江省还具有十分丰富的动物资源和水资源，这些优越的自然资源使得黑龙江省成了名副其实的资源大省。

依靠这些优越的自然资源条件，黑龙江省以“振兴东北老工业基地”为契机，充分发挥资源优势，不断提升区域经济发展水平，三大产业的平稳较快发展，尤其是近几年，经济发展速度稳步提升。

2012年，在世界经济持续低迷，国内经济下行压力加大的背景下，黑龙江省牢牢把握“稳中求进”的工作总基调，坚定不移地推进“八大经济区”和“十大工程”建设，加快“十大重点产业”发展，区域经济运行呈现出缓中趋稳、稳中有升、结构优化、民生改善的良好态势。经济综合实力显著增强，农业经济平稳发展，工业生产企稳回升，旅游业仍然能够蓬勃发展，这很大部分得益于黑龙江省有着丰厚的资源作为经济其区域经济发展的强大支撑。再加上国家坚持以节约能源资源和保护生态环境为切入点，积极促进产业结构优化升级，为黑龙江省充分发挥区域资源优势，实现绿色发展带来了机遇。

黑龙江省是东北三省以及全国自然资源环境基础最佳的地区之一。从区域资源的利用类型严格划分，黑龙江省应该属于纯自然资源利用型。得天独厚的资源优势为该省的区域经济发展创造了良好的条件，为区域经济的持续发展奠定了良好的基础。

作为主要依靠资源优势发展区域经济的资源型区域，多年来经济发展过度依赖于对资源的开发利用，发展水平整体不高、产业结构较为单一、生态环境脆弱、资源开发利用效率低下、经济发展的动力不足，陷入“资源优势”的陷阱。目前，黑龙江省在资源环境的开发利用方面，仍然存在着一些不容忽视的问题。粗放型的发展模式仍然是该省区域经济发展的主要模式。区域经济的持续发展面临着资源环境的约束加剧，经济发展进入了“瓶颈”阶段。自然资源具有有限性，竭泽而渔的发展方式不可取。因此，黑龙江省在未来应该着眼于区域协调发展，更加注重资源环境的可持续利用。有鉴于此，未来该省的区域资源发展战略目标应该有如下几个方面：第一，节能减排，优化能源资源来源结构，充分利用与俄罗斯等周边国家接壤的区位条件，进一步发挥土地资源、矿产等资源丰富的优势，实现又好又快发展；第二，坚持抓好生态保护和建设、环境保护和资源节约，巩固发展生态保护和建设成果；第三，调整和优化产业结构，合理有效地利用资源，推动区域经济走绿色发展的道路。

区域经济可持续发展的核心是资源的合理有效利用，只有解决好这个问题，可持续发展的计划才能够得到顺利实施。不合理利用资源，就没有经济的稳定增长，也会影响到子孙后代以及未来区域经济的发展。

参考文献

[1] 鲁传一. 资源与环境经济学 [M]. 北京：清华大学出版社，2004.

[2] 牛文元. 自然资源开发原理 [M]. 郑州：河南大学出版社，1988.

[3] 朱连奇，赵秉栋. 自然资源开发利用的理论与实践 [M]. 北京：科学出版社，2004.

[4] 马克思. 资本论（第1卷）[M]. 北京：人民出版社，1975.

[5] 马克思恩格斯全集（第23卷）[M]. 北京：人民出版社，1972.

［6］杜肯堂，戴士根. 区域经济管理学［M］. 北京：高等教育出版社，2004.
［7］葛玉. 人力资源管理（第3版）［M］. 北京：清华大学出版社，2012.
［8］孙久文，叶裕民. 区域经济学教程［M］. 北京：中国人民大学出版社，2010.
［9］许文兴. 人力资源管理［M］. 北京：清华大学出版社，2010.
［10］李冰. 人力资源管理［M］. 北京：清华大学出版社，2009.
［11］李广义. 人力资源管理［M］. 天津：天津大学出版社，2009.
［12］卢现祥. 新制度经济学［M］. 武汉：武汉大学出版社，2005.
［13］中国统计年鉴（2013）［M］. 北京：中国统计出版社，2013.
［14］中国区域经济发展年鉴［M］. 北京：中国财政经济出版社，2013.
［15］中国发展报告［M］. 北京：中国统计出版社，2013.
［16］朱启贵：区域协调可持续发展［M］. 上海：上海人民出版社，2008.

第二章　区域产业结构与产业布局

第一节　区域产业结构的演变规律

一、产业结构的分类

“产业结构”是指各产业部门之间量的比例及其相互结合、相互依存的关系。从现代经济的发展来看，产业部门已突破了物质生产领域，涵盖全部国民经济活动的方方面面。因此，产业结构成为一个国家和地区经济结构中最基本、最具代表性的结构关系。

关于产业结构的分类，可以从不同的角度来进行。常见的分类方法有以下五种。

（一）按生产部门划分

按传统经济理论，将国民经济划分为五大产业部门：农业、工业、建筑业、运输邮电业和商业饮食业。由于它只考虑物质生产和流通领域，没有考虑科学文化等精神文明领域，这种分类方法带有较大的局限性。

（二）按产品使用划分

按产品的用途，将全部物质产业部门分成两大类：生产初级产品和中间产品的产业划作上游产业；而生产最终产品的产业则划作下游产业。二者之间并无严格区分，只是针对不同的经济活动而言。一般来说，上游产业的“前向联系度”较高，而下游产业的“后向联系度”较高。

（三）按经济功能划分

按经济功能和市场不同，把产业部门分成两大类：主要满足城市外部市场需要的产业为输出产业（或叫基础产业）；主要满足城市内部市场需要的产业为地方产业（或叫非基础产业）。对于区域经济发展来说，输出产业是起主导作用的动因，处于支配地位，因为它是区域从其外部获取资源的主要手段；地方产业则是支撑前者存在与发展的条件，处于从属地位。输出产业与地方产业反映了区域经济的二重性，即对外功能与对内功能的统一。

（四）按生产要素划分

根据各生产要素在不同产业部门中密集的程度和不同的比例，把它们分成三大类：凡单位劳动力占用资金较少、资本有机构成和技术装备水平较低、需要投入劳动力较多、单位成本中劳动消耗所占比重较大的产业，称为劳动密集型产业，如服装、皮革、饮食业等；凡投资比较集中、资本有机构成高而所需劳动力较少的产业，称为资金密集型产业，如石油、化工、钢铁、机械制造业等；凡生产过程机械化、自动化程度和技术层级较高且对知识人才素质要求较严的产业，称为技术密集型产业（或知识密集型产业），如电子、航天、生物工程等行业。

（五）按三次产业划分

将所有产业部门划分为第一产业、第二产业、第三产业三大类。这是当前国际上最通用也最全面地划分产业结构的权威方法。其优点在于不仅涵盖了人类物质文明的生产与流通领域，也包括人类精神文明的创造与传播领域，涉及经济与社会发展的各个层面，且概念明晰、界定严格，不会发生混淆。人类生产活动的发展和劳动力的流动，都是从第一产业、第二产业到第三产业。通常，人们都以第三产业占三次产业的比例，作为一国现代化的重要标志。

二、区域产业结构演进理论

国内外学者采用理论研究与实证分析相结合的方法对产业结构的演变规律进行大量研究，总结出许多相关的理论。

（一）配第—克拉克定理

17 世纪英国经济学家威廉·配第研究当时欧洲社会的生产和收入情况，通过对在不同产业劳动者收入差异的描述，揭示产业间收入相对差异的规律性，得出结论：由于当时荷兰大部分人口从事制造业和商业，因此其人均收入要高于欧洲其他国家。经济学家克拉克搜集和整理若干国家按照年代的推移，劳动力在第一、二、三产业之间移动的统计资料，总结出：随着经济发展和人均国民收入的提高，劳动力首先由第一产业向第二产业移动，当人均国民收入水平进一步提高时，劳动力便向第三产业移动；经济越发展，国民收入水平越提高，劳动力在三次产业间的分布状况是第一产业日益减少，第二、第三产业，尤其是第三产业劳动力将不断增加。克拉克认为，劳动力从第一产业转向第二、第三产业的原因是在经济发展过程中，由不同产业出现收入（附加值）的相对差异造成的。劳动力总是由低收入的产业向高收入的产业转移，人均国民收入水平越高的国家，农业劳动力在全部劳动力中所占的比重相对就越小，而第二、第三产业中劳动力所占的比重相对来说就越大；反之，人均国民收入水平越低的国家，农业劳动力所占比重相对越大，而第二、第三产业劳动力所占比重相对越小。两位学者阐述经济发展同产业结构中劳动力结构演变关系的结论合称为配第—克拉克定理。

（二）库兹涅茨的产业结构演变规律

美国经济学家库兹涅茨在继承克拉克研究成果的基础上，对产业结构的演变规律做了进一步探讨。他从劳动力和国民收入在各产业间的分布变化两个方面，对产业结构的变化做了分析研究，并分别把三次产业称为“农业部门”（包括农、林、渔业等）、“工业部门”（包括矿业、制造业、建筑业、电力、煤气、供水、运输、邮电等业）和“服务部门”（包括商业、银行、保险、不动产业、政府机关、国防及其他服务产业）。根据对各产业中相对国民收入变化趋势的分析，得出如下结论：

（1）农业部门实现的国民收入在整个国民收入中的比重，以及农业劳动力在全部劳动力中的比重，随着时间的推移不断下降。

（2）工业部门实现的国民收入在整个国民收入中的比重，大体是上升的；工业部门劳动力的比重则大体不变或略有上升。

（3）第三产业（服务业）实现的国民收入一般较难确定，甚至可能表现出下降趋势，但劳动力的比重几乎在所有国家都是呈上升趋势，说明服务业具有很强的劳动力吸附特性，但服务业的劳动生产率提高并不快。

（三）霍夫曼定理

德国经济学家霍夫曼在“配第—克拉克定理”和库兹涅茨的产业结构演变规律的基础上，提出霍夫曼定理，用来描述一个国家走上工业化的过程和动因。

（1）霍夫曼的工业产业分类。霍夫曼把工业产业分为三大类：一是消费资料产业，包括食品工业、纺织工业、皮革工业、家具工业等；二是资本资料产业，包括冶金业、运输机械工业、一般机械工业、化学工业等；三是其他产业，包括橡胶工业、木材工业、造纸工业、印刷工业等。这种分类目的在于研究消费资料产业与资本资料产业的关系。

（2）霍夫曼系数。霍夫曼研究发现，随着经济发展进程中的工业化推进，消费品部门与资本品部门产值之比是逐渐趋于下降的。据此，他认为衡量经济发展的标准是“消费品部门与资本品部门之间净产值的比例”（这个比例称为“霍夫曼系数”）。

霍夫曼系数（H）=消费品工业的净产值/资本品工业的净产值

霍夫曼定理指的就是霍夫曼所论证的在工业化过程中霍夫曼系数不断下降的趋势。根据这一趋势，霍夫曼把工业化的过程分为四个阶段，见表 2-1。霍夫曼认为，工业化的第一阶段，消费资料工业的生产在制造业中占有统治地位，资本资料工业的生产是不发达的；工业化的第二阶段，与消费资料工业相比，资本资料工业获得较快的发展，但消费资料工业的规模，显然还比资本资料工业的规模大很多；工业化的第三阶段，消费资料工业和资本资料工业的规模达到大致相等状况；工业化的第四阶段，资本资料工业的规模将大于消费资料工业的规模。

表 2–1　工业化的四个阶段

工业化阶段	霍夫曼系数（H）
第一阶段	5（±1）
第二阶段	2.5（±1）
第三阶段	1（±1）
第四阶段	1 以下

三、区域产业结构优化升级

（一）产业结构合理化

1. 产业结构合理化概念

产业结构合理化就是指各产业之间及其内部具有较高的聚合质量，能促进产业结构的动态均衡和产业整体素质的提高，是以协调为主要特征的，是经济发展的一个重要的经济理论基础。

2. 产业结构合理化的评价标准

一个国家或地区的产业结构是否合理，可以从以下方面判定：

（1）以“标准产业结构”为参照系数判定。一些经济学家在总结大量历史数据的基础上，通过回归分析得到能大致反映产业结构演变一般规律的所谓产业结构的“标准结构”，如库兹涅茨的“经济发展不同阶段的产业标准结构”、钱纳里的“产业结构标准模式”、“钱纳里—赛尔昆模型”等。将一国的产业结构与经济学家测算的“标准结构”进行对比，可以检验一国或地区的产业结构高度化程度，当然也可作为判断产业结构的合理化程度的参照标准。这种以“标准结构”为参照的判断能大致反映结构的状况，但要注意不能把它作为唯一的判断标准。各国具体国情不同，对产业结构状况具体要求也不尽相同。

（2）以对市场需求的适应程度作为判断标准。在市场经济条件下，一切经济活动都围绕对需求的满足展开，需求的满足包括总量上与结构上的满足。如果产业结构状况与需求结构相适应，这种结构就是合理的；反之，则是不合理的。

3. 产业结构合理化的意义

产业结构合理化是国民经济增长的客观要求，是经济发展的重要内容之一。

（1）产业结构合理化是经济协调增长的客观要求。经济协调增长就是资源在国民经济各部门之间的合理组合，在密切联系过程中追寻全面发展的过程。只有产业之间具有协调的联系方式，各产业之间才能产生合理的关联效应，某些部门的优先发展才能带动其他产业部门的发展，并最终带动整个经济系统的发展和国民经济的平衡增长。

（2）产业结构合理化是经济持续增长的客观要求。经济协调增长是经济发展的基础，产业结构的合理化能避免产业结构体系中的“瓶颈”与剩余，促进资源的合理配置，这是经济获得持续增长的必要前提与基础。

4. 产业结构合理化的推进力量

（1）市场机制是产业结构合理化调整的内在动力。市场化进程的推进实质上是不断地强化市场机制，实现资源优化配置过程，研究产业结构理论在于如何适宜地推进产业结构优化，以获得经济增长和资源配置高效化。从各国经济发展历史来看，推动产业结构优化的基本力量是市场机制，市场受需求导向，引导政府行为和企业活动，成为推动产业结构调整的主要力量。

（2）政府是产业结构合理化调整的引导者。产业结构调整的目标是实现结构的合理化。政府可采取积极的措施对结构进行合理化调整。政府在产业结构调整中的作用主要是做好预测、引导工作，如在引导投资方向、创造投资环境、制定各种政策等方面做好工作，保证结构调整沿着合理化的目标展开。

（3）企业是产业结构合理化调整的实际执行者。产业的基础是产品，产业结构调整必须立足于产品结构的调整，而企业作为产品的生产经营者，必将成为结构调整的实际执行者，在产业结构合理化过程中具有绝对的重要地位，应确立企业在产业结构调整中的主体地位。

综上所述，从产业结构合理化的调整过程来看，主要有两类调整：一是在部门、行业之间不断进行调整、协调，使之趋于均衡的过程；二是不断打破这种均衡，寻求高一层次的合理化调整，从均衡走向不均衡，再走向均衡的过程。

（二）产业结构高度化

1. 产业结构高度化概念

产业结构高度化是指产业结构系统从较低级的形式向较高级形式的转换过程，是一个动态过程、一个产业结构升级过程。产业结构高度化是一个相对概念，是针对现有的社会生产力水平而言的。产业结构高度化有一定的共同规律：一是三大产业的递进，即产业结构中占优势地位的产业从第一产业向第二产业，再向第三产业逐步演进。二是生产要素集约性差异产业的递进，即产业结构中占优势地位的产业从劳动密集型产业向资本密集型再向技术密集型产业逐步演进。三是产业结构从低附加值产业占主导地位向高附加值产业占主导地位演进。

2. 产业结构高度化的评价标准

一国或地区的产业结构达到经济发展水平或程度，是可以借鉴一些方法进行度量或评价的。从国际上看，主要有以下两类方法：

（1）“标准结构”法。它是将本国产业结构与世界其他国家产业结构的平均高度或如上述所讨论过的“标准结构”经验数据进行比较，以确定本国产业结构的高度化水平。

（2）相似性系数法。它是将本国某个反映产业结构状况的经济指标（劳动力结构或产值结构）与参照国的同类产业结构指标相比较，以确定本国产业结构高度化的程度。公式表示为：

$$S_{AB}=\left(\sum_{i=1}^{n}X_{Ai}X_{Bi}\right)\div\left(\sum_{i=1}^{n}X_{Ai}^{2}\sum_{i=1}^{n}X_{Bi}^{2}\right)^{\frac{1}{2}} \tag{2-1}$$

式（2-1）中：S_{AB} 为两国（A 国和 B 国）两种结构的相似系数，其极限值为 1，越接近 1，表明两种结构越相似；X_{Ai} 为产业 i 在 A 国结构中所占指标（产值或劳动力）的比重；X_{Bi} 为产业 i 在 B 国结构中所占指标的比重。

3. 产业结构升级的动因

（1）外部环境动因。这是指环境的变化对产业结构变化提出的要求。主要表现在以下几个方面：

生产要素供给状况的改进。劳动力、技术、自然资源、资金等生产要素供给在总量和结构上的改变，将影响到产业结构的运行效率和内部构成，从而对产业结构的演变起推动作用。一般来说，劳动力资源丰富的国家，劳动力费用较低，劳动密集型产业发展较快；劳动力资源稀缺的国家，劳动力费用较高，资金密集型产业发展较快。随着科学技术的进步，自然资源对产业结构的影响作用会递减：一方面是人造合成材料大量生产，对自然资源起极大的替代作用；另一方面是现有的传统材料的利用效率会随着技术的进步而提高，用途不断扩大。

经济发展战略和政府产业政策。经济发展战略的重要内容是确定优先发展和限制发展的产业，并通过制定产业政策以实现产业目标。如果一个国家能够正确地认识和掌握产业结构演进规律，结合本国国情，科学选择优先发展的产业，制定相应的产业政策，则推动产业结构沿着高度化的方向演进。

国际贸易因素。国际贸易对产业结构演进的影响主要是通过国际比较利益机制来实现，积极发展对外贸易和参与国际分工，有利于从国际市场获得国内难以具备的供求条件，利于产业结构的演进升级。

（2）内部技术创新动因。技术创新主要是指重大的技术发明创造，在所有导致产业结构变化、升级的诸因素中，技术创新对产业结构的高度化起核心作用。

技术创新导致技术变革、技术进步和新产业的产生。从产业发展的近代史看，正是重大技术创新推动产业结构的高度化，并使产业结构沿着以农业为主导向以工业为主导再向以信息产业为主导的方向不断升级。

技术创新导致生产方式的变革和生产社会化程度的提高，促使生产朝着多极化、社会化、国际化的方向发展。这些发展就是产业结构高度化的本质内容和重要表现。

技术创新创造新的市场需求，能推进产业结构高度化。由于技术创新创造新的产出，新产出满足生产和生活中潜在的和更高层次的需求。这种新需求将刺激新产业的扩张，导致某些传统产业的收缩，从而直接拉动产业结构的升级。

（三）产业结构的合理化与高度化关系

产业结构的合理化与高度化相互渗透、相互作用，构成产业结构优化的有机整体。

从静态分析来看，产业结构合理化是高度化的基础，只有在合理化的调整过程中，结构高度化才有可能实现。脱离合理化，盲目追求高度化，必然会破坏产业结构的稳定发展，只能得到没有良好经济效益的“虚高度化”。反过来，单纯追求合理化，排斥高度化，必然阻碍产业结构向更高水平的方向发展。

从动态分析来看，产业结构有序演进过程就是合理化与高度化辩证统一的过程。首先，产业结构的高度化产生于合理化。产业门类齐全，生产规模扩大，结构效益提高等达到量变才能达到质变。同时，产业结构合理化本身是不断调整产业间比例关系和提高产业间关联作用程度的过程，包含了产业结构高度化的因素。因为对产业结构的调整，无论是存量还是增量调整，都需要创新技术，提高结构效益。其次，产业结构高度化过程也是产业结构由较低水平的均衡状态向较高水平的均衡状态发展的过程。产业结构发展水平越高，其结构合理化的要求也越高。因为随着结构水平的提高，产业间的要求就更高，因此，产业结构的高度化必须以更高层次的合理化为目标。

第二节　区域主导产业的选择与发展

区域主导产业是以地区资源优势为基础，能够代表区域经济发展方向，且在一定程度上能支撑区域经济发展的产业。地区主导产业的选择以地区生产专业化为基本前提。

一、地区生产专业化

（一）地区生产专业化的概念

地区生产专业化是生产在空间上高度集中的表现形式，是指按照劳动地域分工规律，利用特定区域某类产业或产品生产的特殊有利条件，大规模、集中地发展某个行业或某类产品，然后向区外输出，以求最大经济效益。地区生产专业化是工业化过程中大机器发展的必然产物。大机器工业的出现为扩大生产规模、实现规模经济效益提供可能；工业化和技术进步创造现代化的交通和通信系统，降低地区之间经济联系的成本，使全国甚至全世界各地区之间可以互为原料地、互为市场，共同构成一个不可分割的经济体系。

（二）地区生产专业化部门的概念

地区生产专业化部门是指一个地区内直接或间接为外区提供商品或劳务的部门。它具有特定的区域属性，一个县的专业化产品对于一个省来说就不一定是专业化产品，甚至还需要输入。对于一个省、一个大区来说，也是一样的。

（三）地区专业化部门的判定

在区域经济学中，通常用区位商来判断一个产业是否构成地区专业化部门。区位商是指一个地区特定部门的产值在地区工业总产值中所占的比重与全国该部门产值在全国工业总产值中所占比重之间的比值。计算公式是：

$$q_{ij} = \frac{e_{ij}/e_i}{E_j/E} \qquad (2-2)$$

式（2-2）中，q_{ij} 表示 i 地区 j 部门的区位商；e_{ij} 表示 i 地区 j 部门的产值；e_i 表示 i 地区工业总产值；E_j 表示全国 j 部门的总产值；E 表示全国工业总产值。

当 $q_{ij} > 1$ 时，可以认为 j 产业是 i 地区的专业化部门，q_{ij} 值越大，专业化水平越高；

当 $q_{ij} \leqslant 1$ 时，则认为 j 产业是 i 地区的自给性部门。

利用区位商判断产业的生产专业化状况，实际是以全国产业结构的平均值作为参照系，假定全国各地区对产品的消费水平基本一致。当一个地区某产业或产品产值占总产值比重高于全国平均比重时，则认为该产业提供的产品或服务在满足本地区消费需求之后还有剩余，可用于输出，因而成为专业化部门。其比重比全国平均值高出越多，则可用于输出的产品也越多，专业化水平越高。

（四）地区专业化部门专业化水平的判断

一个地区某部门专业化水平是以该部门可以用于输出部分的产值与该部门总产值之比来衡量。如果以 x_{ij} 表示 i 地区 j 部门的专业化系数，则有：

$$x_{ij} = \left(\frac{e_{ij}}{e_i} - \frac{E_j}{E}\right) \times \frac{e_{ij}}{e_i} \qquad (2-3)$$

式（2-3）中各符号代表的经济含义与式（2-2）相同。

式（2-3）可以变换为：

$$x_{ij} = 1 - \frac{E_j}{E} \times \frac{e_i}{e_{ij}} = 1 - 1\frac{e_{ij}/e_i}{E_j/E} = 1 - 1/q_{ij} \qquad (2-4)$$

从式（2-4）可以看出，当 $q_{ij} \leqslant 1$ 时，$x_{ij} \leqslant 0$，表示 i 地区 j 部门的专业化水平低；当 $q_{ij} > 1$ 时，$1 > x_{ij} > 0$，表示 i 地区 j 部门的专业化水平高。

二、地区主导产业的选择与发展

所有的专业化部门在地区经济中都起重要作用，但只有主导专业化部门才能在地区经济中起主宰作用，能带动整个地区经济的发展。

（一）地区主导产业的选择

一个专业化部门要成为地区经济发展的主导产业，必须同时具备如下四个条件。

（1）有较高的区位商或专业化水平，一般 q 值在 2 以上或专业化系数在 0.5 以上，该产业的生产主要为区外服务。

（2）在地区生产中占有较大比重，能在一定程度上主宰地区经济发展。

一般而言，在选择主导产业时，地区范围大对区位商和产值比重的要求相对较低；地区范围越小，要求越高。一个城市选择主导产业要求的区位商和产值比重比大经济区要高，因为城市具有更高的外向性，而大经济区具有更强的综合性。根据各部门专业化水平的不同，我们将区位商≥2（或专业化系数≥0.5）、产值比重≥15%的部门称为一级主导专业化部门，将区位商≥1.5（或专业化系数≥0.33）、产值比重≥10%的部门称为二级主导专业化部门。

（3）与区内其他主要产业关联度高，二者之间的联系越广泛、越深刻，越能通过乘数效应带动整个地区经济的发展。

如何判断一个产业与其他产业技术经济联系的密切程度？通常用产业的影响力系数和感应度系数来表示。影响力系数和感应度系数是投入产出表的重要系数，都是反映产业间经济技术联系的指标。影响力系数是指某一部门增加一个单位最终使用时，对国民经济各部门所产生的生产需求波及程度。其计算公式为：

$$F_j = \frac{\sum_{i=1}^{n} \bar{b}_{ij}}{\frac{1}{n}\sum_{j=1}^{n}\sum_{i=1}^{n} \bar{b}_{ij}} \quad j = 1，2，\cdots，n \qquad (2-5)$$

式（2–5）中，b_{ij} 为完全消耗系数；$\sum_{i=1}^{n} \bar{b}_{ij}$ 为列昂惕夫逆矩阵的第 j 列之和；$\frac{1}{n}\sum_{j=1}^{n}\sum_{i=1}^{n} \bar{b}_{ij}$ 为列昂惕夫逆矩阵的列和的平均值。

当影响力系数 $F_j>1$ 时，表示第 j 部门的生产对其他部门所产生的波及影响程度超过各部门影响力的平均水平；反之亦然。影响力系数越大，该部门的发展对其他部门的拉动作用也越大。

感应度系数是指国民经济各部门每增加一个单位最终使用时，某一部门由此而感受到的需求感应程度，也就是需要该部门为其他部门的生产而提供的产出量。感应度系数的计算公式为：

$$E_i = \frac{\sum_{j=1}^{n} \bar{b}_{ij}}{\frac{1}{n}\sum_{i=1}^{n}\sum_{j=1}^{n} \bar{b}_{ij}} \quad i = 1，2，\cdots，n \tag{2-6}$$

式（2-6）中，b_{ij} 为完全消耗系数；$\sum_{j=1}^{n} \bar{b}_{ij}$ 为列昂惕夫逆矩阵的第 i 行之和；$\frac{1}{n}\sum_{i=1}^{n}\sum_{j=1}^{n} \bar{b}_{ij}$ 为列昂惕夫逆矩阵的行和的平均值。

当感应度系数 $E_i > 1$ 时，表示第 i 部门所感受到的感应程度高于各部门感应程度的平均水平；反之亦然。

（4）能够代表区域产业发展方向，富有生命力的产业。主导产业是在较长时间内支撑、带动区域经济发展的产业，因而必须是有发展前途的、代表区域发展方向的产业。为此，应该考虑如下因素。

根据区域所处经济发展阶段选择主导产业。处于工业化前期阶段的地区，主导产业一般具有劳动、资金密集型特性，可以在轻工业领域和基础性的重工业领域选择；处于工业化中期阶段的地区，主导产业一般具有资金、技术密集型特性，可以在重工业中的深加工工业领域选择；处于工业化后期的地区，主导产业具有技术密集型及服务型特性，可以在技术密集型产业、高技术产业及新兴服务业中选择。

根据产业发展的阶段来选择主导产业。根据产业生命周期理论，任何产业在某一地区的发展中都有规律性地经过科研创新期、发展期、成熟期和衰退期，主导产业要在科研创新期和发展期的产业中选择，其中处于科研创新期的产业可以作为潜在主导产业来加以培育。根据产业产品的收入弹性来衡量，主导产业应该是具有高收入弹性的产业，从而随着区域经济的发展，该主导产业能够拥有不断扩大的市场。

如上所述，主导产业应该是能够充分发挥地区优势、具有较高专业化水平、在区域经济中占有较大比重、能够代表区域产业发展方向的产业。

（二）地区主导产业的发展

在区域经济格局和区际关系中，主导产业是代表地区经济形象、获取地区经济利益的产业。主导产业发展的规模和水平在一定程度上决定着整个区域经济发展的规模与水平，因此，正确选择并努力发展主导产业是每个地区经济发展中的重大问题。一个地区的主导产业要得到良好的发展，至少应该注意解决如下问题。

（1）选择先进的技术武装主导产业。一个地区主导产业的发展是否成功，关键在于其技术水平和产品竞争力。作为主导产业的产品至少在全国应该是一流的，不论经济效益指标还是技术指标都应该是属于最好的，只有用最先进的技术武装的主导产业才能够在市场竞争中立于不败之地。比如，中国中西部地区选择的主导产业，由于其整体发展水平所限，其主导产业所处层次可以是比较低的，但其产品仍然应该是一流的。新疆的布匹、毛线如果竞争不过沿海地区，其纺织业就很难成为其主导产业。

（2）培育大型企业集团作为地区主导产业发展的载体。地区主导产业必须是在市场中富有竞争力的产业。主导产业要得到良好的发展，需要及时获得国内外同行业的最新信息，不断地实现创新和产品换代，也需要多方面跨区域的经济技术合作。一般的中小企业难以胜任，只有资金雄厚、技术先进的大型企业集团才能及时掌握国际国内技术动态，投入足够的资金进行研究与开发，从而为主导产业发展提供条件。

（3）选择具有发展潜力的幼小产业进行扶持，为未来时期主导产业的升级和更替做准备。主导产业是代表区域发展方向的产业，区域经济的发展必然要求主导产业逐步升级，要求扩散、压缩已有的技术层次较低的主导产业扶持发展新的较高技术层次的主导产业。当新兴主导产业还不成熟，缺乏市场竞争力时，需要政府予以大力扶持，以免下一轮产业结构升级受阻。

地区主导产业总是由三部分构成：一是已经具有强大生命力并代表区域发展方向的产业，这是地区主导产业的主体部分；二是目前还有较强的生命力，但技术层次较低的产业，这是上一轮主导产业发展的延续，对于区域经济发展而言，它将在下一轮产业结构调整中逐步被淘汰；三是目前还比较幼小但技术水平高、发展潜力大并且反映区域发展趋势的产业，这是新兴的、将主宰未来时期区域经济发展的产业，地方政府应因势利导，积极支持该类产业的发展。地区主导产业三个部分的每一次更替，表明区域产业结构实现一次升级，从而区域经济发展在工业化的道路上又前进了一步。

在上述主导产业的三个部分中，前两个部分便构成区域支柱产业。可见，支柱产业是指在区域经济中占有较大比重、对支持区域经济增长具有重大作用的产业，但是它不一定能够反映区域经济发展方向，甚至其中的一部分可能在下一轮的发展中被压缩和淘汰，这就是主导产业和支柱产业的区别所在。

三、主导产业与区域经济发展

（一）主导产业升级是区域经济发展的主要动力

区域经济发展是通过产业结构升级来实现的，主导产业是区域产业的核心，主导产业的升级是实现区域整体产业结构升级的主要动力。主导产业升级可以通过两个途径来实现。

（1）以全新的、更高技术层次的产业来替代原有产业成为新的主导产业。一般而言，新主导产业是根据工业化进程中产业结构演进的基本框架逐步形成的。比如，以工业替代农业，以重工业替代轻工业，以深加工工业替代原材料工业，以技术密集型产业替代资金密集型产业，以第三产业替代第二产业等。这些新的主导产业一旦形成，必然通过产业间的经济技术联系带动一批更先进的、技术水平更高的相关产业的发展，从而促进区域整体产业结构的升级。

（2）在同一产业内部，通过技术进步实现产品结构的升级，或通过制度创新实现生产组织方式的重大进步，使原有主导产业大大提高劳动生产率，重新焕发出巨大的生命力和活力。另外，同一产业内的制度创新、技术进步以及生产组织方式的重大进步也可实现产业结构的升级。

（二）建立以主导产业为主体的产业结构，促进区域经济协调发展

正确处理主导产业与非主导产业之间的关系是任何地区都面临的问题。一个地区，除了发展主导产业以外，还应该发展如下性质的产业，以求区域经济协调发展。

（1）与主导产业直接产生生产性和非生产性联系的产业。它包括为主导产业直接提供原材料及其他发展条件的产业，利用主导产业产品进行深加工的产业，为主导产业技术进步进行研究与开发的产业，为主导产业发展提供人才培训的教育产业以及金融业、广告业等。这些产业与主导产业一起构成地区主导产业群，主导产业群在区域经济中所占份额不低于50%。

（2）基础设施产业。基础设施是区域内一切经济社会活动赖以进行的基本条件，是衡量区域投资环境硬件的主要指标。任何地区都需要努力发展基础设施产业，尽可能提高基础设施的技术水平和服务质量，使地区基础设施与全国甚至与世界基础设施的发展水平接轨。

（3）为地方生产和生活提供服务的产业。它包括商业、饮食、卫生、教育等传统服务业以及旅游、娱乐、保健、保险等新兴服务业。这些产业为中小企业提供广大的发展空间，对于扩大就业、丰富生活、活跃地方经济具有重要的作用。

第三节　产业布局的区位选择

产业布局是指一个国家和地区产业各部门、各要素、各环节在地域上的动态组合与分布，是国民经济各部门发展运动规律的具体表现。产业布局理论的形成与发展是人类生产活动与科学发展到一定阶段的必然产物。最早从事这方面研究的是德国学者杜能、韦伯等，他们运用地租学说、比较成本学说等许多经济学研究成果创立古典区位理论（Location Theory）。

一、产业布局的区位理论

（一）杜能的农业区位理论

杜能是19世纪初德国经济学家、经济活动空间模式的创始人，他在亲自从事农业管理的基础上，对农业区位进行研究。1826年，杜能撰写名著《孤立国同农业和国民经济的关系》（简称 《孤立国》）。他认为，在农业布局上，一块土地专门种植什么作物可以获得最大的利润，主要不是由自然条件决定的，农业的经营方式也不是任何地方越集中越好，在这方面起决定作用的是级差地租，首先是特定农场（或地块）距离城市（农产品消费市场）的远近。为此，他提出著名的孤立国农业圈层理论。

首先，杜能在一系列假设条件的前提下，提出一个利润与农业生产成本、农产品的市场价格、运费关系的公式，表示如下：

$$P = V - (E + T) \tag{2-7}$$

式（2-7）中，P为利润；V为市场价格；E为农业生产成本；T为农产品的运费。

杜能利用式（2-7）计算各种农作物合理的种植界限，设计了孤立国六层农作圈：第一圈层为自由农业圈，距中心城市最近，是土地利用集约化最高，也是收益最高的地带，主要生产鲜菜、牛奶；第二圈层为林业圈，主要生产木材，解决当时城市居民所需的燃料；第三圈层为轮作农业圈，主要生产谷物，这一圈层的收益次于前两个地带；第四圈层为谷草农作圈，主要生产谷物、畜产品，以谷物为重点，该圈层是各圈层面积最大的，属粗放农牧业；第五圈层为三圃农作圈，即1/3土地种燕麦，1/3土地种稞麦，1/3土地休闲，主要生产谷物、畜牧产品，以畜牧为重点；第六圈层是畜牧圈，大量土地用来放牧和种植牧草，属极端粗放畜牧业。杜能确定，由城市向外延伸的距离只能达到250英里，再往外是荒野。尽管杜能的理论存在一些缺陷，但他的农业区位论给后来的许多工业区位论的研究者以深刻的启发。

（二）韦伯的工业区位理论

德国经济学家和社会学家韦伯是工业布局理论的创始者。1909年，韦伯在前人研究成果的基础上撰写 《工业区位论——区位的纯理论》一书，1914年又出版 《工业区位论——区位的一般理论及资本主义理论》一书，创立系统的工业区位理论。韦伯的工业区位理论以完全竞争市场为假定，分析工业区位分布的格局及其原因。工业区位理论的基本框架是：采用孤立化的方法，先研究运费对工业布局的影响，然后逐步放松假设条件，研究劳动费用与聚集因素对工业布局的影响。

首先，他认为运费是对工业布局起决定作用的因素。他将龙哈特的区位三角形一般化为多边形，因为一个工厂往往不只有一个原料地和一个燃料地。他假定有N个原料、燃料地，则工厂的最优区位必须满足的条件为：

$$\min F=f\times \min\left(\sum_{i=1}^{n} m_i r_i + r_k\right) \quad (2\text{-}8)$$

式（2-8）中，F 为单位产品总运费；f 为运费率；m_i（i = 1，2，3，…，n）为单位产品消耗的 i 原料、燃料重量；r_i 为 i 原料、燃料的运距；r_k 为产品远距。

其次，韦伯认为，劳动费和运费是影响工业布局的重要因素。对劳动费在生产成本中占很大比重或与运费相比较劳动费在成本中所占比重大一些的工业而言，运费最低点不一定是生产成本最低点，当存在一个劳动费最低点时，它同样会对工业区位施加影响。韦伯提出聚集所产生的规模经济效益也会对工业最优区位产生影响。规模经济效益的产生既是由于工厂规模的扩大所带来利益的增长，又是由于企业外部经济利益的增长。

二、产业布局理论研究内容

产业布局理论研究主要内容有产业空间布局条件、特点、层次、机制与调控手段等。

（一）产业布局条件研究

产业布局条件是指产业布局时的外部环境，既包括物质化的硬环境，也包括非物质化的软环境。生产力发展水平决定产业布局的形式、特点和变化，这是任何社会形态下都发生的普遍规律。产业布局条件除受当时生产力发展水平及社会物质财富的生产方式制约外，还受自然条件、经济地理区位及人口条件的强烈影响。

（二）产业布局特点研究

产业布局特点的研究主要包括：①各个产业由于自身的技术经济要求不同，而在布局上呈现出不同的特征。②各地区根据自身条件，扬长避短，发挥优势，形成各具特色的产业专门化。③各地区处于不同经济发展阶段而形成不同的产业结构，形成各具特色的多种产业的地域组合。

（三）产业布局层次研究

产业布局层次是指不同层次地域的产业布局具有不同的规模和规律。研究产业布局层次，既要研究全国性产业布局和地区性产业布局，也要研究产业布局在世界范围内的表现，即国际分工和国际产业转移。

（四）产业布局机制与调控手段研究

产业布局机制是指影响和决定产业空间分布与组合的各种因素之间的相互制约和作用的内在机理。产业布局机制可分为两大类：产业布局的市场机制和计划机制。产业布局的市场机制是随着资本主义制度的确立而逐步发展起来的，主要特点是：产业布局的主体是企业；产业布局的目标是利润最大化；产业布局的手段是经济利益导向。产业布局的计划机制主要特点是：产业布局的主体是中央政府；产业布局的目标是国家的整体利益；产业布局的手段是行政命令。

随着我国社会主义市场经济体制的建立，国家对产业布局的调控手段也发生很大变化。主要有以下几种：①制定国家宏观的总体发展战略和各产业部门的发展战略，以立法形式通过，并严格遵守，以保证总目标的实现。②科学地划分中央和地方的经济管理权限，包括财税决策权、投资决策权、外贸管理权等。③建立强有力的调控系统，主要依靠经济杠杆，必要时采取法律措施和行政手段。

三、产业布局区位选择的基本要素

产业布局是生产存在和发展的空间形式，影响生产的各种因素也必然在相应的程度上影响生产部门的布局及效率。

（一）地理位置因素对产业布局的影响

地理位置是指地球上某一事物与其他事物的空间关系。它是对国家和地区经济发展经常产生影响的因素，能加速和延缓地区经济的发展。

（1）对农业布局的直接影响。农业是人类社会历史上最早出现而不断拓展的物质生产部门。农业生产的自然与经济再生产过程的交织和统一、强烈的时间性、对土地的依赖性等固有的特征，决定它要受到光、热、水、土等条件的严格限制。因此，地理位置决定地区农业的发展方向。同时，农业生产也受当地运输条件及其相应的市场供求制约。

（2）对工业布局的重要影响。地理位置影响自然资源的开发顺序，那些地处交通方便、距离经济发展中心较近的自然资源总是较早得到开发。因为，相比较而言，那里的投资少、运费低，其资源的经济价值较大，企业因协作条件好，容易取得较高的经济效益。地理位置也会影响加工工业的布局。在重工业发展之初，原材料因素曾吸引重工业当中的许多部门具有原料地布局倾向，如钢铁、建材等部门。在轻工业中，以农产品为原料的生产部门其产业布局一般是原料指向型。而随着运输条件的变化，原料地工业逐渐向消费区工业转变。

（二）自然因素对产业布局的影响

自然因素包括自然条件和自然资源两个方面。自然条件是指人类赖以生存的自然环境，包括影响人类生产、生活的大气圈、水圈、生物圈、岩石圈等。自然资源是指自然条件中被人利用的部分。自然因素是产业布局形成的物质基础和先决条件，因为人类从事产业活动必须具备的劳动对象和劳动资料都是直接、间接来源于自然界。

（1）对产业布局的不同影响。人类社会发展的初期阶段，生产力水平低下，自然条件、自然资源的分布决定人类社会生产活动的分布。产业革命后，社会进入工业大生产阶段，自然条件尤其是自然资源对产业布局的影响显著，在工业原料、燃料富集的地方形成工业区。进入新技术革命时代，新兴工业对原料、燃料的需求减少，对自然环境的要求提高，空气新鲜、气候温暖适宜、水源纯净、无污染是最优的布局条件。

（2）对不同产业布局的不同影响。自然条件、自然资源对第一产业布局的影响是决定性的。由于第一产业的劳动对象直接来自大自然，因此，各种自然资源的分布也就是相应的第一产业的分布，第一产业布局直接受自然条件、自然资源的制约。自然条件、自然资源对第二产业布局的影响是间接的，影响主要有重工业中的采掘业、材料工业、重型机械，以及以农产品为原料的轻工业和食品工业，它们多分布在工业自然资源或农业自然资源较丰富的地区。第三产业是与第一、二产业相联系发展起来的，水、气候、地形等条件对其发展也有重要影响。自然因素对第三产业的影响突出表现在旅游业。高山峡谷、荒漠草原等保持原始自然美的地方成为丰富的旅游资源。

（3）直接影响产业布局的大格局。由于自然条件、自然资源是产业布局的物质基础，对劳动生产率、产品质量等方面具有直接、间接的影响，地球上的自然资源的分布具有明显的地带性，因而，自然资源直接影响到各地区劳动地域分工。具有不同自然资源特点的地区，突出发展某些产业，在一定程度上规定地区经济发展的方向，形成地区产业布局特色。在市场经济条件下，产业活动首先向最优的自然条件与自然资源分布区集中，形成一定规模各具特色的专业化生产部门，进而完成产业活动地域分工的大格局。

（三）人口、劳动力资源对产业布局的影响

人是自然和社会的统一体，是社会生产和生活的主体。人既是生产者，又是消费者，两方面的属性对产业布局都有深刻的影响。

（1）作为生产者的人对产业布局影响。在经济发展中，人口的数量和质量对产业布局有重要影响。一般来说，劳动力多、人口稠密的地区适宜发展劳动密集型的产业部门，利于解决劳动者就业问题；在人口、劳动力资源较少的地区适宜发展利用当地自然条件、自然资源的优势产业，以提高劳动生产率。人口质量对产业布局有重大影响，人口质量的高低与一定的生产率水平相联系，在以手工劳动为主的生产中，生产发展主要取决于劳动力数量的增加；在进入大机器工业生产后，生产发展对劳动力质量的要求提高；特别是在当今知识经济的条件下，高质量、高素质的人口和劳动力是发展技术密集型产业的基础。

（2）作为消费者的人对产业布局影响。人口的消费状况对产业布局有明显的影响。各地区人口数量、民族构成和消费水平的差异，要求产业布局与人口的消费特点、消费数量相适应。消费水平较高的地区，需要布局一些生产高档消费品的产业部门。例如，特大城市分布为人口消费服务的大城市工业（以针织、制鞋、玻璃、家具等工业为主）和城市农业（以蔬菜、花卉、牛奶等现代农业为主）。此外，人口的性别、年龄、民族、宗教差异，导致市场需求特征的多样性，要求产业布局根据不同情况，有针对性地选择项目种类和规模，最大限度地满足各种人口的物质和文化生活需求。

（四）社会经济因素对产业布局的影响

影响产业布局的社会经济因素有很多，主要有历史基础、市场条件、国家的政策、法律、宏观调控、国际政治条件、金融与税收等。

（1）社会历史因素对产业布局影响。产业布局是在前人建设的基础上进行的，因而产业布局具有历史继承性。已形成的社会经济基础对再进行产业布局具有重大影响，在不同地区，由于受区域自然、社会经济条件的影响，经济发展的速度和水平并不一致，构成各地区历史基础的差异。一般来说，在原有经济基础较好的地区，进一步发展可以利用原有的基础设施，会对产业布局产生积极影响。但同时还应注意，原有历史基础是在过去生产力水平下形成的，不可避免地存在一些问题，如结构不合理，布局零乱，或设施落后、污染严重等。在进行产业布局时，应根据具体情况，充分利用积极因素，使其产业布局合理化。

（2）市场条件对产业布局影响。任何生产都是为满足消费需求进行的，而市场是沟通产销的中枢。随着商品经济的发展，市场成为影响产业布局的一个越来越重要的条件。首先，市场需求影响产业布局，无论是地区、地点布局，还是厂址的选择，都必须以一定范围市场区对产品的需求为前提，低于需求量的产业布局是无法实现的。其次，市场的需求量影响产业布局的规模和结构，是形成主导产业、辅助产业，以及有地方特色的产业地域综合体的指南。最后，市场竞争可以促进生产的专业化协作和产业的合理聚集，使产业布局指向更有利于商品流通的合理区位。因此，产业布局必须首先通过市场调查、预测，了解市场行情的变化趋势，以便合理布局。

（五）科学技术因素对产业布局的影响

生产力中包含科学技术，它也是影响产业布局的重要条件之一。科学技术对产业布局的影响主要表现在以下几个方面：

（1）科学技术的进步，改变自然资源的经济意义，开拓资源的利用领域，改善各类矿物资源的平衡状况及它们在各地区的地理分布，扩展产业布局的地域范围；从而降低运费，扩展能源的远距离运输，解决产业布局中的时空障碍，改变产业布局的面貌；提高资源的综合利用能力，使单一产品的生产区变为多产品的综合生产区。

（2）科学技术的持续发展，使劳动生产率不断提高，进而调整国民经济各部门在整个国民经济中的比重，改变国民经济的结构；使新兴工业部门不断涌现，也不断地改变着工业内部的结构。

（3）科学技术的不断发展，改变生产力诸要素的地域结合状况，也改变地区经济的内部结构，从而间接地影响产业布局的改变。

第四节 新产业区与高新技术产业布局

一、新产业区

区域产业布局的最新研究进展，是新产业区理论的出现。

（一）新产业区的概念和作用

新产业区指基于合理劳动地域分工基础上结成的网络，这些网络与本地的劳动市场密切连接，实行专业化分工。从这个定义出发，新产业区是产业地域集中的一种新的形式，除了一般的聚集意义外，特别强调专业化和小企业集群，强调企业之间的合作与竞争，以及制度的建设。所以，新产业区可以称为“社会经济综合体”。

国内学者总结出新产业区的特点是：新产业区是一个由中小企业组成的地域系统；具有积极的外在性，企业间密切合作，在创新的基础上竞争；具有相互信赖的社会文化环境和积极的自助组织。新产业区的出现，对产业布局来说是一个新的现象，可以开拓产业布局的视野。小企业的布局更有新意、更有规律可循。小企业的聚集和产业群的出现对专业化分工有了更深刻的认识，而且更接近理想的专业化分工是有可能实现的。例如，在我国的浙江省，一个县或几个乡镇聚集起数百或上千家生产同类产品的企业，这种小企业集群的生命力远远超过了大企业。更能说明问题的是，小企业集群对区域经济发展的带动力量很强，凡是小企业集群发达的地区，都是区域经济发展很快的地区。

（二）新产业区的分类

对于新产业区的理论分类，国外大致将新产业区分为四类：第一类是由低内源力、低竞争力企业组成的无政府干预的地方生产系统；第二类是由低内源力、低竞争力企业组成的、存在相当政府干预的、具有一定创新能力的地方生产系统；第三类是由高内源力、高竞争力企业组成的、中小企业密切合作的、无政府干预的、创新力较强的地方生产系统；第四类是由高内源力、高竞争力企业组成的、有政府干预的、具有高水平创新能力的地方生产系统。我国的新产业区大多属于第二类，东南地区的一些由市场作用而形成的、具有专业化分工的新产业区属于第三类，而高新技术开发区大多属于第二类，个别属于第四类。从产业组成的分类来看，我国的新产业区大致包括三类。

（1）高新技术产业开发区。高新技术产业开发区是指由研究、开发和生产高新技术产品的大学、科研机构及企业在一定地域内组成的技术——工业综合体。包括：①科技园。

依托大学和科研机构所形成的科技园，科研是开发的中心，高新技术企业处于从属的地位。②技术城。以技术开发为支柱，发展高新技术产品的生产为辅助，形成科研—生产的综合体。③高新技术产品加工区。利用高新技术，生产高新技术产品，形成高新技术产品的生产基地。由上述三类新产业区组成的大型综合体，是高新技术产业带，如美国的硅谷、中国的中关村等。

（2）新工业区。新工业区是新产业区的一种普遍的形式。其内容是不限定区内的企业是否为高新技术企业，而是以发展现代制造业为主体，形成产业聚集。包括：①工业园区。这类工业园区是以工业开发为宗旨，以招商引资为主线，以高新技术产业带动传统产业发展的企业集群形式。②出口加工区。它是主要从事来料加工、面向国际市场的工业园区，往往具有免税的功能，与内部相互隔离。③专业性产业聚集区。以生产某一类或几类产品为主、没有固定区域界限的新产业区，是生产成本很低、竞争力很强的现代工业品生产基地。

（3）现代农业园区。现代农业园区是新产业区的一种扩展形式，主要是推广先进的农业技术，加快农业现代化的进程，加快培育区域的农业主导产业，形成农业的产业化经营；比一般农业区具有技术、资金密集特征，能大幅提高农业劳动生产率。

二、高新技术产业布局

与新产业区相关联的是高新技术产业的布局，也是新产业区建设的具体化。

（一）高新技术产业布局的特点

根据高新技术产业的特征，其布局特点如下：

（1）靠近市场。在技术日新月异、企业竞争激烈的情况下，只有靠近市场、靠近用户，才能及时发现需要，开发新产品，加快产品更新换代，并做好售后服务工作。

（2）靠近科研机构和大学。可就近聘请到高级科技人才，最快获得最新的科技成果，可与科研机构和大学共享先进设备和实验设施，这样能保证强大的产品研发能力，保证技术人才的提供。

（3）具有高级的企业管理人才和高素质的劳动力。因为高新技术产业竞争激烈，只有高级的企业管理人才才能正确领导企业；同时高新技术产业的生产设备先进，只有高素质、受过训练的劳动力才能胜任。

（4）具有优良的基础设施。要求水、电、气、通信设施齐全，靠近国际机场或海港，靠近高速公路，离中心城市的距离不能太远，方便职工上下班。

（5）具有完备的辅助工业和发达的第三产业支撑。要能保证高新技术产业所需要的设备、材料等上游产业和服务部门，综合配套能力强。因此，一般高新技术产业都设在较发达地区。

（6）具有优良的投资软环境。即优惠的地方政策，优良的法律、财务、专利、工商及进出口服务。

（7）能靠近投资机构。由于高新技术产业属于资金和技术密集型产业，高产出、高风险，需要充足的风险投资，因此，不仅要能提供资金，还要能帮助企业进行管理，传授经营管理经验。

（8）具有创业精神的城市气氛。如旅游城市就不适合布局高新技术产业，因为那里的城市气氛过于轻松散漫，不适合高度紧张、竞争激烈的高科技创业精神。

（9）具有聚集性。高新技术有聚集效应，不同的高新技术企业布局在一起，可以在共享和竞争中相互利用和促进，因此，高新技术产业多布局在高新技术产业开发区。

（10）具有良好的周边环境和生活质量。由于高新技术产业的从业人员素质高、收入高，因此，要求环境优美、空气清新、子女上学方便、交通便利、住居条件优越、水质良好、气候适宜等。

（二）国内外高新技术产业区布局

高新技术产业区是以智力为依托，以开发高技术和开拓新产业为目标，促进科研、生产与技术相结合，推动科学技术与经济、社会协调发展，以创新和技术为导向的高新技术企业集中布局的地区。高新技术产业区是知识经济产生和发展的“温床”，已有40多年的发展历史，比较著名的有美国的硅谷、日本的筑波、中国台湾的新竹等。高新技术产业开发区的发展模式有五种：以高新技术产业为核心，自发形成的开发区，如硅谷；以高新技术产业为核心，由政府规划和创建的开发区，如深圳工业园区；以高新技术产业为核心，通过国际合作共同组建的开发区，如中国与新加坡合建的苏州工业园区；以大学、科研机构为中心建立的研发型企业模式，如筑波；以传播、经营和销售高新技术产品为特色的开发区，如中关村。目前，世界上著名的高新技术产业区布局如下：

美国的硅谷，以斯坦福大学为依托，聚集了1400多家生产电脑、半导体的电子企业。该区生产的电子集成电路产品占世界总产值的1/4，年产值达450亿美元。日本的筑波科学城，是以日本国立研究院的几个研究所和46所高校为依托建立起来的，聚集了数万名科研人员和数千家企业，是亚洲最大的综合性高科技产业区之一。俄罗斯新西伯利亚高科技区，为联合综合性科研基地，聚集了近30个国立研究所和大学，有科技人员2万余人。加拿大卡尔顿高科技区，集中了近40所大学、众多科研机构和高新技术企业，是加拿大的科技核心区，被称为“北硅谷”。据1995年统计，我国台湾新竹科学工业园区生产的个人计算机产量在世界排名第三，世界市场占有率为10%，终端机排名第二，图像扫描仪排名第一，鼠标排名第一、网络卡排名第二，监视器排名第一，世界市场占有率分别为24%、55%、27%、10%，有台湾“硅谷”之称。

（三）我国高新技术产业布局

1. 我国高新技术产业布局特征

（1）高新技术产业发展地带性和地区性差异显著。从三大地带来看，东、中、西地区发展差距明显，高新技术产业主要分布在东部沿海地区。区域经济发展水平基本上决定了高新技术产业的区域宏观分布格局。我国高新技术产业的地区差距也与经济发展水平的地区差距一致。

（2）形成三大高新技术产业的集聚中心，地区差异性显著。目前，我国初步形成具有配套能力的三大高新技术产业基地。一是以深圳和广州为核心的珠江三角洲高新技术产业基地；二是以上海为龙头的长江三角洲高新技术产业基地；三是以北京和天津为核心的环渤海高新技术产业基地。以省份来看，广东、江苏、北京和上海是我国经济最发达的地区，同时也是我国高新技术产业发展水平和发展速度最快的地区。从 1991 年到 2001 年全国 31 个省、市、自治区医药制造业、航空航天器制造业、电子通信设备制造业、电子计算机及办公设备制造业、医疗设备及仪器仪表制造业五大类高新技术产业发展情况来看，高新技术产业总产值前 10 位的广东、上海、北京、江苏、天津、浙江、山东、福建、辽宁和四川占了全国 70%以上的份额，其中电子通信设备制造业、电子计算机及办公设备制造业更高达 91.51%和 97.54%。在电子信息通信设备制造业、电子计算机及办公设备制造业中，广东占有极其显著的优势；医药制造业、医疗设备及仪器仪表制造业成长、发展具有明显区域性优势的则是浙江、广东、上海、河北、江苏、浙江、上海、北京；而在航空航天器制造业的领先的则是陕西、黑龙江、江西和辽宁。

（3）中西部部分地区依托大城市成为高新技术产业的结集点。中西部部分大城市根据自身优势发展出独具特色的高技术产业，产业集聚的雏形逐步开始显露。无论是高新技术产业发达的东部地区，还是中西部地区，高新技术产业发展的初期都基本依托城市密集带和大都市区进行布局，以大城市为依托的高新技术产业点状体系构成了我国中西部地区高新技术产业空间格局的基本形态。

（4）高新技术产业园区以及各类创业园区是高新技术产业发展的微观集聚中心。各类经济技术开发区和高新技术产业区的优势在于灵活的管理机制、优惠的政策以及配套的基础设施建设吸引了众多高新技术企业。高新技术产业开发区已经成为我国各地发展高新技术产业的重要基地，是孕育高新技术企业的最佳环境。

2. 不同类型区域的高新技术产业布局及发展战略

（1）珠江三角洲。珠江三角洲的高新技术产业起步于外资，伴随着世界经济结构大调整和产业大转移，珠江三角洲的外向型高新技术产业发展还有广阔的发展前景。充分利用 CEPA 实施的机遇，与香港和澳门地区建立更为密切的经济、技术合作关系，充分利用香港的国际化平台与欧美等发达国家加强联系。大力发展“9+2”泛珠江三角洲经济技术合作，在更大范围内整合内地的科技资源，扩大经济腹地，以此壮大高新技术产业的区域整合能力。以电子信息产业为基础，逐步向其他高科技产业延伸，紧密电子信息技术与其他行业的联系，构造多元化的产业集群。转变技术发展重点，由主要对国外和中国港澳台地区输入技术的应用、模仿，转变为增强自主创新能力，进一步加强对具有自主知识产权的高新技术的研究和开发。

（2）长江三角洲。充分发挥上海的龙头作用，既把上海建设成国际经济、贸易、金融和航运中心，又要不断强化上海对外的辐射功能，未来上海发展应围绕提高城市综合竞争力这一主线。构建以上海为龙头、苏南浙北为两翼，打破地区分割，提高长江三角洲地区高新技术产业发展的整体创新能力。上海应重点发展研发、金融、贸易、航运、信息服务等高科技服务业，成为长江三角洲城市群高新科技产业发展的综合服务中心。苏中南和浙北地区是我国工业总产值最高的地区，以高科技制造、技术产品配套服务、电子电器产品等具有比较优势，充分利用当地雄厚的科技实力，加强对拥有自主知识产权的核心技术的开发力度，强化产业整合，培育具有国际竞争力的区域产业群落。加强生态环境治理和保护，走可持续发展道路。长三角地区人口密度高、土地承载压力大，随着近年来工业化和城市化迅猛发展，生态环境急剧恶化。

（3）环渤海地区。加强北京和天津的联合和内部整合，充分发挥北京和天津高新技术产业的联合效应和带动作用。应考虑把沿京津塘高速公路的北京实验区（中关村、丰台、昌平园区），天津市高新技术开发区，北京（亦庄）技术经济开发区，廊坊经济技术开发区，廊坊新技术开发区、武清新技术开发区、北辰经济技术开发区，天津市经济技术开发区，天津保税区，天津逸仙国际科技园等建成京津塘高新技术产业带。并以此为核心，促进包括山东半岛、辽东半岛在内的环渤海经济圈和包括河北、河南在内的大华中经济圈的成形，从而建成振兴我国北方经济的龙头。加强环渤海地区高技术产业发展中的分工协作，打破行政体制界限，优化资源配置，形成整体优势和竞争力。加强科研机构和企业改制力度，提高企业的科技创新意识和科技创新能力，努力提高科技成果的转化率。积极推进政府职能改革，营造良好的经济环境。相对于珠三角和长三角，环渤海地区高新技术产业发展的体制障碍最明显，政府职能不到位，市场机制不灵活。

（4）东北老工业基地。借助国家东北老工业基地改造战略的机会，高起点规划，把东北建设成为东北亚高科技产业创新中心。把开发新型产业与用高新技术和先进适用技术改造传统产业结合起来，提高产业的整体竞争力和整体科技水平。把制造业信息化、装备制造业现代化作为产业发展的重中之重，使这些产业成为用高科技武装起来的新科技“制造业”。以城市为依托，以企业为核心，建立行业技术开发基地和技术创新服务体系。要以城市为依托，把大型国有企业作为创新的核心，优化社会科技资源配置，发挥整合优势。

（5）中西部地区。从根本上解决资源困境，实施跨越式发展战略。中西部地区高新技术产业整体上落后于东部沿海地区，发展高新技术产业必须实施跨越式战略，要实现中西部高技术产业的跨越发展，最关键也最困难的因素是资源（资本、技术和人才）超越性的快速积累。这不仅表现在量的增加，同时更体现在质的提高及结构的改善。重视科技园区在促进中西部地区高技术产业发展中的重要作用，形成区域性的高新技术增长极。要以西安、重庆、成都、武汉、杨凌等一批高新技术产业开发区和科技园区为依托，通过技术扩散和渗透带动区域经济的发展。在中部地区，湖北、河南的高新技术产业发展处于前列，在医药制造业、电子计算机及仪器仪表制造业方面形成一定优势，在这方面可以考虑加大支持力度，以带动中部地区高技术产业的发展。西部地区陕西的航空航天器制造业优势非常明显，四川、重庆的航空航天器制造业产值比重在全国也处于前 8 位之内，另外四川的电子通信设备制造业和重庆的医疗设备及仪器仪表制造业也形成了一定规模，今后除了在这两方面强化发展外，还应该积极发挥杨凌农业高新技术产业基地的示范和技术、信息辐射作用，带动西部农业的大发展。从基础上构建高新技术产业发展平台，完善产业发展保障体系。首先要构建高新技术产业发展的信息、技术和管理三大平台，然后是人才、研发、金融和服务四大支撑体系的建设。

第五节　案例分析

——以浙江省产业结构调整与产业布局为例

浙江省位于中国东南沿海长江三角洲南翼，陆域面积 10.18 万平方公里，占全国陆域面积的 1.06%，是中国面积较小的省份之一；海域面积 26 万平方公里，海岸线总长 6486 公里，辖 2 个副省级城市、9 个地级市，34 个市辖区、21 个县级市、35 个县（含 1 个自治县）。2013 年全省生产总值 37568.5 亿元，占全国 GDP 比重为 6.6%，继续列广东、江苏、山东之后居全国第四位，增长 8.2%。其中，第一产业增加值 1785 亿元，第二产业增加值 18447 亿元，第三产业增加值 17337 亿元，分别增长 0.4%、8.4%和 8.7%；人均生产总值为 68462 元，比上年增长 7.8%，名列天津、北京、上海、江苏之后，居全国第五位。

一、产业结构不断优化升级

（一）浙江产业结构调整大致经历三个阶段

（1）第一阶段（1949~1978 年），产业结构不合理。第一、二、第三产业的比例虽然从 1949 年的 68.5∶8.0∶23.5 调整为 1978 年的 38.1∶43.2∶18.7，劳动力在三次产业间的分布实现了从第一产业向第二产业转移，但与全国平均水平相比，浙江存在农业比重偏高，而第二、第三产业比重偏低的现象。

（2）第二阶段（1979~1999年），工业拉动作用明显，发展方式初步转变。浙江省从轻、小、集的特点出发，充分发挥经营灵活，市场适应性强的优势，使有限的资源得到合理的配置。工业经济总量快速扩展，实力明显增强，是拉动全省经济增长的主要动力。工业增加值占全国的份额由1979年的3.1%上升到1999年的7.5%。1979~1999年，工业对经济增长的拉动为58.2%。第一产业继续向第二产业转移，也开始向第三产业转移。第一、二、三产业比例由1979年的42.8：40.6：16.6，变为1999年的11.1：54.7：34.2。第二产业比重已经高于全国平均水平8.3个百分点，但第三产业比重仍低于全国平均水平。

（3）第三阶段（2000年至今），第二、三产业共同推动经济增长。浙江省深入贯彻落实科学发展观，加快转变经济发展方式，推动产业结构优化升级，社会持续较快协调发展。虽然经济增速有所放缓，但产业结构更为合理。2000~2013年，第二产业增加值年均增长11.8%，高于GDP增幅0.3%，第三产业增加值年均增长12.5%，高于GDP增幅1%。产业结构逐步由“二、三、一”向“三、二、一”转变。第三产业的比重由2000年的36.4%上升到2013年的46.1%，比重年均提高0.7%。第一、二、三产业比例由2000年的10.3：53.3：36.4，变为2013年的4.8：49.1：46.1。第三产业比重赶超全国平均水平。

（二）产业结构变化特点

1949年新中国成立时，浙江省属于典型的农业社会，在GDP中，三次产业的比例为68.5:8.0:23.5。改革开放之前，与较弱的经济基础相对应，产业结构层次仍很低。1978年改革开放，尽管农业占GDP的比重低于第二产业，但农业增加值仍高于工业，特别是农业劳动力占全社会劳动力的比重高达近1/4，因此仍然属于比较典型的农业省份。改革开放以来，伴随着经济总量的高速增长，经济结构也发生深刻变化。在GDP中，三次产业比例由1978年的38.1：43.3：18.7转变为2013年的4.8：49.1：46.1；劳动力比重则由74.8：17.1：8.1转变为13.7：50.0：36.3，第一产从业人员比重下降61.1%，第二、三产业从业人员比重分别上升32.9%和28.2%。产业结构的根本性变化，标志着浙江实现由落后的农业社会向先进的工业化社会的历史性跃迁。

（1）农业结构变化特点：农业结构向多元化方向发展。农、林、牧、渔业总产值的比例，由1949年的81.4：5.4：11.3：1.9调整为1978年的77.3：3.0：14.3：5.3；2013年为47.1：5.0：19.3：26.7（农、林、牧、渔服务业占1.9%）。在农作物播种面积中，粮食与经济作物的比例，也由1952年的78.2：21.8调整为2013年的51.3：48.7。2013年，粮食、油料、茶叶、水产品产量分别为734万吨、37.8万吨、16.9万吨和550.8万吨，比

1949 年分别增长 70.7%和 2.2 倍、24.5 倍、76.6 倍；猪牛羊肉、水果产量分别达到 141.6 万吨和 715.7 万吨，比 1978 年增长 2.3 倍和 48 倍；蔬菜产量 1764 万吨，比 1985 年增长 16.6 倍。

（2）工业结构变化特点：工业在国民经济中的主导地位日益突出。2013 年，工业增加值达到 16368 亿元，按可比价格计算，比 1952 年增长 2378 倍，年均增长 13.6%，其中，1979~2013 年年均增长 15.4%，增幅比全国平均水平高 4.2%，比同期 GDP 增速高 2.8%。工业从业人员达到 1474.6 万人，比 1978 年增加 1192.6 万人，占从业人员的比重从 15.7% 提高到 39.8%。2013 年，钢材、布、丝织品产量分别比 1949 年增长 1689 倍、393 倍和 17 倍，汽车、电视机、家用电冰箱、金属切削机床、水泥产量分别比 1978 年增长 277 倍、1013 倍、1998 倍、14 倍和 68 倍。工业产品国内国际市场占有率提高，规模以上工业企业销售收入占全国的比重，从 1979 年的 3.3%上升到 2013 年的 6.0%；出口交货值占全国的比重，从 1990 年的 3.6%上升到 2013 年的 10.2%。工业行业结构发生了重大改变，已经形成工业门类比较齐全的产业结构，涵盖 38 个工业大类、180 个行业中类、464 个行业小类。轻重工业比例，1952 年为 89.3:10.7，1978 年为 60.2:39.8，1998 年为 62.2:37.8，2013 年为 42.1:57.9。2013 年，规模以上工业中，装备制造业增加值、战略性新兴产业和高新技术产业增加值占规模以上工业的比重分别为 34.8%、34.4%和 24.6%。企业经济效益较好，2013 年，规模以上工业企业实现利税 5984 亿元，比 1978 年乡及乡以上独立核算工业增长 248 倍，年均增长 9%，比 1998 年增长 14.7 倍，年均增长 19.6%。其中，实现利润 3561 亿元，比 1998 年增长 19.8 倍，年均增长 22.4%，每百元主营业务收入实现利税 9.76 元，比 1998 年提高 0.64 元；劳动生产率达 18 万元/人，比 1998 年名义增长 4.1 倍。以产业集群为支撑的区域特色工业造就了发达的县域经济。2013 年浙江 90 个县（市、区）中，有 17 个县（市、区）规模以上工业总产值超千亿元；有 5 个国家级高新技术产业园区和 20 多个省级高新技术产业园区，实现工业增加值 1641 亿元，占规模以上工业的 14.0%，比上年增长 11.0%，增幅比规模以上工业高 2.5%。

（3）第三产业结构变化特点：第三产业取得长足发展。1951~2013 年，第三产业增加值年均增长 10.2%。其中，改革开放以来 35 年年均增长 13.3%，第三产业占 GDP 的比重由 1950 年的 22.7%调整为 1978 年的 18.6%，2013 年提高到 46.1%。交通运输、批零住餐等传统服务业通过运用现代经营方式和服务技术，保持较快的发展势头，但比重下降。批发零售住宿餐饮业增加值占第三产业比重从 1952 年的 46.6%，下降至 2013 年的 28%；交通运输仓储邮政业增加值占第三产业比重由 1952 年的 17.9%下降至 7.6%。金融、保险、技术、信息、咨询、软件、会展、旅游、房地产等现代服务业发展更为迅速。2013 年，房地产业增加值达 2190 亿元，从 2000 年开始，年均增长 11.1%。金融业增加值 2966 亿元，占第三产业比重由 2000 年的 9.9%提升到 2013 年的 17.1%，比重上升 7.2 个百分点。其他服务业增加值6008亿元，占第三产业比重为34.7%，比2000年上升6个百分点。

二、块状分布的产业布局

浙江省区域经济的产业布局呈现块状分布是浙江省经济的特色和优势。改革开放30多年以来，浙江省经济一直保持全国领先发展的趋势。一个重要原因是在产业布局方面形成了区域块状经济快速成长的发展势头以及由此形成的巨大活力的支撑。区域块状经济是指在一定地域集聚形成的具有比较优势、能带动当地经济发展的特色产业及其组织形式，即由许多企业尤其是中小企业集聚形成的专业化产业区，是在市场机制作用下形成的区域产业布局。全省的区域性块状经济已经涉及制造、加工、建筑、运输、养殖、纺织、工贸、服务等十几个领域、100多个工业行业和30多个农副产品加工业。据统计，浙江省区域特色经济工业总产值约占全省全部工业产值的49%。乐清低压电器、海宁皮革服装、永康五金制品、诸暨珍珠、嵊州领带和浦江水晶工艺品等在全国享有盛誉。据调查，目前浙江省拥有工业总产值亿元以上的块状经济群500多个，其中52个区块的产品国内市场占有率达30%以上，提高了浙江产品在市场中的占有率和竞争力。

在块状经济中形成的浙江省区域经济的产业布局有如下特点和发展趋势：

（1）区域龙头企业迅速成长，产业链逐步向两头延伸。据调查，浙江省特色区块中500万元以上规模企业10313家，在激烈的市场竞争中，区域龙头企业得到快速增长，对中小企业的带动作用明显增强。

（2）加大技术改造力度，产品质量档次明显提高。浙江块状经济的技术改造投资形成了两个方面的积极性，一方面是企业技术改造投资的自主性增强，另一方面是政府通过财政贴息等政策进行鼓励。

（3）适应信息化趋势，注重发展现代物流业和网上交易。浙江省块状经济适应性较强，通过运用现代信息技术和营销手段能得到更快的发展。

（4）各类中介服务组织建设加快，企业竞争环境改善。浙江省的区域块状经济的主体是个体私营经济，无序竞争较为严重，从1998年开始建立的行业协会对于加强行业自律和自我服务及浙江省产业布局的调整具有重要意义。

三、案例分析及启示

（一）浙江产业结构调整呈现的特点

（1）工业内部结构优化，重工业化程度、高新技术产业比重不断上升。新中国成立初期，全省以农副产品为原料的加工工业为主，集中在纺织、食品、制革等少数行业。60

多年来，浙江省鼓励发展技术密集型行业，特别是加大了对电子及通信设备制造业、医药制造业等行业的培育和扶持力度。加强对纺织、煤炭、冶金、建材、轻工、有色等传统行业的总量控制。加快用高新技术改造传统产业步伐，促进行业结构升级。2013 年，规模以上工业总产值中重工业比重为 60.7%，比 1978 年提高 20.9 个百分点（口径不完全一致）。新技术产业总产值占比为 36.1%，比重也呈现逐年上升的态势。分行业看，纺织业不再“一家独大”，电气机械和器材制造业、化学原料和化学制品制造业发展也具备一定规模，2013 年三者占规模以上工业总产值比重分别为 9.3%、9.0%和 8.9%，名列行业占比前三位。

（2）现代服务业加速发展，第三产业内部结构优化。从发展历程看，行业发展阶段性特征较强。改革开放前，浙江省第三产业发展缓慢，1952~1978 年年均增速仅为 5.6%，人们的主要需求是满足温饱问题，传统行业批发零售、住宿餐饮业占第三产业比重一度达到 50%以上。改革开放后，经济高速增长带动了交通运输业的发展。1979~1999 年第三产业年均增长 13.9%，其中交通运输业年均增长 17%。进入新世纪后，国务院和省委省政府相继提出了关于加快发展服务业的若干政策意见，为全省第三产业发展带来了良好的契机。金融业成为全省第三产业发展的亮点。2000~2013 年金融业增加值年均增长 16.1%，是第三产业中发展最快的行业。自 1998 年取消福利分房，再加上人们对住房需求的高涨，房地产业经历了 10 多年的快速发展。1998~2009 年房地产业增加值年均增长 13.8%，快于同期 GDP 增速 1.8 个百分点。随着互联网的推广和使用，信息传输计算服务和软件业发展迅猛，2005~2013 年年均增长 16.3%。分行业看，传统行业占第三产业比重下降，新兴行业比重上升。2013 年，传统产业中的批发零售住宿餐饮业增加值 4847.78 亿元，占第三产业比重从 1952 年的 46.6%，下降至 2013 年的 28%。交通运输仓储邮政业增加值 1326.02 亿元，占第三产业比重由 1952 年的 17.9%下降至 7.6%。房地产业增加值 2190.03 亿元，近几年受宏观调控政策力度加大的影响，增速有所放缓，与 1979 年相比占第三产业比重略有下降。金融业增加值 2965.67 亿元，占第三产业比重上升明显，由 1979 年的 8.2%提升到 2013 年的 17.1%，比重上升 9.9 个百分点。经济的发展促进了居民生活质量的提高，2013 年，全省其他服务业创造增加值 6007.72 亿元，比上年增长 10%，占 GDP 比重与 1979 年相比，上升 7.7%。

（3）所有制结构不断完善，形成了多种所有制经济共同发展的方式。改革开放以来，依靠单一公有制经济的发展方式被迅速打破，建立起了多种所有制经济共同发展的良好局面，为浙江省经济取得举世瞩目的成就，并走在全国前列创造了条件。1979~1990 年，浙江省所有制结构的变化以集体经济的大发展为主要特征，乡镇企业异军突起。到 1990 年，全省集体经济比重达到 53.1%，非公有制经济比重仅为 18.5%。而 1990 年以来，随着邓小平南方谈话的发表，全省掀起了发展非公有制经济的高潮，特别是个体私营经济发展迅速，带动整个国民经济快速发展。1991~1997 年全省 GDP 年均增长速度达 17.0%。1997 年以后，随着非公有制经济政治合法性地位的确立，产权多元化的混合所有制经济获得了很大的发展，非公有制经济比重进一步上升，并超过公有制经济。到 2012 年，全省非公有制经济实现增加值占全省生产总值的比重达到 74.7%，非公有制经济已成为浙江省国民经济的重要推动力量，在吸纳劳动力、扩大出口、促进投资、增加税收等方面都起到了重要作用。

（二）浙江省区域经济的产业布局特点

（1）产业布局必须遵循市场经济的发展规律，按市场经济的公平竞争、等价交换、平等互利的原则进行，效率优先，兼顾公平。同时，应充分发挥政府的宏观调控职能，使产业布局尽可能科学合理。

（2）在产业布局过程中，应注重相关产业在一定区域的相对集中，既可以产生集聚效应，又能对企业污染的综合治理做统一安排。

（3）产业布局的发展要与城镇化的进程相结合，应避免“低、小、散”局面，使工业企业向小城镇集中。既可以使小城镇的基础设施得到有效利用，又能使小城镇的所属地区在工业企业的发展、扩张中进一步加快城镇化的进程。

参考文献

[1] 吴殿廷，宋金平，孙久文. 区域经济学 [M]. 北京：科学出版社，2003.

[2] 栾贵勤. 区域经济学（21 世纪经济学教材）[M]. 北京：清华大学出版社，2008.

[3] 安虎森. 新区域经济学（第二版）[M]. 大连：东北财经大学出版社，2010.

[4] 孙久文，叶裕民. 区域经济学教程（第二版）[M]. 北京：中国人民大学出版社，2013.

[5] 王辑慈. 创新的空间 [M]. 北京：北京大学出版社，2002.

[6] 谢文蕙，邓卫. 城市经济学 [M]. 北京：清华大学出版社，2008.

[7] 王俊豪，尤利群，伍争荣，盛世豪. 现代产业经济学 [M]. 浙江：浙江人民出版社，2003.

[8] 张庭伟. 高科技工业开发区的选址及发展——美国经验介绍 [J]. 城市规划，1997（1）.

[9] 张敦富，孙久文. 区域经济与知识经济 [M]. 北京：中国轻工业出版社，2000.

[10] 国家发展改革委员会. 中国高技术产业研究报告汇编 [R]. 2005.

[11] 2013 年浙江省国民经济和社会发展统计公报 [M]. 浙江日报，2014.

[12] 石敏俊. 现代区域经济学 [M]. 北京：科学出版社，2013.

[13] 经济结构调整优化——新中国浙江经济社会发展成就.浙江统计信息网，2014.

第三章 区域空间结构

第一节 区域空间结构的要素

一、区域空间结构的概念

区域经济空间结构（一般简称“区域空间结构”）是一个动态的概念，它是指生产力的诸要素在空间中的相对位置、相互关系、相互作用、集聚程度、聚集规划以及地区间的相互平衡关系，即各种经济活动在区域内空间分布状态、空间组合形式和方式。不同的区域由于生产力发展水平不同，各自内部诸要素也就存在很大的差异性，各要素在作用的内容、方向及强度上是极不相同的，也形成不同区域各不相同的空间结构。区域空间结构在区域经济发展的不同阶段呈现不同的组合状态，表现为各种经济要素在地域空间分化、组合、集聚的过程。在一定时间维度内，区域空间结构不仅是经济关系在地域空间中的反映，而且更是各经济要素的空间组合形式。总之，区域空间结构即指在一定时期内人类各种经济活动在特定区域内的空间分布状态及空间组合形式。它的形成及其特点决定其成为区别和衡量一个区域发展状态的重要标志。

区域空间是区域经济的一种重要结构，区域经济活动是在地理空间中进行的。一方面，各种经济活动的生产需要把分散在地理空间上的相关要素组织起来，形成特定的区域经济活动过程；另一方面，各种经济活动之间需要相互联系、相互配合，而它们的区位指向又不尽相同。于是，需要考虑如何克服地理空间的约束而相互连接起来，形成一个大的经济系统。在区域经济发展中，始终要考虑如何实现要素的空间优化配置和经济活动在空间上的合理组合，由此来克服空间距离对区域经济的约束。可见，区域空间结构表明了区域经济客体在空间中的相互作用及相互关系，以及反映这种关系的客体和现象的空间集聚状况和集聚程度，是区域发展状态本质反映的一个重要方面，也是从空间分布、空间组织角度考察区域发展状态和区域社会经济有机体的罗盘。

二、区域空间结构的组成要素

美国地理学家哈格特最早系统地提出了空间结构要素，将空间要素分解为运动、路径、节点、节点层次、地面、扩散六类几何要素。哈格特假定在一定存在空间差异的社会里存在着相互作用的需求，如X地的居民与Y地的居民进行贸易，Z地的人需要自己不能解决的货物和服务，这样便产生不同地方之间货物、居民、货币、思想等的运动形式。因此，分析空间结构的第一要素是运动的模式，而运动总是沿着特定的路线进行；空间结构的第二个要素便是关于路径和网络的特点；网络有边缘和交点，称为节点，节点便是空间结构的第三个要素；空间结构的第四个要素是空间节点的层次；第五个要素是地面，在地面上布满了节点和网络，在不同的地面有不同的土地利用方式；变化会导致空间结构的重组，变化的主因是发生了空间扩散，空间扩散是组成空间结构的第六个要素。

区域空间结构是由点、线、面三个最基本的要素构成。点是最基本的空间结构要素，是指一定区域范围内经济活动极化而成的中心（节点），点可以是城市、集镇、工业、商业或其他空间物质实体；线是一系列的按某个方向或规则排列的点规定了线性要素的起点、终点和方向，线可以代表交通干线或区界，交通线路是空间经济活动的基础和空间经济活动横向扩展的先决条件，即指由交通、通信等线状基础设施组成的网络；面是指受中心吸引和辐射影响的经济腹地，是点和线赖以生存的空间基础，具有确定的空间范围，其大小具有可测性，面可以是农业区域、工业区域或是其他类型的经济活动区域。

（1）经济中心。点是组成线和面的基础，是区域空间结构的研究重点。点是某些经济活动在地理空间上集聚形成的点状分布和形态。空间结构的点要素往往是空间经济活动中最密集、最活跃的地方，进而形成了经济中心。经济中心一般来讲是商品生产和商品交换的中心及经济交流的中心，是区域内经济活动的集聚点，是区域经济赖以形成的核心。经济中心力量与功能的强弱直接影响到整个区域的范围和结构。多数经济中心同时也是行政中心，因此，可以利用行政杠杆协调关系，促进城乡共同繁荣。从集聚功能上来看，在区域经济发展的初期或中期，经济中心的集聚非常明显，人才、资金、技术等不断向核心聚集，加强了中心的发展后劲。从扩散功能来看，中心达到一定规模，通过分工、协作等方式，可以更有效地带动周边地区的发展。经济中心多为一个或多个大中城市，因此，也就具有了政治、经济、社会、文化、服务等多方面的功能。随着中心各项功能的不断发展，其聚集和扩散的能力也日益扩大，核心地位不断巩固，规模不断扩大，也推动了城市化的发展。在规划效益的推动下，区域中心的空间结构、基础结构和产业结构都发生深刻的变化，其功能也不断增强。

（2）经济网络。线是在地域空间上具有确定线段的交通线路、通信线路、动力和水源供应线。这些线组合形成的地域分布体系，即所谓的网络。网络是经济发展地域联系的渠道、系统和组织。它在区域空间结构中发挥着特殊作用，它既是核心与核心、核心与外围的重要连接，也是产业布局的空间走廊，同时还是与其他地区进行联系的通道。人才、资金、技术、信息、商品等都是通过经济网络进行传递和流通的。区域经济的差异，决定着网络空间结构的差异。不同的网络组合类型反映了区域经济的发展历程，同时也预示着区域经济未来的发展方向和趋势。

（3）外围地域。面是区域经济空间结构三大要素的基础，没有域面就没有点、线以及网络。域面是点、线及空间网络三者间的作用和影响在地表上的扩展，具有确定的空间范围。区域空间除去点和线之外的地域，即外围地域。外围地域是相对于核心和网络而言的，包括核心之外的所有城镇、农村和矿区，外围经济区域的纵深。外围地域的发展水平主要受核心和网络的发展水平所制约；反过来，外围地域的发展也支持和影响着核心和网络的发展。

总之，区域空间结构中的点、线、面并不是简单的空间形态，各种点、线、网络面相互结合构成了区域空间结构。对于一个完整的经济区域来说，三者缺一不可，并且这些要素必须具有一定的空间规模。因此，经济区域也就具有不可无限分割或扩大的特点。

第二节　区域经济的中心与外围

一、弗里德曼的中心—外围理论

中心—外围理论最早是发展经济学中用以解释发达国家和不发达国家之间不平等关系的理论，由发展经济学家劳尔·普雷维什于 1949 年在为联合国拉丁美洲经济委员会起草经济报告中首先提出，用以描述当是国际贸易体系中西方资本主义国家与发展国家的对峙情形。

美国经济学家 A. 赫希曼在 1958 年出版的《经济发展战略》一书中，提出了区域非均衡增长的“核心区与边缘区”理论。赫希曼认为，经济发展不会同时出现在所有地方，而一旦出现在某处，在巨大的集聚经济效应的作用下，要素将向该地区集聚，使该地区的经济增长加速，最终形成具有较高收入水平的核心区。与核心区相对应，周边的落后地区即为边缘区（外围区）。在核心区与边缘区之间同时存在着两种不同的作用，赫希曼称其为

“极化效应”和“涓滴效应”。极化效应是指核心区在与边缘区的作用中处于支配地位，将各种要素和资源吸引到核心区，引起边缘区的衰退；涓滴效应是指核心区在其经济增长过程中，将不断购买边缘区的原料、燃料和向边缘区输出资本和技术，带动边缘区的经济发展。

对赫希曼理论做出进一步发展的是美国城市与区域规划学者约翰·弗里德曼。他将这一理论引入到了区域经济学领域，他的核心理论是空间极化理论。他基于委内瑞拉区域发展演变特征的个案研究，吸收缪尔达尔和赫希曼等学者的区域经济非均衡增长理论，在《区域发展政策》（1966）一书中系统地论述了“中心—外围”理论模式；在《极化发展的一般理论》（1967）、《城市化、规划和区域发展》（1973）等书中将中心—外围理论的研究对象从空间经济扩展至社会生活各个层面。他强调中心—外围关系不仅存在于不同区域之间，也存在于不同产业部门之间和不同类型的企业之间。他借用熊彼特关于发展是由创新推动的观点，认为“发展起源于通信场内具有高频相互作用潜力的少数变革中心，创新总是从这些中心向具有低频相互作用潜力的地域扩散”。创新变革的主要中心被称为“核心区”，其他区域则为“边缘区”。核心区对边缘区的支配地位通过支配效应、信息效应、心理效应、现代化效应、连锁效应和生产效应六种反馈机制不断得到强化。对于核心区的作用，弗里德曼认为核心区通过其供给系统、市场系统和行政系统来组织自己的外围区。外围区是核心区的市场区和供给区，核心区位于空间系统中的一个蜂窝状网络上，任何特定的空间系统都可能不止一个核心区。较高级空间系统中的次级核心区可作为较低级空间系统中的一级核心区，特定核心区的区域范围将随着相关空间系统的自然规模或范围而变化。此后，“中心—外围”理论模式作为关于区域空间结构及形态演变的解释模型被广泛应用，特别是该理论模式与区域经济发展的阶段联系起来，符合大多数区域发展实际，对区域经济发展具有较强的解释力，因此作为理论工具广泛应用于指导区域规划与开发。

弗里德曼中心—外围理论的基本内容：

（1）中心区与外围区。中心区是社会经济活动的聚集区，一般指城市或城市集聚区。这类区域工业发达，技术水平较高，资本集中，人口密集，经济增长速度快。围绕中心区分布并受其影响的区域被称为外围区，包括上过渡区、下过渡区和资源前沿区域。中心区是创新变革的发源地，在资本、技术和政策上都具有明显的优势，可发展那些受原料区位变化影响较小的服务业和高新技术产业。中心区政治机构集中，处于稳定发展和支配地位。由于核心增长区的繁荣大大刺激了相邻区域的发展，投资不断增加，资源利用和农业发展的集约化程度不断提高，人口迁移量不断上升。与外围区域相比，环绕核心区的周围区域显示出经济上升的趋势，形成上过渡区。而下过渡区多位于边远的农村，还包括原料枯竭、老工业向衰退方向变动在内的区域。该区域的农业呈停滞状态，产业结构老化，效率低下，以粗放型经营生产方式为主，人口向外迁移。资源前沿区域是指那些富含有待开发的资源，对区域发展有极大潜在价值的区域，一般位于两种过渡区之间。中心区与外围区之间存在着一种密切的社会经济联系，共同组成一个严整的空间系统，亦即结节性区域。

（2）中心区和外围区的相互作用。中心区从外围区集聚生产要素产生出大量的创新（技术、材料、社会和文化体制等）。同时，这一创新又源源不断地从中心区向外扩散，引导外围区的经济活动等，从而促进整个空间系统的发展。同时，这两类区域之间还存在着决策的传播、移民的迁徙和投资转移三种基本的空间作用过程，各种空间作用的力度也均衡。中心区对外围区的支配和控制地位可描述为六大反馈效应：一是从外围区净获得资源的支配效应。二是因各种要素增长、潜在相互作用增强和创新速度提高，给中心区带来的信息效应。三是因创新机会多且预期成功率高而使创新者向往中心区的心理效应。四是因转变价值观、行为方式和组织机构，而有利于创新出现的现代化效应。五是因一种创新的产生而引起其他创新出现的连锁效应。六是因扩大规模经济和降低创新成本引起更多创新性产业配置的生产效应。在成功的经济增长过程中，上下过渡区、中心区和资源前沿区四种空间子系统的边界将发生改变，并使空间关系重组。这一过程将按照一定的次序进行，直到实现完全的空间经济一体化。

（3）区域经济空间结构演化具有阶段性。区域经济增长的同时，必然伴随着区域经济空间结构的变化，这种变化经历前工业化阶段、农业社会阶段、工业化阶段、后工业化阶段四个阶段。各阶段都反映了中心区域与外围区域关系的变化特点。经过四个阶段的演变，由最初的区域不平衡逐步形成功能各异的城市集群系统。

二、三元空间结构理论

所谓三元结构，就是随着区域经济的进一步发展和城市化过程的展开，在城市与乡村的相互作用下，中心与外围中间地带又分化出城乡边缘区，区域空间结构逐渐演化为中心—城乡—外围三元结构。

（一）城乡边缘区的内涵及其特征

三元结构论主张区域经济空间结构最基本的组织体系由城市、城乡边缘区、乡村三个基本单元组成，尽管三者的功能、特征相异，但又统一在某一区域，组成一个完整的区域空间。其中，城乡边缘区是构成区域经济三元空间结构的关键单元。城乡边缘区可以定义为：位地城市和乡村之间，以城市和乡村土地的利用方式相混合为典型特征，人口和社会特征具有城乡过渡性质的一个独特地域（郝寿义等，1999）。城乡边缘区具有四大特征：一是一个不连续的空间，深受建成区“外延型”和“飞地型”城市化的影响，同时其成长具有盲目性和自发性能；二是建成区是工作型流动人口的主要扩散地，城乡边缘区是农业人口向非农业人口大规模、快速过渡的转化地，也是城市与乡村景观转变最快的地域，界面变化快；三是空间范围受多种因素影响，其中以经济发展影响为主，具有动态变化特点，被替代的概率大，抗干扰能力弱；四是组成和影响因素复杂，包括人口结构、经济成分、产业结构、生态环境以及城市建设和管理等。

（二）三元空间结构的演化过程

城市、乡村和城乡边缘区三大地域构成单元的相互作用促进了区域经济三元空间结构的形成。

（1）城市化起步阶段。这一阶段社会总体经济水平较低，工业化发展所需的社会资本短缺，致使城市化的发展速度比较缓慢，但城市和乡村之间仍存在一定的经济往来，并在过渡地带形成城乡边缘区雏形，此时城乡边缘区基本以农业为主，因而在空间结构上只表现出城乡二元结构。

（2）城市极化作用进一步加大，工业化水平进一步提高，吸纳大量乡村人口向城市集中，靠近城市的区域基于城市人口的需要，其产业开始由普通农业向城郊型农业过渡，由粮棉作物必为蔬菜、瓜果等农副产品，产品的商业化率提高，形成与乡村不一样的边缘区。城市化高速发展导致城市外延的扩大，在紧靠城市的边缘区出现非农用地，且农业用地越来越少。伴随着城市的开发活动，“城市—城乡边缘区—乡村”三元结构基本成形，但农业仍为城乡边缘区的主导产业。

（3）城市化分散型阶段。随着城市经济的进一步发展，城市经济开始向外扩散，呈郊区化趋势。城乡边缘区成为人口、工业和仓储零售业的主要迁入地区。由于城乡边缘的社会观念、经济结构已初具城市特性，城市过于拥挤的状况使得人口和一些制造业纷纷向地价较为便宜、环境较为优越的边缘区转移，城乡边缘区的景观朝城市靠拢。此时三元结构表现最为明显，即以服务业为主的城市、工业起主导的城乡边缘区、以农业为主的乡村形成较为清晰的界限。

（4）三元结构后期阶段。城乡边缘区越来越朝着城市的方向发展，伴随着城市化的持续发展，它将成为城市的一部分。由于原来边缘区的一部分与城市连成一片，原有的三元结构会逐渐变得模糊，而在更广的范围内，新的三元结构开始形成。

第三节 经济区划

一、经济区与经济区划

（一）经济区

对于经济区的认识长期以来一直存在着争论，过去一般认为经济区是具有全国意义专业化的地域生产统一体，或者是以大中城市为中心具有全国意义专业化的地域生产综合体。但是这个定义只关注了具有较高组织水平的地域生产综合体，也就是综合经济区，而没有包含其他类型的经济区。目前比较统一的看法是：经济区是指以劳动地域分工为基础，客观形成的不同层次、各具特色的地域单元。经济区不同于一般的地理区域，它具有如下特点：

第一，区内相似性和群体性。任何经济区的存在都必然在客观上具备此特点。一种情况是，区内的经济活动属于某一类的经济活动，在经济发展基础和条件上的相似，共同追求经济发展的特定目标，共同享受政府赋予的特殊优惠政策或共同面临着区域经济发展的障碍等。这种相似性促使经济区的各子区域密切联合为一体，为解决区域经济发展的重大问题而共同付出努力。另一种情况是，区内包含了若干相关联的经济活动，它们依据经济上、技术上的联系而组成经济系统，从而使经济区内的经济活动具有群体性。

第二，客观性与开放性。经济区作为社会生产地域分工的表现形式，是客观存在的，也是可认识的，它具有一定的地域范围和自然经济特征。同时，经济区内部的经济活动需要从区外获得要素，需要利用区外的市场，并经常受到来自外部环境的影响。另外，经济区也需要通过对外联系来扩散影响，提高自己的地位，寻找发展机遇。开放性是经济区改善发展条件、获得发展机会和动力的一个重要因素。

第三，发展变化性与相对稳定性。经济区形成后，并非一成不变的，随着生产力水平的提高和社会生产地域分工的演变，经济区将经历量的积累并最终带来质的飞跃。相对稳定性则表现为地区经济、环境特征的相对稳定。由于稳定是相对的，发展变化是绝对的，所以往往由于地域范围和区内经济结构的变化而需要重新调整、划定经济区。

第四，当经济区的层次和规模达到一定程度时，它的合理发展通常会受到政府的重视，并通过经济区划和相应区域规划的制定来指导经济区的发展。因此，经济区是国民经济发展的重要空间组成部分，对国民经济发展有着重要的现实意义。社会劳动地域分工是经济区形成和发展的客观基础。

经济区有一定的结构和功能。根据不同的结构和功能，可以把经济区分成不同的类型。常见的分类方法是把经济区分为单一功能经济区和多功能经济区。其中，单一功能经济区可分为经济类型区和部门经济区，多功能经济区可分为流通区和综合经济区。还可以把经济区分为经济类型区、部门经济区和综合经济区。此外，随着区域经济的发展，一些新型的经济区不断地出现。

（1）经济类型区。这类经济区的特点是区内经济活动在某个或某些地方相似度非常高，且与区外差异明显。我国常说的东部、中部、西部三大经济带，就是这种类型经济区，它是基于发达程度来划分的。

（2）部门经济区。这类经济区的特点是区内经济活动具有生产、经营特征的一致性，相互之间存在着生产和经营方面的联系。而且彼此面临的问题相似，资源基础和发展条件基本相同，常见的有工业区、农业区、旅游区、贸易区等，还可以根据内部构成继续细分，如原料工业区、加工工业区等；农业区也可分为种植业区、养殖业区等。部门经济区还可以按照内部行业的数量分为综合性部门经济区和单一性部门经济区。

（3）综合经济区。综合经济区是指区内经济体系相对完整的经济区。其特点：一是在部门结构方面由若干部门构成，由少数部门主导，其他部门以主导部门为核心，构成一个完整的国民经济体系；二是在空间结构上有一个较强的经济中心，对周围施以较强的经济辐射带动作用，把各地区构成有机的整体；三是在网络联系方面综合经济区内部有一个以交通、通信、能源为基础框架，以各个经济部门之间、部门内部，公司之间、公司内部等组织联系为活动链条所构成的复杂经济网络。综合经济区一般分为大经济区、基本经济区和基层经济区。

（4）新型经济区。根据经济发展的需要，国家有计划地规划和建设了不同类型的对外开放区和贸易区。这类经济区在功能、内部组织和管理方面，与上述类型的经济区有所区别。所以暂称其为新型经济区。这类经济区包括经济特区、经济技术发区、出口加工区、保税区、自由港与自由贸易区、高新技术产业开发区和边境经济合作区等。

（二）经济区划

经济区划是在认识客观存在的经济区的基础上，根据特定时期国民经济发展的目标和任务，对全国区域进行分区划片，阐明各经济区经济发展的条件、特点和问题，指出它在国民经济体系中的地位和发展方向，最终为中央政府对区域经济进行宏观调控、地方政府制定区域发展规划、企业进行区域分析活动提供科学依据。经济区划的原则和依据视研究对象的不同、经济区划目的的不同而不同。从总体上看，以下几个方面是必须要考虑的。

（1）经济区内自然和经济社会条件的相似性和区际差异性，这是划分经济区的一般原则。

区内相似性，即区内主要的资源条件、经济发展水平、发展的潜力与问题、面临的任务和发展方向等方面具有近似性。区内相似性是经济区存在的客观基础，是一个经济区区别于其他经济区的主要依据。区内相似性体现在区际之间就成为区际差异性，这是区域分工的基础。

（2）充分发挥地区优势与国民经济综合发展相结合，即地区生产专业化与综合发展相结合，建立自己合理的产业结构。

综合经济区的划分一方面要服从全国或上一级经济区地域分工的需要，充分发挥地区优势，发展专业化生产，否则就不能完成全国劳动地域分工体系赋予的任务；另一方面，综合经济区还应该根据自己的条件，发展为专业化部门服务的部门及自给性部门，在一定程度上满足区内生产和生活的需要，否则就难以保证地区经济的顺利发展。现代化的第三产业是综合经济区实现经济综合发展的重点产业，经济区的级别越高，第三产业发展的规模就越大，现代化程度也越高。

（3）地区经济中心与经济腹地相结合。综合经济区应该是以中心城市为核心，以区域交通通信网络为脉络，上下级城市密切联系，城市与乡村相互结合的区域整体。在这里，中心城市是组织和协调区域发展的核心，它可以把经济区内各部门、各子经济区、各级城市的经济活动凝聚成一个整体。地区经济中心可以是一个密集的城市群，也可以是一个大城市、中等城市或者小城市。经济中心的规模和经济实力不同，对周围地区的辐射和吸引范围也不同，它决定了综合经济区的规模、级别和经济发展水平。因此，正确认识和判断各级各类经济中心及吸引范围，是划分综合经济区的重要依据。

（4）经济区的界线尽可能与行政区界线一致。综合经济区的发展是靠一系列政策来实现的，这些政策的制定者和执行者是各级行政区的政府机构，完全脱离行政区的经济区很难得到顺利发展。另外，目前绝大部分国家和地区的统计资料都是按行政区划汇编的，如果经济区划和行政区划不一致，在研究经济区划和规划区域经济发展时就很难得到相应的资料，或者为此大大增加工作难度，提高工作成本。一般而言，行政区的划分都尊重民族感情，原则上保持民族地区的完整性，综合经济区的划分也要充分考虑到这一点。

（5）同级综合经济区之间在地理范围上不宜重叠或交叉，各同级经济区地域范围的总和覆盖上一级经济区的国土总和，全国性的综合经济区应覆盖全部国土。虽然经济区不是一成不变的，但这种变动反映在区划方案的变动之中，具体到每一个综合经济区划方案，各级综合经济区都应该有明确的界限。

二、中国经济区划简评

（一）六大经济区方案

1985年，刘再兴教授对全国一级综合经济区的划分方案是改革开放以来出现较早、影响较大的一个方案。他从探讨一级综合经济区划的必要性入手，研究了经济区划的原则，认为经济区划在遵循区内近似性和区间差异性这一基本原则的基础上，还应考虑历史上形成的专业化和一定程度的综合发展相结合、具有发展水平较高的经济中心和经济核心区、已经或将要形成的经济联系、原则不打乱省级区划，必要时调整行政区划以适应经济区发展的需要、各经济区不交叉重叠，具有明确的地理界线等条件。根据这些原则，刘再兴把全国划分为六大经济区，即东北经济区（东北三省及内蒙古东二盟一市）；黄河中下游经济区（京、津、鲁、晋、冀、豫及内蒙古中西部）；长江中下游经济区（沪、苏、浙、皖、赣、湘、鄂）；东南沿海经济区（闽、桂、粤、琼、港、澳、台）；西南经济区（川、贵、云、藏）；西北经济区（陕、甘、宁、青、新）。

在经济区组织中，该方案打破了内蒙古的行政区界线，把长江中下游7省市合并为一个经济区，这些都是对以往区划的突破与创新。作为改革初期具有较大影响的综合经济区划方案，对经济区划研究起到了承前启后的作用，在原有经济区研究的基础上，发展了新的区划原则。尤其是对于综合经济区划要不要覆盖国土、综合经济区与三大地带的衔接、如何看待经济中心的作用以及出海口是否作为区划原则等问题进行的讨论，为后来的研究提供了重要依据。

（二）十大经济区方案

杨吾扬等借鉴经济区划从动力阶段、运输阶段发展到中心城市阶段的演变规律，根据中国复杂的国情，采取了一种多原则的划分方法：一些地区，主要是西部，根据能源来划定；另一些地区，可以采用运输来划定；而沿海省市，大多可采用中心城市原则来处理。在具体分析中，二者可以互相参照。据此，杨吾扬将全国划分为十大经济区，即东北区（黑、吉、辽及内蒙古东四盟）；京津区（京、津、冀、内蒙古锡盟）；晋陕区（晋、陕、内蒙古除阿盟外的剩余诸盟市）；山东区（鲁）；上海区（沪、苏、浙、徽、赣）；中南区（豫、鄂、湘）；四川区（川）；东南区（闽、粤、台、琼）；西南区（桂、云、贵）；大西区（甘、宁、青、新、藏、内蒙古阿盟）。

该方案的创新之处在于利用不同的区划原则，从动态的角度进行经济区划工作，这对于经济区发育程度不一的中国来说是一种非常可取的研究角度。经济区划的原则可以有多个，但是应该相互补充，前后统一。该方案由于两个原则的不一致造成了区划结果的矛盾，如晋陕区和大西区更像是一种类型区，而不是综合经济区。

（三）九大城市经济区方案

顾朝林是国内第一个系统地描述城市经济区理论和方法的学者。其运用图论原理和地理集聚原理，把城市看作一个包括社会、经济、科技、教育联系的 d 系，两个 d 系形成一个最基本的区域，不同层次的 d 系连接起来，形成 Rd 链，也就是由城市体系和通道网构成的空间结构组织。根据这种 Rd 链法，在全国组织九大城市经济区，即东北沈阳城市经济区（黑、吉、辽及内蒙古东三盟一市）；华北京津城市经济区（京、晋、冀、鲁、苏北、皖北、豫东北及内蒙古锡盟）；西北西安城市经济区（晋、陕、宁及青东、甘东、内蒙古西部）；华东上海城市经济区（沪、赣、苏中南、皖中南、浙东北）；华中武汉城市经济区（湘、鄂、豫南、陕南）；西南重庆城市经济区（川、云、桂、贵西）；东南沿海广州城市经济区（闽、粤、琼、桂东地区、港澳台）；西北乌鲁木齐城市经济区（新疆、青海柴达木盆地及甘肃河西走廊、内蒙古阿盟）；青藏高原拉萨城市经济区（西藏、青海玉树自治州等）。

此种利用数学方法的城市经济区组织方案，与现实中复杂的社会经济联系有所偏离，导致了区划方案中一些不当因素的出现。尽管如此，作为一种尝试也是具有一定积极意义的。

（四）七大经济区方案

1996 年，“九五”计划曾在东、中、西部划分的基础上提出过新的七大经济区方案。这七大经济区分别是长江三角洲及沿江地区（沪苏浙鄂赣湘皖及四川沿江地区）；环渤海地区（京津冀鲁辽晋）；东南沿海地区（闽粤）；西南和华南部分省区（云贵川桂藏）；东北地区（黑吉辽，内蒙古东部）；中部五省地区（豫鄂赣湘皖）；西北地区（陕甘宁青新）。

七大经济区的划分以中心城市和交通要道为依托，以城市经济条件下的内在经济联系和地理自然特点为重要划分原则，具有明显的综合经济区特征。但其中有的区又有明显的类型区特点，因此，胡兆量先生称其为复合型经济区，是一种介于综合经济区和类型经济区之间的过渡型经济区。

七大经济区划分的主要问题是地区交叉重叠太多，行政区划被打乱得太多，不利于经济活动的组织，因此在具体实施中难以操作。尽管如此，它是在我国市场化改革背景下提出的、第一次按市场经济规律划分的综合经济区，对于区域经济协调发展和后来的理论研究都具有重要的意义。

（五）九大都市圈方案

该方案在对美国和日本的区域经济结构进行对比的基础上，认为我国应该参考日本的都市圈模式，提出到 2010 年建立“九大都市圈”的构想。这九大都市圈分别是：京津冀都市圈，包括北京、天津和石家庄；沈大都市圈，包括沈阳和大连；吉黑都市圈，包括长春和哈尔滨；济青都市圈，包括济南和青岛；湘鄂赣都市圈，包括武汉、长沙和南昌；成渝都市圈，包括成都和重庆；珠江三角洲都市圈，包括广州；长江中下游都市圈，包括南京、扬州和合肥；上海都市圈，包括上海和苏锡常宁杭。

九大都市圈方案突出了大中城市在经济发展中的核心作用，主张通过组建都市圈来带动区域发展、解决区域问题的思路值得肯定。但是该方案还有许多具体问题值得进一步探讨。首先，在都市圈中建立相对独立的产业体系是实现都市圈战略的核心，并且强调对内封闭、对外开放，这种观点在强调加强东西联合、优势互补的 90 年代显得不合时宜。其次，九大都市圈所占面积不到全国的 1/3，有些省区甚至被永远排除在都市圈之外，这种组织不仅不能带动区域经济问题的解决，反而会使区域经济问题激化；就方案本身来说，在长江三角洲地区组建长江中下游和大上海两个都市圈，也明显背离了地区经济联系的客观实际。

（六）三大块划分方案

2005 年，孙红玲、刘长庚提出三大块经济区划分方案，将全国划分为泛珠三角经济区（粤闽琼湘鄂赣桂渝云贵川藏）、泛长三角经济区（沪苏浙皖豫陕甘宁青新）、大环渤海经济区（京津辽鲁冀晋吉黑及内蒙古）三大经济区。他们认为东、中、西三大地带这种纵向的划分不仅固化了区际间的原有差距，而且还会不断拉大区际间的现有差距。而“三大块”的划分，使三大经济区的整体实力相当，可以使日益拉大的地区差距得到收敛，有利于统一市场的形成和地方利益格局的破除，还可以使长期以来的“三农问题”得以最终解决。

三、我国经济区划的实践

综合经济区是制定和执行国民经济规划最主要的区域单元。由于历史的原因，新中国成立以来我国一直没有统一划分综合经济区，但有过类似综合经济区的宏观经济划分实践，主要有以下几种：

（一）按行政区划组织生产

这是新中国成立以来一直没有脱离的一种区域经济组织形式。这种形式虽然有利于调动各级政府的积极性，但容易导致行政手段对经济活动的过分干预，违反经济规律，人为地割裂区际间经济技术信息的正常联系和流动，不利于在全国范围内建立合理的地域分工。

（二）按沿海与内地两大块安排区域分工格局

这主要是在 20 世纪 50 年代，特别是“一五”时期，沿海与内地的区内一致性与区际差异性比较明显，按这种划分来安排地区产业布局对国民经济的发展起到过一定的积极作用，但是随着经济的发展，由于其划分过于粗略而很少再被采用。

（三）经济协作区

我国于 1958 年提出七大经济协作区，1962 年把华中区和华南区合并为中南区，成为六大经济协作区，即东北区、华北区、华东区、中南区、西南区和西北区。最初六大经济协作区的划分，本意是想作为综合经济区划，但后来没能真正起到综合经济区的作用。经济协作区的提法至今仍被人们习惯性地沿用。

（四）三大经济地带

“七五”计划将全国划分为东、中、西三大经济地带，实施西部大开发战略后，将原属东中部的广西和中部的内蒙古划入西部。2004 年又将东北三省单独列出，形成了东、中、西和东北四大经济区域并驾齐驱、共同发展的局面。

三大经济地带的划分从总体上反映出我国区域经济发展水平的梯度差异，以及我国宏观布局的总体趋势和大致轮廓，严格地说应属于经济类型区。但从作为我国政府组织国民经济活动的地域依托所起的作用来看，它又具有综合经济区的一些特点，但如果将其作为综合经济区划显然太过粗略。

（五）四类主体功能区

“十一五”规划纲要提出，根据资源环境承载能力、现有资源开发密度和开发潜力，统筹考虑未来我国人口分布、经济格局、经济布局、国土利用和城镇化格局等情况，把全国划分为优先开发区、重点开发区、限制开发区和禁止开发区四类主体功能区。

主体功能区与综合经济区是不同的，主要体现在以下几个方面：一是服务对象不同。主体功能区主要为政府决策服务，是政府制定区域发展政策的重要依据；综合经济区除了为政府决策服务外，还使企业跨区域扩张、设置区域分支机构、制定市场开发和竞争策略的依据。二是划分方法不同。综合经济区一般以城市或城市群为中心进行划分。如以上海为中心的长三角经济区，以北京、天津等城市为中心的环渤海湾经济区，以香港地区、广州和深圳为中心的珠三角经济区。在区域发展的早期，综合经济区主要以单个城市为中心来划分。随着城市化的不断推进和区域经济联系的加强，以城市群为中心的经济区逐渐增多。主体功能区则不以中心城市为中心进行划分，且中心城市对主体功能区划的影响也是有限的。三是影响因素不同。综合经济区主要研究区域的经济活动现状，主体功能区除考虑经济活动外，更多的是研究资源与环境对经济活动的影响。四是范围不同。主体功能区的范围比一般经济区范围要大，并完全突破了行政区。

由此可见，主体功能区与综合经济区的作用并不重复，在开展主体功能区的同时仍然有必要进行综合经济区的研究工作。

第四节　案例分析
——上海市在长三角地区发展过程中的地位变迁

改革开放前的上海经历了从边缘区上升为区域中心，然后又从中心地位逐渐降低的过程。近代上海无疑是长江三角洲乃至整个长江流域的经济中心、金融中心、贸易中心和航运中心，对区域其他城市的辐射作用和极化效应都是相当显著的。从区域空间结构的演进来看，当时的区域空间结构还处于以非均衡发展为特征的极核式空间结构模式，在区位优势的引导下经济活动在上海的集聚促成了上海区域中心地位的形成。上海中心地位的形成过程，实际上也是区域内其他城市的相对甚至是绝对的衰落过程。虽然作为中心城市，上海对区域内其他城市也有带动作用和正面效应，但在当时的社会经济条件下，区域内部的经济联动和产业整合都是相当初级的，再加上外来经济的冲击、内部手工业的衰落和本土近代工业的脆弱，区域经济还难以获得普遍性和可持续的发展。

新中国成立的近30年里，以上海为中心的区域中心外围结构被人为打破，通过类似的工业化道路，区域经济形成了相对分散而自成体系的、相互分割的空间结构。虽然上海在区域内的相对经济实力并没有因此而降低，但由于区域经济联系很弱，城市化进程又相当缓慢，上海的经济发展很难说有什么显著的区域经济效应，特别是上海第三产业的相对衰落，其区域服务功能可以说已丧失殆尽。但是，随着上海日益成为全国的工业基地，其向周边扩散的经济联系要求，实际上在当时就已萌芽。

改革开放后，由于中国经济改革的渐进特点，上海的经济发展在20世纪80年代显著落后，相反，江浙地区却通过不同的模式取得了经济的飞速发展。在这个过程中，上海的区域经济地位明显下降，中心地位也没有得到充分体现。进入20世纪90年代以后，长江三角洲逐渐取代珠江三角洲而成为中国吸收外商直接投资的热点地区。在这一阶段中，上海所吸收的外商直接投资在长江三角洲所占的份额大幅下降，并于2003年被苏州超过。这一此消彼长趋势的背后，是外商直接投资根据外部环境及其产业特性在区位选择上作出调整的结果。随着上海改革开放的启动，上海的中心地位才得到确认和巩固，并进而带动了周边地区的发展，使以上海为中心的区域层级结构逐步形成和稳定。从整体上看，目前长江三角洲已基本上形成了以上海为中心、江浙为两翼、内部联系紧密的空间经济格局。上海在其中起着独一无二的作用，成为次级经济区联系的纽带和交会的中心。目前，外资正在依据长三角各地的区位优势逐步形成有层次的、互补性的和相互支撑的空间分布格局。一方面，上海依靠其自身的产业结构优势、技术和人力资本优势以及现代服务业的聚集优势等，为投资于长三角其他地区的生产型外资企业提供了有力的支撑，从而与周边地区所拥有的其他要素优势形成了相互协调的互补机制。另一方面，上海的这些优势也引发和促进了跨国公司地区总部在上海的集聚，并与外商投资企业的生产部门在区域其他地区的集聚相互呼应，通过跨国公司的内部管理机制、产业布局和业务网络，大大加强了区域内部的产业分工和产业协调能力。这些都突出了上海虽然吸收外资方面面临困境，但仍然处于区域产业链中核心地位，并展示了其强大的区域服务功能。

在产业发展方面，利用其长期积累上海的经济发展在改革开放初期就具有了明显的结构优势和技术优势，并成为了推动上海经济发展的长期动力。新中国成立前，上海就已经是我国重要的工业中心，其后近30年的工业化进程，使上海在改革开放之初成为区域经济中毫无疑问的重心，无论是从总量还是从人均量来说，绝大部分经济资源都集中在上海，而区域内其他大部分地区则刚开始进入工业化阶段。虽然在20世纪80年代的区域经济腾飞中，上海发展严重滞后，竞争力逐渐流失，但凭借其初期的结构优势和技术储备，上海在区域产业结构的推进中始终走在前列，起着重要的示范作用、联动作用和服务作用。

上海在自身产业结构的调整中，利用区域经济的层级结构，实现了传统产业在区域内部的梯度转移，并进而带动了整个区域的经济发展和结构升级。在区域内部，由于工业化进程存在很大差异，区域经济在发展上呈现出一定的层级结构。在改革开放初期，绝大部分制造业都无疑例外地聚集在上海，但随着上海的产业升级和区域各城市的快速工业化，多数产业，特别是传统产业沿着区域内的层级结构由上海向外转移扩散，并逐步形成了新的集聚。这种区域内的产业梯度转移不仅加快了相关地区的经济发展和整个区域的产业变迁，而且通过聚集优势和产业分工提升了区域经济的内部协调能力和相互间的产业经济联系。

但是，由于在自身产业的进一步升级上，上海遇到了很多困难，在新兴制造业中，上海并不具有明显的优势，形成与周边城市的竞争局面，其长期积累的结构优势也由于改革开放初期的发展滞后而被大量压缩。20世纪90年代开始，上海开始着力发展第三产业，试图通过打造服务性中心城市来保持昔日在产业结构上的优势，巩固自身的中心城市地位。应该说，这一发展战略还是取得了相当的成效。第三产业在上海的集聚不仅提升了上海的城市功能，而且为区域经济的整体协调发展提供了支撑，从而强化了其中心城市地位。可以说，上海服务业的发展是上海继续保持产业结构优势、巩固中心城市地位的关键，但产业结构调整的滞后导致第三产业在内部结构和辐射能级上还存在许多问题，这些都限制了上海区域经济服务能力的进一步提升。

与区域内不同地区的发展模式和要素禀赋的差异相适应，长三角内部形成了不同的产业集聚模式和较为一体化的产业分工模式，上海凭借其中心城市的集聚功能和辐射能力，在区域的产业链条中起着重要的窗口作用、服务作用和管理作用。目前，外商投资企业在苏南的集聚和民营企业在浙东北的块状集聚已初具规模，而上海由于在信息、技术、人力资本、市场开发、社会服务体系、对外连通网络等方面具有明显的优势，总部型的经济集聚也已见端倪。

在吸引外资方面，上海利用自身的经济优势，在区域的招商引资中起到了先导和窗口的作用，并充分发挥中心城市的区域服务功能，为外商直接投资逐步在周边地区的集聚提供了多方面的支撑。区域经济的结构特征，特别是上海雄厚的经济基础和超群的结构优势，使上海成为外资在区域内的最初集聚地，成为长江三角洲对外开放的窗口。随着上海经济结构的转移，特别是周边地区经济的发展，外资充分依托上海的经济辐射和区域服务功能，开始将投资重心向长江三角洲其他地区转移，以利用其成本优势，并形成一定的产业集聚。以上海为中心并提供服务辐射、内部多层次和分工协作的区域空间经济结构，使各种区位优势能在区域层面上相互组合，从而形成整体区域的竞争优势。在内资上也存在着相似的分工趋势，即区域内发展起来的产业实体，将服务性部门向上海转移，而继续将生产性部门留在当地，从而使产业链条实现了区域内的合理分布，并在更高层面上的实现了战略分工与协作。

在经济全球化的背景下，上海和区域经济日益融入全球经济一体化的产业分工体系中。限于中国经济发展水平和技术能力，现代制造业的核心技术和开发设计能力都大多掌握在发达国家手中，区域承接的多是产业链中下游的生产组装方面。在这种情况下，上海的制造业在完成传统产业的产业转移之后，如果无法建立自身的创新能力和技术能力，只是简单地承接世界制造业的产业转移的话，就很难及时在新兴产业和高技术产业上形成新的优势和聚集能力。另外，国内服务业发展长期滞后，对外开放程度又有限，难以通过大规模引入外资实现质的飞跃，同时又要面临脆弱的金融业和过度“繁荣”的房地产业等诸多问题，上海第三产业的发展也亟待有所突破。

应该看到，现代高技术制造业与现代服务业之间的界限日益模糊，特别是对于大型中心城市而言，这两者之间绝不是此消彼长的相互排斥关系，而恰恰是相互促进、相互支撑的协调发展关系。现代高技术制造业是以不断的技术创新和技术开发为主要特征的，这显然需要现代服务业提供金融保险、信息生产、科研教育、人力资本等全方位的支撑体系。反过来，现代高技术制造业也为现代服务业的发展提供了必要的技术和物质基础，从而提高了服务业的产出水平和效率水平。上海拥有雄厚的工业基础、科研技术能力和开发潜力，现代服务业的发展也有相当的基础，从这个意义上看，上海开始注重发展高端制造业有其合理性，但这种发展战略必须与自身现代服务业的发展相协调，与产业的区域转移和区域分工联系起来，与区域经济整体发展要求和结构层次相一致。只有这样，上海的产业结构升级和经济发展才有可能实现新的突破。不管是从区域经济协调发展的角度来看，还是从上海自身的发展来看，上海的未来绝不会是简单地重新回归到制造业中心，也不是单纯依靠第三产业的“空心”城市，而应该是通过成为区域经济的现代服务中心、资源配置中心、创新中心和技术扩散中心而同区域内其他城市一道，将长江三角洲真正打造成为中国和世界的制造业中心。

参考文献

[1] 孙久文. 区域经济学（第三版）[M]. 北京：首都经济贸易大学出版社，2014.

[2] 李中东. 区域经济学 [M]. 北京：经济管理出版社，2012.

[3] 吴殿廷. 区域经济学（第二版）[M]. 北京：科学出版社，2003.

[4] 冯廷云. 区域经济学（第二版）[M]. 大连：东北财经大学出版社，2013.

[5] 孙海鸣，张学良. 区域经济学 [M]. 上海：上海人民出版社，2011.

[6] 张可云. 区域经济政策 [M]. 北京：商务印书馆，2005.

[7] 吴传清. 区域经济学原理 [M]. 武汉：武汉大学出版社，2008.

[8] 何奕. 上海经济发展的区域效应研究 [D]. 上海：复旦大学经济学院中国经济研究中心，2005.

第四章　城市化与区域经济发展

改革开放以来，我国的经济发展逐渐呈现出以地缘为根基的区域共同发展特点，体现了国家的宏观发展战略规划与当地的历史传统相结合，充分发挥区域资源互补优势，促进区域整体发展的思想。中共十八大报告提出了“坚持走中国特色新型工业化、信息化、城镇化、农业现代化道路”的战略方针，并强调要实现“工业化和城镇化良性互动、城镇化和农业现代化相互协调，促进工业化、信息化、城镇化、农业现代化同步发展”的目标要求；指出了加快农村城镇化，提升城镇化质量和水平是我国今后一段时期的重要工作和任务。显而易见，农村城镇化在扩大内需、拉动投资、带动区域经济发展、保持我国经济持续健康发展中起着支柱作用。本章将对城市化与区域经济发展的有关概念与理论进行深入探讨，最后以东北三省城镇化研究为案例进行分析，阐述城市化与区域经济发展的关系。

第一节　城市与区域发展

城市是区域经济活动的中心，是经济、社会活动的聚集体。每个经济区域都是依靠一系列网络系统连接成一个整体的。这些系统布局必然会出现大大小小的结点，有的是某个系统几条联系线的交叉点，有的是多种网络系统中不同线路的交汇点。正是在这些网络的结点上分布大大小小的城镇，并且依靠这些城镇把区域的经济活动凝结成一个整体。网络上的结点与城市在布局上是互为条件的，有的地方是为了城市的发展而有意识地加强它在多种网络系统中的地位，也有的地方是出于网络系统布局的要求而产生了结点。城市就是在这些结点上应运而生。

一、城市的概念与特征

(一) 城市的概念

不同的学科对城市的定义有着较大的区别。日本学者山鹿城次指出，城市与乡村之间的显著差别在于：城市是一个巨大的人口集团，人口密度远大于乡村；城市的产业活动主要是第二产业和第三产业；城市的中心性强，即城市是一定区域内的行政、经济、文化等中心，对周围的乡村起着支配或服务作用；城市的居民在职业、民族、流动性等方面的构成复杂，文化程度较高。在我国地理学界，对城市的概念具有代表性的解释是：城市是具有一定规模的工业、交通运输业、商业聚集的，以非农业人口为主的居民点；城市是具有一定人口和建筑、绿化、交通等用地规模，第二产业和第三产业活动为主的居民点。

(二) 城市的特征

描述城市特征可以从城市职能、城市性质和城市规模等几个方面入手。城市职能是城市在区域经济和社会活动中所起的作用。现代城市的职能具有很强的综合性，因此又可以把城市职能分为一般职能与特殊职能、基本职能与非基本职能。城市性质是指城市的主要职能，它反映了城市在区域经济和社会发展中的地位和主要作用，体现了城市的个性、特点及在一定时期内的发展方向。城市规模就是城市的大小，又可分为人口规模、用地规模和经济规模等。一般根据城市市区的常住人口和建成区范围分别表示城市人口规模和用地规模。

二、城市的产生

(一) 城市产生的时间

城市是一种与乡村相对应的、人类生存的特殊的地理空间，是一个地区乃至全国的政治、经济、文化中心。它不是与生俱来的，而是人类社会发展到一定阶段、人类文明发展到一定程度的产物。城乡之间的差别是随着野蛮向文明的过渡、部落制度向国家的过渡、地域局限性向民族的过渡而开始产生的。公元前 3500 年至公元前 1500 年是人类社会早期城市产生的时期。人类历史上的第一批城市，在公元前 3500 年至公元前 3000 年间，诞生于尼罗河流域、印度河流域和两河流域（幼发拉底河和底格里斯河）。中国是人类文明的发祥地之一，黄河流域也是世界上城市出现最早的地区之一。据考古发现，中国的原始城市产生于公元前 2500 年以前。

(二) 城市产生的规律

在城市产生的过程中，人类社会分工的不断深化起了决定性的作用，是一般规律。但是，不同城市的产生原因也可能不同，这其中有一些特殊的、偶然性的因素在起作用，如矿藏采冶、驿站设立或军事驻扎、边关防守等。由于考察的角度不同，就出现了关于城市产生原因的不同观点。日本学者寿野千秋综合考古学家和历史学家的意见，把古代城市产生的条件归纳为七个方面：①最原始的国家组织与王权的确立；②稠密的人口；③社会阶级的分化与职业的专业化；④巨大的纪念性建筑物的建造；⑤文字、金属器的发明与科学技术的发达；⑥由于剩余物质的产生而出现了有余暇从事知识性的活动；⑦商业与贸易组织的发达。

三、城市产生、发展的区域基础与我国城市类型

每个城市，无论其产生的原因如何，都离不开一定的区域背景作为其形成的条件和发展的基础。

（一）区域自然地理基础

一个地区的地质、地形地貌、气候、水文、土壤、植被等自然地理条件，是人类生存和发展的自然基础。它们通过影响人口的分布而影响城市的形成和发展。其中气候、水文和地形条件对城市的影响最为显著。自然条件越有利于人类的生存和聚集，城市产生和发展的自然基础就越优越，城市的规模也就越容易扩大。因此，大城市对自然条件的依存程度比小城市要大得多，大城市的自然分布规律也就更典型。

（二）区域经济地理基础

城市产生和发展的区域经济地理基础是指城市中人类活动所必须凭借的经济要素。

每一个城市都是一个经济系统，但它不是一个自我封闭、自我循环的系统，而是一个复杂的开放的系统。也就是说，城市不肯自己解决城市中人们生产、生活所需要的物质和能量，城市生活和生产的成果及代谢产物也不可能在城市内部完全消费、消耗、分解或转化。城市与区域之间是一种双向联系、相互交融、相互渗透的关系。

与自然条件一样，区域经济地理基础也是城市发展的生命力之所在。脱离了区域经济基础，城市就成了“无源之水，无本之木”，就失去了发展的动力和希望。20 世纪 60~70 年代，我国进行了大规模的三线建设，耗费了大量的人力、物力、财力，取得了一定的成绩，也留下了很多后患。其主要问题就在于工业布局和城市发展脱离了区域条件。这种城市缺乏应有的区域基础，也难以发挥对区域经济的带动作用，使自身失去了发展的动力。

（三）区域地理位置影响

1. 城市的地理位置定义

位置是一个相对的概念，是一事物相对于另一事物的空间状态。苏联地理学家巴朗斯基曾给地理位置下了这样一个定义：位置就是某一地方对于这个地方以外的某些客观存在

的东西的总和。如果这些客户安生存在的东西是赤道和本初子午线，那么就是数理地理位置；如果某一地区或城市对于它外部存在的东西具有某种经济意义上的关系，就是经济地理位置；在一定的国际形势下，一国与它的敌国和友邦的相对位置，则被称为政治地理位置。

根据这一定义，城市的地理位置就是城市与其外部的自然、经济、政治等客观事物在空间上的相互关系。城市的产生和发展需要一定的区域自然和经济基础，而这种区域基础往往取决于城市的地理位置。地理位置直接影响城市的产生和发展，有时甚至具有决定性的意义。

2. 城市地理位置区分

城市的地理位置从不同的空间尺度来考察有大、中、小之分。大位置是城市与较远的事物的相对关系，位置是城市与其城址附近事物的相对关系，中位置是大、小位置之间的一种过渡。对于不同规模、不同职能、不同地点的城市，大、中、小位置的概念也是不同的。有些城市的大位置要放在全世界的版图上来考察，如纽约、伦敦、东京、北京、上海等城市都是具有世界意义的城市，它们的大位置几乎是整个世界，它们的中位置可能要涵盖全国。有些城市的大位置要放眼全球，如天津、广州等。而某些小城市的大位置也不过是周围的区域。城市大发展应当立足于其小位置，大位置更多是一种战略意义。

（四）我国的城市分类

城市特别是大城市往往位于不同形态地形的接合部或过渡地带，如山前或山间平原、河谷地带、滨海地区等。我国的城市按其所在的区域地形可以分为十种类型：①滨海城市；②三角洲平原城市；③山前洪积冲积平原；④平原与低山丘陵相邻接的城市；⑤低山丘陵区的河谷城市；⑥平原中腹的城市；⑦高平原上的城市；⑧高原山间盆地和谷底的城市；⑨中山谷地城市；⑩高山谷地城市。这十类城市中，有六类属于平原城市，其他几类也都位于相对的平地之上。

四、城市经济区的概念、内涵、形成基础与特点

（一）城市经济区的概念

城市经济区，就是以中心城市为依托，包括若干中小城市、众多的城镇和大片的农村的经济联系比较紧密的区域。

（二）城市经济区的内涵

工业化以及现代化的发展，必然引起城市化，包括城乡一体化，这是世界经济、社会发展的一个普遍规律。城市化的内容，绝不仅仅是指城市的数量和城市人口比重的增加，还有更深刻的含义，即包括城市所在区域的发展、城市和区域联系的加强、人们生产和生

活方式的改变等。城市有其生产和发展的区域经济基础，一方面，城市所在区域的经济条件、资源条件和交通条件制约城市发展的方向和规模；另一方面，一个城市的出现和发展，又总会对周围区域产生不同程度的辐射和影响，起着调整、控制、服务和支援等作用，成为一个地区的经济中心。工业现代化的进步，专业现代化的广泛发展，使各部门间、城市间、城乡间的联系日趋紧密，并互相融合为城市区域一体化，这是城市经济区形成的客观规律。

（三）城市经济区形成的基础

城市经济区的形成，有两条是特别值得注意的：一是区域内必须具有较为发达的专业化协作和密切关系的经济联系，这是建立经济区的必要的前提和基础。这一条不具备就不可能形成经济区。二是城市经济区的形成必须以中心城市为依托，这是经济区中最重要、最核心的部分。中心城市界定经济区的经济性质，决定经济区的本质和发展方向。

（四）城市经济区的特点

城市经济区是社会化大生产的客观产物，人们经常把其与通常所说的城市行政区混为一谈。为了更准确地把握城市经济区的特点，在此把经济区和行政区做以下区别。

（1）经济区和行政区形成的方法和过程不同。行政区是由政权机关用行政命令和行政办法指定的行政管理区，其形成和划分主要是考虑行政管理上的方便。而经济区则是依靠中心城市的经济力量，根据经济发展的内在联系，在地区的分工高协作基础上逐渐形成的经济关系密切的经济网络。它是区域内经济发展的必然结果和客观需要，不是用行政命令和行政办法可以制定的。

（2）行政区内部关系和外部关系不同。在行政区中心都设有一个统管全区的行政机构，即地方一级的政权机关。它同行政区内其他行政机关是上级和下级、领导和被领导的关系；行政区之间界限分明，不同行政区的行政机关，不能随意越界处理行政事务。现代的城市经济本质上是一种开放型的经济，城市经济区同样是开放性的经济区。在经济区内没有地区限制、行业差别，也不存在领导和被领导的行政等级关系，这里通行的是一种等价交换和平等协作的关系。作为经济区内的中心城市，是区域内生产协作和商品流通的中心，它对其他城镇和广大乡村的影响和带动，不是依靠你的行政命令手段，而是依靠城市经济实力。因此，在经济区的内部和外部都体现了专业化的生产协作和商品交换的平等的经济关系。

（3）经济区和行政区的界限和范围不同。行政区的划分，考虑行政管理的有利和合理，必须规定明确的界限和范围，并需要保持相对的稳定，不宜经常变动。而经济区则不同，它没有明确的界限和范围。在经济区和经济区之间，往往互相交叉，错综复杂。特别是在经济比较发达、城市比较密集的地区，各城市经济区更是互相交织、重叠复合，形成密集而复杂的经济网络体系。在城市经济的互相渗透和联系中，根本不可能对各个城市经济区划分明确的界限和范围。

（4）城市经济区与行政区划分原则、目的不同。城市经济区总是大于它所在的中心城市本身的行政区，而且一般来说，也大大超过同一城市为中心的行政区范围。经济区和行政区范围的不一致是经常的、普遍的，这是因为经济区和行政区的分区原则和目的不同。经济区为适应社会大生产基础上的城市经济发展需要，要求有一个比较广大的横向联系范围，以利于生产和流通的进行。行政区的划分，则要以行政管理为主，综合考虑民族文化、历史地理情况，行政工作需要强调纵向联系，便于处理行政事务。

五、城市经济区的结构与功能

（一）城市经济区的结构

城市经济区是典型的结节区域，其内部是一个多层次地域系统。

（1）城市经济区域内必须具有发达的分工协作和紧密的经济联系。城市经济区越发达，经济联系越密切，区内的人流、物流、资金流、信息流越繁忙，区域经济网越完善。城市经济区内在的经济联系，形成了地区内经济的独特属性，也形成地区内的优势产业和优势产品。这些地区以外的经济运动形成强大的辐射，并同其他经济区进行交换。为了使这一优势得以充分发挥，就需要把区内的分工协作体系合理地组织起来，使自发的协作和联系，变为自觉的协作和联合，使松散的经济要素成为一个“优势的集合体”，以发挥出最大的区域经济效益。

（2）城市经济区形成的核心和依托是中心城市。中心城市是指那些可以在全国或较大范围具有较大影响和作用的城市，它在城市规模、经济实力、服务等各方面都要达到相当的规模和水平，否则就不能称为中心城市。当然，中心城市的存在和发展要以区域内的经济发展为基础，没有区域内经济的发展，就不会产生中心城市。但是，没有中心城市的租用，经济区的形成和发展也是不可能的。

（3）城市经济区以若干中小城市为骨干和中坚力量。在一个城市经济区中，还存在若干中小城市，它们在城市经济区中起着骨干的作用，是影响中心城市经济功能得以实现的必要环节。中小城市都是一定地域范围的政治、经济、文化中心，其形成和发展要受城市本身的条件和区域经济基础的制约，同时，城市的发展又会促进区域经济的发展。因此，应该从区域着眼，对城市的性质、规模和布局进行统筹规划，使区域内形成各具特色、分工协作的城市体系，以充分发挥每个城市的作用，促进区域内经济的发展。

（4）城市经济区以众多小城镇作为连接城乡关系的桥梁和纽带。在城市经济区内，还存在为数众多的小城镇，它们在经济区的形成和发展中发挥着不可忽视的作用。小城镇虽然不能独立地构成经济区的中心，却是整个经济区网络上的一个点，是联结城市和乡村、非农产业和农业的纽带。因此，小城镇的经济结构和经济发展，要同整个经济区的性质和功能相适应。只有这样，经济区才能协调发展，小城镇本身也才能呈现出活力，从而更好地带动所在地区的乡村经济发展，同大经济区保持一致。

（5）农村是城市经济区最深厚的基础。城市经济区绝不单纯的是城市问题，必须包括广大农村经济的发展。广大的农村是城市经济区中最基础的层次。这是因为，一方面，城市的本身就是农村经济发展的产物，城市经济只有依靠广大农村这个最现实、最广阔的基础，才能存在和发展；另一方面，城市经济只有为农村服务，才能促进农村经济的发展，使城市经济保持经常的活力。

（二）城市经济区的功能

（1）城市经济区实现了经济活动与管理形式的统一。经济活动是生产的内容，管理组织是生产的形式，内容要求形式与之相适应。商品经济的发展，必然要求横向的经济联系与之相适应。城市经济区就是以横向经济联系为主的经济组织，它既实现了经济发展的高效性，也实现了经济管理组织的合理化，从而把经济发展的内容和形式恰当地统一起来。

（2）城市经济区实现了行业分工和地区分工的统一。社会分工对人类的物质生产产生了巨大的推动作用，它不仅包括行业之间和行业内部的分工，而且还包括地域分工。在行政部门管理为主的情况下，地域分工往往受到忽视。建立城市经济区，可以通过中心城市把行业分工和地域分工有机地结合起来。在经济区中的每一个部门既有自己的专业化生产分工，同时又是整个经济区的地域分工的一个组成部分。这种行业分工和地域分工的统一，促进了社会生产力和经济效益的极大提高。

（3）城市经济区推动了生产力发展和完善经济管理体制的统一。城市经济区的建立，本身就创造了一种新的生产力，它有利于促进区域经济分工的形成和发展，实现宏观经济结构和布局的合理化。同时，城市经济区的形成，也为经济管理和组织开辟了一条新路。它要求我们必须改变那些过时的管理体制和管理方法，而建立起一套新的经济管理体制。

（4）城市经济区促进了城乡一体化发展。发展经验证明，城市带动农村发展的道路，是缩小城乡差别唯一之路。城市经济区就是实现这条道路的可靠保证，它不仅为中心城市组织经济、领导和带动乡村提供了广阔的天地，而且通过城市经济区的渗透和辐射，逐步发展同不发达地区的联系和合作，从而带动落后地区，实现共同发展。

第二节　城镇化与区域发展

一、 城镇化的概念和特征

（一）城镇化概念

城镇化是由以农业为主的传统乡村社会向以工业和服务业为主的现代城市社会逐渐转变的历史过程，也是城镇数量增加、城镇规模扩大的过程。

（二）中国城镇化特征

中国城镇化道路具有二元性，是以城市地域经济和人口集聚而呈现的扩展型城市化和乡村地域以非农化为主体的经济和人口转化，以及建立小城镇而呈现的集聚型的乡村城镇化。前者发生在城市地域，是由国家直接投资推动的，故称为自上而下型城市化；而后者则发生在农村地域，主要由乡村集体和个人投资发动的，故称为自下而上型城市化。改革开放前，我国的城市化道路以前者为主；改革开放后，由于国家的投资方向和投资力度的调整，更由于乡镇企业的异军突起，前者的作用相对减弱，后者的作用相对突出，在今后相当长的时间内将占据重要地位。以小城镇发展为标志的乡村城镇化的出现和发展已成为具有中国特色的城市化道路而受到国内外的关注。

（三）农村城镇化

农村城镇化就是指农村县域范围内农村人口向建制镇和集镇的集中过程。其主要内涵是城镇要素在农村地域的建立，其中存在集聚和扩散两个方面的要素运动，以及就业结构、人口居住地和生活方式等多方面的变化。衡量农村城镇化水平的高低，一般用农村城镇化率来表示，即建制镇非农人口在农村地区人口中的比重。改革开放以来，随着农村工业的发展，我国农村经济、社会发展取得了巨大的成就，农村非农产业发展很快，特别是乡镇企业的发展为农村经济社会的发展做出了突出贡献，吸收了大批农业剩余劳动力，增加了农民收入。但是，中国是一个建立在分散、落后的小农经济基础上的社会主义国家，农村人口数量庞大。改革开放以后，中国面临城镇就业岗位饱和与农村剩余劳动力基数庞大的矛盾，如果任由农村人口流入城市，不仅牺牲了农业，而且也会产生城市交通拥挤、住房紧张、环境恶化等“城市病”。在这种背景下，中国选择了一条重视乡村地区发展的城市化道路，即大力发展小城镇。许多乡镇企业集中到小城镇的乡镇工业小区，带动了农村小城镇的经济发展。企业的集聚带来了人口的集聚，大批农村人口往小城镇转移，涌现出一批经济辐射力强、建设颇具规模的小城镇，对加快农村城镇化进程、转移农村剩余劳动力、促进农村经济和社会发展、提高农民收入、刺激国内需求起到了十分重要的作用。

（四）大中小城市的城市化

"城市化"一词源于英文"Urbanization"，又可译为"城镇化"、"都市化"。早期理论认为，城市化就是农村人口向城市集中的过程。后来渐渐发现农村人口向城市集中的过程中伴随着城市数量的增多和城市规模的扩大，于是把城市化进一步定义为：城市区域的扩大、城市数量的增多、城市人口的集中和增加等这样一系列变迁过程。随着城市化的深入，城市对农村的作用也日益增强，即城市的政治、经济、文化以及生活方式不断地渗透到农村社区，从而进一步加深人们对城市化的理解，认为城市化不仅指城市规模、数量的不断扩大和大量农村人口不断向城市转移的过程，还包括农村产业结构由农业型经济转变为工业型经济、城市生活方式向乡村聚落扩展的过程。此处的城市化是指农村剩余劳动力向中国的大中小城市转移的过程中引起这些城市的外延扩张，基础设施改善、人口增加、产业结构优化、城市质量的提升。

（五）城镇化的基本类型

城镇化在空间上具有多种多样的表现形式，因而出现城镇化的不同类型。其中，集中型城镇化和分散型城镇化是城镇化的两种基本类型。集中型城镇化是指社会经济从空间上的分散状态向集中形态发展的一种过程，它实际上是城市中各种服务设施和经济活动向城市中心集聚，又称向心型城镇化。这是城镇化初期的基本形式［见图 4–1（a）］。在景观形态上，表现为城市中心地区人口和社会经济活动更加密集。分散型城镇化是指城市的生产和生活方式向外扩散的一种过程，又称离心型城镇化［见图 4–1（b）］。在景观形态上，表现为城市地域范围的扩大。按扩散方式不同，又分为外延型城镇化和飞地型城镇化。外延型城镇化是城市建成区连续逐渐向外推进和延伸的扩散方式，它使城市地域范围不断向外延展，蚕食郊区，同时使城市郊区的中小城市与大城市连为一体，成为大城市的组成部分［见图 4–1（c）］。飞地型城镇化指在城市扩展过程中，出现了在空间上与建成区断开，但职能上与中心城市保持密切联系的飞地，即卫星城市［见图 4–1（d）］。

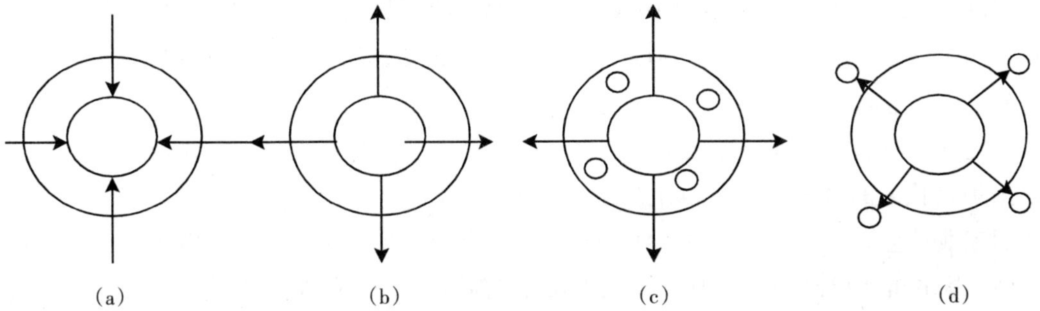

图 4–1　城市化的几种地域类型

二、城镇化的一般规律

纵观各国的城市化，有许多差异，但也可从中找出共同的规律，大体有：

（1）城市化以经济的发展为基础，如表 4–1 所示。工业化、现代化是城市化的动力源、发动机。

表 4–1　不同收入水平所对应的经济结构和社会结构

1964 年不同收入水平/美元		<100	100	200	300	400	500	800	1000	>1000
2003 年不同收入水平/美元		<600	600	1200	1800	2400	3000	4800	6000	>6000
产业结构	农业（）	0.522	0.452	0.327	0.266	0.228	0.202	0.156	0.138	0.127
	工业（）	0.125	0.149	0.215	0.251	0.276	0.294	0.331	0.347	0.379
	服务业（）	0.353	0.399	0.458	0.483	0.496	0.504	0.513	0.515	0.494
就业结构	农业（）	0.712	0.658	0.557	0.489	0.438	0.359	0.300	0.252	0.159
	工业（）	0.078	0.091	0.164	0.206	0.235	0.258	0.303	0.325	0.368
	服务业（）	0.210	0.251	0.279	0.305	0.327	0.347	0.397	0.423	0.473
城市化水平（）		0.128	0.220	0.362	0.439	0.490	0.527	0.601	0.634	0.658

（2）大都市区是城市化发展的高级阶段，代表当今城市化的方向。

（3）从城市化的布局、布点来看，都不是一开始就遍地开花，而是有先有后，呈梯度型模式。

（4）从城市功能来看，都经历了城市功能日趋完善、城市承载能力不断提高的过程。

（5）从城乡关系来看，都经历了城乡分离、城乡对立，甚至可以说是城市剥削乡村，到城乡统筹发展、城乡一体化的过程。

（6）在增长方式上，都经历了粗放型增长到集约型增长的转变。

（7）城市化的进程和速度具有明显的阶段性。世界城市化发展有一个共同规律——这就是显著的“纳瑟姆曲线”。它是 1979 年由美国城市地理学家 R.M.纳瑟姆首先发现并提出的。纳瑟姆曲线表明发达国家的城市化大体上都经历了类似 S 形曲线上升的过程。这个过程包括两个拐点：城市化水平在 30%以下，代表经济发展势头较为缓慢的准备阶段，这个国家尚处于农业社会；城市化水平超过 30%时，第一个拐点出现，代表经济发展势头极为迅猛的高速阶段，这个国家进入工业社会；城市化水平继续提高到超过 70%之后，第二个拐点出现，代表经济发展势头再次趋于平缓的成熟阶段，这个国家也就基本实现现代化，进入后工业社会。

（8）从城市化机制来看，有的国家以市场机制为主，有的国家以政府干预为主。现在所实行的一般都是市场机制与宏观调控相结合的调控体系。

实际上，随着汽车的普及和人们对于环境质量的追求，当城市化率达到 70%~80%以后，有的国家和地区已出现逆城市化。

据统计，2013 年我国的城镇化率已达到 53.37%。我国正处在城镇化快速发展阶段，城镇化率每年大约可提高 1 个百分点，我国城镇化率未来 10 年将向 75%迈进。

三、城镇化对区域发展的作用

（一）组织和带动区域发展

城镇化最直接的表现是城镇规模的扩大和数量的增加。而城市作为经济增长的中心，在区域经济发展中起着十分重要的作用。城市本身是区域中最具发展实力和活力的组织，通过与区域在这些方面所形成的广泛而复杂的联系，它的存在和发展就自然会对区域发展产生组织和带动作用。区域中城镇化的发展程度，特别是中心城市的发展与变迁，往往引起区域整体的发展出现相应的变动。

（二）完善区域空间结构

在一个区域内，随着城镇化的发展，一般都存在若干个规模不等的城镇。这些城镇相互依存，彼此间有较稳定的分工和联系，在空间布局上有一定的规律，形成区域城镇体系。区域内的经济布局、要素流动、信息传输等主要是依托或通过城市体系进行的，形成各种经济和社会网络。城市体系实际上就构成了区域的空间框架。

（三）推动区域经济和社会的演进

城镇化是根源于城市发展而兴起的以城市为核心的区域经济、社会结构和空间结构的演进过程。城镇化在时间上和空间上的变化引起区域的经济和社会结构随之发生变化，并不断改变空间的分布与组合状态。在初始阶段，城市发展缓慢，区域处于传统的农业社会状态。在加速阶段，农村人口开始大量地进入城市，城市人口快速增加，城市数量增多、规模增大，与此相对应，区域的工业化在经济发展中占主导地位，城市在经济和社会发展的各个方面都发挥重要作用。在终极阶段，城镇化速度减慢而使其区域中的大多数人口都集中在城市，城市在区域经济和社会生活中起着主导作用，区域的发展表现出很强的城市特征。

城镇化在空间上的变化，城镇化的地域推进分成两个部分：一是近域推进；二是广域推进。前者是单个城市用地规模的扩大，包括建成区向近郊区的外延和远郊区向近郊区的转化。后者是区域城市数量的增加，包括农村的乡镇逐渐发展为城市和在一些地方新建设的城市。城镇化的地域推进不断改变区域的空间结构，促使区域内的各种经济和社会结构、人口随之而调整空间分布与组合状态。

（四）促进城市文明的扩展和现代化水平的提高

城镇化使更多的农民接受教育的机会大大增大，从而逐渐摆脱了愚昧、落后的观念，走向文明生产、文明生活的道路；城镇化改变了农民的生产和生活环境，提高了农民的生活质量，使他们能够享受到现代科技进步所带来的物质和精神财富。城镇化使城镇和乡村的联系更加紧密，城乡一体化水平大大提高，因此大大缩小了城乡差别、城镇差别，有利于整个区域的协调发展，有利于现代化进程。

总之，城镇化是区域经济和社会发展的一个重要过程。城镇化引发和增加了区域的经济结构、社会结构、空间结构以城市为模式或导向发生相应的变化。

四、城市化进程中大都市促进区域发展的作用

大都市是城市化发展到一定阶段的必然产物，在城市体系中扮演重要的角色。根据美国、日本等国的发展经验，城镇化发展到一定阶段，应使大都市经济在国民经济中发挥更大的作用。目前我国仍处于以大都市带动城市化发展的时期，大都市仍将成为我国区域发展的重要组织单元和城市化的重要模式。大都市在区域发展中的作用主要有以下几个方面。

（一）带动区域发展的龙头

大都市一般是整个区域政治、经济、文化和教育中心，企业总部所在地，拥有国际竞争所需要的产业基础和人力资源，能够不断孕育新的社会分工和就业机会，吸引人才和资金进入，形成产业集聚。大都市能够通过便捷的交通和信息网络，与周边城市建立紧密的联系，通过“极化—扩散”效应，对周边区域形成较强的辐射带动，成为整个区域发展的核心和龙头。

（二）连接内外经济的窗口

大都市一般是区域金融服务窗口、商贸服务窗口、吸引外资的重要窗口、对外贸易窗口、信息服务窗口。

大都市是区域金融中心，重要的金融机构所在地，具有较为发达的金融保险业，能够为区域经济的整体发展提供强大的金融支撑。大都市是区域商贸中心城市，拥有辐射周边区域的商贸服务机构和物流基地，通过发达的物流产业和跨地区的连锁商贸业态，成为区域商贸窗口和物流枢纽。通过商务会展和各种形式的商品交易会，大都市成为所在区域外商入驻数量最多、外资投入最大、投资密度最高的部分，在区域多方投资和共同发展的格局中，扮演着越来越重要的组织领导角色并起桥梁作用。大都市是区域交通枢纽。随着区域国际化和外向型经济的持续发展，大都市的对外贸易窗口和口岸的地位也不断得以加强。此外，大都市是所在区域信息化建设的先行地区，具有发达的信息港，能够为周边地

区提供各种便捷的通信信息服务。

（三）促进区域协作的纽带

大都市是区域资金流、信息流等要素的集聚中心，具有优越的行政和经济地位，便捷的基础设施条件。在区域生产要素的流动和分配中，能够发挥核心作用，积极引导区域内城市之间的合作和分工，进而促进区域发展中的城市体系和基础设施建设、产业布局、资源开发利用及生态环境保护等相关问题的协调。大都市具备商品、要素、批发、零售、现货和期货等多功能、高层次的市场体系，在区域统一市场框架的构建中起到主导作用，有效促进市场壁垒的消除，扩大区域城市间相互开放，创造平等有序的竞争环境，实现区域内经济互补、资源互补、区域经济一体化良性发展的经济模式和制度框架。

（四）推动科技创新的前沿

大都市汇集了区域的绝大多数研究与开发机构，集中了区域内的多数高素质人才，为高科技研发、创新成果转化提供了良好的外部条件。同时，它又是区域的信息生产、聚集与扩散地，加之其富有活力的特殊社会氛围，就成为区域的新技术、新思想、新观念、新人才的诞生之所。大都市的创新对区域起到示范作用，引起区域在经济和社会多方面的效仿，从而推动区域的进步。

（五）汇集总部经济基地

总部经济理论最早是由北京市社会科学院赵弘研究员提出的。所谓总部经济，是指某区域由于其特有的资源优势吸引企业将总部在该区域集群布局，将生产制造基地布局在具有比较优势的其他地区，从而使企业价值链与区域资源实现最优空间耦合，以及由此对该区域经济发展产生重要影响的一种经济形态。

第三节　城市化相关概念、模式及城市化规律

一、城市化相关概念

（1）城市化。城市化是一个变传统落后的乡村社会为现代先进的城市社会的自然历史过程。城市化应包括两种含义：第一种含义是经济意义的变动，主要指非农产业在国民收入中的比例、非农产业劳动力占总劳动力的比例等；第二种含义是社会性质的变迁，主要指乡村社会向城市社会的过渡。城市化应是由农民变成市民、由农业经济走向工业经济、乡村社会走向城市社会演变的历史过程。

（2）城市群。城市群，又称为“都市经济圈”或“都市连绵区”，是城市化发展到一定阶段的产物，是城市间经济联系、生产协作不断加强的结果。即在特定的地域范围内具有相当数量的不同性质、类型和等级的城市，依托一定的自然环境条件，以一个或两个特大城市作为地区经济的核心，借助于现代化的交通工具、综合运输网的通达性以及高度发达的信息网络，发生与发展着城市个体之间的内在联系，共同构成一个相对完整的城市集合体。

（3）城市文明普及率。城市化过程，既是农村的农业人口转化为城市的非农业人口的过程，也是城市的物质文明和精神文明向农村扩散的过程。在城市人口占总人口的10%以前，城市的辐射力很弱，城市文明基本上只限于城市里的人享受；当城市人口占总人口的50%以上时，城市文明普及率达到70%左右。

二、城市化模式

城市化是工业发展的产物。各个国家工业化发展的时间先后不一、发展过程中的内部条件与外部环境不同，城市化发展模式也不同。世界上的城市化模式大致概括为三种。

（1）同步型城市化。城市化发展与工业化进程相一致的发达国家的同步型城市化，这一模式的城市化发展过程是该国完成工业革命的过程，经历时间长，工业化和非农化促进了城市化的发展，通过城市化，农业生产经营方式也发生了质的变化。

（2）过度型城市化。这一模式是发生在20世纪后半叶的发展中国家的，即人口过多地集中在一两个大城市或特大城市，城市人口在短期内迅速膨胀，城市化水平的提高超过了工业化和非农化的支撑能力，农村过剩劳动力的大量外流并没有形成现代化的农业生产经营方式；相反，这些发展中国家出现了农业生产萎缩、农村贫困的现象。

（3）脱节型城市化。这一模式是城市化与工业化进程相脱节、城市化水平大大低于工业化和非农化进程的滞后型城市化。这一模式的城市化发展的基本特征是通过牺牲农业的利益、工业品和农产品价格的“剪刀差”方式积累资金服务于城市重工业的赶超型工业化，缺乏对城市化发展的拉动力量，大量的农村剩余劳动力囤积于农村有限的土地、农业劳动生产率无法提高的条件下，农村也发展了一些非农产业。这种城市化的发展形式表现为城市化与劳动力的非农化进程相脱节、工业化与城市化之间不存在正相关关系。

三、城市化基本理论与城市化进程规律

发达国家的城市化进程告诉我们，城市化的发展是有一定规律的。遵循这些规律，采取相应政策措施，可以节省成本，快速推进该国城市化进程。

（1）世界各国的经验。当一个国家的城市化率达到 30%以后，城市化进程将大大加快，直到城市化率达到 70%左右才逐步稳定下来。

（2）城市化驱动和经济动力来自于工业化，工业化与城市化之间存在着正相关关系。当一个国家或地区经济发展到一定水平时，城市化将成为经济发展的重要动力，进一步拉动工业化。

（3）城市化中期阶段理论。进入城市化的中期阶段，工业化进入起飞阶段，随着农业劳动生产率的提高，大量农业剩余劳动力离开土地进入城市和小城镇，从事劳动密集型的生活消费品生产，促使城市化进入高速成长期。

（4）城市化后期阶段理论。进入城市化的后期阶段，工业已由劳动密集型过渡到资本密集型和技术密集型，资本有机构成提高，对劳动力的需求相对减少，原来进入工业的一部分劳动力逐渐向第三产业转移，并随着科技的发展，城市发达的交通、通信条件使分工和协作可在更大的空间范围内进行，人口与产业也开始向周围的卫星城市和小城镇转移。农业基本上实现现代化，农业剩余劳动力转移也基本完成，没有更多的劳动力可以进入城市，城市从而进入缓慢发展和注重质量时期。

（5）钱纳里的发展模型。钱纳里的发展模型表明，当 GDP 为 100 美元时，城市化水平与工业化水平相差无几，都处于较低水平；但人均 GDP 超过 300 美元以后，城市化进程明显快于工业化进程。① 相比之下，我国的城市化发展滞后，制约了经济社会的进一步发展。我国的城市化与工业化发展进程与钱纳里的发展模型正好相反。它不仅使工业化和农业现代化进程严重受阻，还直接影响了第三产业的发展，延缓了城乡二元结构的改造。

（6）国际城市化规律。从世界各国的实践在看，当城市化、工业化和非农化发展较为协调时，IU 比（工业化率与城市化率的比值）大致为 0.5，NU 比（非农化率与城市化率的比值）大致为 1.2。如果 IU 比明显大于 0.5，而 NU 比明显大于 1.2，则说明大量从事工业和其他非农产业的劳动力滞留于农村地区，未能向城镇集中，这就是滞后型城市化的表现形式。

第四节　城市体系与区域发展

城市体系包括等级—规模体系、功能—类型体系和空间—地域体系三个不同的方面，其中前两种体系已经述及，本节重点考察城市空间体系与区域发展之间的关系。

---

① 成德宁著. 城市化与经济发展——理论、模式与政策［M］. 北京：科学出版社，2004：163.

空间体系是在一个国家或区域中城市体系的点（城市与城市）、线（城市与联系通道，主要是交通线）和面（城市与区域）三要素在空间的复杂组合关系。这是城市体系中最综合、最富于变化的部分。

一、城市空间分布理论——中心地理论

1933年，德国经济地理学家W.克里斯塔勒出版的《德国南部的中心地》一书，开创了城市地理学发展的新时代。克里斯塔勒在杜能农业区位论和韦伯工业区位论的启发下，把地理学的空间观点和经济学的价值观点结合起来，探索城市的数量、规模和分布的规律性。他认为："城市在空间上的结构是人类社会经济活动在空间的投影。"通过对当时德国南部农业地区的实证研究，以抽象演绎的方法创立了主要根据城市向其周围腹地提供的服务来解释城市体系空间理论。

中心地理论认为，城市的基本功能是作为其腹地的服务中心，为其腹地提供中心性商品和服务，如零售、批发、金融、企业、管理、行政、专业服务、文教、娱乐等。由于这些中心性商品和服务以其特性可分为若干档次，因而可按其提供商品和服务的档次划分成若干等级，各中心地之间构成一个有规则的层次关系。

二、城市带理论与点轴开发

由国际著名地理学家J.戈特曼于1957年借用古希腊"Megalopolis"一词，描述美国东北部大西洋沿岸的新罕布什尔州南部到弗吉尼亚州北部的城市化地区。20世纪50年代以来，在某些城市密集地区，由于郊区城市化的作用，城市不断向四周蔓延，使城市与城市间的农田分界日渐模糊，城市地域出现连成一片的趋势，从而形成世界上最大的一种城市现象——大都市带。随后，戈特曼对大都市带又做出了进一步的研究。戈特曼认为，大都市带是市街区大片地连在一起的，消除了城市与乡村的景观差别的地区；一个大都市带，至少应该居住2500万的城市人口，或者现代城市方式的生活。他于1989年发表的《大都市带》一书中，认为目前世界上有六个大都市带：美国东北部大西洋沿岸大都市带；日本东海道太平洋沿岸大都市带；欧洲西北部大都市带；美国五大湖沿岸大都市带；英格兰大都市带；中国长江三角洲大都市带。正在形成的大都市带有美国西部沿岸大都市带、巴西南部沿海大都市带、意大利北部波河平原大都市带。实际上，中国的哈大沿线、京广沿线等，都有可能形成都市带。

都市带的主要特征是：具有良好的交通运输联系；带状的空间结构。都市带发展模式验证了点轴开发理论的存在和其在实践中的指导价值。

三、城市群和都市群开发

我国大陆使用的城市群的概念，其内涵是“结构有序、功能互补、整体优化、共建共享”的镶嵌体系，体现出以城乡互动、区域一体为特征的高级演替形态。在水平尺度上是不同规模、不同类型、不同结构之间相互联系的城市平面集群，在垂直尺度上是不同等级、不同分工、不同功能之间相互补充的城市立体网络，二者之间的交互作用使得规模效应、集聚效应、辐射效应和联动效应达到最大化，从而分享尽可能高的“发展红利”，完整实现区域发展动力、区域发展质量和区域发展公平三者在内涵上的统一。按照这个定义，正在形成的珠江三角洲、长江三角洲和京津环渤海城市群这三大经济圈、日本三大都市圈和北美四大都会区均属于“城市群”。

城市群是工业化、城市化进程中区域空间形态的高级现象，能够产生巨大的集聚经济效益，是国民经济快速发展、现代化水平不断提高的标志之一。和城市群相关的概念有很多，如都市圈、都市连绵区、城市带（带状城市群）、组团型城市等。由于这些概念存在着一定的共性，有时将其混用。其实城市群与都市圈的概念是和美国波士顿城市群有区别的，城市带与都市连绵区也各有定义。

都市连绵区是城市群的一种具体形态，概念上强调以都市区为基本单元，指以若干个数十万以至百万人口以上的大城市为核心，与周围地区保持强烈交互作用和密切社会经济联系，沿一条或多条交通干线大小城镇连续分布的巨型城市一体化地区。

“都市圈”一词出现和使用的频率极高。此概念起源于日本，日本在太平洋沿岸分布了东京、大阪、名古屋三大都市圈，共同构成太平洋沿岸东海道城市群。因此可以认为，每个城市群都有一个或多个都市圈。都市圈属于同一城市场的作用范围，一般是根据一个或两个大都市辐射的半径为边界并以该城市命名。

城市群的出现是一个历史过程。城市是一个区域的中心，通过极化效应集中了大量的产业和人口，获得快速的发展。随着规模的扩大、实力的增强，对周边区域产生辐射带动效应，形成一个又一个城市圈或都市圈。伴随着城市规模的扩大和城际之间交通条件的改善尤其是高速公路的出现，相邻城市辐射的区域不断接近并有部分重合，城市之间的经济联系越来越密切，相互影响越来越大，就可以认为形成了城市群。我国正在形成或即将形成的城市群包括京津冀、长三角、珠三角、山东半岛、辽中南、中原、长江中游、海峡两岸、川渝和关中城市群。

城市群的存在和发展，验证了网络是开发模式的合理性和指导意义。城市群的概念与城市带不同，前者强调城市之间的经济联系及相互影响，后者所强调的是城市分布的形态，但城市之间不一定存在密切联系。

第五节　区域经济与统筹城乡协调发展

中共十六大报告提出了科学的发展观，落实科学发展观的关键是“五个统筹”，其中“城乡统筹”位列第一。“统筹城乡”的目标是“城乡协调发展”。

（一）统筹城乡协调发展的含义和意义

统筹城乡发展，是指要站在国民经济和社会发展的全局高度，把城市和农村的经济社会发展作为整体统一筹划、通盘考虑，把城市和农村存在的问题相互关系综合起来研究，统筹解决。既要发挥城市对农村的辐射作用，发挥工业对农业的带动作用，又要发挥农村对城市、农业对工业的促进作用，实现城乡良性互动；以改变城乡二元结构为目的，建立起社会主义市场经济体制下的平等、和谐、协调发展的工农关系和城乡关系，实现城乡经济社会一体化。

统筹城乡协调发展有其特殊的必然性和紧迫性，它是打破城乡二元结构、纠正城市偏向的必然选择；是全面建设小康社会和我国进入工业化中期的必然要求；是解决我国“三农”问题的根本途径；是扩大内需、启动农村市场及农业大省建设经济强省的必然要求。

（二）城乡协调发展的目标和对策

城乡协调发展的最终目标是实现城乡一体化。它是生产力发展到一定水平时，城市和乡村成为一个相互依存、相互促进的统一体，充分发挥城市和乡村各自的优势和作用，城乡的劳动力、技术、资金、资源等可以进行自由交流和组合，实现城乡共同繁荣、共同富裕。城乡一体化可以概括为城乡人口一体化、城乡经济一体化、城乡社会一体化、城乡空间一体化和城乡生态环境一体化。

（1）城乡人口一体化。人们有选择不同生活方式的自由，实现户口性质、管理与公民待遇城乡一体化，实现城乡人口的自由流动。

（2）城乡经济一体化。城乡经济一体化包括产业、信贷、财政、税收四个方面内容的一体化。产业上，实现农业的现代化和农业产业化，城乡产业互动发展，形成城乡产业链和城乡之间完善的市场体系。城乡企业在信贷、财政和税收政策上完全平等，完全免除农业税，最终实现城乡经济共同繁荣、协调发展。

（3）城乡社会一体化。城乡社会事业协调发展，城乡居民在教育、文化生活、医疗卫生和社会福利等方面享受同样的待遇，最大限度地缩小城乡差别，城乡共享高度的物质文明与精神文明。

（4）城乡空间一体化。城乡统一规划，形成完善的城镇体系和合理的空间结构，大中小城市和小城镇协调发展，各产业功能区与居住区合理布局，实现产业园区化和居住社区化。城乡间和各产业园区之间有完善的交通体系和通信网络，城乡联系有序，产业联系密切，实现城乡空间上的协调和融合。

（5）城乡生态环境一体化。城乡经济的发展不以牺牲环境为代价，城乡生态环境得到有效保护，污染源得到有效控制，垃圾、污水得到有效治理，形成城乡一体和谐的生态环境。

统筹城乡协调发展，就是要把挖掘农业自身潜力与工业反哺农业结合起来，把扩大农村就业与引导农村富余劳动力有序转移结合起来，把建设社会主义新农村与稳步推进城镇化结合起来，加快建立健全以工促农、以城带乡的政策体系和体制机制，形成城乡良性互动的发展格局。

（三）城乡协调发展评价指标体系

根据高起点、高标准、科学性、全面性、系统性、可操作性等原则，建立由四级指标构成的指标体系（见表 4–2），并根据发达国家的指标数据以及对城乡协调的认识提出相应的标准值。该四级指标的意义如下：

表 4–2　城乡协调发展评价指标体系

<table>
<tr><th>A层</th><th>B层</th><th>C层</th><th>D层</th><th>指标性质</th><th>组合取向</th></tr>
<tr><td rowspan="16">城乡协调发展度</td><td rowspan="16">城乡人口协调发展度</td><td>居住</td><td>1. 城乡户籍制度开放度</td><td>定性判断</td><td>完全放开</td></tr>
<tr><td>就业</td><td>2. 城乡就业制度开放度（就业领域及待遇的公平）</td><td>定性判断</td><td>完全放开</td></tr>
<tr><td rowspan="6">经济效益</td><td>3. 人均 GDP</td><td>+</td><td>越大越好</td></tr>
<tr><td>4. 单位面积国土创造的 GDP</td><td>+</td><td>越大越好</td></tr>
<tr><td>5. 全员劳动生产率（平均每个劳动力创造的 GDP）</td><td>+</td><td>越大越好</td></tr>
<tr><td>6. 百元固定资产原价实现产值</td><td>+</td><td>越大越好</td></tr>
<tr><td>7. 非农业占 GDP 的比例</td><td colspan="2">与经济发展阶段相符</td></tr>
<tr><td>8. 万元 GDP 综合耗能</td><td>–</td><td>越小越好</td></tr>
<tr><td rowspan="3">经济平衡度</td><td>9. 城乡居民人均收入及其对比</td><td>+</td><td>1.2~1.5</td></tr>
<tr><td>10. 城乡居民消费水平及其对比</td><td>+</td><td>1.2~1.5</td></tr>
<tr><td>11. 城乡恩格尔系数及其对比</td><td>–</td><td>1.2~1.5</td></tr>
<tr><td>信贷</td><td>12. 金融机构短期工业贷款与农业贷款比/工业与农业产值之比</td><td>与产业结构对应</td><td>趋向 1</td></tr>
<tr><td rowspan="3">财政</td><td>13. 第一产业占固定资产投资额比重与第一产业占 GDP 比重之比</td><td>与产业结构对应</td><td>趋向 1</td></tr>
<tr><td>14. 城乡人均固定资产投资比/城乡人均收入比</td><td>++</td><td>趋向 1</td></tr>
<tr><td>15. 城乡人均维护建设费、农业人均基础设施投资及其对比</td><td>+</td><td>1.0~1.2</td></tr>
<tr><td>税收</td><td>16. 是否免除农业税</td><td>反哺阶段</td><td>1</td></tr>
</table>

续表

A层	B层	C层	D层	指标性质	组合取向
城乡协调发展度	城乡社会协调发展度	文化教育	17. 城乡人均教育、文化艺术和广播电影电视业从业人员比	与社会发展相符	1.5~1.8
			18. 城乡基础教育师资学历达标率及其对比	+	1.0~1.2
			19. 城乡人均文化生活服务消费额及其对比	+	1.2~1.5
			20. 城乡人均教育投资及其对比	+	1
			21. 城乡人均文化、教育、娱乐业投资及其对比	++	1
		医疗卫生	22. 城乡千人拥有医生数及其对比	+	1.1~1.3
			23. 城乡千人拥有医院床位及其对比	+	1.1~1.3
			24. 城乡人均卫生、社会保障、社会福利投资及其对比	+	1
		社会保障	25.（城镇被救济人口人均救济额/城镇最低保障标准）/（农村被救济人口人均救济额/农村最低保障标准）	++	1
			26. 城乡人均公共管理和社会组织投资及其对比	+	1
			27. 城乡三险覆盖率及其对比	+	1.0~1.2
			28. 城镇、农村饮用水安全人口比例及其对比	++	100%
	城乡空间协调发展度	城市化水平	29. 城镇人口占总人口比例	与城镇化规律相符	趋向 70%
		交通	30. 农村行政村通公路的比例、城镇人口人均道路面积/理想最大值及其对比	++	100%
	城乡环境协调发展度	污染治理	31. 城市污水处理率、乡村生产污水处理率及其对比	+	1
			32. 城镇垃圾无害化处理率、乡村垃圾无害化处理率及其对比	+	1
			33. 固体垃圾综合利用率及其对比	+	100%
		生态建设	34. 城镇空气质量达标率	二级及以上天数	100%
			35. 城镇水环境达标率、农村水环境达标率及其对比	+	1
			36. 城镇人口人均绿化面积、全地区植被覆盖率及其对比	+	1

（1）一级指标是城乡协调发展度，是最终的结论性的评价指标。

（2）二级指标是城乡统筹发展的不同方面的概况，具体包括城乡人口协调发展度、城乡社会协调发展度、城乡空间协调发展度和城乡环境协调发展度。

（3）三级指标是针对城乡协调发展的具体内容精选分类，包括居住、就业、经济效益、经济平衡度、信贷、财政、税收、文化教育、医疗卫生、社会保障、城市化水平、交通、污染治理、生态建设等。

（4）四级指标是根据城乡协调发展的具体内容所建立的最基本操作指标，在数据可得性的基础上尽可能地包括重要的指标，共包括 36 个指标。

第六节　案例分析
——东北三省城镇化与区域经济发展

国内外具有远见卓识的专家学者早就指出，今后一段很长的时期我国经济发展要靠城镇化来推动。中共十八大把这一目标明确下来。本案例从城镇化与区域经济发展的关系视域出发，以东北三省城镇化为案例进行研究，阐释了城镇化与区域经济发展的内在联系与协调发展的重要性。

东北三省历史文化基本相同，历史行政区划紧密相连，又是中国的“老工业基地”，是“保障国家粮食战略安全”的重要产粮基地，特别是黑龙江、吉林两省是我国的农业大省。这表明“十二五”时期东北三省的经济、社会及环境发展都离不开农村城镇化的发展；在后国际金融危机时期，在国家转变经济发展方式、优化产业结构、提升经济发展质量的转型创新发展时期，城镇化对东北三省及国家都具有重要的战略意义。我们应以东北三省的具体区域优势、地缘优势、自然资源优势制定方针政策，充分挖掘其潜力，突破东北三省农村城镇化历史模式的障碍，快速、高质推进三省农村城镇化进程。

一、农村城镇化的内涵与东北三省农村城镇化

（一）农村城镇化的理论内涵

农村城镇化，主要包含两层内容：一是将农村剩余劳动力从农村转移到城镇或城市中去，从事非农产业，并享受与市民同样的待遇，成为真正的市民；二是将大中城市的文明、文化及现代化生活方式传播到农村，从而改变农村的落后状况，提升农民的生活质量。历史证明，无论大中小城市，最初都是由农村小集镇发展而来的。农村城镇化是城市化的基础，没有小城镇的充分发展和完善，大中城市就不可能发展和完善。但城市发展到一定阶段会对农村产生巨大的辐射效应、集聚效应，又极大地带动了农村城镇化的发展。为此，加速农村城镇化进程，一方面要靠实现农业产业化、现代化，提高农业生产率的推力，这就要加快小城镇建设、就地转移农村剩余劳动力；另一方面要靠大中城市的带动辐射拉力，需要优先发展大中城市、完善其功能，强化其对农村剩余劳动力进城的拉力作用。科学合理有序地推进农村城镇化，必须遵守这一经济规律。

（二）东北三省农村城镇化进程缓慢导致经济社会发展逐渐落后

新中国成立后至改革开放前，东北三省的城市化率一直处于全国领先地位，那时的东

北居民过着令全国人民羡慕的幸福生活，“林大头”“煤大头”“油田人”“国营农场职工”更是有着令人兴奋的荣誉职业。即使改革开放以来，东北三省城市化率一直高于全国平均水平 10 个百分点左右[①]。单从城镇化率来看，截至 2013 年，东北三省城镇化率为 59.18%，其中辽宁省 、吉林省、黑龙江省城镇化率分别达到 66.45%、54.20%、56.9%，均高于 53.73%的全国平均水平。但进入 21 世纪以来，东北三省城市化率增长缓慢、年均增幅只有 0.64%，增幅明显低于全国水平（1.0%以上），发展质量也低于全国水平，更远低于“长三角”“珠三角”“京津塘”区域，而且这种状态有延续的趋势。仅以城镇居民人均可支配收入及住房水平看，2013 年辽、吉、黑三省城镇居民人均可支配收入分别达到 25578 元、22275 元和 19597 元，均低于全国平均水平的 26955 元。2012 年辽、吉、黑三省城镇居民人均居住建筑面积分别为 27.3 平方米/人、29.1 平方米/人、29 平方米/人，均低于 32.9 平方米/人的全国平均水平。显而易见，东北三省城市化率中存在虚高现象。正是由于改革开放后东北三省农村城镇化进程缓慢，城镇化质量差，导致三省经济社会发展水平低。今后，相当长一段时期内城镇化将是支撑、维持我国经济高速平稳健康发展的主要动力，因此，我们应总结规律，深刻剖析近年来东北三省城市化发展缓慢的原因，找出破解对策，挖掘潜在优势，提高东北三省城镇化的质量，加速推进农村城镇化进程（见表 4–3）。

表 4–3　2004~2011 年东北三省城镇化率

单位：%

地区 年份	辽宁省	吉林省	黑龙江省	全国
2004	56.0	52.3	52.8	41.8
2005	58.7	52.5	53.1	43.0
2006	56.0	53.0	53.5	44.3
2007	59.2	53.2	53.9	45.9
2008	60.0	53.2	55.4	47.0
2009	60.4	53.3	55.5	48.3
2010	62.1	54.8	57.0	50.0
2011	64.0	53.4	56.5	51.3
2012	65.7	54.67	56.5	52.57
2013	66.45	54.20	56.9	53.73

资料来源：《中国统计年鉴》（2012 年）。

① 资料来源：《中国统计年鉴》（2012 年），2010 年辽宁省、吉林省、黑龙江省统计公报、第六次全国人口普查报告。

二、东北三省农村城镇化发展中的主要问题分析

（一）户籍制度改革滞后，影响农民工市民化

农民转市民问题是城镇化进程中的三大关键问题之一，“使进城农民真正市民化”，就是要使农民工和城镇原住民享有同样的待遇，消除迄今为止由于户籍制度所形成的差别。东北三省是我国实施优先发展重工业的工业化战略主要地区，伴随计划经济体制也形成了城乡二元结构。在二元结构下，城镇建设由政府负担，城镇居民享受的高福利、高保障也是由政府来支撑的。为防止农民进城分享城市市民所获得的人为压低价格的食物和住房等供给，以及高保障的就业、教育、医疗保险等福利，增加政府负担，政府采取以户籍制度为核心的城乡隔离政策，人为阻止农村剩余劳动力向城市转移。其实质是牺牲农业、农民利益。为此，形成了两大制约经济社会协调发展的矛盾：一是农民的人数规模仍然庞大，与经济发展达到的水平不对称、不协调；二是农民工成为城市中的边缘人群，低收入、低消费，无法为经济增长提供更多的消费动力，这也是造成东北三省城镇化率虚高现象的重要因素之一。

（二）县域经济不强，带动小城镇发展能力低

与其他经济区域相比，东北三省地域辽阔，是以自然地理条件加人为行政区划而形成的历史悠久、联系密切的大经济区（号称“关外”，早在千年以前就已形成）。2010 年，东北三省共有县（市、区）151 个，其中，县 81 个，县级市 55 个，自治县 12 个，区 3 个。城镇化的概念在很大程度上是将县级以下的城镇集中在最短半径中让最多的农民获得非农就业机会。县城与县级市是连接大中城市与乡镇的桥梁和纽带，是乡镇的龙头，具有传递大中城市文化信息，承接大中城市产业转移，向乡镇转移扩散产业技术的重要功能。近年来，东北三省政府虽然一再强调努力发展县域经济，然而东北三省的县域经济与其他经济区的县域经济相比，无论是从经济总量、城市基础设施建设上，还是从新兴产业发展、人口规模上，都相去甚远。以全国百强县来看：2011 年东北三省才有 12 个县入选，且名次靠后。县域经济不强，造成县域内的中小城镇建设水平不高、发展特色不突出、财力投入严重不足、发展规划制定不够科学、城镇综合水平低下等问题，使中小城镇的“桥梁”与“纽带”，聚集和扩散的作用发挥不足，削弱了转移农村剩余劳动力，传播文明与信息的功能，严重影响了城镇化的发展。

（三）历史惯性城镇规模过小，发展动力不足

改革开放前，东北三省的中小城镇，特别是煤矿、农垦、林区资源型小城镇的居民生活一直是国人羡慕、向往的地方。但是现在相比于“珠三角”“长三角”经济区，东北三省的小城镇发展质量很差：主要是建设标准低、城镇规模小、高技术支撑产业少、工业化

基础薄弱，人们收入水平低；由于历史原因，一些专业性小城镇，工矿镇、林业镇和农垦镇，具有典型的城镇与企业兼备的两套管理体制，条块分割影响了中小城镇的集聚规模效益，集聚辐射功能不高。以人口规模为例，1998年吉林省有457个建制镇，其中3万人以上的镇只有122个，占建制镇的27%；剩下70%以上的建制镇总人口不到万人。黑龙江省有一千多个小城镇，有的小城镇只有一两千人，数量多而分散，经济协作性差。辽宁省小城镇虽然发展得比较好，但小城镇镇区平均人口7000人。近年来，东北三省小城镇经过重新规划合并，截至2011年三省共有1513个，其中辽宁省607个，吉林省428个，黑龙江省478个。但三省小城镇建设状况尚无大的改变，三省小城镇公共设施建设远远落后于珠三角、长三角、京津唐经济区，主要是建设沿袭了农村型居民点的发展模式，造成了城市用地集约性差，给排水、道路、园林绿化、环境卫生、集中供热、燃气等城市基础设施不配套，对资金和人才缺少吸引力，制约了当地经济的发展。

（四）原有城镇劳动力技能低，农民工综合素质差

农村剩余劳动力转移到城市成为市民，首先要有稳定的工作和收入才能在城市中安定生活，这就需要充分就业。我国经济经过改革开放30多年的发展，产业结构不断升级已经进入高层次的发展阶段，对劳动力的知识水平和技能要求越来越高。与其他经济区域相比，东北三省城乡教育水平质量相差巨大，农村缺少劳动力就业、再就业培训机构和运转机制，因而进城的农民工及城市原有的低端劳动力素质较低，无论是从文化水平上还是劳动技能上都相差很多。特别是吉林、黑龙江两省文盲率很高，所掌握的劳动技能很少，这就阻碍了农村剩余劳动力向城里转移就业的速度。例如，作为重化工业、机械制造业发达的东北三省，技能型人才特别短缺，不但总量少，结构也不合理。例如，1998~2002年，中等职业教育招生递增率为-6.98%，低于全国-3.08%的水平；吉林省制造业占工业的比例为89%，而制造业人才只占工业人才的24%。作为全国重工业基地的哈尔滨城镇职工中，技术工人只占工人一半，其中初级工所占比例高达60%，中级工比例为36.5%，包括高级技工、技师、高级技师的高级工只占其中的3.5%。近年来，三省对中等职业、技工学校招生人数虽有一定的恢复和提高，但就业结构畸形状况仍未取得大的改变。城镇原有劳动力素质低，不能升级进入新兴的高端知识技术型产业就业，只能与新进城的农民工争抢简单、低端工作岗位；农民工也因劳动技能差而收入偏低，难以过上正常市民的生活，严重影响了农村城镇化的发展及城镇化质量的提升。

（五）国有经济比例过高，影响吸纳农村剩余劳动力

改革开放初期，东北三省的国有经济比例高达80%以上，对国有经济的投资也占总投资量的90%以上。由于国有企业长期受计划经济体制的意识形态与价值观念影响，不能创新推进农村城市化进程的新制度。特别是东北三省历史上形成资本密集型的重工业其本身的特点，就是吸纳劳动力就业能力弱。近年来，随着国有经济改革，东北三省的集体经济、外资经济等民营经济得到了快速发展，2011年在东北三省经济总量中民营经济占比已达56.8%（其中辽宁省63%、吉林省50.5%、黑龙江省51.5%），但较东南沿海经济发达地区（80%以上）还落后很多。东北三省国有经济占比依然过高是历史遗产，特别是与户籍制度相配套的就业制度、教育制度、医疗保险制度、社会保障制度等的落后严重阻碍了农业剩余劳动力向城市转移的速度。

（六）市场经济意识弱，传统陋习阻碍农民进城创业

快速实现高质量的城镇化，首先要人的思想现代化，意识城镇化。东北三省是我国传统计划经济体制持续时间最长、贯彻最彻底的地区，人们受计划经济意识影响最深，城市平均主义、极权主义和封闭主义极为严重；现代市场经济、法治社会和开放的理性观念及规则意识也没有深入人们的头脑。"稍富即满"，依赖"铁饭碗"，不思更大发展，不愿冒风险自主谋生的意识相当浓厚。特别是吉林、黑龙江两省，土地资源丰富，农民靠土地就可解决温饱，进城意愿不强。与其他经济区域相比，缺乏先进经营管理理念、缺乏遵守市场经济规则信念和保持诚信精神道德，更缺乏承担风险，勇于创业、创新发展的胆识和思路，因而阻碍了先进技术和制度的引进。没有先进的高技术产业支撑，就没有发达的城镇和高质量的农村城镇化。

三、东北三省农村城镇化发展的潜在优势

（一）发展现代大农业的自然资源优势

发达的农业是实现农村城镇化的基础。只有用现代科学技术生产、经营、管理农业，实现农业产业化、规模化，才能极大地提高农业生产率，创造出更多的农村富余劳动力，并使他们转移到城镇就业生活。东北三省在实现农业产业化、规模化方面具有比我国其他经济区域所特有的突出优势。其一，东北三省号称"北大仓"，是我国主要粮食生产基地，在保障我国粮食安全上具有重要战略地位。2011年，东北三省粮食总产量已达10777.1万吨，首次突破亿吨。其二，东北三省具有我国最大的黑土地平原，也是世界上三大黑土地平原之一。特别是东北三省土地资源丰富，耕地面积为21526千公顷，吉林省农村人均耕地面积为4.5亩，黑龙江省农村人均耕地面积为7.7亩，远大于全国人均耕地面积。东北三省家庭耕地面积为30亩，更远大于我国其他地区农村家庭10亩的耕地面积。其三，东北三省农产品生产集中度高，适合专业化生产，玉米、大豆、水稻和小麦的生产成本较低，具有一定的市场竞争优势，农产品商品率也很高，粮食商品量占全国1/3。这为三省农业产业化、规模化发展，充分利用现代科学技术武装农业快速实现农业现代化，短时期内提高农业劳动生产率，加速农村城镇化进程，提供了有利的基础条件。

（二）垦区现代城镇化的示范带动辐射优势

要想实现高质量、高水平的城镇化，走什么样的建设道路，采取什么样的发展模式事关重大。与其他经济区相比，国营农场的存在和发展是东北三省的独特优势。特别是黑龙江省国营农场所创建的农村城镇化发展模式，为东北三省农村城镇化开辟了新的路径。黑龙江垦区位于世界闻名的三大黑土带之一，是中央直属的三大垦区之一，地处三江平原、松嫩平原和小兴安岭山麓，土地总面积5.54万平方公里，耕地面积3975万亩，是国家级生态示范区。黑龙江农垦总局下辖9个分局、113个农牧场，分布在全省12个市，74个县（市、区）。现有总资产400多亿元（2010年，不含资源性资产），总人口166.8万人，从业人员91.7万人。目前，垦区田间作业综合机械化率已达96%，基本实现了农业机械化；农业科技贡献率达67%，职均生产粮食40吨，达到了法国、英国等发达国家水平。近年来，垦区小城镇建设超常规发展，截至2012年共有140多个功能齐全、环境优美、基础设施良好的小城镇。今后，随着垦区农业现代化的发展，垦区城镇化建设水平将进一步快速推进和提升。垦区的发展也改造了黑龙江省农村地域的交通、通信等环境，为黑龙江省农村城镇化提供了物资、人力、技术等支援。一个资源共享、利益互惠、精诚合作的垦县共建的城镇化模式，城镇化与农业现代化协调发展的模式正在日益完善。这种模式彰显了依托区域比较优势走新型城镇化道路的重要性，必将推动东北三省农村城镇化的快速发展。

（三）先进装备制造产业助推实现农业机械化优势

加快东北地区农村城镇化发展，一是要大力提高农业生产效率，挤出农村富余的劳动力；二是在城镇要大力发展培育现代产业，创造出足以吸纳从农村转移出来的劳动力的现代产业，使他们能够充分就业，过上与原有城镇居民同质的市民生活。这就要求必须建立现代农业经营体系，实行农业产业化、规模化经营。其首要条件是实现农业机械化。东北是我国老工业基地，具有雄厚的工业基础、熟练的技术工人及高级技师等人才资源。东北三省的装备制造业在全国乃至世界都具有领先优势。例如，黑龙江省的中国第一重型机械集团在新材料、冶炼、锻造、机械等关键材料和工艺方面都有很好的技术装备；吉林省的汽车及轨道客车制造业和辽宁省的矿山设备、石化及其他工业专用设备、环境保护设备，机械、钢材、船舰制造业等都位居全国前列。充分利用并发挥这些高端技术制造业优势，为东北地区农村生产制造出符合地域特色的从生产到收获到加工及运输流通领域，大、中、小型配套，全方位服务的农机具，必将大大提高东北地区农业生产率（这方面，已有日本的成功先例）。而且如能充分利用发挥这些高端技术制造业优势，大量承接国际业务并加以改革，逐步扩大民营企业参加力度，在其外围发展生产性服务业，延长产业链条，将会产生强大的产业优势，大大增加城镇吸纳就业能力，扩展农村剩余劳动力转移就业空间。

（四）助推边疆特色城镇发展的对外开放后发优势

按照经济学原理，投资、消费、出口是推动经济发展的三大动力。在拉动经济增长的“三驾马车”中，东北三省主要依靠投资和消费，净出口的贡献率最小。2008 年全国外贸依存度已达到 60%，东北三省仅为 15.4%，说明东北三省经济发展中的对外开放优势还没有得到充分有效发挥。近年来，随着国际金融危机影响的不断深入、发酵，我国沿海经济发达省份对外贸易受到打击，东北三省的国际贸易却逆势而上。2011 年，东北地区实现进出口总额 1564 亿美元，增长 25.1%，高于全国平均增速（22.5%），占全国比重由 2010 年的 4.1%提高到 4.3%，在东北三省经济增长中的贡献度逐年大幅上升，发挥出日益显著的作用。东北三省地处东北亚中心，与日、朝、韩、蒙等国或接壤，或一衣带水，交通方便，交往历史悠久，在语言、民俗、经济等方面联系密切，三省应进一步发挥地缘优势，采取有力措施，开展与这些国家的文化与经济交流，促使对外合作潜力变为真实的动力，从而促进三省的边贸城镇、旅游名镇、工商重镇及国际化都市建设。

四、高质快速推进城镇化，促进东北三省经济社会发展

（1）以户籍制度改革为动力，提升城镇化质量。东北三省应借助相关政策改革的东风，科学地改革户籍制度，不仅赋予进入中小城镇的农民城镇户籍，还应使他们在养老、医保、就业、子女就学、劳动工资等方面拥有与城镇居民同等的权益，提升现有城镇化的质量，最终实现城乡一体化发展。

（2）以房地产业改善小城镇基础设施，促进产业发展。借助国家正在对一、二线大城市房地产市场严加调控之机，制定优惠政策，创造良好发展环境，引导外寻发展空间的房地产企业到三、四线城市、资源型城市及县域重点城镇投资发展。大力进行其基础设施建设，开发工商、旅游地产，加强对煤城、林区、垦区等资源型城市的棚户区改造，增加就业，降低生活成本，吸引农村富余劳动力及大中专毕业生到那里生活创业。

（3）大力发展县域城镇，缓解大中城市承载压力。2011 年，东北三省城镇化率为 58.0%，离发达国家的城市化水平，还差 20 个百分点左右。但东北三省的沈阳、长春、哈尔滨、大连等大中城市已凸显交通拥挤、住宅奇贵、人口超密、公共基础设施严重不足等“城市病”。今后应大力发展县域经济，推进县域城镇建设，把小城镇作为县域经济的集聚中心和持续的经济增长点，优化小城镇产业结构，强化小城镇对农村剩余劳动力就地转移的作用，以缓解东北三省主要大城市的承载负担。

（4）加快农村土地流转，促进剩余劳动力向城镇有序转移。目前，实行农业规模化经营已成为东北三省实现农业现代化的首要条件。为此，三省应建立健全农村土地流转法律制度，让土地向龙头企业、种粮大户、现代家庭农场等新的经营主体集中，并采取股份合

作制，让农户以承包土地折成的股份入股，鼓励农村剩余劳动力以土地收益作为进城的创业资金等做法，逐步实现农业规模化经营。通过农业规模化经营的推力及城镇高薪、高生活水平拉力的双重作用，促进农村剩余劳动力向城镇中转移，加快农民市民化进程。

（5）促进生产要素自由合理流动，完善东北中小城市群建设。发达国家和地区城市化的发展历程证明，完善的城市群能使城市群内优势互补、促进资源有效配置，增强城市竞争力。东北三省应对区域内中小城市群的经济、空间和制度进一步整合，努力实现各城市跨区域的产业政策、基础设施等的一体化规划，促进东北三省城市群内部的自然、人力、资本、信息等要素资源合理流动，加强三省的经济合作，在一定程度上打破行政区划，以求共同发展。

（6）借助国际合作外力，推动城镇化快速发展。我国长三角、珠三角、京津冀等经济区域城镇化之所以发达，外来的资本与市场、外商投资和扩大出口是这些地区城镇经济发展的重要动力。东北三省应充分发挥国际贸易与国际投资的后发优势，充分利用东北三省沿海、沿江、沿边开放的全方位地缘优势和历史联系优势，加强与东北亚区域日本、韩国及俄罗斯的经济文化交流。通过发展外向型经济，承接发达国家和地区的产业转移，吸引外资及人才来创业，打造一批口岸商贸城镇、风情旅游城镇及历史文化城镇，推进三省农村城镇化进程。

通过上述案例可知，东北三省城镇化发展快、质量好的时期，东北三省经济发展也快，质量也好，带动社会建设也好，人们生活也富裕、幸福。东北三省城镇化进程缓慢、水平低的时期，经济增长也滞后，社会建设也差，人民生活贫穷，社会矛盾突出。因而我们应找准快速推进东北三省城镇化进程的路径与对策，通过城镇化的动力，加快促进东北三省区域经济社会发展。

参考文献

[1] 吴殿庭主编. 区域经济学 [M]. 北京：科学出版社，2013.

[2] 巴朗斯基. 经济地理学论文集 [M]. 北京：科学出版社，1958.

[3] 顾朝林. 城市经济区理论与应用 [M]. 长春：吉林科学技术出版社，1991.

[4] 顾朝林. 中国城镇体系——历史·现状·展望 [M]. 北京：商务印书馆，1992.

[5] 李小建. 经济地理学 [M]. 北京：科学出版社，1999.

[6] 陆大道. 区位论及区域研究方法 [M]. 北京：科学出版社，1988.

[7] 钱纳里. 发展的型式：1950~1970 [M]. 北京：经济科学出版社，1988.

[8] 吴传钧，侯锋. 国土开发整治与规划 [M]. 南京：江苏教育出版社，1990.

[9] 吴殿廷. 区域分析与规划教程 [M]. 北京：北京师范大学出版社，2008.

[10] 许学强，周一星，宁越敏. 城市地理学 [M]. 北京：高等教育出版社，1997.

［11］杨万钟. 经济理论学导论［M］. 上海：华东师范大学出版社，1995.

［12］于洪俊，宁越敏.城市地理学概论［M］. 合肥：安徽科学技术出版社，1983.

［13］赵弘. 总部经济［M］. 北京：中国经济出版社，2004.

［14］周琳琅. 统筹城乡发展理论与实践［M］. 北京：中国经济出版社，2005.

［15］周一星. 城市地理学［M］. 北京：商务印书馆，1999.

［16］Herbert D T，Thomas C J. Urban Geography：A First Approach.New York：John Wiley & Sons 17，1982.

［17］William F H. An Introduction to Settlement Geography. London：Cambridge University Press，1998.

［18］陈锡文. 中国农业特色现代化的几个主要问题［J］. 改革，2012（10）.

［19］李添. 中国东北地区发展报告［M］. 北京：社会科学文献出版社，2012.

［20］温铁军. 农村需要城镇化而非城市化［J］. 当代贵州，2013（2）.

［21］姜妮伶. 中国东北地区城市化发展研究［M］. 北京：经济科学出版社，2009.

［22］丁晓燕. 2010 东北蓝皮书［M］. 北京：社会科学文献出版社，2010.

［23］岸根卓郎. 迈向 21 世纪的国土规划［M］. 北京：科学出版社，1990.

第二篇 区域经济关系

第五章　区际贸易发展

区域是一个开放的空间，是具有空间维度的组织。区域之间存在多种形式的相互作用，其中生产要素的区际流动和商品的区际贸易是两种最重要的方式。区际贸易是不同区域之间商品和劳务的交易活动，是区域市场的进一步扩展。它以区域差异和区域分工为基础，以相互需求、交通和交易成本为条件。区际贸易是一种贸易活动，是由国际贸易的深化和区域间经济社会的长足发展孕育出的新的经济形式，它是国际贸易的重要组成部分。一直以来，经济学者依托着国际贸易的相关理论解释着区际贸易的发展，当今世界区际贸易正朝着全球化、多样化、纵深化的方向发展，主要依托的是国际贸易的相关理论。本章分别介绍了古典区际贸易发展理论、新区际贸易发展理论，在区际贸易发展中分别阐述了区际贸易的类型、影响因素、发展条件及对区域经济的作用，最后列举我国区际贸易发展的案例加以分析。

第一节　古典区际贸易发展理论

古典国际贸易理论是以古典政治经济学为基础，它是在批判重商主义贸易差额理论基础上提出的自由贸易理论。其中，亚当·斯密提出的绝对优势理论是第一个自由贸易理论。大卫·李嘉图提出的比较优势理论发展了绝对优势理论。二者将国际贸易发生的原因归结为劳动生产率的差异，从市场供给角度考虑决定国际贸易发生的原因，约翰·穆勒则另辟蹊径从需求角度解释贸易发生的原因及贸易利益分配的依据。用提供曲线重新解释了约翰·穆勒的相互需求理论，使之更直观和易于理解。赫克歇尔—俄林的要素禀赋理论（H-O 定理）指出了生产要素的差异对国际分工的影响，所提出的区域分工和专业化生产的依据更为深入和全面，被认为是新古典区际贸易理论。

一、亚当·斯密的绝对优势理论

（一）绝对优势理论的提出

亚当·斯密（Adam Smith）是英国产业革命时期的著名经济学家，是英国古典政治经济学的主要奠基人之一。他在 1776 年发表了《国民财富的性质和原因的研究》，简称《国富论》。在这本书中，亚当·斯密批判了重商主义，创立了“自由放任”的自由经济思想；解释了国际贸易的成因，提出了主张自由贸易的绝对优势理论。

（二）绝对优势理论的基本观点

1. 绝对优势理论的基本假设

（1）世界上只有两个国家，它们生产的全部产品只有两种；

（2）劳动是唯一投入要素且具有同质性（劳动生产率相同）；

（3）劳动边际报酬不变，生产是在单位成本不变的情况下进行的；

（4）运输费用和其他交易费用为零；

（5）劳动在国内不同产业间可以自由流动，但在国与国间则不能自由流动；

（6）生产要素市场和产品市场是完全竞争市场；

（7）进出口贸易值相等，不考虑货币在国家间的流动；

（8）贸易是按物物交换方式进行的；

（9）不存在技术进步和经济发展；

（10）国家间实行自由贸易，不存在政府对贸易的干预或管制。

2. 绝对优势理论的基本内容

亚当·斯密认为，每个国家都有适于生产某些特定产品的绝对有利的生产条件，如果每个国家都根据其绝对有利的生产条件去进行专业化生产，就可以使成本绝对降低，然后彼此间进行贸易，各国的资源就能得到有效配置。在自由贸易条件下，用成本最低产品去进行自由贸易就能用最少的花费换回更多的商品，从而比它们各自都生产所需要的一切东西更能增加国民财富。因此，亚当·斯密主张国际分工。可见，所谓绝对优势，是指一国如果在某种产品上具有比其他国家高的劳动生产率，该国在这一产品上就具有绝对优势；相反，劳动生产率低的产品，就不具有绝对优势，而是具有绝对劣势。

（三）对绝对优势理论的评价

1. 绝对优势理论的意义

绝对优势理论的意义在于：第一，它揭示了国际分工和专业化生产能使资源得到更有效的利用，从而提高劳动生产率的规律。第二，它首先论证了贸易双方都能从国际分工与国际贸易中获利的思想。也就是说，国际贸易是一个“双赢游戏”，而不是“零和游戏”，从而部分地解释了国际贸易产生的原因。第三，它把国际贸易纳入了国际经济的理论体系，开创了对国际贸易的经济分析。可见，绝对优势理论完全可以解释区际分工和区际贸易活动。

2. 绝对优势理论的局限性

绝对优势理论的局限性在于：自由贸易和具有某种绝对优势的生产条件是绝对优势理论的基本假设条件。这些假设条件与现实是有出入的。例如，依据绝对优势理论，如果某一区域与其他区域相比，在商品生产方面都处于绝对劣势，而没有任何绝对优势产品，那么，彼此就很难或不可能产生区际贸易，也就不能从贸易中获益。这显然与现实中区域贸易的实际相悖，这是绝对优势理论的不足之处。

二、大卫·李嘉图的比较优势理论

（一）比较优势理论的提出

大卫·李嘉图是英国产业革命深入发展时期的经济学家。他在 1817 年出版的《政治经济学及赋税原理》一书中提出比较成本学说，这一学说是英国资产阶级争取自由贸易斗争中产生和发展起来的。

（二）比较优势理论的基本内容

大卫·李嘉图指出："各国应集中生产优势较大或者劣势较小的商品，这样的国际分工对贸易各国都有利。"如果有两个生产率水平不相同的国家，其中一个国家生产任何一种商品都处于绝对有利的地位，但有利的程度不同；另一个国家生产任何一种商品都处于绝对不利的地位，但不利的程度不同。在这种情况下，两个国家可以通过国际分工和贸易相互获益。因为，一个国家无论处于什么发展阶段，经济实力如何，都有其相对优势，即使处于劣势，也能从中发现相对优势。在自由贸易条件下，各国应该把资本和劳动用于具有相对优势的产业部门，生产本国最有利的产品，利用国际分工和贸易实现互补，使贸易双方获得比较利益，从而在使用和消耗等量资源的情况下，提高资源配置效率。"两利相权取其重，两弊相权取其轻"是最有利和最合理的地域分工原则。可见，所谓比较优势，是指一国在所有商品上的劳动生产率都要低于另一国，即所有商品的生产均处于劣势，但是，相对劣势较小的商品中较之那些相对劣势较大的商品而言，即具有比较优势。

（三）对比较优势理论的评价

1. 比较优势理论的意义

比较优势理论的意义在于：它揭示了区域贸易的广泛基础，提出了区域交换的特殊规则。商品的生产成本处于劣势的国家与处于优势的国家进行产业分工和贸易的选择标准不是绝对值的高低，而是相对值的异同。大卫·李嘉图的比较优势理论是在亚当·斯密的绝对优势理论基础上提出的，是对绝对优势理论的发展，可以视为人类长期观察与研究国际贸易活动所建立的第一个近乎完美的贸易理论体系。

2. 比较优势理论的局限性

比较优势理论的局限性在于：第一，从比较优势原理和贸易互利模型出发，劳动生产率落后者不仅不会因竞争而被淘汰，反而可能从国际贸易中获利，这与价值规律相矛盾；第二，忽略了国际贸易对国内收入分配的影响，并据此认为国家作为一个整体是始终能从贸易中获得的；第三，模型中只有劳动这一种投入要素，忽略了自然资源和规模经济在国际贸易中的作用；第四，实践表明优势和劣势国家或区域之间产业层次的差别越来越大，出现了“马太效应”。

三、相互需求理论

相互需求理论（Reciprocal Demand Theory）实质上是指由供求关系决定商品价值的理论，是比较利益论的补充。约翰·穆勒和阿弗雷德·马歇尔是相互需求理论的主要代表人物。穆勒首先提出了相互需求论，马歇尔以几何方法对穆勒的相互需求理论做了进一步的分析和阐述，并对相互需求原理做了进一步的均衡分析。

（一）约翰·穆勒的相互需求理论

1848 年，英国古典经济学家约翰·斯图亚特·穆勒（John Stuart Mill）在其代表著作《政治经济学原理》（Principles of Political Economy）里提出了相互需求理论，论述了贸易条件，即国际贸易中两国产品交换形成的国际交换比率是如何决定和达到均衡的，并使用了比较利益的概念，用相互需求强度解释自由贸易条件下均衡国际贸易条件的决定和贸易利益的分配问题。

1. 约翰·穆勒的基本观点

约翰·穆勒在《政治经济学原理》一书中的第三篇《交换》中的第 18 章提出了相互需求论，对李嘉图的比较成本理论做了重要的说明和补充：用两国商品交换比例的上下限解释互惠贸易的范围；用贸易条件说明贸易利得的分配；用相互需求程度解释贸易条件的变动。约翰·穆勒认为，一方出售产品就是购买对方产品的手段，另一方供给同时也形成对对方产品的需求，供给和需求就是相互需求。因此，区际交换比率是由相互需求对方产品的相对强度决定的，即对其他区际产品需求相对强烈的地区，它的产品交换对方产品的能力就会降低，必须用更多的本地区产品交换对方区际的产品。反之亦然。

2. 对约翰·穆勒的相互需求理论的评价

约翰·穆勒的相互需求理论对李嘉图的比较优势理论做了重要补充和发展，不仅提出了区际贸易为双方带来利益的范围问题，而且用相互需求强度说明了贸易双方在利益分配中各占多少的问题。然而，穆勒的相互需求理论也存在一些明显的局限性。第一，他抛弃了劳动价值论，认为本国产品价值决定于它的生产成本，而外国产品价值由国际交换比例决定。第二，他以区际间的贸易平衡作为前提，假定物物交换下供给等于需求，然而实际上出口和进口不是以物易物同时进行的，而是彼此分离的。这一假定前提不符合经济发展的现实。第三，它只能解释经济规模相当且相互需求对市场价格有显著影响的区际之间的贸易利益分配问题。因此，用相互需求强度决定贸易条件有很大的缺陷。

（二）马歇尔对相互需求理论的几何分析

Alfred Marshall 是英国资产阶级经济学家，新古典经济学派的创始人。其主要著作是 1879 年出版的《国际贸易纯理论》和 1890 年出版的《经济学原理》等。在《经济学原理》中，马歇尔创立了"均衡价值理论"，提出了一整套经济新概念和崭新的研究方法，被各国经济学家沿用至今。因此，经济学理论界将马歇尔尊称为近现代经济学的鼻祖。他的经济学的理论核心是边际效用论和生产费用论相结合的均衡价格论。他用均衡价格论来解释描绘贸易条件的提供曲线，通过几何图解方法来说明供给和需求如何决定均衡的贸易条件，从而较为精确地描述了两国就两种商品进行贸易时交换比例的确定及其变化趋势，并对约翰·穆勒的相互需求论做了进一步的分析和说明。

1. 马歇尔的基本观点

马歇尔赞同穆勒的理论，认为穆勒的相互需求理论就是供求平衡分析，并用几何方法对其做了进一步论证，提出了著名的提供曲线图。提供曲线是由两条供给曲线组成，表示一个国家贸易条件，说明在不同相对价格水平上，一国在某一进口量上所愿意提供的出口量的轨迹。两国提供曲线的交点决定的价格就是国际产品交换价格。马歇尔用几何图解的方式说明了两国间互利交换比例的范围。

2. 对马歇尔的相互需求理论的评价

马歇尔的几何分析对穆勒的相互需求理论做了重要补充和发展。他的提供曲线对贸易条件的分析，开创了把几何方法作为国际贸易理论的分析工具的历史，为西方传统国际贸易理论增添了新的表达手段和研究手段。运用几何图解的方式说明了两国间互利交换比例的范围，不仅直观、易于理解，而且具有较强的应用性，因此，一直沿用至今。

四、要素禀赋理论

（一）要素禀赋理论的提出

要素禀赋理论是以新古典经济学为基础的，又称为资源赋予理论。1919 年，瑞典经济学家赫克歇尔（E.Heckscher）最早提出该理论。1933 年，瑞典经济学家俄林（B.Ohlin）在《区际贸易和国际贸易》中指出："区际贸易产生的根本原因是地区间存在相对的商品和生产要素价格上的差异，而且它们之间会相互影响各自的需求，最终由需求和供给的关系来决定价格体系和贸易。”因俄林的理论采取了其师瑞典经济学家赫克歇尔（1879~1952）的主要观点，因此，通常冠以其师之名称为赫克歇尔—俄林的要素比例说（简称赫—俄学说），该理论又被称为 H-O 定理。

（二）要素禀赋理论的基本内容

赫克歇尔在 1919 年的一篇论文中提出：产生两国成本差异的前提条件有两个，其一是两个国家的要素禀赋不同，其二是不同产品生产过程中所使用的要素比例不同。国际贸易是在这两个前提条件下发生的。赫克歇尔的学生俄林对这一观点加以进一步发展。他在《区间贸易和国际贸易》中，比较完整地阐述了 H-O 定理的一些基本观点。要素禀赋理论认为，国家间各种生产要素禀赋差异对于解释国际贸易非常重要，一个国家总会出口那些使用生产要素相对丰裕的商品，而进口那些使用生产要素相对稀缺的商品。其基本思想是，区域间或国家之间生产要素的禀赋差异是它们之间出现分工和发生贸易的主要原因。根据赫克歇尔—俄林的要素比例说，各国最终都会倾向于生产并输出需要大量使用其充裕生产要素的那些商品，进口需要较密集地利用该国稀缺要素的商品，从而促使各国都能更有效地利用各种生产要素，实现合理的国际分工。基于以上论述，H-O 定理认为，要想提高劳动生产率，增加生产，降低价格，最好的办法是实现自由贸易政策。根据俄林的理论，需求是引起生产变动的和产生贸易的基础，收入变动又是引起需求变动的主要因素。收入增加的结果是工业制成品的贸易在人均收入较高的国家之间得到大发展。

（三）对要素禀赋理论的评价

1. 要素禀赋理论的意义

要素禀赋理论的意义在于：它指出了生产要素的差异对国际分工的影响，所提出的区域分工和专业化生产的依据更为深入和全面，为宏观经济学和区域经济学的研究奠定了基础。这一贸易理论的提出对古典贸易理论而言是一种创新，因此该理论也被称为新古典贸易理论。因此，要素禀赋理论直到 20 世纪 50 年代，在国际贸易理论界一直居于主导地位，被广泛接受和推崇。

2. 要素禀赋理论的局限性

要素禀赋理论主要解释发生在发达区域与发展中国家之间的产业间贸易，比较利于工业产品或制成品的分析。要素禀赋理论的局限性在于：第一，要素禀赋理论反对劳动价值论，因而抹杀了劳动收入和财产收入的区别；第二，忽视了科学技术在区域分工中的重要作用；第三，抽象地分析对外贸易的作用，舍去了生产关系，不符合实际发展；第四，掩盖了国际贸易和国际分工的原因，如资本家无限追逐利润最大，使市场和生产无限夸大等。

第二节 新区际贸易发展理论

传统的国际贸易理论是建立在比较优势的基础上，以规模报酬不变和完全竞争为假设前提。其理论基础有三个方面：一是完全市场竞争假设，即产品是均质的、规模报酬不变、无消费者偏好且交易费用为零；二是在产业间进行贸易；三是理论分析模型简单。但是，20 世纪 60 年代以来，国际贸易出现了一些新的变化，不完全市场竞争越来越突出，产业内贸易份额越来越大，新兴工业国家贸易迅速增长，贸易环境、贸易因素及贸易关系越来越复杂多变等。所有这些，都使传统国际贸易理论的三大基础发生了巨大改变，导致了其对现实经济解释的乏力。新贸易理论正是从传统贸易理论的假定前提出发，以规模经济和产品异质性为特征的不完全竞争为核心来分析国际贸易实践的新格局的。本章主要介绍由克鲁格曼、赫尔普曼、格罗斯曼等为代表的新贸易理论、产业内贸易理论、斯塔芬·伯恩斯坦·林德的需求偏好相似理论。

一、新贸易理论

（一）新贸易理论的基本观点

20 世纪 80 年代后期，由克鲁格曼、赫尔普曼、格罗斯曼等为代表的新贸易理论大量运用产业组织理论和市场结构理论来解释国际间的贸易，并运用不完全竞争、规模报酬递增、外部性等概念和思想来构筑新的理论。新贸易理论认为，国家间差异越大，产业间的贸易量越大；而国家间越相似，产业内的贸易量越大。成本上的比较优势才是真正的优势，即产品的生产成本越低，分工中越具有优势，在产品市场上越具有竞争优势。同时，历史和偶然为区际分工和差异影响着区际贸易，递增报酬不断强化着既定的贸易格局。克鲁格曼把区域发展理解为一个在外部规模经济驱动下的经济空间的自我强化过程，某些偶然性和不确定因素、历史和特殊事件、某种偏好、某种生产要素的天然的可获得性等，都可能在自我强化的过程中趋于不断放大，而对区域格局形成和区域经济的发展产生决定性作用。

（二）对新贸易理论的评价

新贸易理论的意义在于：它为传统贸易做出了补充，使国际贸易更接近事实，也的确改变了人们的思维方式。新贸易理论为解释 20 世纪 60 年代以来国际贸易中出现的新趋势——发达工业国家之间的贸易增长、大规模的产业内贸易提供了理论依据。

新贸易理论的局限性在于：该理论虽然充分解释了发达国家之间贸易量大幅度增加的现象和同类贸易大幅度增加的现象，但都是基于市场经济高度发达的发达区域，未能从发展中国家的视角去解释贸易增加的现象，只是以“不确定”的方式加以总结。

二、产业内贸易理论

（一）产业内贸易理论的提出

20 世纪 60 年代，巴拉萨（Béla Balassa，1928~1991）和格鲁贝尔等（Herbert G. Grubel，1934）对欧洲共同体内部贸易的研究发现，欧洲共同体内部的贸易格局和专业化分工并不是按照传统的国际贸易理论模式展开的，大量的区域内部贸易是同一产业部门内部的同种类产品的相互交换。1975 年，格鲁贝尔和劳埃德（P. J. Lloyd）在其代表作《产业内贸易：差别化产品国际贸易的理论与度量》中，首先开始了开创性的理论探索，实证分析主要工业化国家的贸易，为产业内贸易提供了有力的证据。20 世纪 70 年代末 80 年代初，阿维纳什·迪克西特（Avinash K. Dxilt）、约瑟夫·斯蒂格利茨（Joseph E. Stiglitz）、格鲁贝尔、保罗·克鲁格曼（Paul Krugman）、埃尔赫南·赫尔普曼等（Elhanan Helpman）为产业内贸易提供了一系列理论解释，引入了规模经济理论、不完全竞争理论等。这些理论和经验验证使产业内贸易理论成为区际贸易理论新进展的重要分支。

（二）产业内贸易理论的基本内容

产业内贸易理论认为，当代国际贸易可以分为产业间贸易和产业内贸易两大类。产业内贸易是指同一产业内的产品在两国间互相进口和出口的贸易活动，即两个要素禀赋相同或相似的国家交换两种要素密集度相同或相似的产品。产业内贸易既可以发生在价格、效用和品质上完全相同或可替代的同质产品之间，也可以发生在产品不同的异质产品之间。

（三）对产业内贸易理论的评价

1. 产业内贸易理论的意义

产业内贸易理论的意义在于：从古典贸易理论到新古典贸易理论，探讨的都是产业间的贸易现象。这些理论强调优势差异决定贸易，产业内贸易理论解释的是基于市场不完全竞争和规模经济而形成的贸易现象。两种理论是不同阶段人们对国际贸易的不同认识。产业内贸易理论的分析更符合实际。产业内贸易理论是对传统贸易理论的批判，其假定市场不完全竞争和存在规模经济，比较符合当今国际经济的一般情况。此外，产业内贸易理论不仅从供给方面，而且从需求角度考虑贸易行为，比较贴近实际。

2. 产业内贸易理论的局限性

产业内贸易理论的局限性在于：产业内贸易理论强调贸易的基础是规模经济，而在现实中，具有规模经济的产业部门大多处于经济发达地区，对于经济欠发达地区的贸易无法解释。

三、需求偏好相似理论

（一）需求偏好相似理论的提出

需求偏好相似理论（Demand Preference Similarity Theory）是瑞典经济学家斯塔芬·伯恩斯坦·林德（Staffan Burenstan Linder）在其1961年出版的《论贸易与转变》一书中提出的。根据要素禀赋理论可以推论，大量贸易应该发生在要素禀赋差别较大的经济发达区域。而现实是，目前工业发达国家之间的贸易量大约占世界总出口量的3/4。理论与实际的巨大反差促使林德另辟蹊径研究这种贸易格局的成因。他从需求角度探讨了国际贸易发生的原因，解释了要素禀赋相似条件下工业发达国家之间贸易产生的原因，因而又称为重叠需求理论（The Overlapping Demand Theory）。

（二）需求偏好相似理论的基本内容

斯塔芬·伯恩斯坦·林德指出在供给一定的情况下，不同的需求压力会导致不同的国内价格比率，从而为贸易提供了前提条件。他认为平均收入水平决定着消费的结构，而消费结构决定了潜在出口产品；区际间平均收入水平越接近，需求偏好越相似，那么贸易范围越大；若某一区域具有生产某种产品的比较优势，而另一区域对这种产品没有需求，则区际间就不会发生贸易。需求偏好相似理论适合于解释发生在发达国家之间的产业内贸易，即制造业内部的一种水平式贸易。

（三）对需求偏好相似理论的评价

1. 需求偏好相似理论的意义

需求偏好相似理论的意义在于：第一，林德强调区际间需求的不同及重叠需求结构是区际贸易基础和贸易模式的重要决定因素。这种观点和研究方法对后来的学者有很大的影响。第二，需求偏好相似理论与贸易事实基本吻合。例如，20世纪60年代至70年代，制成品贸易在美国、加拿大、日本和欧洲国家间迅速发展，这些国家同时进口和出口同类产品。此外，一些经济学家对该理论进行的实证检验也印证了理论的正确性。例如，1987年，詹瑞（Jerry）和瑟斯比（Marie Thursby）在排除贸易伙伴国的地理位置、文化相似性等影响贸易的诸多因素后，研究了13个欧洲发达国家、加拿大、日本、美国和南非的制成品贸易，结果基本支持需求偏好相似理论的结论。

2. 需求偏好相似理论的局限性

需求偏好相似理论的局限性在于：第一，将收入水平与消费偏好完全对应起来不一定准确，有些需求偏好与收入水平无关。第二，过分强调人均收入在决定消费结构中的作用。实际上，气候、地形、社会习俗、宗教、民族、消费嗜好等也是影响消费结构的重要因素。第三，无法解释现实中存在的需求偏好差异较大的区际之间的贸易现象，如经济发达地区与经济不发达地区或欠发达地区之间的贸易现象。

第三节　区际贸易发展

区际差异是区域分工与合作的基础，其外在表现为区际贸易。在区域经济利益最大化动机下，区域间要素禀赋的不同必然导致区际间经济活动方式和内容的不同，以及区际间物质、能量和信息的交流。区际贸易是人类历史发展到一定阶段的必然产物。社会分工的扩大、生产力的发展以及新区域的出现奠了定区际贸易产生与发展的基础。各区域根据自身条件、利益和发展原则，与其他区域进行分工合作，开展区际贸易，从而推动生产要素的区间流动。本节主要从区际贸易的类型、影响因素、发展条件以及区际贸易对区域经济的作用几个方面加以介绍。

一、区际贸易的类型

区际贸易范围广泛，种类繁多。依据不同的角度和不同的分类标准，可将区际贸易分为以下几种不同的类型：

（一）根据区域范围划分

按照区域范围的不同，可分为国际区际贸易和国内区际贸易。区际贸易则介于国际贸易与国内贸易之间，是国内贸易与国际贸易的连接带。

（二）根据贸易商品形式划分

按照贸易商品形式的不同，可分为有形贸易、无形贸易。可以看得见的商品贸易被称作有形贸易。运输、保险、旅游、技术等无形的劳务交换则被称作无形贸易。

（三）根据货物的流动方向划分

按照货物流动方向的不同，可分为进口贸易、出口贸易和过境贸易。出口贸易（Export Trade）又称为输出贸易，是指将本国生产和加工的商品输往国外市场销售。进口贸易（Import Trade）又称输入贸易，是指将外国生产和加工的商品输入本国市场销售。过境贸易（Transit Trade）又称通过贸易，只有在进口方和出口方经过第三方区域时，才会产生过境贸易。

（四）根据货物运输方式划分

按照货物运输方式的不同，可分为陆路贸易、海路贸易、空运贸易、邮购贸易和多式联运贸易。陆路贸易（Trade by Roadway）是指采用陆路运输方式运送货物的贸易，运输工具主要是汽车、火车等。海路贸易（Trade by Seaway）是指采用海上运输方式运送货物的贸易，运输工具是各种船舶。空运贸易（Trade by Airway）是指采用航空运输方式运送货物的贸易。邮购贸易（Trade by Mail Order）是指采用邮政包裹的方式寄送货物的贸易。多式联运贸易（Trade by Multimodal Transport）是指海、陆、空各种运输方式结合运送货物的行为。

（五）根据贸易完成方式划分

按照贸易完成方式的不同，可分为直接贸易、间接贸易和转口贸易。直接贸易（Direct Trade）是指商品生产区域的商品消费区域不通过第三个区域进行商品交易的。在直接贸易中，贸易双方直接洽谈和结算，交易的货物既可直接从生产国运到消费国，也可经由第三国国境转运到消费国。因此，过境贸易是直接贸易。间接贸易（Indirect Trade）是指通过第三外区域进行交易的，对于生产区域和消费区域而言，就是交易的货物既可从出口区域经过第三个区域转运到进口区域，也可从出口区域直接运到进口区域国。对于第三个区域而言，就是转口贸易（Transit Trade），也称为中转贸易。由于政治、地理等方面，有时商品生产区域与消费区域不能直接进行交易，而只能通过第三个区域，这时第三区域从事的贸易就是转口贸易。

（六）根据清偿方式划分

按照清偿方式的不同，可分为现汇贸易和易货贸易。现汇贸易（Spot Exchange Trade）又称为自由结汇贸易，是指以货币为清偿工具的区际贸易，也称作货币结算贸易。易货贸易（Barter Trade）又称为换货贸易，是指以经过计价的货物作为偿付工具的贸易方式。

（七）根据贸易商品的产业关联划分

按照贸易商品的产业关联不同，可分为垂直型贸易、水平型贸易和混合型贸易。

二、区际贸易的影响因素

影响区际贸易的主要因素有：

（一）要素供给

要素供给包括区内的要素禀赋条件和区外的要素流入两个方面。产品的生产是一个投入产出过程，不同区域的生产要素禀赋不同，投入要素的组合状况不同，致使投入产出效果差异很大。这就要求各区域的贸易产品生产要按专业化原则进行。在区际贸易中，每个区域都利用其充裕的生产要素生产和输出产品，输入那些需要耗费其稀缺的生产要素才能生产出的产品，使参与交换的双方都会获利。区域内供给不足的要素还可以通过区外要素的流入加以弥补，促成相对充裕的要素优势得以充分发挥，使区际贸易不断扩大。

（二）外部需求

如果某区域生产的产品仅供本区域消费，必定受市场狭小的限制。挖掘区外市场需求和开展区际贸易，是区域经济发展的必由之路。某区域生产的产品具有比较成本优势，只是开展区际贸易的必要条件。除此之外，还需在产品品种、款式、质量、包装等方面尽力满足区外需求的偏好，这样才能真正促进区际贸易发展。

（三）区位条件

区位条件主要包括三个方面的内容：其一是区域所处的地理位置。某地区越毗邻经济发达地区，位于交通干线和贸易航线附近，或者地处交通网络的交汇点，商品的输入输出越便利，区际贸易发展越快。其二是区域的对内对外交通通达性。通达性是指区域的对内对外交通通信条件。交通网络发达，通达性较好，可以使区域变得相对邻近，促进区际贸易的开展。其三是贸易地区之间的空间距离。如果两贸易地区之间的空间距离较大，就会增加产品的运输成本，从而在一定程度上抵消其比较优势。然而，随着交通运输工具的改进和革新，空间距离对区际贸易的制约作用将日趋减弱。

（四）经济体制与政策

在传统的计划经济体制下，区际的经济往来、商业贸易被压制，政府决策代替了市场主体的独立自主，行政分割阻碍了区际贸易自由。除了中央政府计划的物资跨区域调拨外，区际贸易极不发达，各区域尤其是省级行政区域内自给自足的现象严重，资源地域空间配置效率不高。随着我国社会主义市场经济体制的建立，商品的区际交换受市场机制的支配和调节。由于确立了企业的市场主体地位，其积极性、主动性和创造性增强，区际贸易走向繁荣。企业在区际贸易中起着决定性的作用，政府只是通过宏观调控手段对区际贸易产生间接影响。在市场经济条件下，产业政策必然要服从社会分工原则，应因地制宜地发展适合市场需要的优势产业。在流通方面则实行区域贸易自由政策，消除各种贸易壁垒，才能促进区际贸易持续、稳定发展。

（五）价格合理与否

合理的价格能促进区际贸易正常发展，不合理的价格则会限制区际贸易的发展。区际贸易中价格合理与否主要表现在如下方面：一是是否有合理的地区差价。如果产地和销地之间价格倒挂，那么产地不愿输出，销地也不愿输入，其结果是产地商品大量积压，而销地商品短缺。二是工农业产品比价是否合理。长期以来，中国农产品、原材料等初级产品价格偏低，加工产品价格偏高，农业省区就会截留原材料输出，纷纷发展加工业，阻碍工业品的输入，搞市场封锁，严重影响区际贸易的发展。中国价格体系的改革重点应主要放在提高农产品、能源、原材料的价格上，使工农业产品比价逐步向合理化方向发展。

三、区际贸易的发展条件

区际贸易的发展条件主要包括以下方面：

（一）成本优势与规模经济效应

每一区域都生产和输出那些比起别的区域生产较便宜的商品，从区外输入较区内生产便宜的商品。在某些行业如汽车、钢铁等具有明显的规模经济性，即达到一定的规模才可能降低生产成本，提高生产效率。成本优势和规模经济是区际贸易发展的必要条件。各区域生产同类产品的企业在开放的市场条件下，通过公平竞争，效率较高企业的供给将取代效率较低企业的供给，高效率企业的市场范围和市场份额得以扩大。资源和商品按效率原则跨区域自由流动，企业可以进一步扩大规模，降耗增效，形成合理的区域分工格局，使参与区际贸易的双方都受益。

（二）交易成本与区际间的需求偏好

要素和产品供应地与市场的距离、地理条件及相关的交通运输条件，决定了交易成本的大小。一般来说，交易成本要低于生产成本，区际贸易才可能产生。随着经济发展和人们收入水平的不断提高，在同类商品消费上也出现差别化和多样化趋向。任何区域都不可能完全通过区内生产来满足区内需求，各区域通过专业化分工，相互交换，才能提高消费者的效用水平。对于多数区域而言，大都既是商品输出地，又是商品输入地，还可能同时存在同类商品的输入和输出。需求偏好差异是区域间进行同类商品贸易的条件。

四、区际贸易对区域经济发展的作用

区际贸易作为影响区域经济增长的主要贸易形式，对区际经济发展具有促进和带动作用，主要表现在以下几个方面：

（一）区际贸易促进区域的经济增长

区际贸易通过进、出品为区域经济的持续快速增长创造了条件。一方面，通过出口，为区域提供新的市场和需求，区域资源进一步得到开发和利用，使区内生产能力进一步提高；同时，生产扩大也带来了就业率和区域内储蓄率的提高，从而带动投资增长，促进经济增长水平和人均收入的上升。另一方面，通过进口，使区域外的生产要素投入到本地区的生产部门，大大地促进了这些部门的发展。区际贸易，特别是出口，不只是一次性地带动区域经济的增长，它还可以使区域经济增长过程连续进行，从而使国民收入成倍增加。对参与区际贸易的区域来讲可以从两方面受益：一是由于分工，区域可以将大部分资源从事其具有比较优势产品的生产，区内产量组合发生了变化，可以生产更多具有比较优势的产品，从而提高了资源的利用效率；二是通过贸易，可以获得本区域不能生产的产品，或者以比区内生产更低的成本来获得它们，使消费者获得更高水平的满足。因而从整体来看，区际贸易可以使区域的整体国民福利得到提高。

（二）区际贸易加快了区域技术进步和制度创新步伐

技术进步和制度创新是经济发展的两个重要因素，对经济发展意义重大。贸易为技术进步和制度创新起到了需求拉动的作用。贸易形成的市场和经济规模的扩大，迫切需要制度创新以降低交易费用，同时贸易所带来的外部竞争迫使区内的经济主体积极地进行制度创新和技术进步，淘汰毫无希望的低效率的区内企业，同时促使其他企业进行更大的努力和谋求更高的性能指标。贸易活动不断促使信息交流，对外贸易部门作为新制度的最先采用者具有重要的示范带动作用。

（三）区际贸易促进了区域产业结构演进

区际贸易有助于区域经济结构转型能力的提高和产业结构的转换，从而带动区域经济的发展，促进了区域产业结构演进。主要表现有：围绕比较优势发展优势产业；为新兴产业的发展提供了市场条件；区际贸易所带来的竞争促使各产业部门努力提高效率、改善管理，最大限度地保证产业结构演进的效率。

第四节　案例分析

改革开放使我国从计划经济体制走向市场经济体制，经济体制和运行机制的深刻变化促使我国贸易飞速发展。对内，我国不断加强省域间的交流与合作，扩大地区之间的合作领域和贸易规模，形成了从沿海到沿江沿边、从东部到中西部区域梯次开放的格局。对外，我国开放程度不断加深，与东北亚、东南亚、东欧、美洲等地区的贸易日益密切，实现了从贸易到投资、从货物到服务领域不断拓展的开放格局。区际贸易规模逐渐扩大、贸易总额逐年增长、贸易质量稳步提高。如今，我国已成为世界第一大出口国和第三大进口国。与此同时，我国不断探索区际贸易发展的新路径、新实践，建立了保税区、保税港区、保税物流园区、自由贸易试验区等对外贸易优惠区域，基本形成了泛珠贸易区、东北贸易区、华北贸易区、华东贸易区、西北贸易区五大国内区际贸易发展格局，促进了我国国际贸易及区际贸易的快速发展。现将这些区际贸易发展的新实践加以介绍。

一、保税区

保税区是我国在20世纪80年代初成功创办经济特区的基础上，借鉴国际上自由港、自由贸易区和出口加工区的成功经验，在沿海地区设立的一种新型的、具有高开放度、与国际市场接轨的特殊经济区域，是中国改革开放实际与国际先进经验相结合的产物。经过20多年的发展，保税区的经济实力不断增强，在连接国内外两个市场和各种资源、招商引资、扩大出口、引进技术、增加就业与辐射、带动区域经济发展等方面，发挥了重要的作用，显示了强劲的经济活力，在中国外向型经济发展中起到了先导作用。1990年6月，经中央批准，在上海创办了中国第一保税区——上海外高桥保税区。1992年以来，国务院又陆续批准设立了14个保税区和一个享有保税区优惠政策的经济开发区，即天津港、大连、张家港、深圳沙头角、深圳福田、福州、海口、厦门象屿、广州、青岛、宁波、汕头、深圳盐田港、珠海保税区以及海南洋浦经济开发区。截至2013年1月，国务院批准设立山西太原武宿综合保税区、北京天竺保税区、重庆西永保税区、天津保税区、上海外高桥保税区、海南海口保税区、黑龙江绥芬河保税区、广东深圳福田保税区、广东深圳沙头角保税区、山东青岛保税区、山东烟台保税区、四川成都保税区、浙江宁波保税区、陕西西安保税区、新疆保税区、内蒙古赤峰保税区、湖北武汉保税区、浙江舟山港保税区、江苏南通保税区、辽宁大连保税区、贵州贵阳综合保税区、广西凭祥保税区、河南郑州新郑综合保税区、河南焦作孟州德众保税区、河南南阳卧龙综合保税区、江西赣州综合保税区、山东潍坊综合保税区、江苏苏州工业园综合保税港区、广西保税港区、广东深圳盐田港保税区31个综合保税区。据国家发展和改革委员会的数据显示，2012年，我国综合保税区进出口1712.9亿美元，同比增长50.7%。其中，出口1042.3亿美元，同比增长52.4%；进口670.6亿美元，同比增长48.2%。2013年1~7月，我国综合保税区外贸进出口总额达到了976.2亿美元，同比增长12.5%，远高于同期全国进出口增长速度，起到了“强心剂”的作用。

二、保税港区

“保税港区”这个名称，是我国的一个独创。它是按照我国国情实际需要，适应跨国公司运作和现代物流发展需要的新型海关监管区域，首次实现了“区港合一”，叠加了目前国内各类特殊监管区的优势政策和功能，是我国目前港口与陆地区域相融合，保税物流层次最高、政策最优惠、功能最齐全、区位优势最明显的监管区域，为探索向自由港发展而开创的具有中国特色的创新之举。保税港区作为目前最为开放的经济区域，是我国为应对国际竞争、更好融入世界经济的战略之举。我国现有 15 个保税港区，分别为上海洋山保税港区（2005 年 6 月建立，是我国第一个保税港区）、天津东疆保税港区、重庆两路寸滩保税港区、辽宁大连大窑湾保税港区、海南洋浦保税港区、浙江宁波梅山保税港区、广西钦州保税港区、福建厦门海沧保税港区、山东青岛前湾保税港区、广东深圳前海湾保税港区、广东广州南沙保税港区、江苏张家港保税港区、山东烟台保税港区、福建福州保税港区、贵州贵阳综合保税区。我国保税港区的设立并不仅限于沿海，沿江港口城市也设立了保税港区，例如，重庆就是内陆地区首个设立保税港区的沿江港口城市。这些保税港区以其最为优惠的政策、最齐全的功能和最大的开放度，迅速积聚资源并发展壮大，从而辐射带动区域经济的发展，成为带动区域经济发展的新引擎。据《2013~2017 年中国港口行业发展前景与投资预测分析报告》显示，2012 年，全国保税港区进出口额为 348.6 亿美元，同比增长 54.1%。其中，出口额为 135.5 亿美元，同比增长 55.8%；进口额为 213.1 亿美元，同比增长 53.1%。

三、保税物流园区

保税物流园区是自由贸易区的雏形，是指将保税区和港区优势集中在一起，在保税区与港区之间划出专门的区域，并赋予特殊的功能政策，专门发展仓储和物流产业，实施海关的统一管理，优化保税区与港口的物流流程，使保税区与港口在地域、功能和运作方面有机结合。可见，保税物流园区其实质在于区港联动，是专门发展现代国际物流业的海关特殊监管区域。保税物流园区的建立不仅吸引着外资、推动区域经济发展，而且增强了国际竞争力，也扩大了外贸出口。2003 年年底，上海外高桥保税物流园区成立，这是我国首家“区港联动”的试点。2004 年 8 月 16 日，国务院又正式批准天津、大连、青岛、张家港、宁波、深圳、厦门共 7 个保税区为“区港联动”新试点。区港联动试点一般以保税物流园区命名，与保税区相比，保税物流园区增加了国际中转、国际采购的功能，减少了生产加工环节。保税物流园区在保税区和港区之间开辟了直通道、拓展港区功能，海关通过区域化、网络化、电子化通关管理，简化了相关手续，满足了企业对于货物快速流通和海关有效监管的要求，在功能上真正实现了“境内关外”的自由贸易功能，即“一线开放、二线管住、区内自由、入区退税”。据《2013~2017 年中国港口行业发展前景与投资预测分析报告》显示，2012 年，全国保税物流园区进出口额为 165.4 亿美元，同比增长 31.3%。其中，出口额为 85.1 亿美元，同比增长 36.4%；进口额为 80.3 亿美元，同比增长 26.4%。

四、自由贸易试验区（自由贸易园区）

自由贸易园区（FTZ）是指在某一国家或地区境内设立的实行优惠税收和特殊监管的小块特定区域，属一国（或地区）境内关外的行为，其功能是降低贸易成本。它不同于自贸区战略中涉及多个国家或地区的自由贸易协定（FTA）。为避免两者混淆，我国商务部等部门2008年专门提出将FTZ和FTA分别译为“自由贸易园区”（自由贸易试验区）和“自由贸易区”以示区分。中国自由贸易园区是我国全力打造中国经济升级版的重要举措，其目的是为中国贸易和投资的发展创造更好的国际环境和更为有利的制度性保障，助推中国经济发展，其力度和意义堪与20世纪80年代我国建立深圳特区和20世纪90年代开发浦东新区两大事件相媲美。2013年8月，国务院正式批准设立中国（上海）自由贸易试验区，其总面积为120.72平方公里，包括上海市外高桥保税区、外高桥保税物流园区、洋山保税港区、上海浦东机场综合保税区4个海关特殊监管区域。2014年12月，国务院批准在广东、天津、福建再设立3个自由贸易试验区。其中，中国（广东）自由贸易试验区的总面积为116.2平方公里，涵盖广州南沙新区片区、深圳前海蛇口片区、珠海横琴新区片区3个区域，主要立足与港澳进行深度融合；中国（天津）自由贸易试验区总面积为119.9平方公里，涵盖天津港片区、天津机场片区、滨海新区中心商务片区3个功能区；中国（福建）自由贸易试验区的总面积为550平方公里，约为上海自贸区面积的19倍，是目前我国面积最大的自由贸易试验区，主要包括福州片区、厦门片区和平潭片区3个区域。

五、泛珠三角贸易区

根据省际贸易联系强度排名，结合贸易区划分的原则，可以将我国31个省区划分为泛珠三角贸易区、东北贸易区、华北贸易区、华东贸易区、西北贸易区五大贸易区。泛珠三角贸易区即知名的“9+2”经济地区，2003年7月由广东省发起并正式组成的经济发展区。泛珠三角贸易区的核心区为广东，区域范围包含了中国东部、中部、西部九个省份及两个特别行政区（福建、广东、广西、贵州、海南、湖南、江西、四川、云南和香港、澳门特别行政区）。东北贸易区的核心区为辽宁，区域范围包括辽宁、吉林、黑龙江3个省。华北贸易区的核心区为北京、天津、河北，区域范围包括北京、天津、河北、内蒙古、山西5个省、市。华东贸易区的核心区为上海、江苏、浙江，区域范围包括上海、江苏、浙江、福建、山东、河南、安徽、江西8个省、市。西北贸易区的核心区为陕西、甘肃，区域范围包括陕西、甘肃、青海、宁夏、新疆、西藏6个省、区。现就泛珠三角贸易区做以简要介绍。

泛珠三角概念是2003年由广东省正式提出的，这个概念从提出到转化为大规模的行动只用了5个月的时间，其速度之快堪称国内空前。泛珠三角区的总面积为200.6万平方公里，覆盖了中国1/5的国土面积；总人口为4.8亿，占全国的1/3强；泛珠9省（不含香港、澳门地区）经济总量占全国的比重已超过1/3。2004年，泛珠三角地区GDP达到6353.6亿美元。2013年，泛珠9省区地区生产总值达到18.6万亿元，是2004年的3.8倍，地区生产总值大约占全国的33%，比2004年提升了4个百分点。据初步统计，2014年，泛珠9省区地区生产总值已超过20.4万亿元，增速明显超过全国平均水平。通过区域合作，我国泛珠三角地区内地9省（区）与港澳地区经济合作日益活跃。资料显示，2010年，泛珠三角贸易区内的9省（区）与港澳贸易总额约占内地与港澳贸易总额的70%。泛珠各省（区）项目对接和商贸合作日益加强，经济联系更加紧密。前九届泛珠经贸洽谈会中，各省区间累计签约项目超过1.95万个，累计签约金额达到3.76万亿元。在2014年第十届泛珠三角区域合作与发展论坛上，泛珠三角合作各方当日在广州签署了50个重点合作项目，金额达875亿元。10年来，泛珠各省区在开放合作中实现经济持续快速健康发展，经济总量跃上新的台阶。2013年，9省区与港澳贸易总额突破3000亿美元，比2004年增加2倍以上。在扩大区域对外开放上，泛珠各省区着力加强与东南亚和南亚国家的经贸往来，积极参与推进中国—东盟自由贸易区升级版建设。2013年，9省区外贸进出口总额接近1.5万亿美元，实际利用外商直接投资超过600亿美元。泛珠三角贸易区正努力建设成为未来全球三大经济圈的核心区域。

第六章　区域经济合作

第一节　区域经济合作概述

一、区域经济合作实质与内涵

合作是指为了完成某共同的任务而实行的联合。区域经济合作是指不同地区的经济主体，依据一定的协议章程或合同，将生产要素在地区之间重新配置、组合，以便获取最大的经济效益和社会效益的活动。

区域经济合作与区域贸易内涵不同。在区域经济合作中，合作的主体、合作的对象以及合作的利益共同构成了区域经济合作的三要素，如图 6–1 所示。

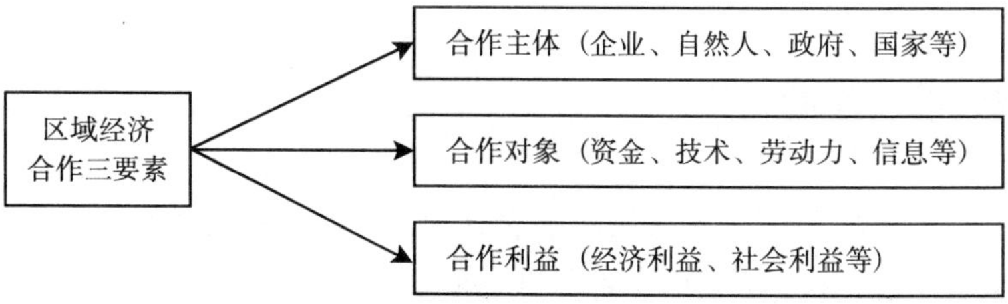

图 6–1　区域经济合作的三要素

区域经济合作的主体日益呈现出多元化的趋势。作为合作主体，可以是企事业单位和自然人，也可以是地方政府乃至主权国家及国际经济组织。各经济主体虽然在经济实力和地位上存在巨大差异，但在区域经济合作活动中，双方的地位是对等的。根据区域经济合作目的的不同，可以把合作主体分为两大类，即企业与政府，企业的合作活动以追求经济利益为主，政府的合作活动则同时追求社会效益。从总体上看，企业是区域经济合作中最重要的主体。政府作为区域经济合作的主体，其行为也具有两重性。一方面，政府也可以作为简单的经济利益主体，与其他区域的经济主体进行生产要素合作，谋求经济利益；另一方面，政府作为区域利益的最高代表，通常会通过与其他地区政府之间的往来，就双方进行经济合作的范围和行为规则达成若干协议，并制定一系列有利于促进本地区经济发展的区域经济政策，来指导和协调区域经济合作。因此，政府制定的区域经济政策也属于区域经济合作的范畴。

区域经济合作的对象是生产要素，包括资金、技术、劳动力、信息等。这些生产要素通过商业行为在区际之间发生位移与组合，都构成区域经济合作的范畴。因此，区域经济合作实质上是区域之间的非物质商品贸易，是区域贸易的特殊形式。与此相对应，纯粹的物质商品贸易也不属于区域经济合作的范畴。区域贸易通常表现为一笔商品的买卖行为，买卖双方根据合同进行交货与付款后，贸易活动即告结束。区域经济合作的内容和方式要复杂得多。由于区域经济合作的对象是生产要素，而生产要素只有以一定的方式结合在具体的经济项目中，并且当项目有效运行时方能获益。因此，区域经济合作的双方通常以项目为纽带结成经济实体，共同负责项目的建设、经营和管理工作，共担风险，共负盈亏。由此可见，区域经济合作是比区域贸易更为长期、更为复杂的区域经济行为。

区域经济合作利益涵盖的内容也较之区域贸易利益更为广泛。区域贸易利益体现为在商品买卖过程中各自经济利益的实现。区域经济合作效益的衡量则依合作主体的不同而不同。当企业作为合作主体时，通常把获取长期的经济效益作为主要目标，而政府出发点则更多的是要通过生产要素在区域之间的有效流动，谋求地区之间的协调发展，提高本区域在更高一层次区域中的地位。从总体看，企业是区域经济合作中最重要的主体。但是在广大发展中国家，特别是像中国这样的政府在经济发展中长期起主导作用的国家，政府在区域经济合作中占有十分重要的地位。

二、区域经济合作的类型

根据不同的划分标准，可以对区域经济合作做如下的类型划分：

(1) 根据区域经济合作范围的不同，可以划分为不同主权国家之间的国际经济合作和一国范围内不同地区间的区际经济合作。国际经济合作与区际经济合作在经济内容上没有太大的差别，所不同的是相对于区际经济合作而言，国际经济合作是一个更为复杂的协作活动，它除了要考虑一般的区域经济合作规律外，还需要考虑不同国家的政治制度、国家之间的关系以及国际通行的游戏规则等。对于由于区际经济合作在大部分国家而言，这是一个在市场作用下的自然的经济过程，相对比较简单，所以国际经济合作是当前世界上区域经济合作研究的主要对象。在我国，计划经济时代导致了各地区资源低效配置现象十分普遍。改革开放之后，一方面，各地区由于不合理的产业结构、地区间生产要素流动过程受阻，“诸侯经济”特征显著；另一方面，我国各地区资源禀赋差异很大，深入研究并大力宣传区域经济合作，探索建立生产要素流动的合理机制，推进生产要素在全国范围内的有效配置和利用，对于我国经济的均衡发展具有重要意义。

（2）根据区域经济合作双方提供生产要素水平的不同，可以划分为水平型区域经济合作与垂直型区域经济合作。水平型区域经济合作是指合作双方经济发展水平大致相当，企业生产商品在产业生命循环阶段上所处层次大体相同，双方提供生产要素的技术含量基本一致的协作活动，如各个汽车零部件企业相互配合，为总装厂生产汽车零部件。垂直型区域经济合作是指合作双方经济技术水平差距较大，所提供生产要素的加工深度和技术层次不同的合作活动，如制造业企业与初级产品生产企业之间的合作。

（3）根据区域经济合作对象和内容的不同，可以划分为生产合作、资金合作、劳务合作、技术合作、信息合作等。

（4）根据区域经济合作主体的不同，可以划分为民间合作、官方合作及官民合作。

三、主要区域经济合作组织

区域经济合作的发展促进了世界贸易量的增长，提高了国际贸易商品的结构水平，改变了国际直接投资流向，促进了国际金融领域的货币合作，对国际经济格局产生了重大影响。20 世纪 90 年代以后，区域经济合作组织数量急剧增加，特别是 WTO 成立以来，这一变化更加突出。这些区域经济合作组织分布于世界各大洲，见表 6–1。

表 6–1　全球区域经济合作组织概况

区域	组织（协议）名称	成立时间
欧 洲	欧洲联盟	1957 年（欧共体）
	欧洲自由贸易联盟	1960 年
	里海经济合作组织	1992 年
	维谢格拉德公约	1993 年
	独联体经济联盟	1993 年
亚 洲	东南亚国家联盟	1967 年
	南亚区域合作联盟	1985 年
	中西亚经济合作组织	1985 年
	孟印斯泰经济合作组织	1997 年
中东、北非	海湾合作委员会	1981 年
	阿拉伯合作委员会	1989 年
	阿拉伯马格里布联盟	1989 年

续表

区域	组织（协议）名称	成立时间
撒哈拉以南非洲	西非国家经济共同体	1975 年
	东南部非洲共同市场	1981 年
	中非国家经济共同体	1983 年
	南部非洲发展共同体	1992 年
	东非合作委员会	1996 年
北美	北美自由贸易协定	1992 年
中、南美洲	中美洲共同市场	1962 年
	安第斯国家共同体	1969 年
	加勒比共同体	1973 年
	拉美一体化协会	1981 年
	南方共同市场	1991 年
大洋洲	澳新自由贸易协定	1966 年

1. 欧洲联盟

欧洲联盟（European Union，EU）经历了逐步发展的过程。它最早是由法国、联邦德国、意大利、荷兰、比利时、卢森堡 6 国于 1957 年 3 月签订《罗马条约》，并于 1958 年元旦成立的，最早称为欧洲共同体（欧共体）。欧盟的一体化进程分为几个过程：

关税同盟的建立（1957~1968 年）。1968 年 7 月 1 日，取消了共同体内部的工业品关税，对外实行统一的关税政策。这标志着关税同盟的建立。

共同市场的建立（1968~1992 年）。建立一个商品、人员、劳务和资本自由流动的统一市场。

经济与货币联盟的建立（1993~2002 年）。具体内容是统一货币、制定统一的货币兑换率，建立一个制定和执行欧盟政策的欧洲中央银行体系。

欧盟先后经过几次扩大，截至 2013 年，欧盟成员国已扩大到 28 个，见表 6–2（按首字母顺序排列）。欧盟成员国之间合作内容不断扩大，从关税同盟、共同农业政策，发展到欧洲货币体系的建立，社会和政治合作也在不断加强，成为全面一体化的典型。欧盟具有明显的超国家特性，成为制度化、机制化的区域经济一体化组织模式。

表 6–2 欧盟成员国

1	Austria	奥地利
2	Belgium	比利时
3	Bulgaria	保加利亚
4	Cyprus	塞浦路斯
5	Croatia	克罗地亚
6	Czech Republic	捷克

续表

7	Denmark	丹麦
8	Estonia	爱沙尼亚
9	Finland	芬兰
10	France	法国
11	Germany	德国
12	Greece	希腊
13	Hungary	匈牙利
14	Ireland	爱尔兰
15	Italy	意大利
16	Latvia	拉脱维亚
17	Lithuania	立陶宛
18	Luxembourg	卢森堡
19	Malta	马耳他
20	Netherlands	荷兰
21	Poland	波兰
22	Portugal	葡萄牙
23	Romania	罗马尼亚
24	Slovakia	斯洛伐克
25	Slovenia	斯洛文尼亚
26	Spain	西班牙
27	Sweden	瑞典
28	United Kingdom	英国

欧盟的主要机构有理事会、委员会、议会、法院和审计院等。理事会（The Council of the European Union）包括欧洲联盟理事会和欧洲理事会。欧洲联盟理事会原称部长理事会，是欧盟的决策机构，拥有欧盟的绝大部分立法权。由于马约赋予了部长理事会以欧洲联盟范围内的政府间合作的职责，因此部长理事会自 1993 年 11 月 8 日起改称作欧洲联盟理事会。欧洲联盟理事会分为总务理事会和专门理事会，前者由各国外长参加，后者由各国其他部长参加。欧洲理事会即欧盟成员国首脑会议，为欧盟内部建设和对外关系制定大政方针。欧盟委员会（Commission of European Union），是欧盟的常设机构和执行机构，总部设在布鲁塞尔，负责实施欧盟条约和欧洲联盟理事会做出的决定，向理事会和欧洲议会提出报告和建议，处理欧盟日常事务，代表欧盟进行对外联系和贸易等方面的谈判。欧洲议会（European Parliament），是世界上唯一经过直接选举产生的多国议会，也是欧盟唯一经直接选举产生的机构，是欧盟的监督、咨询机构。欧洲议会有部分预算决定权，并可以 2/3 多数弹劾委员会，迫其集体辞职。欧洲法院（The Court of Justice）是欧盟的仲裁机构，负责审理和裁决在执行欧共体条约和有关规定中发生的各种争执。欧盟审计院（The Court of Auditors）成立于 1977 年 10 月，由 12 人组成，均由理事会在征得欧洲议会同意后予以

任命。审计院负责审计欧盟及其各机构的账目，审查欧盟收支状况，并确保对欧盟财政进行正常管理。其所在地为卢森堡。此外，欧盟还设有经济和社会委员会（The European E-conomic and Social Committee）、地区委员会（The Committee of the Regions）、欧洲煤钢共同体咨询委员会、欧洲投资银行等机构。

2. 北美自由贸易区

北美自由贸易区的成立分为两个阶段。第一阶段：美、加自由贸易协定。从 1986 年 5 月开始，美、加进行了两年的自由贸易谈判，终于在 1988 年签订了两国间的自由贸易协定。到 1999 年，彻底消除了双方贸易壁垒。美、加两国还建立了一套解决相互间贸易纠纷的制度和机构。在服务业和投资方面，该协定也提出了逐步降低与取消限制的规定。

第二阶段：1992 年 12 月 17 日，美国、墨西哥和加拿大三国政府首脑签署了《北美自由贸易协定》(NAFTA)。该协定涉及三国之间的商品、劳务贸易和投资自由化、知识产权保护、贸易争端解决等诸多方面，后来又将有关环境保护和劳工平行协议方面的内容加入其中。该协议的最终建立经历了三次关税取缔过程，即 1994 年 3000 种关税被取消，1998 年墨西哥出口商品的 85%可以免税到美国，2004 年几乎全部商品的关税都被取消了。

北美自由贸易区的特点：

（1）发达国家与发展中国家之间的经济合作。该贸易区内有发达国家，也有发展中国家，经济的互补性强。

（2）合作内容宽泛。不仅实现商品贸易的自由化，还包括了劳动力流动、资本流动、服务贸易、知识产权以及环境保护等多个领域达成协议。

（3）对发展中成员的优惠。由于墨西哥与美国、加拿大的经济发展水平差距较大，特给予墨西哥实行有差别的关税减让，以增强墨西哥产品的竞争力。

3. 经济合作组织

亚太经济合作组织（简称亚太经合组织，APEC），成立于 1989 年，成立之初是由 12 个亚太国家和地区组成的一个非正式论坛组织，后来发展为一支推动全球自由贸易的重要力量。APEC 最初成员有澳大利亚、文莱、加拿大、印度尼西亚、日本、韩国、马来西亚、新西兰、菲律宾、新加坡、泰国和美国。目前成员有 21 个，分别是中国、澳大利亚、文莱、加拿大、智利、中国香港、印度尼西亚、日本、韩国、墨西哥、马来西亚、新西兰、巴布亚新几内亚、秘鲁、菲律宾、俄罗斯、新加坡、中国台湾、泰国、美国和越南。APEC 还有 3 个观察员，分别是东盟秘书处、太平洋经济合作理事会和太平洋岛国论坛。

APEC 采取自主自愿、协商一致的合作原则，所做决定必须经各成员一致同意认可。APEC 的组织机构包括领导人非正式会议部长级会议、高官会、委员会和专题工作组等。其中，领导人非正式会议是 APEC 最高级别的会议。APEC 总人口达 27 亿，约占世界总人口的 40.5%；国内生产总值之和超过 19 万亿美元，约占世界的 56%，贸易额约占世界总量的 48%。这一组织在全球经济活动中具有举足轻重的地位。自成立以来，APEC 在推动区域和全球范围的贸易投资自由化和便利化、开展经济技术合作方面不断取得进展，为加强区域经济合作、促进亚太地区经济发展和共同繁荣做出了突出贡献。

第二节　区域经济合作的基本理论

一、要素禀赋理论

俄林的要素禀赋理论将国际贸易和区际贸易的领域由产品拓展到生产要素，并认为正是由于各地区生产要素禀赋的不同决定了地区之间的贸易格局，而生产要素的区际流动能够改变地区要素禀赋之不足，提高地区生产效率。俄林的要素禀赋理论为区域经济合作奠定了基本的理论基础。

在生产要素禀赋论理中，俄林认为贸易的首要条件是商品在地区间存在价格差异。这种价格差异从需求的角度讲，由消费者的欲望和生产要素所有权（这影响消费者的收入）来决定；从供给的角度讲，由各地生产要素的生产规模决定。在各地对商品的消费偏好相同，需求状况不变和各地的生产技术水平相同，规模报酬不变的假定下，俄林认为区域贸易的“充足”条件是生产要素禀赋的不平等。由于每一地区的出口商品中含有较大比例相对丰裕而廉价的要素，从而这些要素变得比以前稀缺了，而进口中包含着很大比例的稀缺要素，从而这些要素就变得不那么稀缺了。因此，区域贸易的后果是使商品价格均等化，生产要素的价格也有趋向均等化的趋势。

二、新要素学说

新要素学说是对要素禀赋理论的丰富与发展。由于时代的限制，俄林的要素禀赋理论主要研究的是自然要素和一般的经济要素，对于现代经济发展的许多新的要素很少涉及。新要素学说则大大扩展了生产要素的范围，把劳动者的智力投资、科技进步与创新、获取信息的便利程度都列入了生产要素范畴，深化了生产要素内涵。新要素学说主要包括人力资本学说、研究与开发学说和创新理论。

（一）人力资本学说

在古典经济学中，劳动力是最重要的生产要素之一。但是一直到 20 世纪上半叶的经济学研究中，都是以劳动力同性质的假设为前提的。虽然劳动力质量在经济研究中越来越受到重视，但总是被抽象掉，即将劳动力作为无差异的生产要素来对待。以舒尔茨为代表的人力资本理论则认为：劳动力实质上是一种不同质的生产要素，当人们通过对劳动力进行投资，使一定量的资本与劳动力相结合，就会使劳动力的质量升华，从而产生出一种新的生产要素，即人力资本。人力资本实质上是指高素质的劳动力。人力资本的形成主要取决于对劳动力投资的强度。投资包括两大方面：一是教育投资，包括基础教育、职业培训及自我教育。教育的作用是提高劳动力的知识素养、基本技能、专业技术水平以及追求进步、敢于创新、善于自律的品格。教育投资将转化为劳动力的智力资本。如果说教育投资是人力资本投资的主要形式，那么学校就是造就现代化人才的工厂。二是健康投资，包括衣食住行、医疗服务、体育锻炼等支出。健康投资可以转化为劳动力的健康资本，健康资本的多少决定了劳动力能够在多长时间、多大程度上以积极的状态投入高效率的劳动。人力资本是劳动力的智力资本与健康资本的结合。

人力资本学说认为，现代经济发展的速度与质量主要取决于人力资本的丰裕程度。与此相比，自然资源的丰瘠及资本的多寡就显得不太重要了。在发达国家，国民收入增长要远远快于生产要素投入量（土地、劳动力及资本）的增长，其秘诀就在于人力资本的迅速增长。这也是解释列昂惕夫悖论最有说服力的缘由。所谓列昂惕夫悖论，是指在发达国家存在与俄林要素禀赋理论相反的经济现象：根据俄林的理论，在发达国家，由于劳动力资源相对稀缺，资金资源比较丰富，因此在经济结构中，存在着产品的资金密集度不断提高，劳动密集度逐步下降的态势。列昂惕夫利用他所创立的投入产出分析模型，研究美国出口产品和进口替代产品的资本与劳动含量，发现现实情况与俄林的理论正好相反，在这两类产品中劳动密集度上升，资本密集度下降。根据人力资本学说，美国的劳动力素质高，在劳动力身上融入了大量的资本要素。因此，美国商品的劳动密集型也即资本密集型。实际上是一种资本—技术—劳动密集型。这样就解释了列昂惕夫悖论与俄林学说的矛盾。

人力资本学说认为，在经济欠发达国家，经济之所以落后，根本的原因在于人力资本的匮乏而非物质资本的短缺。因此在这些国家和地区即使输入大量的物资资本，也难以在短期内实现经济的快速增长，根本的问题就在于没有实现人的能力与物质资本的等速度发展，从而变成经济发展的限制性因素。

因此，在发展中国家，人力资本投资比物质资本的投资更为重要。为了积累人力资本，必须大规模投资于教育、职业培训和卫生保健，从而逐步形成新的要素禀赋优势，并取得良好的投资效益。

（二）研究与开发学说

研究与开发学说是20世纪60年代美国经济学家格鲁伯、弗农等人提出的。他们认为随着经济发展和技术进步，无形的生产要素正起着日益重要的作用，研究与开发就是最重要的一种无形的生产要素。如果一个国家研究与开发力量雄厚，则在研究与开发领域中的投资能够获得更高的效率，从而促使本国新兴产业发展，形成新的区域比较优势，提高本国在国际劳动分工中的地位。如果一个国家和地区要提高自己的地位，就必须在先进的技术领域保持一定的领先。为此，就必须加强对研究与开发的投入。

（三）创新理论

创新理论包括企业创新、国家创新和区域创新。

1. 创新及其内涵

创新理论的代表人物是美籍奥地利经济学家熊彼特。熊彼特在1912年以德文出版的著作《经济发展理论》中提出了创新理论。熊彼特认为经济增长与经济发展的不同在于：经济增长只是年复一年的人口与财富的增加，其主要动力是从外部追加各种生产要素，纯粹的经济增长不能够在质上产生新的现象。但经济发展则是包含有结构变迁、技术进步等提高经济质量内涵的经济运行过程，这一过程“只是经济生活中并非从外部强加于它的，而是从内部自行发生的变化”。这种产生于经济生活内部，并推动经济发展的力量就是创新。熊彼特认为：创新是推动经济发展的根本动力，它应该作为一种崭新的生产要素被引入生产函数。什么是创新呢？熊彼特把创新定义为“企业家实行对生产要素的新的结合”，包括以下五种情况：

（1）引入一种新的产品或提供一种产品的新质量；

（2）采用一种新的生产方法；

（3）开辟一个新的市场；

（4）获得一种原料或半成品的新的供给来源；

（5）实行一种新的企业组织形式。

可见，创新不同于技术发明，它是将发明应用到经济活动中，并为当事人带来利润。因此，技术发明者不是创新者，只有那种敢于冒风险，把新发明引入经济之中的企业家才是“创新者”。熊彼特还将企业家同普通的企业经营管理者区别开来，认为只有倡导和实行创新活动的企业经营管理者才是企业家，否则只是老板。因此，要推动社会进步，促进创新，必须不断培养一支强大的、作为一个社会阶层存在的企业家群体。在熊彼特的创新理论中，企业是创新的主体，企业的研究与开发是创新的起点，进而创新性的投资管理、创新性的生产模式以及市场创新得到高额利润的回报，一个完整创新过程结束。

在利益的刺激下，来自于创新的高额回报将部分地继续用作企业的研发投入（R&D）投入，创新过程不断地、广泛地继续着，有力地推动着企业的技术进步和国家的经济发展。因此，企业家和企业是创新的主体和核心。可见，把创新作为一种生产要素，等同于把企业家作为一种独立的最活跃的生产要素来看待。企业家是富有流动性的，将企业家作为一种新的生产要素，其流动性赋予了区域经济合作一系列的内涵。

另外，熊彼特的创新模型告诉我们：企业创新效率及创新的成败与否至关重要。企业创新的效率在很大程度上取决于一个国家的科技发明和科技进步状况，科学技术进步的速度、规模和方向决定着企业技术创新的速度、规模和方向。对于一个国家和地区来说，基础研究的投入就意味着为了企业技术创新更多的产出。正因为如此，熊彼特的创新模型又被称为“技术推动模型”。熊彼特认为，虽然创新的主体是企业家和企业，但是，创新实质上是一个社会的过程，企业创新的成败，不仅取决于企业的内部因素，还取决于是否拥有一个良好的创新环境，包括市场的规范程度、政府政策、社会教育程度、公民对创新的认同以及所在地区的经济社会环境等。总之，创新是一系列复杂的社会因素相互作用的结果，企业创新的普遍实现需要有良好的社会创新环境，这正是国家创新理论的基础。

2. 国家创新系统理论

英国经济学家克里斯托弗·弗里曼于 1987 年在他的著作《日本：一个新国家创新系统》中首次提出了国家创新系统的概念。后纳尔逊、佩特尔、伦德瓦尔和波特等经济学家又从不同的角度进一步深化和丰富了国家创新系统理论。

国家创新系统是指由有利于促进一个国家研究开发、引进、运用、扩散各种新技术的公共部门和私人部门机构所组成的网络，以及与此相关的一系列具体的国家制度。强调政府在国家创新系统中的作用是各个国家创新理论流派的共同特点。其中尤以经济合作和发展组织（OECD）的专家们为突出。OECD 提出的国家创新系统包括企业、大学研究机构、知识的流动、中介机构和政府五大要素，各要素之间相互作用的规模和效率对国家创新系统具有决定性的影响。在 OECD 国家创新系统的结构中，企业仍然是创新的主体和核心。但是，企业不是孤立存在的，它们需要不断地、富有效率地从外部获取知识和协作，而外部知识的提供以及协作顺利与否主要取决于大学科研机构对新知识与技术的研究与开发，中介部门的信息服务，知识在企业之间、研究机构之间以及企业与研究机构乃至社会之间的流动与传播的程度。因此，企业、研究机构、大学、中介机构共同组成国家创新系统的主体。政府的作用则在于纠正创新系统各要素相互作用的低效和市场失效，如纠正企业由于追求短期效益而对技术开发投入不足，淡化、消除各要素之间的不协调和合作障碍，通过制定并实施政策和建立一系列具体的制度，加强公共部门的开发与研究，建立中介机构，促进知识与技术的传播，为企业提供良好的创新环境。

从纠正市场失效和部门间不协调的角度看，建设国家创新系统是属于制度和政策的范畴，是政府的职能。在国家创新系统中，政府起着基础的决定性作用，它的直接目标是为国内的企业创造一个适宜的、鼓励创新的环境。

3. 区域创新

区域创新是指一个地区研究、开发、运用和扩散新技术和新知识，并以此促进地区技术进步和产业结构升级，提升区域竞争力的过程。区域创新是国家创新系统的基础和有机组成部分，是国家创新系统在具体领域和具体地区的深化和细化。区域创新的核心在于地区政府创造一个有利于企业创新的氛围和环境，促进区域内有创新能力的企业普遍、持续、富有效率地实现创新，从而推动本地区技术进步和结构升级，提高经济发展质量和区域竞争力。

区域创新与国家创新的不同之处在于：

第一，地方政府是营造区域创新环境的主体，国家创新环境则主要由中央政府来营造；

第二，地方政府要将中央政府的创新政策和制度具体到地区政策和地区的经济行为之中，并根据具体地区的经济文化特征加以丰富和补充；

第三，在政策环境中突出具体的产业政策，鼓励富有地区特色和市场竞争力的产业群的创新和发展；

第四，所有为鼓励创新而制定的区域政策都更加具有针对性和可操作性，具有直接的区域效果，成为区域经济发展的直接推动力。

在不同的地区，由于其经济发展水平和区情的不同，区域创新的具体内容也是不同的。但是，当前，中国正处于体制转轨时期，对于任何地区来说，如何通过加快政府职能转变，建立一个有利于促进区域创新的政府职能框架和经济运行机制，都是一个核心的问题，也是加速我国区域创新的主题。

三、区域发展的相互依赖理论

区域发展相互依赖理论阐明了国家与国家之间、地区与地区之间经济社会发展不是独立的，而是彼此依存、相互联系的，因此各国、各地区之间应该积极开展经济合作，以便谋求共同发展。第二次世界大战后 50~60 年代，随着世界经济的发展，国际相互依赖理论开始兴起。1968 年，美国经济学家理查德·库珀出版了《相互依赖的经济》一书，首次系统阐述了国际相互依赖理论。综合国际相互依赖理论的各种观点，可以认为世界各国经济社会发展之所以相互依赖，主要缘于如下三个方面：

第一，政治军事力量的制衡。一方面，第二次世界大战后，世界进入冷战时期，发展经济成为各国共同的核心任务。而要加速本国经济发展，需要积极利用他国资源，开拓国际市场。追求发展使各国在经济上的相互依赖程度加深，积极参与世界经济合作成为必要。另一方面，第二次世界大战后各超级大国也大规模扩充军备，核竞赛愈演愈烈，目前世界上的核武器足以将地球毁灭若干次。在核威慑下，反而谁也不敢轻易发动核战争，形成一种相互制约、相互依赖的格局。

第二，经济技术的发展。各国都具备了各自的特殊优势，同时也都不可能在一切技术领域居领先地位，经济技术的不均衡格局使各国都必须依赖于其他国家的经济技术力量完成本国的技术进步和经济发展。实际上，当前发达国家的大部分最终产品都是通过多国家、多区域合作完成的。一方面，现代化的交通通信使世界各个角落的信息往来得以在瞬间完成，大大提高了各国开展经济合作的效率，更进一步加深了各国间相互依赖的程度。另一方面，跨国性组织，特别是跨国公司已经成为世界经济的主宰。跨国公司以其雄厚的实力，着眼于全球战略，对全世界的资源进行优化配置。跨国公司遍布世界的经济活动使世界经济密切地连为一体。

第三，全球性问题所致。20 世纪中后期，随着世界范围内工业化程度的加深，产生了一系列足以影响全球经济社会生活的重大问题，如人口问题、粮食问题、资源环境问题以及世界性经济危机等，使世界各国必须共同面对，立足全球安全，携起手来，寻求解决的途径。

国际相互依赖理论认为：世界各国都生存于遍布全球的相互依赖网中，因此都有义务共同努力，建设一个建立在契约而不是地位、协商而不是强制的基础上的全球社会。对于一个国家来说，特别是对于发展中的大国而言，各地区之间的相互依赖性更加显而易见，上述依据的第二条和第三条完全适用于国内。国内地区之间的经济合作没有国际合作中各国政治军事对立及经济壁垒的障碍，增加了政府促进区域合作的多种有利政策措施，区域之间生产要素的流动应该更为顺畅、更为有效。

第三节　区域经济合作的内容

一、工业贸易合作

工业贸易合作又叫工贸合作，它包括合作双方在制造业领域的生产合作和加工贸易合作两个方面。

（一）生产合作

生产合作是指不同地区的企业共同完成某项产品的生产活动，通常表现为合作企业各自承担总项目中部分产品或部分工序的生产，最后共同完成全部项目。由于共同生产的产品只有在销售后方能实现利益，因此生产合作通常会延伸到销售领域。典型的生产合作是指合作各方根据自己的技术优势和资源禀赋，各自生产产品的部分零部件，然后在一方或多方进行总装，再将产品销往国内外市场，利益共享。产品销售可以是共同进行，也可以是各自经营。

由于生产合作最关键的是共同生产产品，因此需要合作各方对产品的规格、样式、质量甚至于采用何种商标、如何定价、如何销售达成协议。为了更好地进行合作生产，顺利获得最终利益，合作双方在生产过程中有必要经常进行技术交流，共同创新、共同发展。

（二）加工贸易合作

加工贸易合作是指合作各方在原材料来源、加工生产及商品销售全过程进行的合作。其主要形式有来样生产、来料加工、来件装配和补偿贸易，俗称“三来一补”。

来样生产是指委托方提供产品式样或图纸，承接方按规定的规格款式、质量进行加工生产，产品要委托方销售。承接方收取加工费及原材料费用（委托方提供原材料除外）市场由委托方开拓，不负责盈亏。

来料加工是指委托方提供生产产品所需要的原材料、辅助树料，甚至包装物料以及相应的加工设备，有时还派技术人员进行指导。承接方则按规定的样式、规格和质量进行加工生产，产品在规定的时间交给委托方，并收取一定的加工费，不负责市场开拓和盈亏。

来件装配是指委托方提供特定的元器件、零部件及包装物料，要求承接方按特定的设计和工艺要求对产品进行组装（在某些情况下也包括部分零部件的生产），并在规定的时间将成品按质按量交货。承接方交货后按合同收取装配费，不负责市场开拓和经营盈亏。

补偿贸易是指交易的一方提供设备、技术，另一方不支付现金，而是在约定的期限内以该设备、技术生产出来的产品，或是以双方商定的其他商品、资源或劳务，去补偿设备、技术的价款。其中前者称直接补偿交易，后者称间接补偿贸易。

“三来一补”是区域经济合作的重要内容，一般发生在发展水平不同的地区和企业之间，其中较发达的一方作为委托方，利用其技术信息优势，提供商品式样、机器设备和技术，同时负责开拓市场；欠发达一方则利用劳动力优势来要求进行加工制作，各自获取相应的利益。

“三来一补”对合作双方都能带来好处。对于发达的委托方而言，有利于通过其机器设备的提供扩大商品市场，并降低制成品的成本，从而降低价格，提高商品的市场竞争力。对于欠发达的承接方而言，可以充分发挥劳动力丰富的优势，扩大就业，并通过收取加工费增加收入；可以多引进先进的技术设备，促进技术进步和经济发展；可以有效利用外部资金（以设备的形式）弥补稀缺资源的不足，开拓生产空间；还有利于增加产品输出、提高商品的市场竞争力，最终有利于整体区域经济发展水平的提高。

二、资金合作

资金合作是指合作双方以资金的筹措与投放为核心内容进行的经济合作活动。资金在区际之间的流动主要包括直接投资合作和间接投资合作两种形式。

（一）直接投资合作

直接投资合作是指投资方将资金以资本或实物的形式直接投放于受资区域的特定项目，并始终参与或控制投资项目的生产、经营全过程，最终获取经济利益的经济行为。根据投资者参与项目方式的不同，又分为独资经营、合资经营两种类型。

独资企业是指完全由投资方出资并独立经营的企业。对于投资方而言，独资企业的好处在于企业的所有权和经营权独占，可以减少或避免合资、合作经营中双方的摩擦，易于采取先进技术，并与受资区相对廉价的劳动力及原材料相结合，从而降低成本，提高生产效率。对受资区域而言，既吸引了外部资金，又增加了本地区的就业，并且自己无须出资，不承担经营风险，还能增加税收，并且带动相关产业的发展，因此也是一种良好的选择。合资企业是合作双方共同投资于某一项目，共同经营、共担风险、共负盈亏的企业。合资企业的最大特征是所有权、经营权由合作双方共同分享。合资企业设立的形式灵活多样，可以是设立一个全新的企业，也可以是以受资方原有的某个企业为基础，对其加以改建、扩建而成为新的合资企业。在区域经济合作中，后一种形式更为普遍。与独资企业相比，合资企业的优势在于投资各方可以在资金、技术、生产、销售等众多环节相互取长补短，形成综合优势，提高企业竞争力。

（二）间接投资合作

1. 信贷

信贷是银行或其他金融机构进行存贷款业务的活动。在区域经济合作中，具有最实质意义的是银行向企业贷款。银行可以分为两大类：一类是政策性银行，另一类是商业银行。这两类银行与区域经济的发展关系完全不同。

政策性银行是指由政府设立，以贯彻国家产业政策、区域发展政策为目的、可以不营利的国有金融机构。与商业银行相比，政策性银行有自己的特点：

第一，资金来源的特殊性。政策性银行不面向公众吸收存款，其资金主要来源于财政拨款、发行政策性金融债券。

第二，经营目标的特殊性。政策性银行业务不以营利为目的，而主要考虑国家的整体利益和社会效益，如果出现亏损，由财政补贴。

第三，服务领域的特殊性。政策性银行在业务上不与商业银行竞争。主要投资于非竞争性行业。这些产业的基本特点是投资大、盈利率低，甚至不盈利，但是它们的发展关系到国家的长远利益或国计民生的重大问题。

1994 年，中国组建了三家政策性银行，它们分别是国家开发银行、中国进出口银行和中国农业发展银行。

商业银行是以经营存、贷款及办理转账结算为主要业务，以营利为主要经营目标的金融机构。目前，中国除了中国工商银行、中国农业银行、中国银行和中国建设银行四大国有商业银行外，还组建成立了一批商业银行，包括交通银行、城市合作银行、深圳发展银行、华夏银行、招商银行、上海浦东发展银行、福建兴业银行、中国民生银行等。此外，外资银行和合资银行也逐步兴起。这些商业银行在市场经济体制下运作，运转灵活，业务发展很快，它们在中国金融产业中将起着越来越大的作用。由于商业银行的趋利性，其资金发放大多倾向于经济较发达的地区或欠发达地区的优势产业和优秀企业。商业银行业务总量不断扩大的过程，实际上是经济运行中各微观主体优胜劣汰的过程，商业银行的发展有利于国民经济总体效益的提高。从区域经济发展的角度看，我国中西部地区要吸引更多的资金流入，就必须处理好不同来源资金的相互关系，给财政资金、政策性贷款及商业银行贷款以合理定位。运用财政资金和政策性贷款发展教育、社会事业和基础设施，以便营造、改善投资环境，为竞争性产业的发展创造条件，并把高盈利产业和企业的资金筹措让给商业银行解决，为商业银行在中西部地区的运作开拓空间。

2. 证券投资

证券是指经政府批准发行和流通的股票、债券、基金等有价凭证。其中，股票和债券是主体。证券投资是通过买卖证券进行的。证券的发行者可以是政府和企业，其目的是筹资；证券的投资者包括政府、企业和个人，其目的是营利。

三、劳务合作

劳务合作是通过劳动力的区际流动进行的区域经济合作。从目前国内地区间劳务合作的内容看，主要有纯粹的劳务贸易、信息咨询业及旅游业三大类。

（一）纯粹的劳务贸易

纯粹的劳务贸易是指一个地区向另一个地区输出较低技术的劳动力，通过为对方提供各种形式的劳动服务获取报酬。在中国，改革以后出现的各种形式的打工就是典型的纯粹劳务贸易。所谓“招工仔”，是对劳务输出者的俗称。从总体上看，劳务输出又有工程承包和一般性劳务输出两种形式。

工程承包是指劳务输出方作为承包商以自己的劳务、资金、技术、管理等，为工程发包人完成某项工程，并按合同收取费用。工程承包通常包括以下业务程序：发包人公开招标、承包商投标、发包人对各承包商投标进行评标、选标，与中标的承包商进行签约，最后履行承包合同。与一般劳务合作相比，工程承包是一种以团队形式进行的劳务输出，并且承包工程队通常受过专业技术训练，能够较好地承担某方面的专业建设。在我国，随着工业化和城市化的推进，对各类工程建设的需求不断增加，工程建筑越来越成为一个庞大的产业，工程承包也成为一种最为重要的劳务贸易形式。

一般性劳务输出则是指输出方提供劳动并获取报酬的活动，包括进工厂做工，从事各类服务业（餐饮、娱乐、卫生以及家庭服务）。与工程承包相比，这种劳务输出一般具有分散性、低技术性和不稳定性。但是，近十几年来，在中国许多地区之间由政府作为中介建立了相对稳定的劳务合作关系。

劳务合作完全接受市场调节。所谓相对稳定的合作关系有其一定的前提条件，即只有当输入方经济社会发展活跃、对劳务输入需求相对稳定时，这种合作关系才能保持。否则，一旦输入方经济出现波动，减少对劳务的需求，这种合作也就随之减少。纯粹意义的劳务合作通常是由欠发达地区作为劳务输出方，将富余劳动力输出到发达地区，通过劳动获取报酬。这种合作对双方都是有利可图的。对于劳务输入方而言，由于劳务输入，增加低技术、低层次的劳动供给，解决了发达地区特别是大城市中劳动力的结构性短缺问题；并且，输入的外地劳动力价格低廉，为发达地区以较低的成本进行大量的基础设施建设创造了条件。对于劳务输出方而言，可以增加劳动报酬，这些报酬成为许多欠发达的县、乡、村摆脱贫困和发展地区经济的重要资金来源；同时，输出的劳动力由于在发达地区增长了才干，他们回流以后通常带回相应的技术、信息和开拓精神，成为促进地方工业化的重要力量。

（二）信息咨询业

信息咨询业是指咨询机构接受政府、企业或个人委托，利用专业人才帮助客户分析解决自身难以解决的复杂问题。咨询人员必须对所咨询事项进行理论和实证分析，并在最短时间内提供良好的可行性方案。咨询业是一种高度知识密集型的专业化产业。第二次世界大战以后，咨询业在发达国家发展很快。如美国的兰德公司、日本的野村综合研究所等都是世界著名的咨询机构，它们不仅在国内，甚至在世界范围内开拓咨询业务。中国咨询业主要是在 20 世纪 80 年代以后迅速发展起来的，业务范围大致可以分为如下几种：

第一，为政府提供决策咨询服务，包括策划研究某地区的整体发展战略问题，或帮助制定该地区某产业的发展规划；

第二，为企业提供决策咨询，包括从发展战略的选择到具体的技术咨询、营销谋略等；

第三，为个人提供的各种咨询服务，包括各种信息咨询、法律咨询等。

从区域经济劳务合作的角度看，咨询业由于其高知识密集型特性，一般集中于发达地区和大城市发展，但服务对象遍布全国。因此，它与纯粹的劳务合作正好相反，提供劳务方往往是发达地区。劳务输入方则经常包括欠发达地区在内的政府、企业和个人。另外，与纯粹的劳务输出相比，咨询业是一种高回报、高收益的劳务输出。

（三）旅游业

旅游是指旅游者离开常住地在其他地方从事除了能够获取报酬的职业以外的任何活动，包括参观、咨询、旅行、探亲、访友、休养、考察等。旅游业则是依托地区特殊的旅游资源和旅游设施，为旅游者提供服务，并获取经济效益的服务性产业。旅游业是一个特殊的劳务合作领域，劳务输出方并不是向外地输出劳务，而是在本地区为外来人员提供劳务服务，并获取劳务报酬。同时，劳务输入方需要到劳务输出地接受这种服务并付出相应的劳务费用。

旅游业作为“无烟工业”，是 20 世纪以来发展最快的产业之一，它为世界创造的财富已经超过包括石油产业、汽车产业在内的任何传统的制造业产业。

首先，中国是一个旅游资源较丰富的国家，随着经济发展水平的提高，对国际旅游者的吸引力不断增强；

其次，随着国内人民生活水平的提高，国内旅游业也日益发达。实际上旅游业近年来是我国发展最快的产业之一（见表 6–3）。旅游业已经成为我国越来越重要的产业。

表 6–3　2000~2012 年中国旅游业概况

年　份	国际游客（万人）	国内游客（亿人）	国际旅游收入（亿美元）	国内旅游收入（亿元）
2000	8344	7.44	162.20	3175.30
2001	8901	7.84	177.90	3522.40
2002	9791	8.78	203.90	3878.40
2003	9166	8.70	174.10	3442.30
2004	10904	11.02	257.40	4710.70
2005	12029	12.12	293.00	5285.90
2006	12494	13.94	339.50	6229.70
2007	13187	16.10	419.20	7770.60
2008	13003	17.12	408.40	8749.30
2009	12648	19.02	396.80	10183.70
2010	13376	21.03	458.10	12579.80
2011	13542	26.41	484.60	19305.40
2012	13241	29.57	500.30	22706.20

数据来源：历年《中国统计年鉴》。

四、科学技术合作

区域之间的科技合作是科学技术在不同的地区之间转移和再配置的过程。随着经济的发展，科技进步与技术创新在区域经济开发与发展中的地位越来越重要。一方面，现代科技进步日新月异，任何地区都不可能独自研究与开发自己所需要的所有技术，任何一个地区的发展都需要同时利用其他地区科技进步的成果。另一方面，区域经济发展不平衡导致了地区之间的技术差距广泛存在，它不仅存在于发达国家和我国之间，也存在于我国发达地区与欠发达地区之间。我国各地区如何利用这种技术差距，广泛开展国际科技合作及国内各地区之间的科技合作，缩短技术的研发过程，加快技术创新与经济发展，是一个重大的课题。

（一）科技研发合作

科技研发合作是指地区之间联合进行科学技术的研究与开发。科技研发合作之所以必要，是因为任何地区掌握某产业甚至产品的技术都是有限的，地区之间展开研发合作可以优势互补，共同攻克某项前沿的技术难题，降低开发成本，提高开发效率。科技研发合作的主体可以是政府、企业、科研机构、高等学府、民间组织乃至个人。科技研发合作是地区之间最先进科学技术领域的合作，一般发生在发达地区之间，或处于技术最前沿领域的企业及科研机构之间。换言之，任何一个地区，甚至一个企业，要使自己的技术处于前沿领域，都必须要加强科技研发合作，尽可能多地增加研发投入。实际上，研发投入（R&D）的多少大致能够反映出一个国家和地区的创新能力及市场竞争力。

（二）技术贸易

技术是指人们根据科学原理和实践经验在经济发展中逐步积累起来的，能够运用于生产过程之中的知识、经验以及各种工艺的操作方法和技能。技术贸易是指以贸易的方式使技术在地区之间转让的过程。在技术贸易过程中，技术供应地区表现为技术输出，技术接受地区表现为技术引进。从技术贸易的内容看，包括技术硬件贸易和技术软件贸易。技术硬件贸易是指以先进的机器设备或零部件、元器件为载体的技术贸易，这是一种有形的技术贸易。与商品贸易不同，技术硬件贸易的商品主要是技术先进的机器设备，有技术引进的内涵，并且在贸易过程完成之后，贸易双方还会继续合作，直至在技术输出方的帮助和指导下，技术输入方完全掌握了先进技术及其运用。技术软件贸易则是指无形的技术贸易，包括专利、商标使用权的转让及专有技术的转让。

与商品贸易相比，技术贸易对贸易双方的影响是不同的。商品贸易的卖方是为了获取资金，买方则为了获取某一实实在在的商品，目的明确，结果是可见而简单的。技术贸易就要复杂得多。技术贸易的输出方掌握着先进技术，一旦出让，就在同领域培养了潜在的竞争对手，如果对方发展得快，自己的前途就会受到严重影响；对于技术引进方而言，能够以适当的付出引进先进技术，则使自己在激烈的市场竞争中上了一个新的台阶。技术贸易的双方是又竞争又合作，关系比较微妙。一般而言，技术输出方只在技术市场上出售已经成熟的或要被淘汰的技术，以保证在技术出售后的短期内不至于威胁到本地区、本企业的市场竞争力。

对于一个国家和一个地区来说，为了促进技术贸易的发展，培养和建立技术市场十分重要。从技术市场进行贸易的内容看，既需要高技术市场，又需要适用技术市场，对于一个国民经济整体装备水平还较低的发展中国家而言，适用技术市场更加重要。另外，还要注重建设各产业的技术市场和地区技术市场。从市场的载体看，可以是有形的市场，即在一个特定的空间（房屋、街道、广场）通过相应设施的建设为技术交易者提供交易的场所，也可以是无形的市场，即交易双方通过协商的方式完成的交易。网上交易则是以国际互联网为中介进行交易。

（三）技术转让与技术援助

区别于技术贸易，一般所说的技术转让是指无偿的技术转让。它是指地区之间的技术交流，其形式是各种各样的：为对方培训技术人才，以召开科技研讨会或学者互相访问等形式开展学术交流，双方共同切磋、交换科技情报、文献资料等。技术援助则是指技术较先进的地区或企业对技术落后地区或企业进行无偿的技术输出，包括提供先进的技术设备，技术前沿的信息资料，培训人才，提供技术咨询服务等；由于技术转让和技术援助是无偿的，因此需要双方有高度的信任和合作精神。

第四节 案例分析

——抢抓战略机遇 提升中俄合作

黑龙江省历来高度重视发展对俄经贸合作，作为中国对俄经贸合作的“先行者”和“领头羊”，目前急需进一步抢抓对俄合作重大机遇，发挥对俄合作独有优势，明确对俄合作战略定位，提升对俄经贸合作水平。

一、进一步抢抓中俄合作的重大机遇

一是抢抓中俄全面合作将战略升级的重大机遇，争取国家支持黑龙江省建设中俄合作先行示范区。《中俄睦邻友好合作条约实施纲要（2013~2016 年）》提出，双方将进一步加强在经贸、能源、投资、金融等领域的务实合作，到 2015 年前双边贸易额达 1000 亿美元，2020 年前达到 2000 亿美元。按黑龙江省占 1/4 份额计算，对俄贸易应分别达到 250 亿美元和 500 亿美元。应以此契机，争取国家支持黑龙江省建设“中俄全面合作的先行示范区”、“中俄边境地区自由贸易区”，提升中俄两国贸易规模与水平。

二是抢抓俄十万亿卢布投资远东发展重大机遇，争取国家支持黑龙江省落实中俄区域

合作纲要重大项目。俄将投入巨资开发远东，表明俄远东开发序幕已经拉开且将掀起高潮，2009年确立的《中俄区域合作纲要》俄方项目将加快建设。鉴于中方111个重点项目、1323亿元投资中黑龙江占30%和70%的实际，应争取国家比照俄方投资力度，对黑龙江省落实《中俄区域合作纲要》项目给予重点支持。

三是抢抓中俄天然气合作取得突破的重大机遇，争取国家支持俄进口天然气管道途经黑龙江省并就地加工。力争从俄东线进口380亿立方米天然气途径落地黑龙江省，加上每年俄石油进口增至2000万~3000万吨，仅此两项就将使黑龙江省对俄贸易增至500亿美元。黑龙江省应提早做足"管道途经"与"落地加工"两篇文章，并借此调整改善能源消费和投资加工结构。

四是抢抓俄进口原油出现增长趋势的重大机遇，争取国家支持黑龙江省扩大进口石油就地加工储备规模。预计2020年俄管道进口石油数量将由2012年的1500万吨增至3000万吨，应争取国家支持黑龙江省与中石油共同谋划扩大俄油就地加工份额，同步谋划将黑龙江现有不足2000万吨炼油产量实现倍增，同步推进扩大百万吨乙烯及延长产业链条的五大产业集群，打破黑龙江省大石油、小加工、低增长的格局。

二、进一步发挥对俄合作的独有优势

一是区位优势。黑龙江省中俄边境接壤近3000公里，占中俄边界总长（4300公里）的七成，与横跨欧亚直通欧洲的西伯利亚大铁路连通已达110年。

二是口岸优势。黑龙江省拥有对俄国家一类口岸25个，占全国85%，公路铁路口岸建设日新月异，年过货能力正由数千万吨提升到数亿吨。

三是贸易优势。2012年黑龙江省对俄贸易进出口213亿美元，增长12.2%，连续30年稳居全国第一，约占全国对俄贸易的1/4。

四是园区优势。黑龙江省各类边境互市贸易区、经贸合作区、综合保税区和出口加工区建设全国领先。

五是产业优势。"一五"时期就有22项苏联援建重点项目落户黑龙江省，改革开放以来中俄产业合作规模不断扩大，2012年全省GDP已达13692亿元。

六是人文优势。黑龙江省对俄互市贸易已有近300年历史，哈尔滨曾被誉为"俄桥的首都"，中国改革开放前后都抢上了率先发展对俄合作的"头班车"。

因此，黑龙江省定位为中国对俄开放的"桥头堡"、"枢纽站"，中央和地方都在致力于将黑龙江省扩大对俄合作提升为国家战略，将使黑龙江省发挥优势扩大对俄经贸科技文化合作第一大省战略地位。

三、进一步明确中俄合作的战略定位

主要应明确黑龙江省建设国家战略资源保障区和接续替代产业示范区两大战略定位并借此提升为国家战略。这不仅有利于保障国家能源、生态、粮食、矿产四大安全，对于巩固中俄战略协作伙伴关系，遏制美国重返亚洲战略对中俄两国持续稳定发展造成影响，促进未来十年东北振兴、远东开发大见成效，迎来加快发展的“峰值期”、“红利期”都将起到重要作用。中俄合作打造战略资源保障区和接续替代产业示范区，既有利于保障中俄两国粮食、生态、能源、矿产四大安全，还可借此联合建设面向世界的石油、木材、粮食、矿产、科技五大战略资源加工基地。

一是联合建设面向世界的油气战略资源生产、储备、加工基地。中俄油气合作具有极大潜力，2012 年我国进口俄油气当量已超过 5000 万吨，未来五年有望达到进口 1.2 亿吨油气当量，黑龙江省将在 2012 年承担进口近 2000 万吨基础上猛增至 6000 万或 7000 万吨油气当量。黑龙江省将成为中国第一油气进口大省，也将成为一流油气资源储备、加工大省。

二是联合建设面向世界的森林战略资源生产、储备、加工基地。中俄林业合作潜力巨大，俄罗斯是第一木材出口大国，中国是世界第一木材进口大国。2012 年，中国进口木材 3700 万立方米中有 1500 万立方米来自俄罗斯，其中黑龙江省进口俄罗斯木材达 900 万平方米，居中国进口俄罗斯木材第一位。未来无论黑龙江省还是中国进口俄罗斯木材仍将保持领先地位，应据此联合打造位居中国乃至世界前列的木材加工支柱产业。

三是联合建设面向世界的粮食战略资源生产、储备、加工基地。2020 年前，中俄有在俄远东地区租赁耕地由 2012 年 600 多万亩提升到 4000 万亩左右的巨大潜力，采取中方出资金、出设备、出劳务，俄方采取租赁土地的合作模式，联合打造“飞地垦区”，建成年产 200 亿斤粮豆产量的战略后备基地，既可为中俄两国粮食安全提供新的保险系数，也可为中俄联合发展绿色有机食品加工产业开辟新路。

四是联合建设面向世界的矿产战略资源生产、储备、加工基地。俄是世界第一矿产资源生产与出口大国，而我国已成矿产资源第一进口消费大国，黑龙江省具有为国家引进俄矿产资源的通道优势和区位条件，应与俄联合建设“矿产开发综合体”，成为我国进口俄矿产资源的枢纽站和加工区。

五是联合建设面向世界的科技战略资源研发、储备、加工基地。俄总体科技实力在航空航天、军工装备等领域仍属世界一流，中俄科技合作潜力巨大，黑龙江省具备成为中俄科技合作率先突破示范区和地缘、资源、人才和市场条件，应全力打造中俄高新技术产业优势互补、共建共赢的先行区。

四、进一步提升中俄经贸合作的规模水平

落实中俄两国元首确立的 2015 年和 2020 年两国贸易额分别达到 1000 亿和 2000 亿美元的战略目标，需要两国经贸合作实现五个历史突破：

一是实现中俄区域合作由地方层面提升到中俄国家战略的突破。建议中俄两国政府拿出“一五”时期中苏合作的力度，以造福两国人民为宗旨，振兴东北和远东为平台，实施产业项目合作为重点，推动中俄区域合作向高水平发展，从全局战略高度支持大东北、大远东，建设国家级战略资源保障区和接续替代产业示范区。

二是实现中俄政府投资由重点项目向毗邻区域倾斜战略的突破。建议中俄两国政府分别拿出千亿美元资金，建立国家扶持战略资源开发基金和发展接续替代产业转型基金，支持黑龙江省企业在俄罗斯进行战略资源开采、富余耕地租赁和资源进口贸易，放宽黑龙江省资源进口的就地加工权。

三是实现中俄区域合作由国有为主向非公企业为主战略的突破。鼓励地方国有、民营乃至外资企业等多元投资主体、多种所有制形式参与中俄战略合作的投标、开采、租赁乃至参股，鼓励中俄企业联合出资构建中俄陆路联运、江海联合、陆海联运跨国通道。

四是实现中俄边贸由单边优惠向双边扩大自由贸易战略的突破。面对世界经济增长放缓、战略资源价格下挫的机遇，建议中俄两国更多减免关税，赋予中俄远东主要口岸双向加快自由贸易区的权限，尤其是将黑瞎子岛构建成国际免税岛、生态休闲岛。

五是实现中国俄铁路交通由单向提速向双向提速通道战略的突破。尽快改变近十黑龙江省新增铁路营运里程（近 500 公里）不足全国 2%、新增高铁营运里程（80 公里）不足全国 1%的被动局面。同时建议中俄联合打造提速升级版的西伯利亚大铁路，将客货运输时间由 7~15 天缩短到 2~3 天。

参考文献

［1］孙久文，叶裕民. 区域经济学教程（第二版）［M］. 北京：中国人民大学出版社，2013.

［2］高洪深. 区域经济学（第四版）［M］. 北京：中国人民大学出版社，2014.

第七章　区域投资环境与地区形象塑造

投资环境问题是随着资本的跨地区跨国界移动而出现的。特别是在第二次世界大战后，全球出现了大规模的资本运动。发达国家由于前一阶段的发展已经积累了大量的闲置资金，为了占领国际市场，大型的跨国公司开始对国际市场进行渗透。跨国公司在选择投资目的地时第一个要考察的就是目的地的投资环境，以便以最小的风险，获取最大的利润。理论界对投资环境也引起了高度重视，一大批学者在前人研究的基础上开始了对投资环境的研究和评价。投资环境学是一门复杂的交叉学科，跨越了投资经济学、生产布局学、区域经济学、经济法学等领域。

本章将就投资环境的相关概念进行简单的介绍，使读者对投资环境的基础知识有个初步的了解。

第一节　区域投资环境

一、区域投资环境的含义

（一）投资

投资是经济主体为在未来获得经济利益而垫付货币或其他资源进行的一种社会经济活动。它不能孤立存在，要受到多种条件的影响和制约，这些条件综合起来就构成了投资环境。

（二）投资环境

国际上对投资环境的研究很早就已经开始，但是直到第二次世界大战以后才正式出现“投资环境”一词。1968 年，美国学者伊西·特利法克和彼德·班廷第一次提出了“投资环境”的概念，标志着投资环境的研究已经上升到了理论高度。此后，很多学者陆续对投资环境提出了各自的解释。

在本书中，投资环境指围绕投资项目对投资活动有影响和制约的各种条件和因素的综合体系，包括与投资项目相关的政治、经济、社会、自然等各项因素。这些因素相互联系、相互影响、相互制约、相互作用，构成有机整体。区域投资环境强调了投资环境的地域性，指投资项目在一定地域范围内的投资气候。

二、区域投资环境的类型

投资环境是一个多层次、多因素的动态系统，各因素之间相互制约、相互作用。为了明确投资环境的构成要求及彼此关系，从不同角度可以对投资环境进行分类。

（一）按构成因素性质分类

1. 自然环境

自然环境是指地理区位、气候、地形、水文、生态等自然条件以及该区域内具有的自然资源。

2. 政治环境

政治环境主要是指一个国家的对外开放程度、政局的稳定性以及政府的产业政策和外资政策等。几乎所有企业在进行跨区域的投资选择时，首先要考虑的因素就是资金的安全性。

3. 经济环境

经济环境是投资环境中最根本的组成要素。它主要包括一个国家或地区的济发展总水平、经济增长状况、产业结构及其变化、经济发展的技术条件、基础设施——供水、供电、生活设施、交通运输、通信网络等和经营环境条件——生产材料市场、资本市场、人才市场、信息市场等。

4. 法律环境

法律环境是指法律制度和行政制度是受资国能否保证外来资金不受非常规因素干扰，能正常运行的重要制度因素。它涉及投资方面的投资法、公司法、税法、专利、商标法、劳动法、工资法等。

5. 社会文化环境

社会文化环境涉及人口素质、文化教育水平、社会治安、社会风气、传统风俗等。

（二）按投资环境层次分类

1. 宏观投资环境

宏观投资环境是指投资目标区域的自然、政治、经济、社会的综合情况。

2. 微观投资环境

微观投资环境是指进行投资活动围绕投资项目具体的自然、政治、经济、社会条件，一般指某个具体地点的投资环境，如一个城市、县城或者一个乡镇。

（三）按投资环境表现形态分类

1. 硬投资环境

硬投资环境是指具有物质形态的各种影响投资项目的物质环境因素，包括自然地理条件和基础设施条件。

2. 软投资环境

软投资环境是指不具有物质形态的各种影响投资项目的人际环境因素，包括政治环境、经济环境、市场环境、法律环境、科技文化环境和社会环境六个方面，具体有政策法律法规、职工素质、教育水平、市场潜力等。

三、区域投资环境评价的方法

概括来说，对区域投资环境的评价可以分为定性评价和定量评价。其中，定性评价最主要的有冷热比较分析法、多因素等级评分法和道氏化学公司的动态分析法等；而定量的评价方法有综合指标评价法、层次分析法、因子分析法、熵值法等。定量评价既需要绝对指标，也需要相对指标，即以一定的绝对指标为参照基准，其他地区的同比指标相对数作为评价值，在比较基础上做出的评价。

（一）冷热比较分析法

此方法由美国学者 Isiah A.Litvak 和 Peter M.Banting 提出，侧重于对投资环境宏观因素的考察。他们根据美国、加拿大、南非等国的资料，分析出影响一国投资环境的七项主要因素，把这些因素中不利于投资的作为冷因素，打负分；有利于投资的作为热因素，打正分。冷因素与热因素分值汇总后，总分值的正负、高低，可以反映出该地投资气候的优劣，并将其由“热”至“冷”排列，热国的投资环境优，冷国的投资环境劣。这七项因素包括：政治稳定性；市场机会，即一国的需求大，购买力强，市场机会大；经济成长及成就；文化一元化，一国的文化统一，各阶层人民融洽，为有利的投资环境因素；法令阻碍；实质阻碍，包括一国的地理位置情况、地形、交通等；地域及文化差距，地域及文化差异越大，越不利于投资。这种方法同样可以应用于与地区间投资环境冷热评估对比，但在应用此方法进行区域投资环境评估时可以根据情况省略相同或相近的因素。

一般认为，冷热比较分析法是最早的投资环境评估方法。虽然在因素（指标）的选择和评判上略显笼统和粗糙，但它为投资环境评估提供了可利用的框架，为以后投资环境评估方法的形成和完善奠定了基础。

（二）多因素等级评分法

由美国罗伯特·斯托伯提出的这种方法着重从东道国政府对外商投资的限制与鼓励着眼，具体分析影响投资环境的八大因素，即资本外调，外商股权比，外国企业与本国企业之间的差别待遇与控制，货币稳定性，政治稳定性，给予关税保护程度，当地资金可供能力，近五年的通货膨胀。这八大因素中，每一项又具体细分为若干个子因素，对每一项因素均进行分层打分，最后求和。总分越高，表明投资环境越好。

这一方法主要分析了影响投资的微观因素，在应用时要注意以下几点：八个因素对不同企业的投资影响程度不同；各项因素难以适当加权，而且有些因素可能具有决定性作用；只适合一般性投资评估，如果投资产业对某种因素非常敏感，则需要参照其他标准进行评分；不能及时反映投资环境的变化。而且这一方法运用的前提是区域基础设施、法律制度和行政机关办事效率普遍较好，而这一前提条件对于不发达国家和地区难以成立，它恰恰是影响这些地区投资环境的薄弱因素。因此，多因素等级评分法中的因素选择对评估我国内地投资环境不太适应。

（三）动态分析法（道氏评估法）

动态分析法是美国道氏化学公司提出的投资环境评估方法。它把影响投资环境的诸因素按其形成的原因及作用范围的不同分为两个部分，各 40 项因素。一类是企业的业务条件，另一类是企业的外部条件和外部压力，对这两部分因素进行分析，与投资项目的预测方案进行比较，选出具有投资环境良好的场所，以获得较高的投资利润。但这种方法主要为企业具体项目的投资决策服务，缺乏对一国或地区总体投资环境的综合评价。

（四）综合指标评价法

综合指标评价法是由我国经济学家在借鉴国际通行的投资环境要素评估的基础上提出的，通过设置相应指标，确定权数，加权平均求得综合评价指标。它把复杂的环境要素通过一系列综合指标进行量化，以判断投资环境的优劣。商务部研究院提出的“区域投资环境评价指标体系”，选择自然地理环境、基础设施环境、政府服务环境、政策法律环境、经济文化环境、市场经营环境、产业发展环境和技术创新环境八类投资环境因素。其中每一类因素又根据需要要细分成大量子因素，即总共选了八大类 40 项子因素进行加权平均，并求得各地综合评分值。

（五）层次分析法（AHP）

美国运筹学家 T.L Satty 提出层次分析法，用于系统工程中对定量事件做定量分析，也是对人们的主观判断做客观描述的一种有效方法，可用于多因素分析中各因素的确定和分析。通常在投资环境评价中，层次分析法常与模糊数学结合起来运用。

（六）因子分析法

因子分析法是多元统计方法中的一种，通过大型的统计软件的支持，基于大量统计数据基础上的纯粹数学变换。该方法与层次分析法相比，能更客观地反映出特定地区间投资环境的相互差异所在。

（七）熵值法

熵值法本来是反映系统内部质点紊乱程度的物理学概念，被一些学者用来计算评价投资环境的优劣。

（八）其他方法

投资环境的评估方法还包括：投资障碍分析法，“闵氏多因素评估法”，关键因素评估法，抽样评估法，利润因素评估法，成本分析法，要素评估分类法，灰色关联分析法等。

投资环境的定性评估方法主要是文字描述，缺乏数据论证，主观性强，难以把握投资环境的系统逻辑性，做出综合评价。定量分析法运动数学模型，在一定程度上克服了定性分析的弱点，使投资环境分析逻辑性更强、更科学。但定量分析没有定性分析全面，因而在实际的研究中，往往需要将定性与定量的方法相结合，综合运用多种方法进行分析，从不同角度不同侧面对投资环境进行分析。而在进行区域投资环境分析的过程中，也同样需要综合运用这些方面，并根据所评估地区的需要进行调整，以便全面真实地反映地区投资环境。

四、区域投资环境评估的基本步骤

（一）明确评估目的

区域投资环境评估往往是出于一定的经济目的做出的。进行评估的第一步就是明确这一目的。首先要做的是明确评估报告受众，这样才能根据其需求制订相应的评估计划。这个受众主要包括中央政府、地方政府、规划机构、国内外投资者、境内企业、经济学者等。确定受众以后，要进一步明确受众期望从此评估中获取的决策类型，是各级政府为了完善当地投资环境、促进招商引资，还是解释一定的经济现象，解决现实经济问题，还是为投资者选择最佳投资地点等。明确评估目的对于接下来选择所用指标和分析方法具有指导作用。

（二）确定指标体系

投资环境评估的关键在于指标体系的构建，它直接关系到评估的全面性及准确性。

一般来说，现在比较常见的指标体系构建方法是对各因素及其所包含的子因素由上至下逐层进行分析，最后一层为具体的评价指标层。现今各机构所做的投资评估都基于复杂的指标体系。选择区域投资环境应遵循以下原则：

（1）重要性原则。在对投资环境进行评价时，要选取对其影响程度大的因子或指标。即若假设其他指标不变，以某一指标为解释变量，以所要评估的客观事物为被解释变量，进行回归分析，所得相关系数应显著。

(2) 可比性原则。这是指标系统的构建不仅要方便国际比较，还应该便于各个地区间对比，同时可以进行动态对比。这就要求考虑指标的历史延续性，同时考虑分析和预测的可能。

(3) 系统性原则。投资环境本身就是一个复杂的有机整体，因此投资环境指标的选择也要具有系统性。指标和指标系统不应该是一个静止的绝对概念，而应是一个相对的、不断动态发展变化的概念。

(4) 独立性原则。指标应该能够独立反映一方面的问题，指标之间不应彼此重复或出现信息重叠。

(5) 可操作性原则。投资环境系统评估指标应该具有实用性和可行性，指标数据的选择、获得、计算或换算，必须立足于现有统计年鉴或文献资料，并采取国际认可或国内通行的统计口径，指标的含义必须十分明确，便于有效地进行定量的分析和评估。

(三) 选择评估方法

在投资环境评估中，往往综合运用多种评估方法，最大限度全面地反映评估主体的状况。在选择评估方法时应按以下原则进行：

(1) 目的性。投资者和受资方进行投资环境分析的目的不尽相同，投资者的目的主要在于利润最大化，而受资方则往往更关注引进本地经济发展所需的资金和技术。在选择评估方法时，要明确分析立场，并从方法上保证立场角度的协调统一。

(2) 系统性。在综合运用各种投资方法时，要注意定量分析和定性分析的结合，以及从宏观分析到微观分析的逻辑。

(3) 动态发展性。很多投资环境的重要指标，特别是软环境的相关指标变化程度，对于衡量投资环境优劣有重要影响，如政策的变化、管理水平的发展等。因此在具体因素分析上要体现动态性。

(4) 可行性。选择的评估方法要具有实际可操作性，针对可以收集到的数据，以及现有的统计分析技术，选择可行的评估方法。

(四) 收集相关数据

在没有时间、人力、物力进行大规模的调查以获得一手数据时，普遍采用的方法是借鉴各类统计资料和参考文献。常用的次级数据来源包括《中国经济年鉴》、《中国统计年鉴》等。在选取数据时要注意的原则是确保数据的准确、全面、及时，并具有可操作性和可比性。

(五) 数据分析对比

数据分析处理的方法技术性一般较强。目前最常用的权值确定方法是层次分析法，即运用专家咨询法构造两两比较判断矩阵，求矩阵特征向量和特征根，并进行一致性检验，得出各指标的权重。专家组一般由投资领域的专家、高层管理人员等组成。权值确定后就可以进一步根据统计学的方法和技术进行综合评价。

（六）形成评估报告

一般来说，评估报告应该包括以上各部分的内容。其中最重要的是明确指标体系，说明分析方法。数据来源等可在附录中说明。评估报告也可以适当包括相关理论基础和方法的解释，但不宜过多，如果认为有必要，可以在附录文献中阐释。评估报告的写作应具备高度的实用性，方便阅读，并与评估目的紧密相关，明确比较分析的角度和方法，并列明明确结论。

第二节　地区形象塑造

地区形象塑造是地区投资环境的重要组成部分，是构成地区投资环境的重要的外在表现形式。

一、地区形象

（一）地区形象的含义

地区形象是公众对该地区的综合评价和总体印象。包括：

1. 公众对本区域现实、系统的认识

通过对当地经济、政治、社会、科技、教育、文化、生态、环境等方面情况的分析，公众一致认可的对本地区的综合评价，形成“地区形象”。对地区形象的这种认识，集中体现了一个地区的社会结构、经济发展水平和各种经济关系，成为一个地区经济发展当中不可或缺的重要内容。

2. 外部公众对本区域综合评价的认同

一个地区的形象，必须经过外部公众的认同，才能真正树立起来。地区形象塑造的最后目的，是改善投资环境，吸引域外的人、财、物到本区域来，从而促进当地的经济发展。要达到这个目的，就必须取得外部公众对本区域形象的广泛的认同，只有被区外公众广泛认同的地区形象，才真正能起到应有的作用。

（二）地区形象的特点

1. 地域性

地域性就是要有地区的特点，属于这个区域独有的、区别于其他区域的东西。例如，北京市提出“首都意识”这一概念，是北京市进行地区形象策划当中独特的东西。“首都意识”是传统的首都形象与现代国际化大都市建设相结合的一种产物，代表了北京和北京人的精神风貌和城市特点。北京举办奥运会又提出“绿色奥运、数字奥运、人文奥运”的概念，毫无疑问，这一概念具有极为鲜明的地域性。

2. 继承性

社会、经济发展是一步一步走过来的，循着历史的轨迹，必然可以找到今天经济发展的历史的源头。应当从两方面来看这种继承性：第一，不能脱离当地经济发展历史去凭空设计一种形象，只能在改造主、客观世界的过程中，形成新的地区形象。第二，充分利用历史发展过程中闪光的东西为今天服务。不论是文化遗产，还是民间传统，都可以成为今天经济发展的手段。

3. 动态性

地区形象是一个动态的东西，是不断发展的。不可能经过一次形象塑造之后了就一劳永逸。地区形象的动态性特点，或者称为发展的特点，对地区形象塑造影响很大。也就是说，要根据当地现实的社会经济发展情况，进行精准的地区形象塑造，又要对地区形象的未来变化有一定的把握，使我们的塑造具有一定的前瞻性，或者是预见性，真正起到促进地区经济发展的作用。根据罗斯托关于区域经济发展的几个阶段：传统社会阶段、为起飞创造前提阶段、起飞阶段、向成熟推进阶段、高额群众消费阶段、追求生活质量阶段，每个阶段都有不同的经济发展特点，为当时当地的经济发展服务，应当策划出不同的地区形象。

二、地区形象塑造的含义

地区形象塑造是人们对地区经济社会发展状况的一种再认识和理论上的升华或者说是对地区的一种包装。它也是对地区经济社会发展过程的一种理论抽象，并用最简洁的方式将一个地区呈现给区内和区外的广大的公众。

（一）是地区经济发展的客观反映

实践表明，一个地区能否持续、健康、快速地发展，在很大程度上取决于该地区的宏观大环境，是否能够努力营造更加有利于发展的地区小环境。这种地区环境主要体现为地区内人民的精神面貌、地区内产业发展的有利条件、地区内各类基础设施的健全程度以及地方法规的合理程度。我们可以看出，地区形象塑造的内在本质首先就是为经济发展创造出一种物质和精神方面的良好环境。

（二）是地区形象的扩大和延伸

地区形象塑造不仅在空间上范围更广，时间上跨度更长，而且内部层次更多，结构更加复杂。它涉及经济、政治、社会、文化和环境多个方面，而且各个因子相互依存、相互制约，有些甚至是相互对立的；它不仅涉及物质、经济因素，而且涉及人际关系、意识形态、价值观念、审美情趣；它不仅关系当今经济发展、物质利益、社会和谐、环境良好，而且要为人类未来和久远的持续发展，预留并创造一个适宜的生态环境和生存空间。地区形象的树立也可以扩大地区的知名度，扩大地区在全国的影响，吸引投资，发展生产，扩大旅游业的规模等。

（三）是区内与区外关系的集中反映

地区形象反映区内公众与区外公众的一种关系，是区内公众将本区域的形象展示给区外的公众，并希望取得区外公众的一致认同。要做到这一点，区内公众所展示的东西，就必须是真实的、美好的和具有吸引力的，而区外公众则通过地区的形象加深对这个区域社会经济发展的了解，并由此产生对这个区域的向心力或离心力。地区形象塑造的目的和任务是借助本地区人们对自己区域的认识和评价，从对他们最具满意度的目标值出发，根据经济和科技发展的可能，做出各方面的形象设计，安排出相应的实施步骤，用以最大限度地动员人们，实实在在地促进经济和社会发展，为建成对区外人最具吸引力的地区而奋斗。

（四）是人与自然关系的集中反映

地区经济发展要靠开发地区的资源，这包括自然资源和社会经济资源。而一个地区自身的力量是有限的，对资源开发的深度和广度产生了很大的限制。要加深对资源的开发程度，必须借助外部的力量，吸引外部的人、财、物加入到本地区资源的开发当中来。要想有效地做到这一点，良好的地区形象是必要条件。要让区外的人们认识这个地区，喜欢这个地区，甚至加入这个地区，在很大程度上要靠对地区形象的塑造。从这个意义上讲，地区形象是一种无形的财富，这种无形财富的积累，将起到增加地区有形财富积累的目的。当然，这种无形的财富必须是有效的。社会与自然的关系，是一种共存共荣的关系。通过地区形象塑造，将一个地区的自然和社会特点都充分地体现出来，使公众对其有正确的评价，将大大促进其发展的演化。

三、地区形象塑造的主要内容

（一）区域定位

在更广阔的区域范围内为某一个区域重新定位，是区域发展战略的重要组成部分，也是地区形象塑造的首要内容。它体现了一个区域的发展方向和在某一大区内的地位，其形象是通过在时空中的区域定位来决定的。

1. 区域功能定位

从区域功能定位来看，一般先要确定一个区域主要以什么功能来发展自己。有不同等的区域功能可以供选择：工业区域、农业区域或矿业区域，以及旅游区等。因此，一个地区的政府要进行地区形象塑造，一开始就必须有所选择、有所定位。

2. 区域形象定位

从区域的形象定位来看，一般也存在两种定位选择：第一是综合性区域，大多存在于各级大的行政区；第二是专业化区域，包括以生产为主的区域和以文化、旅游等第三产业为主的区域。一个地区在进行形象塑造的时候，必须考虑它的教育人才优势、生态环境优势、自然资源优势、社会文化优势等进行谨慎的选择，以较大的地域空间来确定其位置。通过考察区域所起的作用，以及与周围地区的对比关系，确定其真实的地位，进行现实的定位。首先注意到区域所在有没有经济中心，而经济发展迫切需要在这个地区形成一个经济中心；其次是区域本身是否已经具备了成为经济中心的基本条件；最后是与地区其他城市对比来看，经济实力、基础设施、交通枢纽的作用明显。

（二）区域基础设施建设与环境设计

区域基础设施建设与环境设计，属硬环境的建设范围。一个地区基础设施的好坏，环境是否优美，是一个地区的门面，也是地区形象的物质载体。也就是说，通过这些具体内容体现出一个地区的客观形象。其中地区的中心城市的道路情况、建筑风格、水面、绿地等环境因素，是形成地区形象的具体的表征。如一个初到此地的外地人，就是通过这些要素来认识这个地区的。因此，构筑区域自然和经济景观体系，布置区域人文活动空间，造就区域商业中心氛围，都是地区形象塑造的一些具体内容，应给予充分的重视。如果一个区域只有经济的、商业的单向发展，这是很不够的。现在，人们注意到了这个问题，地域文化的重新构筑，应包括实用性和观赏性兼而有之的文化设施，创造具备文化水准和基本共识的文化气氛，这样才能真正振兴区域经济。区域的各项工程设施也是地区各项经济、社会活动所产生的人流、物质流、信息流的载体，即在物质生产的同时也为人民活动提供了基础条件，在发展过程中应处在重要的地位。另外，一个地区的市政工程设施也会对地区基本形象产生“锁定”作用。具体包括道路交通设施建设、能源、水源、排水设施建设和城市基础设施系统建设等。

（三）地区意识的确立

地区意识属精神方面的地区形象塑造，与物质方面的地区形象塑造是相辅相成的。地区意识说来很抽象，但也可以很具体，如果我们将“地区意识”归结为中央政府提倡的精神文明建设也是成立的。地区形象塑造的方法特点，归结到一点就是通过形象塑造，唤起人们的主人翁精神，激发起人们搞经济建设的热情。由于地区形象塑造具有两个文明良好结合的载体功能，故地区形象塑造可以说是精神文明建设的一种新思路、新方法。然而，地区意识的范围更广泛些。它是对一个地区性质、地位、功能及其现实生活的系统的看法、认识和评价，是一种社会的意识。地区意识作为地区形象的一部分，它的确立重点在于宣传。不但要对区内宣传，更要对区外宣传。这种宣传的效果，是让一个外地人没有去过某个地区或城市，就已经对这个地区或城市有所了解，或者说在他心里树立起了一个形象。

（四）区域信息标志的确立

每个地区都应有它的信息标志、个性特征。为了使一个区域有一种个性的美，而且使这种美经久不衰，就必须使区域具有既符合国家规范又有自己风格的种种信息标志和识别系统。比如，城市的树木、花草、路灯、路牌、路标、邮箱和各级政府、公司的牌名等都要有特殊的式样要求。区域的信息标志，是一个区域形象的一种表征，是一种精神和物质的高度凝聚。它可以激发起人们一连串的想象，使人们形成一个良好的、持久的印象。目前，大部分城市和区域都十分重视这种信息标志的选择，诸如市花、市树、市徽等，并往往将这些标志与一个城市和区域的精神风貌和行为准则结合起来进行宣传。

四、地区形象塑造的功能

（一）有效地提高地区的知名度

扩大知名度的方法有很多，其中进行地区形象设计，无疑是最有效的手段之一。目前，大家都普遍认识到良好的知名度对经济发展的巨大推动作用。产品的知名度，是产品质量的集中体现。所谓名牌战略，就是从提高产品知名度入手，树立名牌产品，巩固产品在市场上的地位。企业的知名度高，表明企业的业绩好，对企业的资金来源、原料来源、产品销售都带来很好的影响；地区的知名度高，同样是地区经济发展的体现，地区管理业绩的反映，可以起到招揽人才、引进资金、吸引游人的作用。特别是在外向型经济发展的过程中，地区的知名度对地区在国际大市场上的活动，有着不可估量的影响。

（二） 增强地区的内聚力、吸引力和辐射力

良好的地区形象，能够大大增强区域的内聚力。区内公众对本区形象的认识和理解，产生对区域的热爱之情和自豪感，产生在本区域生活的自豪感、荣誉感。只有这样，他们才能够以最大的热情投入到地区的经济建设中来，拿出全部力量发展自己的事业。同样，良好的地区形象，能够增强对区外公众的吸引力。这种吸引力首先是对区外公众的一种感情上的吸引，然后通过精神与物质的转化，形成对区外物质流动吸引，最后转变成对本区域经济发展的促进力量。

（三）改善地区的投资环境

地区形象是地区投资软环境的一个重要组成部分，它与地区的法律法规、优惠政策等同样重要。在目前各地区法律法规和优惠政策相差不多的情况下，地区形象的好坏，对吸引资金，特别是吸引外资有着决定性的影响。例如，如果一个地区治安条件不好，想来这

个地区投资的投资者必然会为自己的财产和人身安全担心，纵然有再优惠的条件，投资者也必然会感到机会的风险成本太高而知难而退，当地的现有技资者也会携其所有转投其他地区。所以，创造良好的地区形象，可以大大改善地区的投资环境。

五、地区形象塑造的基本原则

在地区形象塑造的指导思想上，将贯彻以人为本的思想，重视人力资源的开发，对人们形成地区主人翁精神的重要性与可能性的认识和理解将更加深刻。而且，地区形象塑造必须兼顾目前和将来，形成一种动态的、有预见性的地区形象的系统。所以，提出一些地区形象塑造所应依据的基本原则，并以这些原则为基础，去规范、塑造行为。

（一）以地区发展战略为基础的原则

地区发展战略是地区形象塑造的基础。地区发展战略所确定的指导思想、发展目标和发展的任务，同样也是地区形象塑造的指导思想、发展目标和任务。在地区发展战略研究过程当中，对各地区的基本情况、产业结构和区域结构都有比较深入的研究，为地区形象塑造提供了最基础的背景材料，以此为基础去塑造地区形象，以达到准确、鲜明、有感召力的目的，可以收到事半功倍的效果。

（二）地域性特点与现代化风格相结合的原则

区域形象塑造十分强调地域性特点。一个地区的区域形象，不可能与其他地区雷同，更不能照搬照抄其他地区。由于各地区的经济社会发展水平和特点千差万别，区域形象也必然要反映出这些差别，突出本地区所特有的东西，才真正能够为区外的广大公众所接受。但是，突出地域性，并不意味着因循守旧，而是要体现地区现代化建设的新点和新风格。地域性与现代化相结合，才是最好的地区形象。比如，建筑风格，如果各个城市都是一片片的火柴盒式的建筑，而把民族风格完全抛弃，就失去了特色。地区形象代表了地区人民的精神风貌和地区经济社会发展的最一般的特点，只有地域和现代化相结合，才能真正做到这一点。

（三）区内外公众最大认同原则

地区形象要取得公众的最大认同，才算真正塑造成功。公众认同分为区内公众认同和区外公众认同。要取得最大的公众认同，地区形象必须鲜明、有代表性、有感召力，能够体现一个地区的实际情况，但又必须是用理论升华了的地区形象。地区形象要来源于对地区情况的总结，又高于普遍的地区生活。只有这样，公众的认同感才强烈，对区外公众的吸引力才增大。 公众认同，包括对一个地区信息标志的认同、自然和文化传统的认同，人民对文明道德水准的认同和社会经济发展水平的认同。例如，对某一地区某些产品品牌的认同，可以产生连锁效应，认为这个地区的各种产品都是好的；对某一地区精神文明建设的认同，可以使公众认定这个地区人民的道德水准是高的。

（四）促进经济社会发展和保护环境的原则

进行地区形象塑造的最终目的是促进经济社会的发展，人民生活水平的提高，所以地区形象塑造的最基本原则也应是有利于经济社会的发展。具体来说，无论是什么样的地区或城市形象以及它们的信息标志，都要有利于地区投资环境的改善，有利于招商引资，有利于企业形象的树立，有利于地区的各项经济建设和产业发展，有利于自然资源和社会经济资源的开发，特别是旅游资源的开发和旅游业的发展。但是，地区形象塑造既要有利于经济社会发展，又要有利于自然生态平衡。地区发展应注重保护本地区的生态环境，特别要珍惜那些不可再生的资源。一个地区的生态是全国生态乃至全球生态的有机部分，是关系子孙后代的大事，切不可为了局部的眼前利益，而损害全局的长远利益。保护生态环境与经济社会发展并不矛盾。只有在维护生态平衡的前提下，经济社会才能持续发展。地区形象的信息标志应当对生态平衡和保护环境有所反映。

六、地区形象塑造的意义

地区形象塑造是对地区形象的科学总结和设计，是将已经存在的地区特征归纳、总结出来，并设计出一个鲜明的表达方式，便于区内、区外公众对该区域的认识和了解。地区形象塑造具有重要意义：

（一）有利于区域经济发展

由于地区形象塑造与地区经济文化的发展存在着同一性，地区形象塑造一旦成功确立，就转化为一种形态、一种力量，作用于区域经济的发展。通过自觉的、富有创造性的地区形象塑造，可以唤起人们对美好生活的向往，鼓舞人们发展经济的热情，从而形成新的意识和新的追求，产生巨大的综合效应。

（二）是地区投资环境的重要组成部分

地区投资环境分为硬环境和软环境两部分。地区形象是软环境的重要组成部分，是地区实力、发展水平和特点在人们头脑中的反应，是人们对地区客观现实的评价。形象评价体系可以根据一系列统计数字来评定，但诸如干部素质、作风、声望、城市卫生、交通、治安、环境质量、市民素质、文明程度、社会风气、商业信誉等是难以根据统计数字评价的。地区形象塑造有利于树立地区的良好形象，开发资源、发展优势，促进区比经济发展；有利于招商引资，扩大出口，提高对外经贸水平，发展外向型经济地区形象塑造有利于扩大自己的知名度，宣传本地区的优势，完善投资环境。因此，对促进经济的发展，增强地区经济实力无疑有非常重要的作用。

（三）有利于促进地区的可持续发展

一方面，提高各地区从官员到居民的环境意识，使地区可持续发展，成为基本的发展政策，所以，让地区形象塑造做到家喻户晓，形成公众意识是完全必要的。地区形象塑造有利于推动地区的可持续发展。另一方面，积极参与制定本地区的可持续发展政策，将十分有利于塑造本地区的良好形象。

第三节　案例分析

本案例系陕西省榆林市政府委托课题，对榆林市投资环境进行了长达6年的评价，完成了6个年度和跨年度报告，与市政府招商部门进行了长达8年的深度合作，因此榆林案例将是关注区域投资环境评价的理论界和实践部门都可以参考分析的宝贵素材。

评价方案

一、评价发起单位

榆林市为陕西省最北部的地级市，也是目前陕西省GDP仅次于西安的城市，以能源化工产业为主导产业。从2004年起，中共榆林市委和榆林市人民政府开始推动榆林市投资环境评价，截至2011年已历时8个年度，完成了6次年度或跨年度评价，是国内推动投资环境评价持续时间最长的地方政府之一。

二、被评价单位

在2004~2011年度榆林市开展的6次投资环境评价中，评价对象均分为两类，一类是榆林市下辖的12个区县和2个开发区，另一类是榆林市政府下辖的数十个市直部门和机构。

三、评价具体实施单位

2004~2011年度榆林市投资环境评价项目均为由榆林市投资环境110办公室具体负责实施。

四、评价技术支持单位

2004~2011 年度榆林市投资环境评价技术层面的工作均由榆林市投资环境 110 办公室委托给陕西省社会科学院民意调查中心完成。

五、参加评价单位

2004~2011 年度，虽然榆林市投资环境评价的体系、评价的内容都有很多变化，但参加评价的三大类对象均没有变化，保持了调查和评价的连续性。三类对象分别是企业（个体户）、公众和干部。

指标体系与评分方法

2004~2011 年，对榆林市投资环境的评价一直分为榆林市区县（开发区）评价和榆林市直部门（机构）评价两大类，投资环境指标体系也分为区县（开发区）投资环境评价体系和市直部门投资环境评价指标体系。

一、榆林市区县（开发区）投资环境评价指标体系域评分方法

（一）指标体系

2008~2011 年度榆林市区县（开发区）投资环境评价指标体系

一级指标	权重	二级指标	权重	三级指标	权重	数据来源
1. 基础环境	25 分	1. 土地供应	5 分	1. 年度政府土地获批数量	3 分	市国土局
				2. 用地企业对土地供应的满意度	2 分	企业问卷
		2. 物流运输	5 分	3. 各区县（开发区）客运量	1.5 分	市交通局
				4. 各区县（开发区）货运量	1.5 分	市交通局
				5. 企业对物流运输环境的满意度	2 分	企业问卷
		3. 水电气供应	5 分	6. 企业对生产用水的满意度	1 分	企业问卷
				7. 企业对生产用电的满意度	1 分	企业问卷
				8. 企业对生产用气的满意度	1 分	企业问卷
				9. 年度生产用电总量	1 分	市供电局
				10. 年度工业供水总量	1 分	市水利局
		4. 排污配套	5 分	11. 工业废水排放达标率	1 分	市环保局
				12. 工业固体废物处置率（%）	1 分	市环保局
				13. 工业粉尘去除比例（%）	1 分	市环保局
				14. 企业对排污配套条件的满意度	2 分	企业问卷

续表

一级指标	权重	二级指标	权重	三级指标	权重	数据来源
1. 基础环境	25分	5. 信息化条件	5分	15. 企业宽带使用比例 16. 企业网站建成率 17. 企业对信息化条件的满意度	1.5分 1.5分 2分	企业问卷 企业问卷 企业问卷
2. 政府服务环境	25分	6. 招商环境	5分	18. 招商局（办）运行情况 19. 年度推出招商项目数量 20. 企业对招商工作的满意度	2分 1.5分 1.5分	市招商局 市招商局 企业问卷
		7. 立项审批	5分	21. 每部门登记注册平均所需时间（逆） 22. 企业对立项审批工作的满意度	2.5分 2.5分	企业问卷 企业问卷
		8. 生产经营环境	5分	23. 企业对政策环境的满意度 24. 企业对市场竞争秩序的满意度 25. 企业对行政执法的满意度	1.5分 1.5分 2分	企业问卷 企业问卷 企业问卷
		9. 企业纠纷处理环境	5分	26. 企业对投诉处理的满意度 27. 企业对仲裁环境的满意度 28. 企业对法院工作的满意度 29. 企业对检察院工作的满意度	2分 1分 1分 1分	企业问卷 企业问卷 企业问卷 企业问卷
		10. 企业家服务环境	5分	30. 企业家对本地子女教育条件的满意度 31. 企业对人身财产安全的满意度 32. 企业对生活交往休闲条件的满意度	1.5分 2分 1.5分	企业问卷 企业问卷 企业问卷
3. 市场环境	25分	11. 投资机会	5分	33. 企业所得税总额 34. 单位企业户所得税总额 35. 新注册企业占累计企业比例	2分 1.5分 1.5分	市税务局 市税务局 市工商局
		12. 市场开放度	5分	36. 外贸占本区县（开发区）GDP比例 37. 非公经济占本区县（开发区）GDP比例	2.5分 2.5分	市商务局 市中小企业局
		13. 要素配套	5分	38. 产业配套条件满意度 39. 人力资源满意度 40. 社会中介组织服务满意度	2分 1.5分 1.5分	企业问卷 企业问卷 企业问卷
		14. 科技转化	5分	41. 获得市高科技企业认证的数量 42. 企业年度申请专利数	2分 3分	市科技局 市工商局
		15. 融资环境	5分	43. 年度存贷款比率（逆） 44. 进入上市辅导期的公司数量 45. 拥有经批准的小额贷款公司数量	2分 1.5分 1.5分	市人民银行 市金融办 市工商局
4. 引资实绩	25分	16. 招商引资资金	15分	46. 年度招商引资到位资金 47. 年度招商引资协议资金 48. 年度招商引资到位资金占当年固定资产投资比例	7分 3分 5分	市招商局 市招商局 市招商局
		17. 招商引资项目	10分	49. 年度招商引资资金到位项目数 50. 年度招商引资协议项目总数	7分 3分	市招商局 市招商局

（二）评分方法

2004~2007 年度的评分均采用最高分 100 分制。2008~2011 年度指标体系的评分则采用均值分 100 分制。2008~2011 年度各区县（开发区）的投资环境评价体系的评分步骤为：第一，从企业问卷调查和部门报表统计两个渠道获得三级指标的各区县（开发区）数据；第二，按各指标的全市平均值100分对各区县（开发区）数据进行指数化；第三，按指标体系设置的各指标权重对各指标指数得分进行权重化；第四，对各区县（开发区）的各指标权重化得分求和从而获得各区县（开发区）的总分值。

二、榆林市市直部门（机构）投资环境评价指标体系域评分方法

（一）指标体系

2008~2011年度榆林市市直部门（机构）投资环境评价指标体系

指标	权重
1. 政策环境满意度	20分
2. 审批工作满意度	20分
3. 行政执法满意度	20分
4. 服务水平满意度	20分
5. 投诉处理满意度	20分
合　计	100分

（二）评分方法

榆林市市直部门（机构）投资环境评价没有采用总括性评价，而是由五个单项指标的评分均值依据权重加总而成。各部门的得分计算步骤为：第一，从企业问卷调查数据中获得各部门五项指标的评价数据；第二，将所有企业对同一部门的五个单项评价的数据均计算平均分值（10分制评价）；第三，按各单项评价的权重对各部门得分进行权重分计算；第四，将五项评价的权重分加总，即为单个部门评价总分；第五，对所有部门的评分进行均值计算，即为市直部门（机构）投资环境评价总分。

指标数据采集

一、问卷调查

（一）企业调查
（二）公众调查
（三）职能部门干部调查

二、 部门数据采集

调查部门	调查内容
市国土局	各区县建设土地获批数量
市发改委	各区县工业园区固定资产投资总额
市国税局	各区县企业所得税总额
市地税局	各区县单位企业户均所得税总额
市商务局	各区县对外贸易总额，对外贸易总额占各区县 GDP 比例
市中小企业局	各区县非公经济总量，非公经济总量占各区县 GDP 比例
市科技局	各区县获得高科技企业认证的数量，专利申请数量
市人民银行	各区县存贷款比率
市金融办	各区县上市辅导期的公司数量
市工商局	各区县企业总数量、个体户总数量
市水务局	各区县工业供水总量
市电力局	各区县生产用量总量
市电力公司	各区县生产用电总量
市环保局	各区县工业废水达标率
市交通局	各区县客运量、货运量
市统计局	各区县统计年鉴
市招商局	各区县招商项目数量

三、 专题调查

（一）回收投资环境补充调研数据表

（二）能源类项目的招商引资形势

（三）房地产项目的投资建设和招商引资形势

（四）工业园区招商形势及企业对园区服务的需求

（五）区县招商形势及市内各区县之间相互投资情况

（六）各区域重大招商项目的落实情况

（七）小额贷款公司对中小企业的金融服务现状、功能及遇到的问题

（八）各区县进一步优化投资环境意见和建议

2011年度榆林市投资环境评价报告

一、评价与成效

（一）总评价

2011年度，703户企业及个体业者对榆林市投资环境的满意度平均评分为77.5分，较2009~2010年度评分提高了4.5分，较2004年度启动投资环境评价以来提高了16.6分。

（二）区县（开发区）评价

榆阳区、府谷县、神木县和榆神工业园区综合得分在120分以上，为榆林市投资环境最佳区域；衡山县、靖边县综合得分为100~120分，为榆林市投资环境优秀区域；榆林高新区、米脂县、定边县和清涧县综合得分均在70~100分，为榆林市投资环境良好区域；子洲县、佳县、绥德县和吴堡县综合得分均在70分以下，为榆林市投资环境一般区域。

区县（开发区）投资环境特点：

1. 南北区域差距开始缩小。

2. 兼具优势与劣势，少数区县趋向均衡发展。

3. 大多数区县（开发区）均有领先指标。

4. 投资环境向高阶段提升。

5. 招商引资资金已经成为部分区县固定资产投资的主力军，对本区县经济发展起到了推动作用。

6. 工业园区正在成为部分区县改善投资环境的主要着力点，少数区县本年度对工业园区的投入力度迅速加大。

7. 市内区县之间的互相投资规模巨大，但缺乏统计，急需政策引导。

（三）部门评价

1. 部门总评价。

2011年度企业对29个部门投资环境满意度评价平均分为86.7分，较2009~2010年度提高了6.4分。

2. 分部门评价。

在参评企业超过100户的23个部门中，居于2011年度企业评价最满意前三位的部门分别是农业局、招商局、科技局，评分在89分以上，农业局超过了90分。工商局、住建局、交通的满意度评分时最为靠后的三个部门，分值也在83~86分。

3. 企业最关心的投资环境问题。

（1）政府投资优惠政策难落实。

（2）乱检查、乱收费、乱罚款。
（3）各种审批环节太多。
（4）基础设施及服务“瓶颈”。
（5）贷款难
（6）税收优惠力度不够大。
（7）政府政策的连续性、稳定性不够。
（8）本地产业配套不够完善。
（9）便民服务。
（10）生产安全管理体制。
（11）地方群众与企业的纠纷。
（12）政府信息不公开、不透明。
（13）招商引资项目土地指标紧缺。
（14）环保门槛提高对企业准入提出了更高的要求。
（15）政府工作人员吃拿卡要。
（16）矿区权益划分争议纠纷多。

（四）干部评价

1. 投资环境评价。
2. 招商引资评价。

（五）公众评价

二、基础环境评价

1. 土地供应，企业土地供应满意度平均分为 79.32 分。
2. 物流运输，企业物流运输满意度平均分为 72.94 分。
3. 水电气供应，企业对生产用水、电、气满意度平均分为 79.42、82.94、78.60 分。
4. 排污配套，企业排污处理满意度平均分为 77.55 分。
5. 信息化条件，企业信息化条件满意度评分为 76.13 分。

三、政府服务环境评价

1. 招商环境评价，满意度为 83.56 分。
2. 立项审批环境评价，满意度为 82.98 分。
3. 生产经营环境评价，满意度为 80.34 分。

4. 企业纠纷处理环境评价，满意度为 73.78 分。
5. 企业家服务环境评价，满意度为 76.19 分。

四、市场环境评价

1. 投资机会评价，相当活跃。
2. 市场开放度评价，仅相当于全省的平均水平。
3. 要素配套评价，满意度为 75.48 分。
4. 科技转化评价，最薄弱的环节。
5. 融资环境评价，仅有一家企业进入上市辅导期。

五、引资实绩评价

1. 招商引资资金评价，平均分为 119.29 分。
2. 招商引资项目评价。

六、对策建议

（一）评价总结

1. 从总体上来看，历时 7 年的榆林市投资环境改善工作已经取得阶段性的成果，榆林市投资环境已经迈上了新台阶。

2. 分区域来看，南北区域投资环境差距进一步缩小。

3. 从部门投资环境来看，2011 年度不仅总体评分较高，而且各部门在评价分值商差距较小，反映了部门整体投资环境发展较为均衡。

4. 从投资环境单项指标来看，绝大多数区县都有在全市领先的优势环境，都有自身独特的竞争优势。

5. 招商引资资金已经成为榆林市部门区县固定资产投资的主力军，对本区县经济发展起到了主要推动作用。

6. 县级工业园区建设正在成为部分区县推动投资环境改善、加大招商引资力度的主要着力点，少数区县 2011 年度对工业园区的投入力度迅速加大。

7. 市内区县之间的互相投资规模巨大，但缺乏统计，继续政策引导。

8. 从客观指标来看，主要存在几个突出问题：一是土地供应短缺；二是外贸经济发展缓慢。

9. 从满意度指标来看，要素配套和企业纠纷处理等指标的相关满意度评分较低，需要重点关注。

10. 从干部评价来看，由于涉及煤炭等资源的配置问题，有相当部分干部对“只有大招商才能带动大发展”这一战略并不认同，需要妥善解决干部认识分歧。

11. 从公众评价来看，2011 年度榆林市公众社会环境满意度评分为 79.3 分，相比 2009~2010 年度下跌 1.5 分，表明榆林市公众对社会环境的改善有了更高的期待。

（二）对策建议

1. 在榆林市投资环境改善取得 7 年来最好成绩的形势下，建议适时召开榆林市投资环境改善工作经验交流总结大会。

2. 建议各区县兼顾各自的投资环境特点，有针对性地改善本区域投资环境的薄弱环节

3. 在市级层面进一步完善榆林市招商战略。

4. 进一步完善招商引资考核体制。

5. 积极创新，建立市场化的招商引资工作机制。

6. 加强对内开放，进一步完善招商引资的统计体系。

7. 创新县级工业园区的管理、建设和运营机制。

8. 进一步充实市县两级投资环境 110 办公室的职能，将其转变为常设机构。

参考文献

[1] 孙久文，叶裕民. 区域经济学教程 [M]. 北京：中国人民大学出版社，2013.

[2] 梁蓓. 区域经济规划与投资环境分析 [M]. 北京：对外经济贸易大学出版社，2011.

第八章　区域竞争力

区域经济发展的本质在于是否具备一定竞争优势或不断构造新竞争优势的能力。竞争优势强则该区域经济发展快；竞争优势弱则该区域经济发展慢，即区域竞争力促进或抑制区域经济发展速度。区域竞争力不仅仅体现一个区域经济的现实竞争力和潜在竞争力，更是综合反映一个区域的经济实力以及经济发展潜力的整体评价指标。作为区域经济发展实质性推动力的区域经济竞争力，主要体现在一个区域对资源的集散、对财富的创造、对服务的提供以及对周边地区辐射效应带动的能力，是该区域的地区经济、基础设施、科技水平、文化资源、人民素质等综合水平与能力的综合体现。提升与影响区域竞争力的因素多样，不仅包括该区域原有经济基础竞争力、基础设施竞争力、生态环境竞争力、政府调控竞争力等，还包括人力资源竞争力、科技水平竞争力、文化资源竞争力等。在这些因素的合理作用下形成的复合竞争力，即为区域竞争力。伴随着现代科学技术的进步，中国加入WTO后的国际全球化，区域经济的发展优势已不再集中在对传统土地、资源、产品等固定物质财富的占有，当代社会财富的价值体现则越来越注重全球市场竞争中资金流、信息流、技术人才流及物流等上面，市场分割的日益弱化以及生产要素流动性的日益加强，使区域竞争力更倾向于对多样性流动财富的吸引力与利用其创造新价值的能力上面，以此不断增强区域经济地位的能力。本章将介绍区域竞争力的相关内容，使读者对区域竞争力有初步的理解与认识。

第一节　区域竞争力的概述

一、区域竞争力的基本内涵

区域竞争力的研究是新时代区域经济发展的现实需要，也是提升区域、城市、企业乃至国家竞争力的需要。对它的研究起源于国际竞争力的研究，而对“国际竞争力”这一概念的探讨最初主要集中于军事力量方面。18 世纪时，经济因素又占据了主导地位，经过各国研究机构和国际组织的研究，形成了统计指标、分析工具和理论文献。区域竞争力不仅包括区域综合实力，还包括实现综合实力的社会经济环境条件和运行整体的竞争力，以及长期持续发展的内在成长能力。区域综合实力仅是区域竞争力的一个重要组成部分，但二者在概念上常被混为一谈。它们的区别在于：首先，区域综合实力是从规模、总量上衡量区域在经济、社会、科技等领域的总体综合力量，而区域竞争力是从质量、效率上衡量区域的竞争能力；其次，区域综合实力主要着眼于区域自身，而区域竞争力强调与其他区域相比较，是一个相对的概念，只有进行比较才能反映出竞争力的高低；最后，区域综合实力着重于区域现实状态，即区域当前所具有的总能力的高低，而区域竞争力不仅着眼于区域现实状态，更强调区域的发展潜力及区域的增长后劲。

区域竞争力强弱或大小不仅取决于区域自身，还与对手的竞争态势以及与总体竞争态势有关，它强调区域的实力基础；强调影响区域发展的具有流动特点的稀缺资源要素；强调区域的集聚、吸引和配置竞争对象的能力；强调区域财富和居民生活质量的提高程度，它是抗衡和超越竞争对手的一种力量。在全球化竞争态势下，区域作为一个整体，体现其在经济、社会、文化、科技、国民素质等多方面的综合比较优势，通过各优势因素的协同作用与相互配合去抗衡甚至超越现实或潜在的竞争对手，吸引区外物资、资本、技术、人力、信息、服务等资源要素向区内集聚，以获取的持久竞争优势为区域的整体绩效带来实质性功效合力。区域竞争力是区域发展的关键因素，其最终目的是提高区域经济，创造增加值和提高该区域居民的生活水平。GDP 是从总量的角度反映了该区域在全国的地位；人均 GDP 用平均数反映一个区域的富裕程度及人民生活水平；近三年 GDP 增长速度则短期时间序列上刻画区域经济增长速度，同时也反映该区域未来发展的潜力。

区域竞争力是一个既具有广泛含义，又十分抽象且难以把握的概念。综览国内外的研究文献，学者们都是借用已有的“竞争力”概念，以广泛意义上的区域（包括跨国家的地区、国家、次国家的区域和城市）为对象，从多方面、多角度以“竞争力” + “区域”的模式来界定区域竞争力。因此，区域竞争力可以表示为区域内涵的竞争因素在竞争过程中所表现出来的相对优势、比较差距、吸引力与收益力的一种综合力，也可以视为一个区域在竞争和发展的过程中与其他区域相比较，所具有的吸引、争夺、拥有、控制和转化资源，争夺、占领和控制市场的能力，抑或是除其自身发展所具备的资源优化配置能力外其自身对资源的吸引力和市场的争夺力。区域竞争力由直接竞争力（产业竞争力、企业竞争力和涉外竞争力）和支撑它们的四个间接竞争力（经济综合竞争力、基础设施竞争力、国民素质竞争力和科技竞争力）构成。其中三个直接竞争力之间相互作用、相互影响，共同构成的有机整体就表现为区域竞争力，也构成了直接竞争力；四个间接竞争力之间是相互作用、相互影响的互动关系，它们共同构成直接竞争力的基础。

二、区域竞争力的影响因素

（一）地区经济

地区经济也常被称为“区域经济”或“地缘经济”。它的界限可大可小，可以单指某一区域的经济，也可指多区域间的经济合作。它包括：国际关系中经济发展和经济量的时空关系、分布状况及其运行机制和运行轨迹；世界经济现象与地理关系、地缘区位之间的相互作用及其规律以及地理现象、地缘关系对国际社会经济文化的互动作用和影响。这里必须引入区域经济综合实力的概念，区域经济综合实力不仅指一区域增加值现有的实际数量，更包含着增加值创造的潜力和未来的可持续性，表现的是一地区当前宏观经济的运行情况。某区域的经济整体实力是否雄厚、是否有助于提高该地区人民生活水平和有助于该区域经济长期发展，是评价该区域经济竞争力的基本原则。首先，区域生产总水平反映了区域经济整体实力，是过去经济发展的结果，也是未来经济发展的基础；其次，资本的形成在一定程度上决定了在长期竞争中区域经济竞争实力的潜力；再次，高增加值产业部门的发展水平和质量有利于促进区域经济发展，增加区域经济整体实力及其可持续性；最后，居民生活水平状况反映了区域经济综合实力水平。评价区域经济综合实力可以通过以下指标：①反映生产总水平及其发展趋势的指标，包括地区生产总值（GDP）、人均 GDP、GDP 增长率、人均 GDP 增长率等；②反映长期投资的指标，包括社会固定资产投资、人均固定资产投资、资本形成额、资本形成额年均变化率等；③反映高增加值产业部门对国内经济发展所起作用的指标，包括第二、三产业产值占地区生产总值的比重、工业生产实际增长率、服务业的年均增长率、工业部门劳动生产率、服务业劳动生产率等；④反映居民生活水平的指标，即城镇居民可支配收入、农民可支配收入等。

（二）基础设施

基础设施概念是在 20 世纪 40 年代被引入经济学领域的，是社会赖以生存发展的一般物质条件，是用于保证国家或地区社会经济活动正常进行的公共服务系统。基础设施对区域竞争力的贡献不仅体现在基础设施的物质实体的规模和质量，更重要的是基础设施为用户提供服务的能力和水平。因而它不仅包括交通运输、能源、通信、水电煤气等公共设施，还包括教育、科技、医疗卫生、体育、文化等社会事业。其中，交通运输基础设施反映了公路、铁路、航空和水路运输满足企业需求的能力；能源基础设施反映能源的生产满足企业需求的能力；技术基础设施是指远程通信、计算机和互联网等设施，是满足经济信息化的需要而产生和发展的；发展教育要保证一定的教育投入，包括教育经费、师资力量、教学设施等。生产性基础设施好的地区也就是指基础设施建设比较好的地区，能够使投资者节省资金、缩短工期、降低成本，获得较好的投资效益，也是具有竞争力优势的地区。基础设施创造了外部性，而外部经济又导致地区内规模经济和投资回报率的增长。在生产要素自由流动的情况下，根据资源最佳配置的条件，生产要素往往倾向于基础设施较好的区域。基础设施对区域基础产业发展和区域竞争能力具有显著作用，从而影响与这些产业相关联区域的发展。在基础设施体系不断完善的过程中，如果某一个产业或区域不能获得良好的基础设施服务，远离市场或消费区，就会由于所支付的基础设施服务费用昂贵而降低这些行业或区域的竞争能力，从而导致其在发展中处于劣势；而那些获得良好基础设施服务的产业或区域在经济发展中可能具有更多的机会。区域基础设施竞争力是以物质形态为特征的区域基础结构系统，是指区域可利用的各种设施并为区域竞争力提供可靠支撑和保证的竞争力，涉及的方面包括交通、通信、能源、动力和环保等。

（三）科技水平

毋庸置疑，知识和创新在区域经济发展过程中扮演着一个很关键的角色，科技水平的发展程度对区域竞争力同样具有较高的影响。科技创新是一个需要广泛的私有和公共区域行为主体之间互动的交互学习过程。研究表明，企业的科技创新和知识适应能力是由其环境决定的，包括它的合作伙伴、竞争对手、顾客、人力资本、区域知识基础设施、制度、法规、非交易的互倚性以及直接或间接影响创新的其他因素。高等教育机构是区域科技创新、知识基础设施中的重要环节，企业与科研机构之间互为联系以此促进知识和人力资本的转换，已被证明是成功地促进区域经济发展的有效联系。区域科技竞争力是一个区域科技总量、实力以及科技水平与潜力的综合体现，是区域竞争力的动力，是指一个区域依据该区域的科技投入（科技人才投入和科技经费投入），产出比其竞争对手更多财富的能力。科技促进了传统工业的更新与改造、升级换代，而且高新技术产业在区域经济中所占的份额也越来越大。科技发展是一个国家或地区持续稳定发展的动力。科技竞争力不仅反映了一个国家或地区的科技总体水平和潜在发展能力，并且作为区域竞争力的重要组成部分和关键性因素，它在区域经济竞争中具有决定性作用。

（四）文化资源

作为精神领域的文化资源优势，同样在区域竞争力中占有重要的位置。中华文明具有五千年的历史传承，这其中文化资源体现的软竞争力也越来越为世界熟知与关注。任何一轮新经济业态的发展，都可能会对各经济区域引发激烈竞争。文化产业发展也同样位列其中，要在新形式竞赛中占得先机，必须着力提高文化产业竞争力，通过竞争力的提高来加快推动产业发展。正如专家胡惠林所指出，“区域文化产业发展必然导致区域文化增长方式的竞争。区域文化产业竞争和区域文化产业合作将同时影响区域文化产业发展”。就目前各地按照中央要求制定的规划可以看出，各省市把文化产业培育成为国民经济支柱产业的发展目标，并已经将文化产业发展作为实现区域经济结构性调整、转变经济发展方式的重要战略举措。随着经济社会不断发展，新兴业态不断出现，各行各业都又增加了新的内容，例如，动漫产业、网络文化、影视制作、休闲产业、会展业、文化旅游等。在这些新兴业态增长的趋势中，科学技术与文化的融合发展是一条主线，新兴文化产业主要是与高新技术结合十分紧密的行业。与此同时，除参与市场竞争的文化活动和相关文化单位都属于文化产业研究范畴以外，保护环境资源和文化遗产、弘扬民族优秀文化、促进民族融合和认同、鼓励社会平等、改善公民整体利益和基本福利状况也被视为文化产业的重要组成部分。

（五）国民素质

国民素质竞争力是区域竞争力大系统中的一个子系统。在这个子系统中，通过各部分的相互作用和有机组合，综合形成国民素质竞争力。国民素质在经济社会发展过程中被认为是加速器、稳定器、助力器、净化器和导航器。国民素质是洛桑国际管理发展学院（IMD）的国际竞争力研究八大要素之一，它由人口、劳动力、就业、失业、教育、生活质量和劳动力态度七个部分组成。区域国民素质竞争力则反映的是一国内部各区域人力资源长期持续发展和增长的能力。它包括三个方面的内容：国民教育（主要指高等教育）、人口特征及区域的医疗水平。人力资本是通过对人力资源投资而体现在劳动者身上的体质、智力、知识和技能水平以及劳动态度，包括潜在的人力资本和现实的人力资本。它应从四个方面进行衡量：体质水平，即健康卫生指标；文化水平，即教育状况；专业技术水平，即劳动者的技术等级状况；劳动积极性，即劳动态度指标。生活质量的提高往往是社会发展的终极目标，也是一国国民经济和社会发展结果的综合体现。它是一个复杂的、多难度的概念，不同的研究领域，研究目的以及研究的对象、范围、内容及层次都会产生不同的质量概念。客观的生活质量涵盖了生活的有形条件等被客观证实的方面；而主观的生活质量则涵盖了对生活的主观感受和看法，体现为生活满意程度和幸福体验。国民自发地、自觉地、自省地提高自身素质，尽管是一个渐进的长期的过程，但结果是不仅能促进物质生活水平的提高，也会增强民族凝聚力与社会和谐度。

三、区域竞争力的理论基础

（一）竞争理论

1. 国家竞争优势理论

尽管关于竞争方面的理论在西方经济学中早有论述，但是真正系统、完整地将竞争作为专门领域进行研究并卓有成效的，应首推美国哈佛商学院教授迈克尔·波特。他的著名三部曲：《竞争战略》、《竞争优势》和《国家竞争优势》以创造性的思维提出了一系列竞争分析的综合方法和技巧，为理解竞争行为、指导竞争行动提供了较为完整的知识框架。其中，国家竞争优势理论是区域竞争理论的主要基础。其主要内容是：一国的竞争力集中体现在其产业在国际市场中的竞争表现，而一国的产业能否在国际竞争中取胜，取决于四大关键要素及其辅助因素。此外，机遇和政府的作用也不可忽视，对国家整体竞争力的形成具有重要影响。国家竞争优势的提高，有赖于政府作用的发挥，政府在提高国家竞争优势中应起一种催化和激发企业创造欲的作用。四大关键要素加上机遇和政府角色两个辅助要素，彼此相互依赖，形成一个动态互动的体系，称为钻石体系或国家竞争力模型。该模型揭示了在某一区域或国家的某一特定领域影响生产率和生产率增长的各因素，揭示了国家竞争优势的源泉。一个国家能不能创造国际竞争优势，与它是否能在钻石体系内占得优势和各要素是否形成一个良性互动的体系有关。

2. 区域集聚竞争力理论

区域集聚竞争力理论的主要内容是：第一，集聚是相互联系的、在特定领域竞争但也相互合作的公司，特别是供应商、服务提供者、相关企业和相应机构在地理上汇集在一起。第二，集聚现象表明微观经济学和竞争优势中区位角色的重要性，集聚意味着好的竞争优势依赖于外部公司甚至外部产业。第三，在全球经济中，政府的开明政策是必要的但并不充分。政府在微观层次发挥积极作用，主要是提升已经存在和正在出现的集聚。此外，正如波特早在《国家竞争优势》一书中充分论证的那样，知识有助于引发区域中一个巨大且不断增长的经济集聚。区域集聚竞争力理论是目前影响最大的区域竞争力理论（赵晓，2005）。

3. 企业竞争优势理论

对企业竞争优势做出最为系统研究的也是波特。波特认为，决定企业赢利能力首要的和根本的因素是产业的吸引力，产业吸引力由五种力量（现有企业间的竞争强度、潜在进入者的威胁、供应商讨价还价的能力、买方讨价还价的能力、替代品的威胁）所决定。波特的产业分析开创了研究企业竞争优势的先河，他提出的五种竞争力量对于企业制定自身战略提供了极具可操作性的指导。但波特的理论过于强调企业竞争的外部环境、产业结构和市场力量，忽略了企业的特质。能力学派在弥补波特的缺陷的同时，也暴露了自身的不足，即极少关注企业的外部环境。自 20 世纪 80 年代中期开始，出现了资源学派（资源观）。资源观为企业架起了接通似乎分离的环境观和能力观之间的桥梁。资源观的思想是分析产业环境、内部环境，比较与竞争对手的资源优势，通过竞争战略的制定与实施来建立与产业环境相匹配的核心能力，从而获得竞争优势，取得业绩。进入 20 世纪 90 年代，Internet、电子商务的迅速发展正从根本上改变着企业的竞争环境和竞争方式，使得各个流派之间的界限越来越模糊，互相取长补短，趋向融合，分析问题都趋向全面化。

（二）区域经济发展理论

区域经济发展理论主要是在 20 世纪 50~70 年代逐步形成并发展起来的，应该说这是西方区域经济理论发展的第二阶段。随着各国区域经济问题的逐步出现，区域经济理论开始注重研究区域经济增长、发展与区域政策问题，同时也研究区域经济趋同或趋异问题。这一时期，出现了大量的有关研究成果，其中非常有影响的有大推进理论、贫困恶性循环理论与平衡增长理论等均衡增长理论等，以及增长极理论、循环积累的因果关系理论、中心—外围理论、依附理论、不平衡增长理论、区域经济梯度转移理论、倒“U”形理论等非均衡增长理论。

增长极理论属于非均衡发展理论，是20世纪50年代由法国经济学家弗朗索瓦·佩鲁最早提出的。布代维尔、缪尔达尔、赫希曼等对增长极理论做了完善。该理论认为某些城市、产业、企业可以发挥聚集效应、规模经济效应，形成较高的增长速度和经济效益，由此就能形成一种极强的经济扩散和辐射效应，带动周边地区经济发展。增长极理论的局限性是单纯的增长及过分的依赖外部力量，并在实际后果上反而使区域差距扩大；它的定位性带有盲目性，其位置的选择不是建立在自身发展潜力和周围地区的需求上。尽管它有某些缺陷，但仍不失为发展区域经济不可或缺的重要理论之一。

区域经济梯度转移论起源于弗农等提出的“工业生产生命周期阶段论”，后经发展成为现在的区域梯度理论。该理论认为区域经济的发展主要取决于该区域产业结构的优劣及其转移，而产业结构的优劣又取决于区域各个经济部门特别是专业化主导部门在工业生命周期中所处的阶段。因此，主张按照产业结构的优劣来划分区域经济发展的水平；创新活动是由高梯度地区通过极化效应、扩展效应向低梯度地区转移。这种理论虽然注意到了周边落后地区的发展，但毕竟极化效应所起的作用大于扩展效应所起的效应，地区差距的扩大不可避免。

（三）比较经济学

李嘉图是比较成本理论的代表人物。他认为劳动成本是任何商品的价值基础，虽然一国可能在两种商品的生产中都处于劣势地位，但相对而言，只要一种商品的生产成本与另一种商品相比较低，该国就会选择成本较低的商品进行生产并同他国交换对他来说生产成本较高的另一种商品，从而促进了专业化分工，并且在交换中贸易双方都会获利。俄林在李嘉图比较成本理论的基础上提出了资源禀赋论，进一步深化研究了比较优势的形成原因。李嘉图用劳动生产率的差异解释了比较优势形成的原因，俄林则从资源禀赋的角度来分析比较优势，从而使人们清晰地认识到对比较优势的决定因素。俄林资源禀赋论的前提假设相同的生产函数，即不同国家在生产一种商品时，对资源的消耗也相同。俄林指出，生产资源相对丰裕度的高低影响了商品生产的成本，即如果某种要素资源的丰富对导致其价值较低，从而导致该国在利用此类资源进行生产时变得成本较低，能够以成本优势在贸易中获利。

巴拉萨在俄林要素禀赋论的基础上提出了阶梯比较优势理论。这一理论是动态比较优势理论的主要代表。巴拉萨通过对理论的分析认为，各国拥有的生产要素状况的改变会影响进出口商品结构和比较优势。技术差距论是联系国家之间的商品贸易与各国的技术禀赋，认为一国在技术创新基础上研发新产品后，会凭借这种技术差距降低生产成本，使得该国在国际贸易中获利，并将持续一段时间，直到外国通过进口该类新产品或进行技术合作之后，逐渐进行模仿生产并减少进口之后，这种技术差距产生的垄断利润才会逐渐消失。拥有新技术的国家会在一段时间对该类产品进行垄断，其他国家会在该时间段内进行技术模仿，从而形成“仿效时间”与“需求时间”，这两个时间的差距就决定了一国在技术创新中获利的大小。如果需求差距短，反应差距长，那么对技术进行创新的国家就会获得更大的贸易利润；反之，技术创新的国家获利则会较少。

第二节　区域竞争力的评价指标体系

一、国外关于区域竞争力评价指标体系研究

洛桑国际管理发展学院（IMD）最早提出并开展了区域竞争力评价指标体系的研究。洛桑国际管理发展学院早期的评价模型分别由经济实力、企业管理、科技水平、国民素质、国际化度、政府管理、基础设施和金融体系这八大要素构成。相应地，评价指标体系就由8项一级指标、47项二级指标、290项三级指标构成。从2002年开始，洛桑国际管理发展学院将八大要素化简为四大要素，分别是：经济表现、政府效率、商务效率和基础设施，总共采取指标314四项。自1980年以来，世界经济论坛（WEF）就设计了一套综合评价国家（地区）经济增长与竞争力的方法。WEF采用的指标共分为近400项，其中249项为硬指标，132项为软指标。1996年，WEF对其指标体系进行了补充和调整。WEF在1998年又根据迈克尔·波特的竞争理论，增加了微观经济竞争力指数。2000年，WEF对国家竞争力评价指标体系再次调整，简化为增长竞争力指数、当前竞争力指数、创造力指数、环境管制体制指数。尽管研究开展最早，但是这两个指标体系也存在一些不足之处，IMD的有些指标重复设置。WEF大量使用定性指标，直接影响到评价结果的精确程度。美国哈佛大学教授波特对全球竞争能力进行了全面研究和分析，在《竞争战略》、《竞争优势》和《国家竞争优势》中，他系统性地总结了五种影响竞争的作用力、三种基本竞争战略、价值链分析等一系列具有创新性的分析方法和观点。并且，波特把他的国内竞争优势理论运用到国际竞争领域，创立了由生产、需求、辅助产业、企业战略、政府和机遇因素这六大要素构成的“钻石模型”。尽管他的研究具有极强的创新性和使用的普遍性，但是

一些学者批评波特的理论缺乏正规的数据分析模型，而且只能够反映该地区某一时点的竞争状态，对竞争能力发展过程的解释比较缺乏说服力。20 世纪 90 年代后期在美国巴克内尔大学彼得教授的相关研究中，认为城市竞争力难以被直接测量，人们只能通过它投下的映射来评估它。他认为，城市竞争力可以通过制造业增加值、商品零售额、商业服务收入来体现。此外，彼得在假设城市发展和城市竞争力高度相关的约束条件下，融入了现代经济增长理论的主要观点，认为包括政府效率、城市发展战略、公私部门合作和制度灵活程度在内的一系列因素都会影响竞争力的发展和形成，从而得到城市竞争力的解析框架。

二、国内关于竞争力评价指标体系研究

我国学者从 20 世纪 90 年代开始对竞争力问题进行课题研究。一部分学者将区域竞争力看作一个地区的综合竞争力，也有一部分学者将区域竞争力中的产业竞争力作为主要研究对象对区域竞争力进行研究。国内学者建立的最为完善的指标评价体系，必须首推福建的王秉安教授。他在吸收、借鉴迈克尔·波特的“钻石模型”的基础上，于 2000 年提出了由产业、企业和涉外竞争力这三个直接竞争力因素和支撑它们的经济综合实力、基础设施、国民素质和科技竞争力四个间接竞争力因素，并依据这些因素设计出由七大竞争力因素组成的一级指标，再进一步细分为 24 项二级指标和 69 项细化评价的三级指标。但是不得不看到，他在对上述指标进行定量测算时，对指标体系没有设定权重差异。该项评价指标体系也存在一定缺陷，首先，在指标设置和选取上主要是由硬指标构成，忽视了一些软指标因素的作用判断；其次，指标权重的处理带有较强的主观判断，常常采用德尔菲法；最后，在指标设置中，甚至忽略了政府和金融等比较关键性的要素。除此之外，张为付设计的区域竞争力测评指标体系包括 3 个一级指标、7 个二级指标、19 个三级指标。并且，他对长三角、珠三角和京津塘地区进行了比较研究。全国经济综合竞争力研究中心——福建师范大学分中心在 2007 年的一项研究中建立了由 1 个一级指标、8 个二级指标、22 个三级指标和 184 个四级指标构成的省域经济综合竞争力体系。全国经济综合竞争力研究中心——福建师范大学分中心在指标体系建立的数学模型中，采用了德尔菲法分别对相应指标进行赋权，经过分级加权合成，形成了各级指标的综合结果。该评价体系尽管是截至目前国内最为全面的区域竞争力评价指标体系，但是它所采用的指标大多都是实力因素硬指标，随着经济的发展和社会的进步，必须将一些软实力因素的影响考虑在指标体系范围之内，进行客观、合理的体现和分析。

三、区域竞争力评价指标体系评价方法

（一）多指标体系评价方法简介

1. 主成分分析法

主成分分析是将原来众多具有一定相关性（比如 N 个指标），重新组合成一组新的并且互相无关的综合指标来代替原来的指标。通常在数学上的处理就是将原来 N 个指标进行线性组合，作为新的综合指标。最经典的做法就是用 F1（选取的第一个线性组合，即第一个综合指标）的方差来表达，即 Var（F1）越大，表示 F1 包含的信息越多。因此在所有的线性组合中选取的 F1 应该是方差最大的，故称 F1 为第一主成分。如果第一主成分不足以代表原来 N 个指标的信息，再考虑选取 F2，即选第二个线性组合。为了有效地反映原来信息，F1 已有的信息就不需要再出现在 F2 中，用数学语言表达就是要求 Cov（F1，F2）=0，则称 F2 为第二主成分，以此类推可以构造出第三、第四……第 N 个主成分。

2. 层次分析法（AHP）

层次分析法（简称 AHP）是美国运筹学家 T.L.Saaty 教授于 20 世纪 70 年代初期提出的。它的特点是把复杂问题中的各种因素通过划分为相互联系的有序层次，使之条理化，根据对一定客观现实的主观判断结构（主要是两两比较）把专家意见和分析者的客观判断结果直接而有效地结合起来，将一层次元素两两比较的重要性进行定量描述。之后再利用数学方法计算反映每一层次元素的相对重要性次序的权重，通过所有层次之间的总排序计算所有元素的相对权重并进行排序。

3. 综合指数法

综合指数法是指在确定一套合理的经济效益指标体系的基础上，对各项经济效益指标个体指数加权平均，计算出经济效益综合值，用以综合评价经济效益的一种方法。即将一组相同或不同指数值通过统计学处理，使不同计量单位、性质的指标值标准化，最后转化成一个综合指数，以准确地评价工作的综合水平。综合指数值越大，工作质量越好，指标多少不限。

（二）多指标体系权重系数选择方法简介

1. 德尔菲法

德尔菲法也称为专家意见法，是依据系统的程序，采用匿名发表意见的方式，即专家之间不进行互相讨论，不发生横向的联系，只与调查人员发生联系，通过多轮次的调查专家对问卷所提问题的看法，经过反复征询、归纳、修改，最后汇总成专家基本一致的看法，作为预测的结果。

2. 变异系数法

变异系数又称“离散系数”，是衡量资料中各项观测值变异程度的一个统计量。变异系数可以消除单位和（或）平均数不同对两个或多个资料变异程度比较的影响。标准变异系数是一组数据的变异指标与其平均指标之比，它是一个相对变异指标。常用的是标准差系数，用 CV 表示。比起标准差来，变异系数的好处是不需要参照数据的平均值。变异系数是一个无量纲数，因此在比较两组量纲不同或均值不同的数据时，应该用变异系数而不是标准差来作为比较的参考。变异系数是概率分布离散程度的一个归一化量度，当对多个资料变异程度进行比较时，如果度量单位与平均数相同，则可以直接利用标准差来比较。如果单位或平均数不同时，则比较其变异程度就不能采用标准差，而需采用标准差与平均数的比值（相对值）来进行比较。变异系数只在平均值不为零时有定义，而且一般适用于平均值大于零的情况。反映单位均值上的离散程度，常常将其用在两个总体均值不等的离散程度的比较上。若两个总体的均值相等，则比较标准差系数与比较标准差是等价的。

第三节 提高区域竞争力的途径

一、政府调控促进区域竞争力提高

区域政府参与区域竞争的主要内容和手段是尽可能在全球范围内搜索发展资源，组织经济活动，鼓励辖区企业扩大投资，同时努力引进外来投资、外来人才和先进技术，使资金、技术、人才等生产要素向辖区内汇聚，形成经济发展“资源谷”。虽然市场的力量是区域经济整合的最根本动力，但在区域经济整合的过程中不能也不应该排除政府的作用，区域经济整合离不开政府的积极支持和干预。因为在经济整合的过程中总会出现区内某些城市获得的利益要比其他城市大，或对一些城市有利而对另一些城市不利的不公平现象。政府进行调控会使区域经济整合趋向公平，减小地区之间的差距。从理论上讲，政府的作用主要体现在“市场失灵”的地方，比如，公共物品的提供和制度环境的创造，包括区域经济整合中的规则、契约等，这些是市场力量不可能做到的。在同一区域内，由于存在各地方政府公共财政的边界，如果没有地方政府间的协议，则不同地区在提供基础设施等公共物品的服务方面必将遇到无法克服的矛盾。此外，由于各地区在经济体制改革的力度和经济政策执行的效力方面，存在地区性的差异，因而企业在跨区域扩张时肯定会遇到经营环境和利润机会的种种差异，从而对其扩大规模产生阻碍作用。政府的工作主要是完成自身职能的转换，建立开放、公平的市场环境，增加交通通信等基础设施的建设，为加快区域合作提供全方位的服务。要想达到良性的区域整合、市场的统一和企业的公平竞争，一定需要政府层面的积极支持和干预，国内外的实践都证明了这一点。政府协调的力量在于打破行政分区的壁垒，它在区域经济的发展中是不可回避、不可或缺的。否则，区域经济整合就是一句空话，区域经济整合没有活力，就没有迅速发展的根本动力。

区域经济发展过程中地方政府的作用可分为两个方面，即政府参与和政府质量。政府参与首先体现在制订前瞻性的地方经济发展计划，确定本地区发展的先导工业和产业，并通过各种优惠政策迅速从国内外积累资本，以创造经济增长的初始条件；其次体现在经济发展进程启动后，制定适宜的财政金融政策和法规制度，维护经济的稳定发展；最后，地方政府通过投入资金在基础设施建设、国民素质培养、科技进步推动等公共领域充分发挥应有的管理职能，为区域的发展创造良好的环境条件。政府质量首先体现为政府的理性，即当地政府设定的目标是否明确、是否科学，地方经济发展的政策是否连贯。经济发展目标不明确或好高骛远，就会流于形式，根本无法实现。而政策不连贯会导致巨大的资源浪费。政府质量还体现为政府机构的效率及政府工作的透明性，这与经济的发展是互动的，政府机构工作的高效率和高透明度有利于经济的健康发展。对政府质量的评价指标包括：经济发展目的的明确性、政府决策的科学性、政府决策的连贯性、政府机构的精干与高效性、政府工作人员的专业化水平、政府机构的廉洁性和工作透明度等。

二、产业集聚促进区域竞争力提高

产业集聚作为现代产业发展的重要特征与表现形式，通过发挥外部经济、规模经济，有效节约成本与深化劳动分工，极大地促进了企业间分工代替企业内分工，大幅提升了相关联企业的经济效应与市场竞争力。特别是其通过对经济增长与产业结构的深刻影响，显著地反映在集聚区和区域综合实力的改善上。大量的研究表明，产业集聚的加速和深化，在有效促进经济增长和质量改善的同时，对区域经济实力和竞争力的影响也是巨大的。也正因如此，在中国高速增长的经济发展历程中，加速本地区产业集聚形成速度和提升集聚规模也成为各级地方政府工作的核心内容之一。我们认为，产业集群在促进生产专业化水平和生产率提高的同时，确实能够促进区域内部之间的竞争与合作，提升区域产业的创新能力，其又决定和改善了区域的发展潜力，也促进了该区域在激烈市场中持续发展的能力。反过来，区域竞争力的改善又能够通过优势效应进一步加速产业集聚的深化，政府的政策引导则成为进一步加快区域集聚良性发展的助推器，加快资源要素在产业间的互动与转移，使集聚优势与区域优势较好地结合，形成良性促进和互动的关系。在实证分析的基础上，本章提出了一系列的政策建议，如加强产业集聚区的规划建设，突出区域特色；提升区域科技创新能力；注意产业链的整合升级，避免集聚企业的恶性竞争；加强集聚区文化建设，改善集聚区生态环境，促进经济、生态、文化协调发展；促进集群内企业节约资源，改善集群本身的外生生产优势；加强集聚区的品牌建设，提升产业集聚竞争优势等一系列切实可行的建议；以期为发挥产业集聚优势、提升区域竞争力提供理论基础及政策建议，为产业集聚与区域竞争力的良性互动提供可行的战略决策。

产业集群将会对区域产生战略性的影响，如果集聚体规划到了某一个特定的区域范围之内，则会对区域内的下列因素产生实质性的影响，例如，人口规模、生产规模、产业结构、技术创新水平、贸易规模等，也会进一步影响人们的收入水平和经济竞争力。所以集聚体和区域之间的关系不仅仅是一个地理性质的关系，也是关系到未来的发展战略问题。产业集聚体对区域经济的发展可以起到至关重要的作用，产业集聚不是靠一个简单的指令性计划就能够使人口和产业集聚于某一区域，而是通过市场机制使产业进行生产要素自发地集聚在一起，并通过模块化组织方式的区域经济独特的运行模式加以发挥自身机制。这个独特的模式一个现实的例子是美国硅谷的信息技术产业发展模式。产业集群的竞争优势表面上看是集群与集群之间能力的一种比较，但实际上是通过一个个企业的竞争能力展现出来。产业集群通过集聚相关的要素禀赋，使大量的同类企业有机整合起来，进一步优化了产业组织。集群通过内部企业的协同效应来获得要素的长期竞争能力，其中集群企业的生产成本优势、产品差异化优势、区域营销优势和市场竞争优势。

三、完善生态环境，促进区域竞争力提高

中共十七大提出“建设生态文明、发展生态经济”的战略规划后，发展生态经济成为我国经济发展中的重要内容；中共十八大继续提出“大力推进生态文明建设，更加积极地保护生态，努力走向社会主义生态文明新时代”，更加强调我国在经济发展的同时一定要把良好的生态环境作为底线，作为衡量又好又快的“好”字的最基本要求。把生态环境建设和区域经济协调发展结合起来，以科技为先导，通过保护与完善生态环境的整体建设，实质可持续发展战略，充分提高人民生活质量，最终达到共同富裕的目标，这是一个长久的课题。随着经济的快速发展，生态环境对经济发展的阻碍作用日益明显，与经济发展密切相关的生态环境问题越来越引起人们的关注。将经济发展与生态环境割裂起来，片面强调追求经济发展，过分夸大经济发展的能动作用，不考虑经济发展对生态环境的影响，结果由于经济发展超过生态环境的承载力，导致生态系统内部的协调被打破，最终使经济发展系统不能持久地协调下去。

维护环境公平性、保护物种多样性、与自然资源的持续利用是区域经济可持续发展的核心环节。可持续发展被界定为一个由经济子系统、人口子系统、资源子系统与生态环境

子系统组成的社会经济大系统或开放的复杂巨系统。要认识这一复杂系统，必须从系统论的角度出发，把经济增长、人口控制、资源合理开发利用和维护生态环境平衡综合起来加以考虑，使系统内各子系统和谐发展。实现良好的区域生态环境，是最具竞争力优势的公共资源，不仅能够有效吸引国内外优良资金的投入，还能够对推动旅游产业发展、食品产业发展、生物制药产业发展等发挥天然的资源优势，是一条普惠民生福祉、人与自然和谐相处、经济社会和生态环境相得益彰的可持续发展新路。

第四节　案例分析

——黑龙江城市竞争力

黑龙江省共有13个地市，其中12个地级市、1个地区。北部和东部分别以黑龙江和乌苏里江为界，与俄罗斯接壤，西部与南部分别与内蒙古自治区和吉林省相邻，是亚洲与太平洋地区陆路通往俄罗斯和欧洲大陆的重要通道，是中国沿边开放的重要窗口。黑龙江省土地总面积47.3万平方千米，占全国总面积的4.9%，2013年黑龙江省实现地区生产总值同比增长8%左右，城镇居民人均可支配收入和农民人均纯收入分别同比增长10. 3%和12%。黑龙江省"十二五"时期经济社会发展的主要目标是经济发展方式实现重大转变，市场经济体制趋于完善，城乡经济社会一体化发展格局初步形成，生态文明建设成效显著，人民群众生活水平明显提高，基本建成国家重要商品粮生产基地和现代化大农业示范区，国家重要绿色食品产业基地，国家重大装备制造基地，国家战略性新兴产业基地，国家向北开发开放重要"桥头堡"和枢纽站，国家北方地区生态屏障，为实现老工业基地振兴和全面建成小康社会目标打下坚实可靠的基础。

一、黑龙江城市竞争力分析

1. 综合经济竞争力：总体经济实力较差，综合经济效率不高

2013年黑龙江省的综合经济竞争力指数均值为0.058，全国排名第28位，总体经济实力比较薄弱。省内各城市经济发展比较均衡。其中，综合增量竞争力指数均值为0.067，全国排名第22位；指数方差为0.007，全国排名第13位；变异系数为1.258，全国排名第23位。综合效率竞争力指数均值为0.002，全国排名第31位；指数方差为0.000005，全国排名第6位；变异系数为1.278，全国排名第19位。省内各城市综合经济竞争力排名依次为：大庆、哈尔滨、齐齐哈尔、牡丹江、绥化、佳木斯、双鸭山、鸡西、七台河、鹤

岗、黑河、伊春。

综上可知，黑龙江省的总体经济实力较差，各城市在综合效率竞争力方面均表现较差。因此，黑龙江省在未来的经济发展中，应以加快转变经济发展方式为主线，紧紧围绕“十二五”规划中制定的“八大经济区”和“十大工程”战略完善发展，并不断推进改革开放，推进结构调整，提升产业核心竞争力。充分利用国土面积辽阔及资源丰富的优势，注重经济效率的提高，并发挥哈尔滨、大庆等城市的增长极作用带动周围区域发展，促进全省综合经济增长力的提高。

表 8-1　2013 年黑龙江省城市宜居、宜商城市、可持续竞争力及其分项

	宜居城市竞争力	宜商城市竞争力	知识城市竞争力	和谐城市竞争力	生态城市竞争力	文化城市竞争力	全域城市竞争力	信息城市竞争力	可持续竞争力
城市	指数	指数	指数	指数	指数	指数	指数	指数	指数
哈尔滨	0.418	0.480	0.603	0.452	0.465	0.521	0.279	0.597	0.417
齐齐哈尔	0.286	0.200	0.287	0.409	0.561	0.225	0.208	0.269	0.289
鸡西	0.319	0.188	0.119	0.224	0.422	0.187	0.279	0.308	0.210
鹤岗	0.378	0.153	0.120	0.342	0.293	0.205	0.314	0.204	0.198
双鸭山	0.351	0.142	0.127	0.332	0.377	0.200	0.309	0.193	0.209
大庆	0.428	0.415	0.470	0.414	0.495	0.331	0.354	0.364	0.378
伊春	0.137	0.149	0.244	0.393	0.559	0.227	0.218	0.314	0.288
佳木斯	0.254	0.227	0.316	0.245	0.573	0.277	0.232	0.438	0.312
七台河	0.229	0.101	0.060	0.210	0.325	0.223	0.225	0.122	0.139
牡丹江	0.358	0.314	0.375	0.318	0.640	0.154	0.269	0.478	0.341
黑河	0.222	0.084	0.134	0.332	0.506	0.168	0.308	0.289	0.247
绥化	0.260	0.007	0.113	0.052	0.270	0.180	0.020	0.213	0.079
指数均值	0.303	0.205	0.247	0.310	0.457	0.242	0.251	0.316	0.263
指数方差	0.008	0.019	0.028	0.013	0.014	0.010	0.007	0.018	0.011
指数变异系数	0.288	0.669	0.681	0.361	0.263	0.416	0.340	0.429	0.406

资料来源：中国社会科学院城市与竞争力指数数据库。

2. 宜居城市竞争力：整体竞争力最差，城市之间差距较小

在以人为本的宜居城市方面，黑龙江省总体情况基本处于全国的最差水平，城市之间差距较小。2013 年黑龙江省的宜居城市竞争力指数均值为 0.303，全国排名第 31 位；指数方差为 0.008，全国排名第 4 位；变异系数为 0.288，全国排名第 14 位。具体到各城市来看，没有一个城市进入全国前 100 位，只有大庆（第 153 位）、哈尔滨（第 160 位）和鹤岗（第 196 位）位于 100~200 位，其他 9 个城市的排名均在 200 位之后。黑龙江省的宜居城市竞争力指数均值排在全国最末位，除了与它严寒的气候有关以外，未来城市的发展也要更好地完善基础设施建设，并在提供价格合理的商品房以及保障房体系上多下功夫。

3. 宜商城市竞争力：整体竞争力较差，城市之间均衡性较差

在创业至上的宜商城市方面，黑龙江省总体情况较差，与全国平均水平差距不小。2013年黑龙江省的宜商城市竞争力指数均值为0.205，全国排名第27位；指数方差为0.019，全国排名第16位；变异系数为0.669，全国排名第20位。具体到各城市来看，只有哈尔滨（第43位）和大庆（第60位）进入前100位，其他城市均位于100位之后，还有7个城市排位在200位之后。可见，未来黑龙江省还要继续深化国有体制改革，活跃市场经济，并尝试在信贷和税收政策方面做出相应调整，创造更好的投资环境。

4. 可持续竞争力：各分项城市竞争力均较差，信息城市竞争力最差

2013年黑龙江省的可持续竞争力指数均值为0.263，全国排名第23位；指数方差为0.011，全国排名第10位；变异系数为0.406，全国排名第14位。其中，哈尔滨、大庆和牡丹江进入前100位，分列第37位、第72位和第94位，另外有5个城市排名在200位之后。可见，黑龙江省的可持续竞争力处于全国的下游水平，省内各城市之间也存在较大的差距。因此，未来黑龙江省在推动经济发展稳步提升的同时，也要创新科学发展体制机制，更加注重经济发展的可持续性以及区域经济社会协调发展，更好地发挥哈尔滨等城市的区域带动作用。

在创新驱动的知识城市竞争力方面，黑龙江省总体处于全国的中下游水平，而且城市间差距比较大。从表8-1可以看出，黑龙江省的知识城市竞争力指数均值为0.247，全国排名第23位；指数方差为0.028，全国排名第22位；变异系数为0.681，全国排名第19位。具体到各城市来看，哈尔滨、大庆和牡丹江分别以第24位、第60位和第90位的排名进入了前100位，佳木斯、齐齐哈尔和伊春3个城市位于100~200位，其他的城市都排在200位之后。可见，黑龙江省在创新驱动城市发展方面总体上处于下游水平，可喜的是哈尔滨和大庆这2个城市有较好的工业基础，在创新驱动城市发展方面表现抢眼，未来应该更好地发挥这些城市的“排头兵”作用以及区域带动作用，整个省域的发展也更要注重科技创新的作用。

在公平包容的和谐城市竞争力方面，黑龙江省总体处于中等偏下水平，但城市间发展较不均衡。2013年黑龙江省的和谐城市竞争力指数均值为0.310，全国排名第21位；指数方差为0.013，全国排名第15位；变异系数为0.361，全国排名第14位。具体到各城市来看，只有哈尔滨、大庆和齐齐哈尔3个城市进入了前100位，分别列为第51位、第79位和第84位，另外有5个城市排在100~200位，其他4个城市位于200名之后。所以，黑龙江省未来要突破故步自封的理念，实现包容性增长。

黑龙江省生态城市竞争力指数总体处于一般的水平。2013年黑龙江省的生态城市竞争力指数均值为0.457，全国排名第18位；指数方差为0.014，全国排名第8位；变异系数为0.263，全国排名第8位。具体到各城市来看，牡丹江、佳木斯、齐齐哈尔和伊春4

个城市进入了前 100 位，3 个城市排在 200 位之后。该指数的排名状况为黑龙江省城市发展敲响警钟，城市可持续发展离不开生态环境的友好。

黑龙江省的文化城市竞争力指数处于全国中等偏下的水平。2013 年黑龙江省开放多元的文化城市指数均值为 0.242，全国排名第 20 位；指数方差为 0.010，全国排名第 10 位；变异系数为 0.416，全国排名第 11 位。具体到各城市来看，只有哈尔滨和大庆的排名进入了前 100 位，分别居于第 16 位和第 75 位，另外有 3 个城市排名在 200 位之后。可见，黑龙江省开放多元程度较高的城市较少，只有哈尔滨处于较好的水平，说明黑龙江省各城市作为内陆城市，在对外开放方面以及突出自身个性方面远远不足，未来应该利用与俄罗斯接壤的地缘优势，提高自己的开放度以及文化的多样性。

在城乡一体的全域城市竞争力方面，黑龙江省处于全国的中下游水平，但城市之间的状况差距较小。2013 年黑龙江省的全域城市竞争力指数均值为 0.251，全国排名第 19 位；指数方差为 0.007，全国排名第 12 位；变异系数为 0.340，全国排名第 7 位。具体到各城市来看，大庆、鹤岗、双鸭山、黑河、哈尔滨和鸡西 6 个城市进入了前 100 位，仅绥化排在 200 位之后。可见，黑龙江省不少城市在城乡一体化方面做得比较好，但有少数城市还需进一步改进，提高城乡融合程度。

在交流便捷的信息城市竞争力方面，黑龙江省也是处于全国的下游水平。2013 年黑龙江省的信息城市竞争力指数均值为 0.316，全国排名第 26 位；指数方差为 0.018，全国排名第 14 位；变异系数为 0.429，全国排名第 18 位。具体到各城市来看，只有哈尔滨（第 53 位）进入了全国前 100 位，另外有 7 个城市排名在 200 位之后（包括第 200 位）。可见，黑龙江省在未来应更重视信息化在城市发展中的作用，不断加强信息交通等方面基础设施的建设。

二、案例分析及启示

综上可见，黑龙江省及省内多数城市综合经济竞争力较差，可持续竞争力很差。从城市竞争力分项来看，宜商城市竞争力较差，宜居城市竞争力最差，生态城市竞争力一般，知识、和谐、文化和全域城市竞争力处于中等偏下水平，信息城市竞争力很差。由此可见，黑龙江省综合经济竞争力、可持续竞争力及城市竞争力分项均较差，整体上全省竞争力各方面离理想城市还有不小的差距。在未来发展中，黑龙江省应在“十二五”规划目标指引下，转变经济发展方式，完善市场经济体制，促进城乡一体化全域城市的发展。同时基本实现建成国家重要商品粮生产基地和现代化大农业示范区、国家重要绿色食品产业基地、国家重大装备制造基地等战略规划，提高综合经济发展水平，推动城市竞争力的全面提升。

参考文献

[1] 倪鹏飞等. 2014 中国城市竞争力报告 [M]. 北京：社会科学文献出版社，2014，6.

[2] 张秀生. 区域经济学 [M]. 武汉：武汉大学出版社，2007.

[3] 路·艾哈德. 来自竞争的繁荣 [M]. 北京：商务印书馆，1983.

[4] 王浩. 区域产业竞争力的理论与实证研究 [M]. 长春：吉林大学出版社，2011.

[5] 魏后凯. 现代区域经济学 [M]. 北京：经济管理出版社，2006.

[6] 慈福义. 城市与区域循环经济竞争力、低碳竞争力研究 [M]. 北京：经济科学出版社，2013.

[7] 马萱. 我国区域文化产业竞争力研究 [M]. 北京：社会科学文献出版社，2011.

[8] 胡惠林. 文化经济学 [M]. 上海：上海文艺出版社，2003.

[9] 罗辑，张其春. 区域产业竞争力研究、理论与实践 [M]. 北京：科学出版社，2008.

[10] 徐承红. 产业集群与西部区域经济竞争力研究 [M]. 成都：西南财经大学出版社，2006.

[11] 王燕，谢蕊蕊. 区域产业竞争力比较研究 [M]. 北京：经济科学出版社，2013.

[12] 林喜庆. 区域科技人力资源竞争力研究——以海峡西岸经济区为例 [M]. 北京：经济科学出版社，2012.

[13] 桂昭明，王辉耀. 区域人才蓝皮书：中国区域人才竞争力报告（No.1）[M]. 北京：社会科学文献出版社，2013.

[14] 吴迪. 产业集聚与区域竞争力的关系研究 [D]. 东北财经大学，2012.

[15] 左继宏. 区域竞争力的理论研究与实证分析 [D]. 武汉理工大学，2005.

[16] 蔡平. 经济发展与生态环境的协调发展研究 [D]. 新疆大学，2004.

[17] 杨建仁. 区域科技竞争力理论及其在中部六省会城市的实证研究 [D]. 南昌大学，2011.

[18] 方小祥. 区域绿色竞争力的实证研究——以中部地区为例 [D]. 江西师范大学，2013.

[19] 庞敦之. 区域经济发展环境指标体系及优化方案设计——以山东省为例 [D]. 中国海洋大学，2006.

[20] 李明中. 区域产业核心竞争力研究 [D]. 武汉理工大学，2003.

[21] 冯浩. 中国区域工业竞争力研究：理论探索与实证分析 [D]. 吉林大学，2007.

[22] 李楠. 县域经济综合竞争力指标体系的构建与评价——以江苏省为例进行实证分析 [D]. 财政部财政科学研究所，2010.

[23] 周群艳. 区域竞争力的形成机理与测评研究 [D]. 上海交通大学，2006.

[24] 杨秋宇. 基于核心竞争力的企业生态文化建设研究 [D]. 东北石油大学，2011.

[25] 牟永海. 哈大齐工业走廊的区域竞争力研究 [D]. 哈尔滨工业大学，2007.

[26] 辜胜阻，郑凌云，张昭华. 区域经济文化对创新模式影响的比较分析 [J]. 中国软科学，2006 (4).

第三篇

区域经济发展

第九章　区域经济增长与发展

第一节　区域经济增长与发展的基本理论

一、古典经济增长理论

（一）重商主义和重农主义

重商主义者认为，经济增长的本质是货币财富累积的过程，增加财富就要增加对外贸易中的出口份额量，依靠贸易出口来不断增加存量；重农主义者则认为，只有发展农业才能促进经济增长，农业才是生产，国家经济应该以农业收成的多少而定，发展农业才能增加社会财富。

（二）亚当·斯密的经济增长理论

亚当·斯密在其著作《国富论》中全面论述了经济增长的性质、因素和怎样为经济增长创造有利条件。他认为，经济增长是人均产出的增加或是劳动产品社会收入的增加。

（三）李嘉图的经济增长理论

李嘉图是将经济增长问题转化为收入分配问题。他认为，能够推动经济增长的主要原因是资本家将其净收入中除消费外的剩余全部追加投入到生产中所形成的资本累积。经济剩余的多，追加投入到生产中的资源就多，生产力加速提升，增长率上升得也就越快。由于经济发展到一定阶段，会引起需求结构、产业结构的变化，各种要素价格也会相应发生变化，必然导致社会各利益团的格局发生变化和转移。李嘉图认为，改变市场结构和规模已达到利益调解，可以继续促进经济的增长。

（四）马克思的经济增长理论

马克思在 《资本论》中提到经济增长的主要因素是资本的形成与累积以及生产力与生产关系形成的规律，揭示了资本主义经济运行的规律。马克思的经济增长理论核心内容是简单再生产和扩大再生产理论。扩大再生产的两条途径分别是增加资本积累和提高生产要素产出率；相对应的，外延和内涵两种扩大再生产方式，强调指出只有保持各部门之间的动态平衡才能使社会扩大再生产顺利进行。

二、现代经济增长理论

1939 年哈罗德发表的《论动态理论》和 1946 年多马发表的《资本扩张、增长率和就业》分别在相同假设上提出了基本相同的经济增长理论和模型，这被称为哈罗德—多马经济增长模型的出现，标志了现代经济增长理论的建立。之后，现代经济增长理论以凯恩斯的宏观经济学为基础迅速发展起来。目前，现代经济增长理论主要包括哈罗德—多马经济增长模型、索洛新古典经济增长模型和新剑桥经济增长模型等。

（一）哈罗德—多马经济增长模型

哈罗德和多马均在凯恩斯就业理论和国民收入决定论的基础上，将经济增长理论引向长期化、动态化和定量化发展的道路。哈罗德—多马经济增长模型建立在这些假定条件下：社会上只有一种产品，其既可用作消费，又可成为生产要素；只存在劳动和资本两种生产要素；排除技术进步因素；储蓄率、资本产出比、资本劳动比和规模收益保持不变。在以上假定条件下，储蓄全部自动转化为投资，并根据固定资本产出率转化为产出，增大后的国民生产总值又按一定比例储蓄用于继续投资。根据以上条件，哈罗德—多马经济增长模型的基本公式为：经济增长率=平均储蓄率/资本产出比；多马模型的基本公式为：投资增长率=边际储蓄倾向×资本产出率。

二者都假设储蓄率不变，资本—产出比率不变，那么储蓄最终将全部转化为投资。在这两个公式中，平均储蓄率等于边际储蓄倾向，所以经济增长率等于投资增长率。

哈罗德—多马经济增长模型通过假定投资经济效益不变来推算经济增长率，虽然简便、易于测算，但欠缺政府财政、货币政策和技术进步等众多影响因素，并不符合经济增长实际。符合哈罗德—多马经济增长模型的稳定经济增长因其可能性近乎不存在，被形象地称为“刃锋式”经济增长。

（二）索洛新古典经济增长模型

新古典经济增长模型由美国经济学家索洛提出。该理论指出哈罗德—多马经济增长模型存在的缺陷是假设“生产实在不变的要素比例的前提下发生的”，并放弃了哈罗德—多马模型中关于资本和劳动力不可替代及不存在技术进步的假设，重新提出了自己的前提条件，并在此条件下提出了具有较大伸缩性的经济增长模型，劳动与资本价格发生变化，各种生产要素相互代替条件下的经济增长模型，即新古典经济增长模型。索洛认为资本与劳动可以相互替代，资本—劳动比率与资本—产量比率可以按照实际情况进行调整。同时，索洛认同哈罗德其他假定，一种产品、两种要素、规模收益不变，即不存在技术进步以及简单比例的储蓄函数等。

新古典经济增长模型的基本内容是给出一个总量生产函数：$Y = F(K, L)$

Y-产量，K-资本，L-劳动。假定在不考虑技术进步的前提下，可为式（9-1）：

$$\Delta Y/Y = a(\Delta K/K) + b(\Delta L/L) \tag{9-1}$$

其中，a、b 分别为资本和劳动对经济增长的贡献份额，且 $a + b = 1$。以式（9-1）为新古典经济增长模型，表明资本的增长率及其产出弹性、劳动增长率及其产出弹性共同决定经济增长率。若将技术进步纳入影响经济增长的因素，则可将模型扩展为式（9-2）：

$$\Delta Y/Y = \lambda + a(\Delta K/K) + b(\Delta L/L) \tag{9-2}$$

λ 表示技术进步带来的增长率。式（9-2）被称为索洛—米德模型。

索洛通过运用动态化、模型化强调了技术进步对现代经济增长所起到的决定性作用，使经济增长理论向计量化、实证化方向推进，但存在的缺陷是将除资本和劳动对经济增长的贡献份额以外的剩余部分全部归于技术进步因素，不利于掌握技术进步对经济增长的实际作用。

（三）新剑桥经济增长模型

新剑桥经济增长模型是由英国的琼·罗宾逊、卡尔多和意大利的帕森奈蒂提出来的。该模型的基本假设为：资本—产量比率保持不变，即常数；均衡条件为 I=S；社会成员分为工资收入者（工人）和利润收入者（资本家），两者的储蓄率都是固定的，而且利润收入者的储蓄率大于工资收入者的储蓄率。

以 P 代表资本利润，W 代表工资，Y 代表国民收入，则式（9-3）：

$$Y = P + W \text{ 或 } W = Y - P \tag{9-3}$$

以 sp 代表利润收入者的储蓄率，sw 代表工资收入者的储蓄率，s 代表总储蓄率，则有式（9-4）、式（9-5）：

$$s = P/Y \cdot sp + W/Y \cdot sw = P/Y \cdot sp + (1 - P/Y) \cdot sw = P/Y \cdot sp + sw - P/Y \cdot sw = P/Y(sp - sw) + sw \tag{9-4}$$

$$k = K/Y \tag{9-5}$$

将式（9-4）、式（9-5）代入哈罗德—多马经济增长模型中，得到式（9-6）：

$$G = [P/Y(sp - sw) + sw] \cdot 1/k = P/K(sp - sw) + sw/k \tag{9-6}$$

P/K 即是利润率，以 π 为代表，则式（9-7）：

$$G = \pi(sp - sw) + sw/k \tag{9-7}$$

式（9-7）即是新剑桥经济增长模型。该模型的含义是：在既定的技术水平下，经济增长率决定于利润率的高低以及资本家和工人两个阶级的储蓄倾向。新剑桥经济增长模型是对哈罗德—多马经济增长模型的延伸，其基本观点是增长率决定于储蓄率或投资率，而资本产出比例是固定不变的。该模型将经济增长与收入分配结合起来，突出强调了收入分配在储蓄倾向不同的资本家阶级和工人之间的比重及其形成的储蓄结构，对储蓄规模或资本累积的影响，进而对经济稳定增长的决定作用。该模型认为收入分配比例失调的经济增长，会加大收入分配差距，反过来又影响经济增长。要解决这一问题，首先应消除收入分配比例失调的状况，而不是快速经济增长。该模型否定了新古典经济增长模型的思路，即持续稳定增长取决于投入要素比例的变化和技术进步，而认为要实现持续稳定增长必须靠国家政策对分配比例失调进行干预。

（四）新经济增长理论

20 世纪 80 年代中期以来，随着罗默和卢卡斯为代表的“新增长理论”的出现，经济增长理论再次焕发生机。新经济增长理论把新古典经济增长模型中的“劳动力”的定义扩大为人力资本投资，并将其系统地引入经济增长模型。扩充定义后的人力资本不仅包括绝对的劳动力数量和该国所处的平均技术水平，还包括劳动力的教育水平、生产技能训练和相互协作能力的培养等。“新经济增长理论”引进人力资本概念后，准确地反映了现代经济增长中人力资本因素的突出地位和作用，揭示了人力资本持续增长是经济长期增长的根本原因。

美国经济学家罗默于 1990 年提出了技术进步内生增长模型。他在理论上第一次提出了技术进步内生的增长模型，把经济增长建立在内生技术进步上，体现知识积累和人力资本已成为经济增长的主要因素和原动力。技术进步内生增长模型的基础是：①技术进步是经济增长的核心；②大部分技术进步是出于市场激励而导致的有意识行为的结果；③知识作为商品可反复使用，无须追加成本，成本只是生产开发本身的成本。因此，知识积累和人力资本不仅自身收益递增，而且能通过外部效应使物资资本及其他因素也产生递增和收益，从而使整个经济保持长期增长。

卢卡斯提出的“专业化人力资本积累”模型强调了劳动者从学校教育中所积累的人力资本对产出和经济增长的作用。卢卡斯把人力资本分为社会一般人力资本和专业化人力资本，社会一般人力资本通过学校教育获得，专业化人力资本通过在实践中学习获得。但是，他又认为专业化人力资本形成的规模和速度，直接取决于社会一般人力资本已达到的水平。在卢卡斯模型中，人力资本变化率代表技术进步率，它取决于现有人力资本水平和从事人力资本建设的时间。人力资本通过推动技术进步，使资本的收益率提高，从而使经济增长速度加快。因而，人力资本越多，技术进步越快，经济增长也越快。按照卢卡斯模型中的思想，专业化的人力资本随着生产某种商品数量的增加而增加，但其增加的速度是递减的。但是，由于专业化的人力资本增长是在已有的人力资本水平上进行的，某种商品生产的技能可以成为另一种商品生产的基础，从而提高了这种产品生产所需人力资本的形成速度。因此，人力资本的积累从总体上看是递增的，这导致人力资本的边际产出在总体上的递增性。它克服了劳动和物质资本的边际产出递减的限制，使经济得以持续增长。所以，人力资本积累是经济持续增长的根源。

新经济增长理论对新古典经济增长理论的一个重要修正是，放弃了技术外生化的假定，突出技术的内生性，强调大部分技术或知识经济主体缘于利润最大化的有意识投资的产物。新经济增长理论指出了边干边学以及知识外溢在经济发展中的重要作用。在经济发展过程中，厂商可以从自己的投资活动中学会很多东西，其知识存量是投资量的函数。新经济增长理论强调发展中国家在经济发展过程中对外开放的重要性。新经济增长理论认为，国与国之间发展对外贸易不仅可以增加对外贸易的总量，而且可以加速世界先进知识、技术和人力资本在世界范围内的传递，使参与贸易各国的知识、技术和人力资本水平得到迅速提高，获取边干边学和知识外溢效应。与新古典经济增长理论不同的是，新经济增长理论重新确立了政府政策在经济发展中的。该理论研究总结出一套维持并促进长期增长的经济政策。

三、区域平衡发展理论

（一）“大推进”理论

著名经济学家保罗·罗森斯坦—罗丹于 1943 年在《东欧和东南欧国家工业化的若干问题》一文中提出来，并于 1957 年完成了其代表作《大推进理论的注解》。该理论的中心思想是：发展中国家要克服发展障碍，必须大规模、全面地进行投资，以一定的速度和规模持续作用于各个产业部门，造成部门之间的相互需求，从而突破其发展“瓶颈”，推动整个国民经济的全面高速增长。三个“不可分性”是大推进理论具备的理论基础，具体内容：

第一，生产函数的不可分性。资本供给特别是社会基础资本供给具有不可分性，基础设施项目规模宏大，需要大量的投入，建设周期长，具有一次性投资大量和可变成本低的特征。发展中国家在国民经济发展的初期阶段，需集中精力，一次性投入大量资金于基础设施建设中。

第二，需求的不可分性。需求的不可分性，使一个国家或地区各个不同的产业投资相互关联，互相提供需求，为彼此提供要素投入的能力和需求市场的容量，减少投资带来的风险。前提条件是，各个产业的资源配置都要具有一定的规模。否则，其中某一部门的产出，除小部分被该行业或部门自行吸收外，大部分没有销售途径，将是一笔失败的投资。

第三，储蓄的不可分性。储蓄的增长具有阶段性，当收入增长超过一定的界限后，储蓄才会明显地上升。突破储蓄缺口的存在，就必须在投资提高诱发居民收入增长时，使边际储蓄率高于平均储蓄率，这样投资规模才不会受到限制。

要形成广大的市场，“大推进”理论指出必须在相互关联的产业部门间同时进行广泛的、大规模的投资，只有这样才能迅速改变国家经济面貌，推动经济发展。但“大推进”

所需投资额巨大，不易筹集，并且过分强调计划的作用，对市场经济的自组织作用的重要性关注不足。

（二）“贫困恶性循环”理论

美国经济学家拉格那·纳克斯于1953年在其著作《不发达国家的资本形成问题》中，提出了“贫困恶性循环”理论，系统地论述了发展中国家或地区在经济中存在着供给和需求两个恶性循环。从供给方面看，不发达国家或地区收入低下造成生产率低下，生产率低下是由于缺乏资本，资本缺乏是因为储蓄能力不足，这样周而复始，不断循环。从需求方面看，收入低则购买力低，购买力低导致投资缺乏引诱力量，引诱力量不足又使生产率低下，收入不可能提高，这样又形成另一个封闭循环。

纳克斯认为，两个恶性循环相互制约、相互加强，任意一个都无法自行突破从而转变为良性循环。如果要提高购买力，增加投资引诱力，那就会缩减储蓄，这样，会因为储蓄减少而难以继续扩大投资；如果要增加储蓄，增加投资，那么由于储蓄增加引起的购买力缩减，又会降低投资引诱力。经过上述分析，纳克斯认为，由于这两个循环相互作用，致使经济状况得不到良性发展，增长不易实现，造成发展中国家经济难以快速发展。

（三）“临界最小努力”理论

“临界最小努力”理论由美国经济学家哈维·莱宾斯坦于1957年在《经济落后和经济增长》一书中提出。该理论主张发展中国家应努力使经济达到一定水平，冲破低水平均衡状态，以取得长期的持续增长。这一理论的出发点是“贫困陷阱”，即“贫困恶性循环”和“低水平均衡陷阱”。

该理论基础来自于一个经验证据：人口增长率是人均收入水平的一个函数。在发展中国家经济增长中，存在着两种对立的力量，即提高收入的力量和压低收入的力量。提高收入的力量决定于上一期的人均收入水平，压低收入的力量决定于上一期的人口增长率。当压低收入的力量大于提高收入的力量时，人均收入的增长会被人口的过快增长抵消并退回到原来的“陷阱”中；只有当提高收入的力量大于压低收入的力量时，人均收入才会大幅度提高，从而打破低收入稳定均衡。所以发展中国家要打破“恶性循环”、跳出“陷阱”，必须先使投资率足以使人均收入水平的增长超过人口增长率，这时即使消费水平因收入的增加而提高，也不至于把增加的收入全部用于消费。同时诱发性人口增长也为经济发展提供条件，从而人均收入水平得到明显的提高，即以“临界最小努力”使国民经济摆脱极度贫困的困境，迈向持久性成长。

（四）“低水平均衡陷阱”理论

该理论是发展经济学家纳尔逊在哈维·宾斯坦提出的“准安定均衡”理论基础上进一步提出和完善的。该理论描述了人均国民收入增长缓慢的情况下人口增长与国民收入陷入持久均衡状态。纳尔逊利用数学模型考察了发展中国家人均资本与人均收入、人口增长与人均收入增长、产出增长与人均收入增长的关系，并综合研究了在人均收入和人口按不同速率增长的情况下，人均资本的增长与资本形成问题，从而发现生活贫困，必然造成死亡率高，从而抑制了人口的增长；一旦人均收入的增长快于人口增长率，人们的生活将得到改善，其结果是死亡率降低而出生率提高；那么人口自然增长率必然提高，造成人口加速发展。这样，快速上升的人口增长率，又将使人均收入水平回到原来的水平，从而出现了低水平均衡陷阱。纳尔逊认为冲破低水平均衡陷阱，必须进行大规模的资本投资，使投资和产出的增长超过人口的增长，需要在以下六方面进行综合治理：一是创造有利于经济发展的政治制度；二是控制人口增长规模，调整社会结构，营造节俭的社会风气，倡导储蓄，培育企业家；三是收入分配首重效率，促使财富向投资主体聚集；四是由政府确定国民经济发展计划和规划，集中力量突破陷阱；五是透过吸引外资来增大经济资源投入；六是通过技术升级提高资源使用效率。

四、区域不平衡发展理论

（一）不平衡增长理论

在 1958 年出版的《经济发展战略》一书中，艾伯特赫·希曼从稀缺性资源应得到充分利用这一认识出发，系统论述了不平衡发展理论和战略。他认为经济发展过程的本质是不平衡，好比存在一条“不均衡链条”，将经济增长从主导部门传递到次要部门，从一个产业传递到另一个产业，从一个地区传递到另一个地区。发展中国家在掌握的资源十分有限的情况下，为提高资源配置效率，保证经济较快增长，应利用这一“不均衡链条”，集中有限的人力、物力和财力，采取重点开发的方式，发展关联度大、具有发展潜力的产业，按照一定次序引导各地区按不同的速度增长，将部分主导部门和行业集中于一些地区，优先发展，形成资本与技术高度集中、具有规模经济效益、自身增长迅速并能对其他地区产生强大带动作用的“发展极”。“发展极”将通过技术的创新与扩散、资本的集中与输出等方式带动其他部门和地区的发展。希曼认为，因为发展中国家资源的有限性，投资在公共领域和生产部门之间的分配有两种不平衡增长途径：一是首先增加对生产部门的投资，引发了公共领域的资本短缺，进而增加了生产部门的成本，迫使投资向公共领域倾斜，在二者取得平衡后，对生产部门的投资将引发新一轮不平衡增长过程；二是首先向公共领域投资，从而降低了生产部门的成本，吸引投资转向生产部门，二者平衡后再一次不平衡增长。不管哪一条发展途径，投资在公共领域和生产部门都是以交叉进行、蛙跳式前进的方式进行的。

（二）“循环累积因果”理论

该理论中著名经济学家冈纳·缪尔达尔在 1957 年提出，后经卡尔多、迪克逊和瑟尔沃尔等人发展并具体化为模型。该理论指出，在一个动态的社会过程中，社会经济各因素是相互联系、相互影响、互为因果的。某一社会经济因素的变化，会引起另一相关社会经济因素的变化，后者因素的变化，反过来又推动之前的那个因素继续变化，结果是社会经济过程沿着最初那个因素变化的方向发展。由此可见，社会经济各个因素之间的关系不是守恒或者是趋于平衡的，而是以循环的方式在运动。这种循环运动是具有累积效果的。例如，增加了贫苦人群的收入，就会改善这群人的营养状况，营养状况得到改善就会提高他们的劳动生产率，劳动生产率的提高又促使他们的收入增高。从增加收入到收入的进一步增加，这是一个上升的循环运动。假若最初减少他们的收入，那么这个循环的结果就是这些人的收入进一步降低，这就是一个下降的循环运动。在这个循环累积因果理论中，重点强调了三个环节，最初的变化、二级强化运动和作用于最初的变化。

（三）增长极理论

增长极概念最初是由法国经济学家弗郎索瓦·佩鲁提出来，用于解决落后地区的开发问题的。他借喻了“磁场内部运动在磁极最强”这一规律，认为经济增长往往集中在具有优势条件的部门和地区。这些部门和地区对周围的资源和生产要素产生巨大的吸引力，并将增长和创新的动力传导其他部门和地区，就像磁极之于磁场是内部运动最强的一点一样。这些经济空间的中心，佩鲁称之为增长极。增长极不仅本身能迅速增长，而且能通过乘数效应推动其他部门和地区的增长。因此，增长并非出现在所有地方，而是以不同强度首先出现在一些增长点或增长极上。这些增长点或增长极通过不同的渠道向外扩散，对整个经济产生不同的最终影响。该理论认为，落后地区往往具有广阔的地域和丰富的自然资源，但开发程度低、基础建设差、产业基础薄弱，要促进经济开发，应主要依靠条件较好的少数地区和少数产业带动，应把少数区位条件好的地区和少数条件好的产业培育成经济增长极。通过增长极中的推动性产业促使其他相关产业建立，并带来相应的就业和生产的增长。通过增长极良好的外部效应吸纳资源、人才和资本等，形成更有效率的协作配套，降低投资规模和风险，吸引更多资源，形成良性循环，持续增长。最终因增长极内部的资源竞争和产业更替，使生产性企业向外围扩散，也为周边地区带来了快速增长。

第二节　区域经济开发模式

区域经济开发模式是对区域经济开发过程中的产业结构与空间结构选择、构建和调整的历史经验分析与总结，是经过长期的实践形成的较为固定的发展定式，反映了不同类型的区域经济开发方式和方法。区域开发具有明确的开发主体，掌控着整个开发的过程，是在一个特定区域内，对区域内资源最大效益的利用和对经济最大限度的增长。

一、区域经济开发概论

区域经济开发是以区域经济增长理论为基础，运用各种经济发展手段作用于特定区域经济的过程。因此，区域经济开发理论相对区域经济增长理论有更大的实用价值。

在保持区域资源与环境等因素和谐统一的前提下，区域经济开发追求的是区域内最大化利用区域内资源，取得最大限度的经济增长和社会进步。所以，区域经济开发在明确的开发主体主导下，发掘特定区域潜在的自然和经济社会资源，提升在用资源利用效率。

区域经济开发最终追求的是区域内经济的平衡增长，而不仅仅是一城一地的个别增长。要达到这一目的，首先要明确开发对象的位置、范围，形成明确的开发行动。其次要保证开发行动的时效性，用具体的时间期限来规划开发行动，有益于整个开发规划的实施和投资筹措。最终也是最重要的一点是，保证整个开发行动的综合性，要对开发中自然、经济、技术和文化等要素综合考量，全面规划，整体实施，避免开发片面化和绝对化。

二、区域经济开发模式

（一）增长极模式

把区域内有限的资源全部归集使用到主导部门的发展上来，这些主导部门多数积聚在城市中心，通过对这些部门的投入，向不同的渠道扩散，扩大区域市场的需求，最终对整个区域产生影响。

每一个增长极都同时存在着极化效应和扩散效应，这两种效应的综合影响被称为溢出效应。当极化效应强于扩散效应时，溢出效应则为负值，说明生产要素向增长极点的聚集作用较强；当极化效应弱于扩散效应时，溢出效应则为正值，说明增长极已具有了规模，生产要素产生了向周围极化区域的回流。

（二）发展轴模式

发展轴模式是以增长极模式为基础发展出的区域开发模式。当一个增长极形成，为满足自身发展需求，就会吸纳周边的生产要素，并将周围的区域转化为极化区域。当增长极扩张到足够强大时，且极化作用达到一定程度时，就会产生扩散作用，将生产要素扩散到周围的区域，从而带动经济增长。随着经济的增长，增长极数量增加，增长极之间由于生产要素交换需要交通线路、动力供应线以及水源供应线等相互连接起来，这样多个增长极和其中间的连接线被称为发展轴。发展轴中的轴线本是为增长极服务的，但一经形成，对人口、产业也产生了吸引力，吸引人口、产业向轴线两侧集聚，并产生新的增长点。因此发展轴具有增长极的所有特点，而且效应更强，作用范围更大，对周边的影响更大。发展轴模式的主要思路是：第一，在一定的地域空间范围，选择若干比较优势明显的具有开发潜力的重要线状基础设施经过的地带，作为发展轴予以重点开发；第二，在各发展轴上确定重点发展的中心城镇，使之成为增长极，并确定其性质、发展方向和主要功能；第三，确定中心城镇和发展轴的等级体系，重点开发较高级别的中心城市和发展轴。随着区域经济实力的增强，开发重点逐步转移扩散到级别较低的发展轴和中心城镇，最终形成由不同等级的发展轴和中心城镇组成的多层次结构的发展轴系统，进而带动整个区域的经济发展。发展轴模式往往成为开发程度较低、经济比较落后的地区首选的空间开发模式。

（三）网络型模式

当区域开发经历了不平衡发展阶段，具备了相对发达的经济条件，且在发展过程中因经济活动过度集中引发了拥挤效应，造成了交通成本上升、环境恶化等问题出现时，均衡化与分散化就成了区域发展的内在需求。通过将区域内增长极、发展轴逐步完善和趋于密集，将整个区域发展引向均衡化的开发就是网络开发。网络开发一般包括三个阶段：第一阶段，基于区域内一系列增长极和发展轴，以加大基础设施建设和完善市场经济制度为手段，在孤立的增长极和发展轴之间建立紧密经济联系；第二阶段，按照比较优势及竞争优势原则对区域内增长极的性质、主导产业进行分工和定位，减少互损性竞争，增强协同性；第三阶段，按照区域网络开发的需求，寻找或开辟新的增长极和发展轴，通过这些新增长极和发展轴来解决区域经济发展的“瓶颈”、打通新通道、引入和布局新主导产业。实施区域经济网络开发，需要以下前期条件：一是区域具备一定的纵深，有较均匀的资源分布；二是交通已形成网络化道路，或具备形成基础；三是区域内存在三个以上的增长极和两条以上的发展轴；四是区域现有增长极和发展轴具有较强的扩散效应，开辟新增长极和发展轴具备良好的发展条件。

（四）梯度开发模式

梯度开发模式是针对社会经济发展存在面的不平衡提出的。该模式针对不同情况有三种战略形式：梯度不平衡开发战略、梯度平衡开发战略、梯度分工和协同开发战略。

梯度不平衡开发战略的基础理论是：产业结构的优劣决定了区域经济的兴衰，而产业结构优劣又取决于地区主导产业专业化部门的所处阶段。新的产业部门、新产品、新技术、新的生产管理与组织方法等大多发源于主导产业处于创新和发展阶段的高梯度地区，并通过城镇体系拓展的方式，逐步向主导产业处于成熟阶段后期和衰老阶段的低梯度区转移。一方面，梯度不平衡开发战略适于区域经济发展初期阶段使用，通过发挥优势、强化区域发展差异，突破经济发展停滞的局面，形成新的经济增长极，创造区域经济发展到更高层次的可能。另一方面，梯度不平衡开发战略也会加剧区域经济发展的不平衡。

梯度平衡开发战略强调应根据需要与可能，跳过发达地区，利用落后地区的后发优势，利用经济技术的梯度转移与扩散，优先发展落后地区，缩小落后地区与发达地区的发展水平与经济差异，实现超越现有生产力状况有顺序的跳跃式转移。

梯度分工和协同开发战略与以上两个战略都不同，其发展方向是以高低梯度地区的差异为依据，通过强化地区间的分工协作，保持各自特色和相互之间的联系，使各地区达到协同发展和共同发展的最终目的。

第三节　案例分析

——中国区域经济发展的实证研究

改革开放以来，中国经济发展非常迅速，在中国特定的体制环境下，区域经济发展的制定一方面需要考虑到各地区的自然地理条件、交通、人文、历史等因素，另一方面也需要国家政策的扶持，经济发展理论的运用。新中国成立至今，可以看出国家的经济发展经历了由改革开放前的区域经济均衡发展到改革开放后的区域经济非均衡发展，后到 20 世纪 90 年代中期以后的区域经济协调发展的演变过程。

一、区域经济均衡发展阶段（1949~1978 年）

新中国成立之前，中国经济格局分布十分不均，在国土不到 12%的土地上分布着全国接近 70%以上的工业化生产，并且都集中在东部沿海地带，内地除武汉、重庆等几个城市，其余几乎没有工业发展。面对这种畸形的生产力布局，经济发展十分艰难。新中国成立后，首先采取的是经济均衡发展，为了平衡经济布局，这种发展战略持续到十一届三中全会之前。这种发展方式是加强内地投资和建设，以缩小与沿海城市差距，追求区域经济同步发展和自成体系，基本目标是实现全国均衡发展。毛泽东在《论十大关系》中指出："新的工业大部分应当摆在内地，使工业布局逐步平衡，并且有利于备战，这是毫无疑义的。"之后又强调，地方政府应逐步建立独立的工业体系。只要有条件，协作区、省市等多地都应建立较独立的工业体系。在这种理论思想的指导下，国家调整了投资比例，采取强有力的指令性计划手段，在落后的内地进行大规模的开发建设，把 50%以上的基本建设资金投到内地，拉平沿海与内地经济发展水平的差距，保证区域经济平衡发展。

在均衡发展阶段，国家采取的发展战略主要为以下三个方面：

（1）平衡生产力分布，以内地建设为重点。为迅速发展和恢复生产力，国家首先把经济建设的重点放在以辽宁为中心的东北地区，当时苏联援建的156个项目，在1950年开工17项，其中13项建在东北地区。1950~1952年期间全国累计完成投资总额中，有一多半投到了东北地区。同时期，国家把一些轻工业企业内迁到东北、西北、华北和华东等地区。

第一个五年计划时期，国家把中西部落后地区的开发提上日程，把重点建设放在有一定基础的重工业发展的东北地区，在原有基础上进行以冶金、煤炭、机械工业为中心的大规模扩建和新建，集中全国基本建设投资的1/4，较快形成支撑全国经济建设的生产资料供应基地，为今后的发展提供生产资料。在这5年当中，国家动工的项目有694个，其中472个分布在内地，占68%，在沿海地区有222个，占32%。

（2）“大跃进”时期的布局和建立区域独立经济体系。针对“一五”时期忽视了沿海工业发展的倾向，“二五”计划提出充分利用和加强沿海老工业基地。《发展国民经济的第二个五年计划的建议》明确指出：在内地进行大规模工业建设的同时，还必须积极地、充分地利用并适当地发展沿海各地原有的工业。从1958年“大跃进”开始，中国生产力布局主要集中在期望全国实现工业的均衡发展和期望各协作区与省区各自建立比较独立完善的经济体系。此后，各地区致力于建立独立的工业体系，各下一盘棋，基本建设“星罗棋布、遍地开花”。

（3）三线建设为重点。于1964年8月举行的中央书记处会议，毛泽东提出要准备帝国主义可能发动侵略战争的指示，决定新建的项目要在内地。中央根据各地区战略位置的不同，将全国划为一、二、三线三类地区，一线地处战略前沿，三线为全国的战略后方。根据这一决策，“三五”期间内地基本建设投资占全国的66.8%，其中三线地区占52.7%；“四五”期间内地基本投资占全国53.5%，其中三线地区占41.1%。在改革开放前，从总体上看，中国区域经济发展采用的是平衡发展战略。

总体来讲，新中国成立后，国家在全国有计划地合理分布工业，提高落后地区的经济水平，扭转了内地与沿海工业布局严重失衡的局面，在实现全国生产力均衡方面取得了很大的成就。但这种发展方式的缺点一是没有把区域经济的平衡发展建立在生产力发展的客观规律上，存在主观性和片面性；二是沿海老工业由于资金缺乏，不能改造扩建创新，造成经济和社会效益下降。中国这一时期的经济发展实际上是以牺牲效率为代价的，造成整个国民经济低效率状态运行。

二、区域经济非均衡发展阶段（1979~1991年）

1979~1991年，中国区域经济发展主要受不平衡发展思潮影响，党的十一届三中全会后，中国经济建设的指导思想做了相应的调整，向条件较好的沿海地区倾斜，对落后地区给予一定的补助。这时期的经济发展策略主要体现在邓小平同志的一些重要讲话中："要允许一部分地区、一部分企业、一部分工人农民，由于辛勤努力成绩大而收入先多一些，生活先好起来。一部分人生活先好起来，就必然产生极大的示范力量，影响左邻右舍，带动其他地区、其他单位的人们向他们学习。这样，就会使整个国民经济不断地波浪式地向前发展，使全国人民都能比较快地富裕起来。"在这一思想的指导下，中国经济发展突破了过去片面强调均衡发展的束缚，变为有重点梯度推移的非均衡发展方式。

在"六五"计划开始，中国明确提出逐步转移以提高经济效益为中心，开始采取一系列向沿海地区倾斜的政策措施。一是对固定资产投资体制进行变革，增加沿海地区的投资比重，一批重点建设项目布局在沿海地区；二是在东部沿海地区率先开放港口城市和设立沿海经济特区，给予特殊优惠政策。1980 年以来，国家先后设立了深圳、珠海、汕头、厦门和海南 5 个经济特区，实行特殊经济政策和特殊的管理体制。在内地，主要是价钱能源、原材料基地建设和"三线"地区现有机械工业的调整和改组配套。这时期，在国家更新改造投资中，沿海地区占 51.5%，内地占 45.8%。

"七五"计划时期开始，区域经济发展是一个非均衡的发展过程，坚持效率优先，促进区域经济和国民经济的发展。沿海开放地区要有计划、有步骤地走向国际市场，参与国际交换和国际竞争，大力发展开放型经济，使其取得先行发展。这一时期的投资向沿海地区倾斜非常明显，几乎所有沿海省份占全国投资份额都有所上升。在 1990 年全国基本建设投资的地区分布中，沿海地区占 50.9%，内地占 40.1%，沿海与内地投资之比下降到 1.27:1。

改革开放以来，国家所实行的区域经济非均衡发展，符合总体经济发展战略，也符合区域经济发展阶段理论，使国家在投资布局及政策优惠等方面，优先支持条件较好的沿海地区发展的东倾政策取得了成绩，有力地推动了沿海地区经济的快速发展。经过 10 多年的持续发展，沿海地区已经成为推动中国国民经济高速增长的重要力量。但由于体制和政策的不完善，加上市场力量的自发作用，这期间中国区域发展也存在诸多问题。

（1）东西部地区差距日益扩大。改革开放以来，在全国经济高速增长的宏观背景中，三大地带的经济实力虽然都有较大提高和发展，但从发展程度上看，中西部地区没能跟上沿海地区发展，明显处于落后状态，造成地区之间的差距不断扩大。

（2）老工业基地经济增长落后。由于国家对老工业基地采取"鞭打快牛"的政策，忽视对原有企业的改造升级，导致老工业基地技术设备陈旧，产业结构和产品日趋老化，发展后劲严重不足。从 1981 年至 1990 年，沿海新兴工业区及乡以上独立核算工业总产值增长速度在 14%以上，而老工业基地增速只在 7%左右。

（3）地区间贸易矛盾增加。改革开放中，国家向地方放权让利，在区域管理中引入市场机制，强化了责权利，使区域追求自身经济利益的动机和意识加强，成为一个个相对独立的经济中心，造成各地区在自身利益和地方意识的支配下，减缓甚至停止区际的经济联系。一些地方政府为了增加本地财政收入，保护地方产业，便采取各种手段限制外来产品进入本地市场，对地区资源、技术、人才和商品的进出实行垄断和封锁。这种做法的结果是引发了各种资源大战，加剧了地区间的矛盾和贸易摩擦，阻碍了经济的发展，造成全国区域经济秩序的混乱。

三、区域经济协调发展阶段（1992年至今）

20世纪90年代初以来，随着改革开放的深入和中国国力的增强，沿海地区与内地之间的发展差距日益扩大得到了广泛关注。在这种背景下，中国区域经济开始将重点转移到解决公平问题上，政府正式把促进地区经济协调发展提到了重要发展战略。

“八五”计划纲要指出，要正确处理发挥地区优势与全国统筹规划、沿海与内地、经济发达地区与较不发达地区之间的关系，促进地区经济朝着合理分工、各展所长、优势互补、协调发展的方向前进。为加快中西部地区的经济发展，国家增加了在中西部地区的投资比重，将沿海一些加工制造业有计划地一步步转移扩散到西部和中部地区。在“九五”时期，国家进一步增加对西部地区的投资比重，更加重视支持内地发展，在中共十五大对这种战略做了明确肯定，要求促进地区经济合理布局和协调发展，从多方面入手努力减小地区发展差距。2003年10月召开的党的十六届三中全会通过了《中共中央关于完善社会主义市场经济体制若干问题的决定》，提出了“以人为本，全面、协调、可持续”的科学发展观。根据这一战略，国家继续鼓励东部地区率先发展，并提出了西部大开发战略、东北老工业基地振兴和促进中部地区崛起战略，形成东中西部优势互补，良性互动的区域协调发展方式。

（一）推进西部大开发战略

为推进西部大开发，国务院及有关部门专门制定了一系列的政策措施。“十五”计划纲要进一步强调了促进地区经济协调发展，要求西部大开发从实际出发，积极进取、量力而行、统筹规划、科学论证、突出重点、分步实施，争取用5~10年时间，使西部地区的基础设施和生态环境建设有突破性进展，形成有特色的区域经济。实施西部大开发战略以来，国家在西部投入了大量资金，10年来，国家累积安排西部地区生态保护与建设中央投资2171.2亿元，占同期全国投资的57.1%。这些工程的建设推动了西部地区经济社会发展，改善了当地群众的生活条件和生态环境。

（二）振兴东北老工业基地

2002年10月，中共十六大报告指出：“支持东北老工业基地加快调整和改造，支持以资源开采为主的城市和地区发展接续产业。”这是东北地区自身改革发展的迫切要求，同时也是实现国家经济社会协调发展的重要举措。2003 年，国务院成立“振兴东北地区等老工业基地领导小组”，组建“振兴东北地区等老工业基地办公室”，负责东北地区老工业基地的调整、改造、发展，使老工业基地逐步发展成为国民经济新的重要增长区域。2003 年年底，国家发改委启动第一批 100 个振兴东北老工业基地的项目，总投资 610 亿元；2004 年启动第二批 60 个项目，总投资 56 亿元。近年来，国家有关部门在项目投资、财税、金融、国有企业改革、社会保障试点、资源型城市转型等方面制定实施了一系列的政策措施，有力地推进了东北地区的振兴。

（三）促进中部地区崛起战略

在 2004 年的十届全国人大第二次会议上，政府工作报告中指出加快中部地区发展是区域协调发展的重要方面。2006 年 4 月，中共中央、国务院发布了《关于促进中部地区崛起的若干意见》，提出将中部地区建设成为全国重要的粮食生产基地、能源材料基地、现代装备制造及高技术产业基地。促进中部地区崛起战略的提出，是国家鼓励东部地区率先发展、实施西部大开发和振兴东北老工业基地后的又一重要决策，是协调发展总体战略的重要一步，有利于促进东中西部的经济发展，彼此互补，发展经济新格局。

参考文献

[1] 李钒. 区域经济学 [M]. 天津：天津大学出版社，2013.
[2] 孙久文. 区域经济学 [M]. 北京：首都经济贸易出版社，2014.
[3] 孙久文，叶裕民. 区域经济学教程 [M]. 北京：中国人民大学出版社，2013.
[4] 魏后凯. 现代区域经济学 [M]. 北京：经济管理出版社，2011.
[5] 吴殿廷. 区域经济学 [M]. 北京：科学出版社，2003.
[6] 陈秀山，张可云. 区域经济理论 [M]. 北京：商务印书馆，2003.
[7] 高洪深. 区域经济学 [M]. 北京：中国人民大学出版社，2011.
[8] 吴传清. 区域经济学原理 [M]. 武汉：武汉大学出版社，2008.
[9] 张秀生. 区域经济学 [M]. 武汉：武汉大学出版社，2013.
[10] 安虎森. 新区域经济学 [M]. 大连：东北财经大学出版社，2010.
[11] 熊义杰. 区域经济学 [M]. 北京：对外经济贸易大学出版社，2011.
[12] 张培刚. 发展经济学教程 [M]. 北京：经济科学出版社，2007.
[13] 何炼成. 中国发展经济学概论 [M]. 北京：高等教育出版社，2001.
[14] 李京文. 中国区域经济教程 [M]. 南宁：广西人民出版社，2000.
[15] 武友德，潘玉君. 区域经济学导论 [M]. 北京：中国社会科学出版社，2004.
[16] 陈德敏. 区域经济增长与可持续发展 [M]. 重庆：重庆大学出版社，2000.
[17] 郭熙保. 发展经济学经典论著作 [M]. 北京：中国经济出版社，1998.

[18] 黄继忠. 区域内经济不平衡增长理论 [M]. 北京：经济管理出版社，2001.

[19] 辛晓梅. 区域发展战略与规划 [M]. 合肥：中国科学技术大学出版社，2005.

[20] 胡兆量. 中国区域发展导论 [M]. 北京：北京大学出版社，2000.

[21] 孟庆红. 区域经济学概论 [M]. 北京：经济科学出版社，2003.

[22] 毛泽东著作选读（下册）[M]. 北京：人民出版社，1985.

[23] 毛泽东选集（第1卷）[M]. 北京：人民出版社，1991.

[24] 邓小平文选（一九七五—一九八二年）[M]. 北京：人民出版社，1983.

[25] 邓小平文选（第3卷）[M]. 北京：人民出版社，1993.

[26] 江泽民. 加快改革开放和现代化建设步伐，夺取有中国特色社会主义事业的更大胜利 [N]. 人民日报，1992.

第十章　区域经济发展战略与区域规划

第一节　区域经济发展战略

本节主要包括区域经济发展战略的基本概念、区域经济发展战略的主要内容、区域经济发展的战略抉择、区域经济发展战略的模式四个部分。

一、区域经济发展战略的基本概念

（一）战略

1. 战略的概念

战略（Strategy）泛指具有全局性和长远性的重大谋划。在《辞海》中，战略是指重大的具有决定全局性的谋划。这个词起源于军事用语，通常指战争的谋划，是和“战术”相对应的一个概念。英文“Strategy”源于希腊语，意思为“指挥军队的才干”。第二次世界大战以后，战略被引申到科技、教育、社会、经济等各个领域，泛指具有全局性和长远性的谋略。耶鲁大学的教授赫希曼在 1958 年出版的《经济发展战略》一书中，把“战略”应用到经济研究领域。中国的经济学家于光远也在 20 世纪 80 年代初期，提出“经济社会发展战略”的倡议，逐渐在中国掀起了发展战略研究的思潮。

2. 战略的特征

（1）全局性。战略的全局性包括两个方面：一方面是指要从全局出发制定战略；另一方面是指战略所涉及的问题通常为全局性的重大问题。

（2）长远性。战略的长远性是指制定战略的时限通常都在 10 年以上，有的甚至在 50 年以上。

（3）综合性。战略的综合性是指战略的制定要综合考虑到社会、经济、自然、科技等各种因素。

(4) 层次性。战略的层次性是指战略本身是一个系统，因此进行战略研究时要用系统的方法，分层次地对战略进行研究。

(二) 区域经济发展战略

1. 区域经济发展战略的概念

区域经济发展战略 (Regional Economic Development Strategy) 是指经过对区域经济发展的分析和判断后，而做出的具有重大的决定性作用的谋划。即根据区域经济发展的基本条件、面临机遇、面临挑战，提出的在一定时期内的战略思想、目标、重点、步骤、措施等。

2. 区域经济发展战略的主要类型

(1) 区域经济总体发展战略。区域经济总体发展战略主要是指把发展的指导思想、远景目标和阶段目标、人口控制目标、产业结构、产业比例、主导产业和发展方向作为区域经济总体发展谋划重点的战略类型。

(2) 区域经济部门发展战略。区域经济部门发展战略主要是指明确区域各部门的远景目标、重点建设项目、发展方向和实施政策的战略类型。

(3) 区域经济空间开发战略。区域经济空间开发战略主要是指对区域经济活动的内容进行地区配置，以建立合理的空间开发战略结构。其区域经济空间开发战略的重点是：确定开发方式、明确开发重点、剖析土地结构、提出开发措施，并制定区域开发重点建设项目的近期安排。

二、区域经济发展战略的主要内容

区域经济发展战略主要包括战略思想、战略目标、战略重点、战略步骤、战略措施五个方面。

(一) 战略思想

战略思想也叫作战略方针，是指确定战略的总原则和总策略，是区域经济发展战略的总纲。区域经济发展战略思想是对战略理论的高度概括，在区域发展战略中处于主导地位，是区域发展的行动指南。因此，在制定战略思想时切忌一般化和公式化。

(二) 战略目标

战略目标是指在战略时期内要达到的目的，是区域发展战略的核心，是战略思想的集中体现，一般是指战略期限内希望达到的最佳程度和发展方向。战略目标是战略的出发点，也是战略的最终成果。战略目标按期限长短可分为短期目标 (通常为 5 年左右)、中期目标 (通常为 10 年左右)、长期目标 (通常为 20 年左右)。

（三）战略重点

战略重点是指在实现战略目标的过程中具有决定性作用的战略任务。战略重点不是某一个项目或企业，而是涉及全局性的关键部门、项目和地区。战略重点具有相对稳定性，是在区域经济发展中能够较长时期发挥作用的部门或地区，而不是只在短期内发挥作用的某一行业或局部地区。

（四）战略步骤

战略步骤是指为了实现战略目标，对战略实施过程的一种时间界定。战略步骤主要包括三个时期：战略准备期、战略发展期、战略完善期。

（五）战略措施

战略措施是指为了实现战略目标而制定的具体措施和对策，是战略目标实现的手段保障。战略措施的制定是指把抽象的战略思想、战略目标具体化的过程。战略措施主要包括战略实施机构、资源分配、资金政策、产业政策、劳动政策以及控制、激励、协调等经济手段。此外，如社会文化、社会福利、环境保护等有关国家发展和人民生活需求的各种手段和策略也是战略措施的主要构成部分。

三、区域经济发展的战略抉择

区域经济发展的战略抉择包括评估区域经济发展的内部条件、分析区域经济发展的外部环境、提出区域经济发展的战略构想三个部分。

（一）评估区域经济发展的内部条件

区域经济发展的内部条件主要是指区域的自然资源、人力资源、技术资源、地理位置、基础设施、文化传统、生活习俗、对外的适应能力等。对区域经济发展内部条件的评估主要包括区域地位、区域优劣势、区域容量、创新活动四个方面。

1. 区域地位

区域地位是指某一研究区域在整个区域系统中或同一层次区域系统中的重要性、排序、作用以及影响等。区域地位与区域规模、资源状况、地理位置、经济发展阶段、发展水平等因素密切相关。评估区域地位的主要目的是明确某一研究区域在整体地域分工中所处的位置、作用及所适宜扮演的角色。

2. 区域优劣势

区域优势与区域劣势两个概念是相比较而言的。确定区域优势和区域劣势通常使用比较法，主要包括区内比较和区际比较。区域优势主要包括资源优势、技术优势、区位优势、产业优势等。促进潜在区位优势转化为现实区位优势的条件包括经济上有利、技术上可能、整体上适宜、生态上允许四个方面。

3. 区域容量

区域容量是指在一定的生产力水平下，一定区域范围内的水、土地、矿产等资源对人类经济活动所能承载的最大限度。区域容量的主要内容包括区域人口承载力、矿产资源承载力、水资源承载力、土地资源承载力等。其中，土地资源是自然资源中最根本的物质基础，所以对于区域容量的研究主要集中在土地人口承载力上。土地人口承载力是指在一定的投资水平下，一个国家或地区的土地资源持续利用过程中的食物生产能力及其在一定营养水平下所能供养的人口数量。

4. 创新活动

（1）创新的基本概念。创新是指首次应用于新领域的一项发明，包括新产品、新技术、新市场、新原料、新组织等。创新的基本要素包括环境、机会、支持系统、创新者四个要素。创新的基本类型包括组织创新、技术创新、制度创新三种类型。创新的基本条件包括充足的资金、灵通的信息和专门人才。创新具有随机性、突出性、偶然性等特点。

（2）创新的基本理论。创新的基本理论主要包括熊彼特的生产创新理论、冯·杜因的技术创新生命周期理论、R.弗农的产品循环学说、赤松雁行的形态学说四种。

1）熊彼特的生产创新理论。在《经济发展理论》一书中，熊彼特提出创新是指建立一种新的生产函数，将生产条件和生产要素进行新的组合并引入生产体系的活动。它包括新的产品、新的原材料、新的市场、新的组织、新的生产方法五种情况。

2）冯·杜因的技术创新生命周期理论。荷兰经济学家冯·杜因提出创新活动是经济波动的内在原因。创新活动包括介绍阶段、扩散阶段、成熟阶段、衰落阶段四个阶段。这四个阶段与宏观经济波动的四个阶段（复苏阶段、繁荣阶段、衰退阶段、危机阶段）存在着一定的对应关系。

3）R.弗农的产品循环学说。1966 年，美国麻省理工学院的 R.弗农提出产品创新存在四个过程（产品导入期、产品增长期、产品成熟期、新循环起点期）。产品导入期主要是指“本地研制新产品的问世→扩大市场→国内市场饱和时期”。产品增长期主要是指“新产品出口到国外→开拓国外市场时期”。产品成熟期主要是指“国外市场的形成→产品的输出→资本和技术的出口→工厂外迁到国外生产成本低的地方进行生产时期”。新循环起点期主要是指“新产品研究开始时期”。

4）赤松雁行的形态学说。日本经济学家赤松提出要使幼小产业变成具有强竞争能力的出口产业，对于落后地区来说应当遵循“进口→国内生产→出口”的模式，并相继交替发展。这种“进口→国内生产→出口”的模式发展过程在图形上像三只大雁在飞翔，第一只大雁就是进口，第二只大雁就是进口所引发的国内生产，第三只大雁就是国内生产所促进的出口。

（二）分析区域经济发展的外部环境

分析区域经济发展的外部环境主要包括总体环境、产业环境、企业或公司环境三个方面。

1. 总体环境（宏观环境）

总体环境也就是宏观环境，主要包括世界经济环境、全国经济环境、周边地区经济环境三个方面。

（1）世界经济环境。世界经济环境主要是指要审时度势，了解世界经济发展变化的总趋势。

（2）全国经济环境。全国经济环境主要是指要了解全国经济发展形势，接受全国或高层次区域经济发展战略的约束。

（3）周边地区经济环境。周边地区经济环境，主要是指要了解周边地区的经济情况，分析区域与周围地区经济环境的关系。

2. 产业环境（中观环境）

产业环境也就是中观环境，主要包括产业结构分析、生产状况分析、产品状况分析、产品市场状况分析、产品生产环境分析五个方面。

（1）产业结构分析。产业结构分析主要是指对影响产业发展的决定性因素和各种动力进行的具体分析。

（2）生产状况分析。生产状况分析主要是指对生产类型、生产成本、生产附加值、原材料来源、规模经济利益等进行的具体分析。

（3）产品状况分析。产品状况分析主要是指对产品类型、替代品等进行的具体分析。

（4）产品市场状况分析。产品市场状况分析主要是指对产业成熟度、进出口状况、销售范围、销售对象等进行的具体分析。

（5）产品生产环境分析。产品生产环境分析主要是指对相关联的产业发展、相关技术研究、开发状况等进行的具体分析。

3. 企业或公司环境（微观环境）

企业或公司环境也就是微观环境，一般是指在极小地域范围编制规划时研究的一种环境。企业或公司环境分析不同于产业环境分析，其差别是产业环境分析是指从同一行业的全体角度去分析，而企业或公司环境分析更多的是从公司或单一企业的角度去分析。

（三）提出区域经济发展的战略构想

战略构想是指在对区内发展条件、区外发展环境的分析基础之上，综合思考出的一条适合未来发展道路的构想和规划。战略构想的基本方法是 SWOT 分析法，其基本步骤为综合分析区域发展机会与障碍→区域发展的优势与劣势→机会与障碍、优势与劣势的组合分析比较→选出较合适的方案。

1. SWOT 分析法概念

SWOT 分析法也称为态势分析法。在 20 世纪 80 年代初，由美国旧金山大学的管理学教授韦里克提出，首次将 SWOT 分析法用于企业战略规划分析的是麦肯锡（Mckinsey）咨询公司。SWOT 分别是优势（Strength）、劣势（Weakness）、机会（Opportunity）、威胁（Threat）四个字母的首字母。

2. SWOT 分析法组成

SWOT 分析法的组成主要包括两个部分：第一个部分是 SW（主要用来分析内部条件）。第二个部分是 OT（主要用来分析外部条件）。用 SWOT 分析法可以找出值得发扬的、对自己有利的东西，以及要避开的、对自己不利的东西，发现问题，提出解决措施，并明确未来的发展方向。

3. SWOT 分析法思路

SWOT 分析法的思路是发挥优势，克服劣势→利用机会，化解威胁→考虑过去，立足现在，着眼未来。

4. SWOT 分析法在区域经济发展战略中的应用

区域经济发展特性的组合有四种情况：第一种（Ⅰ）：环境中有机会，区域处于优势。第二种（Ⅱ）：环境中有障碍，区域处于优势。第三种（Ⅲ）：环境中有机会，区域处于劣势。第四种（Ⅳ）：环境中有障碍，区域处于劣势。其综合分析结果如下：

（1）第一种可能方面。区域要在第一种可能的方面去努力，并且根据第一种情况制定战略，提出决策。

（2）第二种可能方面。在第二种可能方面，区域将面临不少竞争和不利的因素，制定战略的重点在于如何应付危机、如何排除障碍。

（3）第三种可能方面。在第三种可能方面，区域要把握一切发展的机会，或者其他周围地区的实力也不强，应努力争取，否则会错过大好时机。

（4）第四种可能方面。在第四种可能方面，区域不应该去发展，不应该根据这种情况提出发展的努力，避之仍唯恐不及。

四、区域经济发展战略的模式

区域经济发展战略的理想模式是一种人们向往的社会和经济体系，是一种想象的合理结构，是当代人们掌握的技术、知识、行为方式等对未来发展的描述。其发展目标主要分为两种。一是区域经济总体发展目标，是指对区域经济发展战略方案的高度概括，目的在于明确区域发展方向，概括区域理想模式的总体面貌。二是区域经济具体发展目标，是指一系列的指标体系，以总体目标为依据，又具体反映总体目标。目前，实现区域经济发展目标的战略模式主要分为经济发展战略模式和空间发展战略模式。

（一）经济发展战略模式

区域经济发展战略模式主要有自主发展战略、高速增长战略、变通经济发展战略、初级产品出口战略、进口替代发展战略、出口替代发展战略、信息化发展战略七种。

1. 自主发展战略

自主发展战略主要是指要发展就要独立，要摆脱不发达国家对发达国家的依附关系。它是从殖民地与宗主国之间的关系出发而提出来的一种发展战略模式。它认为依附关系的存在，造成不平等，造成发达与不发达的共存。要发展就要摆脱依附关系，只有不发达的国家和地区实现自立，才能改变落后的经济状态。

2. 高速增长战略

高速增长战略主要是指以追求经济的高速增长为目标的战略发展模式。它认为发展中国家和经济比较落后的地区只有加快经济发展速度，才能赶上发达国家和地区。经济的高速增长必须以技术、资源、资金、设备为基础，要有良好的设备和技术改进、丰富的资源、大量的投入，使产品具有竞争力，进入国际市场，才能维持较高的增长速度。

3. 变通经济发展战略

变通经济发展战略是传统经济发展战略的进一步发展，把以满足人们的基本需要、人民生活水平的提高作为发展战略目标，也叫作以生活质量为中心的发展战略模式。变通经济发展战略强调经济增长与经济发展的区别，重视经济增长，更重视提高人民的生活水平。经济增长与人民生活水平的提高两者之间的关系存在以下三种情况：

（1）福利“滞后型”。福利“滞后型”主要是指经济增长速度远远快于人民生活水平提高的速度。

（2）生产与福利“同步型”。生产与福利“同步型”主要是指经济增长速度与人民生活水平提高速度大体平衡。

（3）福利“超前型”。福利“超前型”主要是指人民生活水平提高速度比经济增长速度还要快。

4. 初级产品出口战略

初级产品出口战略主要是指经济起飞国家和地区的一般经济发展战略模式。它认为出口是拉动经济增长的主要动力，而经济不发达地区只能以出口初级产品为主。历史上几乎每个发展中国家都是通过初级产品出口的增加来启动经济增长的。区域的进一步发展要求出口产品应由原材料的出口向加工制成品转化，由初加工产品向精加工产品转化。

5. 进口替代发展战略

进口替代发展战略主要是指用国内生产去替代依靠进口的产品，以满足市场需求的战略发展模式。进口替代发展战略的实施要求对相应的产业实行关税、进口限额、外汇等保护性政策。

6. 出口替代发展战略

出口替代发展战略主要是指利用本国的资源和国外的技术、资金来发展工业制成品生产，以替代传统初级产品出口，将本国制造业产品推向国际市场。这是在发展中国家工业化有了一定的发展程度后，所采取的战略模式。20 世纪 60 年代以后，中国香港、新加坡、巴西、韩国、中国台湾等国家和地区采用出口替代战略模式都取得了显著的成效。

7. 信息化发展战略

信息化发展战略主要是指以信息化发展为目标的发展战略模式。面对新技术发展的态势，决定一个国家或地区经济发展的关键，不仅是工业化，而是比工业化更为重要的信息化。在信息社会到来之际，信息将成为经济发展的主要动力，所以应加快信息产业发展以促进经济发展。

（二）空间发展战略模式

空间发展战略模式主要有平衡发展战略、不平衡发展战略、梯度推移战略三种。

1. 平衡发展战略

平衡发展战略是指为了逐步缩小地区间经济发展差距，平衡布局生产力，使地区间经济发展水平和人均分配收入水平趋于平衡的一种发展战略。但平衡发展与经济效益很难统一。平衡发展战略的思想主要是从地区关系提出来的要求，而不是把经济效益摆在首位。

2. 不平衡发展战略

（1）不平衡发展战略概念。不平衡发展战略主要是指地区之间经济发展的平衡是有条件的、暂时的和相对的；不平衡是客观的、永恒的和绝对的。采取不平衡发展战略符合经济不平衡发展的客观规律。区域经济不平衡发展主要包括以下三个因素：一是经济发展条件的地区差异，特别是自然资源禀赋、自然条件的差异。二是由于区位、发展基础不同而导致的差异。三是集聚经济和规模经济的乘数效应使自身获得不断增长的动力。

（2）不平衡发展战略的后果分析。不平衡发展战略的后果主要包括两个方面。一是通过不平衡发展可以达到平衡发展的目的；在不平衡发展中，平衡的力量会发生作用，使区域发展不平衡趋向区域发展平衡。二是不平衡发展会造成恶性循环，贫富差距进一步加大。

3. 梯度推移战略

梯度推移战略主要是指经济梯度是客观存在的，经济发展战略应遵循新产品、新产业由高水平地区向低水平地区推移的规律，从而实现区域经济的相对平衡发展。梯度推移的动力主要来源于产业的创新活动。以有序推移，即由高梯度地区向低梯度地区转移，逐级向下传递的方式，通过多层次的城镇系统进行的途径实现梯度推移。

第二节 区域经济发展规划

本节主要包括区域经济发展规划概念，区域经济发展规划特点，区域经济发展规划的发展历程，区域经济发展规划的任务、目标和作用，区域经济发展规划的内容，区域经济发展规划的类型，区域经济发展规划的程序七个部分。

一、区域经济发展规划概念

区域经济发展规划（Regional Economic Development Planning）是指为了实现一定地区范围的开发和建设目标而进行的区域经济发展总体安排和部署。广义的区域经济发展规划包括区际经济发展规划和区内经济发展规划。区际经济发展规划主要是解决区域之间的经济发展不平衡或区际分工协作问题的发展规划。区内经济发展规划主要是对一定区域内的经济发展和建设布局而进行的全面规划。狭义的区域经济发展规划则主要是指一定区域内与国土开发整治有关的建设布局总体经济发展规划。

二、区域经济发展规划特点

（一）目的性

区域经济发展规划的目的性主要是指区域经济发展规划的制定要明确区域经济发展所需要解决的具体问题。

（二）前瞻性

区域经济发展规划的前瞻性主要是指区域经济发展规划要突出规划的超前性，加强区域经济发展规划的科学性、指导性和有效性。

（三）综合性

区域经济发展规划的综合性主要表现在以下三个方面：一是规划的内容广泛，对区域内各组成要素、各系统进行全面的考虑，对社会经济各部门进行统筹安排，在综合各行业、各部门专业经济发展规划的基础上，对区域经济发展的整体发展做出统一决策。二是规划的思维方法要着重全面权衡利弊，综合评价与分析论证，强调各地区之间、各部门之间的相互协调，弥补单一部门、专项论证的不足。三是规划方案的决策是多方向、多目标、多方案比选的结果。区域空间布局方案不是唯一的，区域经济发展规划应注重发挥区位优势，区域经济发展规划方案的决策要在多方面、多目标、多方案的综合比较中遴选出来。

（四）战略性

区域经济发展规划是战略性的规划，主要是指区域经济发展规划时间的跨度长、关注的问题大、指标的弹性大、规划实施的影响深远，从而决定了区域经济发展规划是战略性的经济发展规划。

1. 规划时间的跨度长

区域经济发展规划的时间跨度较长，通常区域经济发展规划的期限在20年以上，有的甚至可达30年或更长时间。由于区域经济发展规划期限较长，要求区域经济发展规划方案有明显的超前性，而且又要有近期的区域建设重点项目规划，使区域经济发展规划方案既能指导近期的国民经济建设，又能引领区域经济的长远性发展，实现区域经济的可持续发展。

2. 规划关注的问题大

区域经济发展规划关注的问题是宏观的、全局性的、地区与地区之间需要协调的关键性的重大问题。区域经济发展规划总是从宏观着想，从长远着眼，追求区域经济发展的整体效益。区域经济发展规划的重点应是宏观性、全局性、关键性的区域重大建设项目。

3. 规划指标的弹性大

区域经济发展规划指标具有较大的弹性。区域经济发展规划是长远性的规划，而区域经济未来的发展往往有许多不确定的因素，很难准确预测未来，所以区域经济发展规划中对区域经济的发展方向、目标、布局、结构与土地利用安排只能勾画出大体的发展轮廓。区域经济发展规划中提出的区域经济发展指标不需要是一个定值，可以有一定的幅度，具有较大的弹性。

4. 规划实施的影响深远

区域经济发展规划的实施将对区域经济各方产生深远影响。区域经济发展规划是对国民经济建设的总体战略部署。区域经济发展规划方案制订时，既要从区域经济发展的整体利益出发，又要兼顾各个部门、各个地方的利益；既要考虑区域经济发展的近期利益，又要考虑区域经济发展的长远利益，以使区域经济发展获得持久的动力。

（五）地域性

区域经济发展规划的地域性主要包括两个方面的含义：一方面是指区域经济发展规划要具有地方特色，各地区的经济发展条件、资源环境、原有基础千差万别，区域经济未来的发展方向、发展目标、地域结构、产业结构和布局、服务设施与基础设施建设也各不相同。各地区具有各自的特殊性，区域经济发展规划要因地制宜、扬长避短，反映出区域经济发展的地方特色。另一方面是指区域经济发展规划要保持完整的区域经济发展规划范围。区域经济发展规划过程中不仅要从整体方面加以考虑，同时也要对区域经济发展规划内各个辖区进行全面考虑，体现出区域经济发展规划在区域空间上的完整性。

三、区域经济发展规划的发展历程

区域经济发展规划是20世纪20~30年代在城市规划与工矿区规划的基础上发展起来的。20世纪50年代中期，中国结合新工业基地和新工业城市的规划建设，广泛开展区域经济发展规划工作。20世纪60年代以来，随着世界工业的迅速发展和城市化进程的加快，经济发达国家和发展中国家对区域经济发展规划越来越重视。

世界上最早实施具有地区经济发展规划性质的区域经济发展规划的国家是苏联。在1929~1932年的世界经济危机后，资本主义国家开始了对某些经济严重衰退地区的区域经济发展规划。早期的区域经济发展规划主要是对区域经济发展迅猛地区基础设施的统一协调性发展规划。如1929年，美国的纽约城市区域经济发展规划；1934~1936年，苏联的顿巴斯矿区规划等。20世纪30年代，尤其是第二次世界大战以后，经济工业化和社会城市化的迅速发展，以及生产力的巨大进步和广泛应用，在很大程度上改变了原有的区域社会结构、经济结构和生活环境。大城市人口持续增长、交通和工业设施高度集中、土地供应越来越紧张、空气和水体环境卫生状况日益恶化等导致了社会经济区域空间组织矛盾日益尖锐化、复杂化。为了建立和保持区域经济发展生产、生活的适宜条件和状况，各国纷纷提出了在区域经济发展进程中，要重整经济社会的地域结构、适当分散布局工业生产、规划开发新区、控制疏散大城市人口、加强土地利用管理、改善区域交通运输网落、保护生态环境等。区域经济发展规划是解决以上问题的重要前提与手段，是区域经济发展立法和行政部门制定有关法令和区域经济发展政策的基础，因此区域经济发展规划得到了广泛的推行。

20世纪50年代中期，伴随着新中国成立后大规模基本建设，中国的区域经济发展规划工作逐步展开。1956年，国家建委设立了区域经济发展规划与城市规划管理局，并出台《区域规划编制与审批暂行办法》。1980年，中共中央13号文对区域经济发展规划工作做出了重要决定："区域经济发展规划是为了搞好工业的合理布局，落实国民经济的长远计划，使城市规划有充分的依据。"1985年，国务院发文，要求编制全国和各省、市、区的国土总体规划。在国土总体规划的推动下，不同层次的区域经济发展规划在全国范围内逐步展开。1990年，国家计委组织编制了全国国土总体规划纲要（草案）；内容包括国土资源的基本状况、国土开发的地域总体布局、基础产业布局、国土开发整治的目标、综合开发的重点地区、国土整治与保护、国土开发中的问题对策（耕地问题、人口的地域分布和劳动就业问题、水资源供需平衡问题、城市化问题等）、有待进一步研究的若干问题和规划纲要的实施。1990年，在实施的《中华人民共和国城市规划法》中，区域经济发展规划被作为法定内容。近年来，为了适应社会经济形势的变化，区域经济发展规划又有了新的发展。

四、区域经济发展规划的任务、目标和作用

（一）区域经济发展规划的任务

区域经济发展规划的任务就是要建立合理的区域生产和生活体系。也就是说，在区域经济发展规划地区，从整体与长远利益出发，因地制宜，统筹兼顾，正确配置生产力和居民点，全面安排好地区经济发展和社会发展长期计划中有关生产性和非生产性建设，使之比例协调、布局合理，发展快速，为居民提供最优的生活环境、生产环境和生态环境。

（二）区域经济发展规划的目标

区域经济发展规划的目标主要包括六个方面：一是在全面分析评价区域资源与建设条件基础上，发挥地区优势、扬长避短，明确区域经济发展方向和地域开发方向。二是改善工业布局，调整和改造老工业基地、选址和定点新建骨干企业、协调和组合一定地域范围内的新老企业、正确处理工业布点的集中与分散的矛盾。三是合理安排商品性农业生产基地的建设布局和农林牧副渔的用地结构，妥善化解工农业和各项建设间的用地矛盾。四是预测区域内城镇人口增长的趋势，确定各主要城镇的规模、性质和布局，组织城乡居民点体系中各类城乡间和城镇间的合理分工与联系。五是使能源、给排水、交通运输、生活服务、通信等各项基础设施的布局同城镇居民点和工农业生产的布局相互协调。六是加强环境整治，防止城镇、重要水源地、风景游览区污染，对文物、古迹和自然区严加保护，逐步恢复生态平衡，改善和美化环境。

（三）区域经济发展规划的作用

区域经济发展规划无论从理论上还是实践上，对于加速社会主义现代化建设都具有十分重要的意义和作用。区域经济发展规划是社会发展和国民经济长期计划与城市规划的中间环节，是合理布局地区生产力、协调发展各项建设事业的重要手段与步骤。

五、区域经济发展规划的内容

区域经济发展规划是经济建设的总体部署，是描绘区域发展的远景蓝图，内容庞杂，涉及面广，但区域经济发展规划工作不可能包括区域经济发展和区域经济建设的各个方面。区域经济发展规划的内容主要包括发展战略、布局规划、体系规划、基础设施、土地利用、可持续、发展政策七个方面。

（一）发展战略

区域经济发展战略包括战略依据、战略目标、战略方针、战略重点、战略措施等内容。区域经济发展战略既有经济发展战略，也有空间开发战略。制定区域经济总体发展战略通常把区域经济发展的指导思想、远景目标和分阶段的目标、主导产业、产业结构、人口控制指标、三次产业就业结构、实施战略的基本措施或对策作为区域经济发展战略的研究重点。

（二）布局规划

区域经济发展规划的主要内容是区域产业发展布局，区域产业布局规划的重点是工农业产业布局规划。区域经济发展规划的核心内容是合理配置资源、科学布局生产力、优化地域经济空间结构。区域经济发展规划要系统地调查研究区域经济发展的产业结构、工农业生产特点、地区分布状况。并根据市场需求，结合当地生产发展条件，揭示产业发展进程中存在的基本矛盾和问题，确定重点发展的行业、部门和区域。区域经济发展规划要确定主导产业部门的远景发展目标，结合地域分工状况和产业链条关系，明确与主导产业直接相关部门发展的可能性。与工农业生产发展紧密相关的交通运输、土地利用和大型水利设施建设项目，在工农业生产布局发展规划中统一研究，统筹安排。

（三）体系规划

体系主要包括城镇体系和乡村居民点体系。城镇体系规划是区域生产力综合布局的进一步深化和协调各项专业区域经济发展规划的重要环节。城镇体系和乡村居民点体系是社会生产力和人口在地域空间组合的具体反映，但由于农村居民点点多面广、比较分散，因此区域经济发展规划多数只编制城镇体系规划。研究城镇体系现状特征、演变过程，预测城镇化发展水平。城镇体系规划的基本内容包括七个方面：一是拟定区域城镇化发展目标和发展政策。二是确定规划区的城镇总体布局和发展战略。三是确定各主要城镇的性质和方向，明确城镇之间的经济联系与合理分工。四是确定城镇体系规模结构，各阶段主要城镇的用地规模、人口发展规模。五是确定城镇体系的空间结构、中心城镇分布、新城镇出现的可能性及其分布。六是确定重点发展的城镇和地区，以及重点城镇建设规划建议。七是提出基础设施建设和生活服务设施建设规划建议。

（四）基础设施

基础设施是衡量现代化水平的重要标志，具有基础性、先导性、公用性等特点。基础设施对生产力和城镇的发展与空间布局有着重要的影响，应同步或超前于经济社会发展。基础设施分为生产性基础设施和社会性基础设施两类。生产性基础设施是指为生产力系统运行直接提供条件的设施，包括邮电通信、交通运输、供水、排水、供热、供气、供电、仓储设施等。社会性基础设施是指为生产力系统运行间接提供条件的设施，也叫作社会服务事业或福利事业设施，包括文化、体育、教育、医疗、金融、商业、贸易、园林、旅游、绿化等设施。区域经济发展规划根据各种基础设施发展现状，结合人口和社会经济发展要求，预测未来对各种基础设施的需求量，确定各种设施的数量、规模、等级、建设工程项目及空间分布。

（五）土地利用

土地利用是实现区域战略目标、提高土地生产力的重要保证。要求准确确定土地利用方向、合理组织土地利用结构、科学安排各类用地在空间上和时间上优化组合。土地利用规划应在土地质量评价、土地资源调查基础上，以达到区域最佳预期目标为目的，对土地利用现状进行评价，确定土地利用结构及其空间布局。土地利用规划主要包括三种要素：枢纽、联线和片区。枢纽起定位作用；联线既是联结（如枢纽之点的联结），又是地域划分（如片区的划分）的构成要素；片区则是各类型功能区的用地区划（如经济开发区、城镇密集区、开敞区、生态敏感区、环境保护区等）。区域经济发展规划中土地利用规划的内容主要包括五个方面：一是土地资源调查和土地利用现状分析；二是土地质量评价；三是土地利用需求量预测；四是未来各类用地布局和农业用地、林业用地、牧业用地、园林用地、城乡建设用地、特殊用地等各类型用地分区规划；五是土地资源整治、保护规划。

（六）可持续

可持续是指规划区域应在不超越资源和环境承载能力的条件下，谋求资源的开发和经济的发展，保持资源永续利用并提高生活质量，使自然、经济、社会、生态相互协调和可持续发展。

（七）发展政策

区域经济发展政策是为实现区域战略目标而设计的一系列政策手段的总和。发展政策主要分为两类：一是影响企业布局区位的政策，属于微观政策范畴，如补贴政策、区位控制和产业支持政策等；二是影响地区投资和区域人民收入的政策，属于宏观政策范畴，可以用来调整区域问题。

六、区域经济发展规划的类型

（一）按规划内容的侧重点分类

按规划内容的侧重点分类，可以分为策略性的区域经济发展规划、物质性的区域经济发展规划、综合性的区域经济发展规划三类。

1. 策略性的区域经济发展规划

策略性的区域经济发展规划相当于区域发展战略研究，内容侧重于制定区域社会经济发展的战略目标、战略方针，区域经济发展的重点，确定区域经济发展的产业结构调整方向和产业布局，保证战略目标实现的措施和政策。策略性的区域经济发展规划的特点包括三个方面：一是重视区域经济发展所处的环境和区域发展条件的分析论证。二是注重区域经济发展方向、战略目标和经济结构。三是对于区域经济发展政策、规划方案实施对策、策略的研究较深入，但往往对于区域经济建设工程的规划布局研究较为简略。

2. 物质性的区域经济发展规划

物质性的区域经济发展规划内容偏重于区域经济发展的物质环境和建设工程项目的空间布局规划，区域经济发展规划成果注重区域土地开发利用的总体蓝图。对于资源的开发利用、城镇的发展和布局、工农业生产布局、各种基础设施的空间分布极为重视。物质性的区域经济发展规划的特点包括四个方面：一是重视技术经济指标。二是重视各部门、各物质要素的功能、相互关系和空间表现形式。三是注重各类土地利用和空间分布。四是强调区域经济建设项目和城镇的发展规模、空间布局和相互关系。

3. 综合性的区域经济发展规划

综合性的区域经济发展规划是指比较规范性的区域经济发展规划。综合性的区域经济发展规划，兼容策略性规划和物质性规划的特点，内容全面、系统。既有区域社会经济发展战略研究的内容，又有各个系统、各个部门完整的经济建设空间布局规划的内容；既描绘出区域经济建设未来的发展蓝图，又有明确的区域经济发展政策和区域经济发展规划的实施措施。

（二）按规划区域的属性分类

按照区域经济发展规划的地域属性不同，可以把区域分为自然区、经济区、社会区、行政区四种类型。由于区域属性不同，各类区域在规划中所要着重解决的问题往往各不相同。因此便会产生不同的区域经济发展规划类型。目前研究重点是经济区区域经济发展规划。

1. 自然区

自然区是指自然特征基本相似或内部有紧密联系、能作为一个独立系统的地域单元。它一般是通过自然区划，按照地表自然特征区内的相似性与区际差异性而划分出来的。每个自然区内部，自然特征较为相似，而不同的自然区之间，则差异性比较显著。

2. 经济区

经济区是指经济活动的地域单元。它可能是通过经济区划划分出来的地域单元，也可以是根据社会经济发展和管理的需要而划分出来的连片地方。经济区分为聚类经济区、经济特区、经济协作区、部门经济区、综合经济区五种类型。

（1）聚类经济区。聚类经济区，国外称之为均质区。其中，有的是经济发展水平或发展速度相类似的聚类经济区，也有的是经济结构特征或产业优势和发展方向相似的聚类经济区。

（2）经济特区。经济特区是指享有较多优惠政策，有一定相对独立性和特殊管理的地域。如出口加工区、保税区、经济技术开发区、工业开发区等。

（3）经济协作区。经济协作区是指根据各地区经济发展条件、经济联系而组织起来的地域单元。经济协作区是加强区域经济横向联合的一种重要形式。它和经济发展区域化的趋势相适应。

（4）部门经济区。部门经济区是指根据某些资源或产业相对集中，或者按主导产业为标志划分出来的地域。如农业区、工业区、能源区、矿区、加工工业区、商业贸易区、风景旅游区等。

（5）综合经济区。综合经济区是指通常一般所说的经济区，经济门类较多，内部有紧密的联系，有经济中心城市和广阔的乡镇结合在一起的区域。

3. 社会区

社会区是以民族、文化、风俗、习惯等社会因素的差别，按人文指标划分的地域单元。

4. 行政区

行政区是为了对国家政权职能实行分级管理而划分出来的地域单元。

（三）按规划区域的不同特点分类

按规划区域的不同特点，可分为农业地区、城市地区、工矿地区、风景旅游地区、流域综合开发地区、工农业综合发展地区等多种类型地区的区域经济发展规划，规划内容各有侧重。按规划区的界限，既可按不同等级的经济区，也可按行政区进行。在规划过程中，必须把地域综合研究和系统分析方法贯彻始终。在综合调查分析的基础上，对提出的各种可比较的规划布局方案的经济、社会、文化和生态效益进行定性与定量相结合的综合论证，以及对各项专业规划在区域和国家整体利益基础上的综合协调。因区域经济发展规划是多变量、多因素、多目标，并随时间而变化的动态系统，可用系统工程方法和电子计算机，对区域系统的模拟和规划方案的优化决策进行探索，逐步提高区域经济发展规划的科学性。

七、区域经济发展规划的程序

（一）区域经济发展规划思路

区域经济发展规划一般通行的程序是系统分析和系统综合程序。其基本思路是根据区域的现状和问题，提出了区域经济发展规划的要求，是形成未来区域系统的基础。但是，区域是一个开放的系统，要受到内外环境和多种因素的影响。所谓区域经济发展规划，就是要在研究影响区域系统发展变化的诸因素和条件的基础上，探讨区域经济发展未来变化的各种可能和多种多样的方案。区域经济发展规划决策，要对区域经济发展未来变化的多种可能进行比较，描绘出较为理想的意想状态，从而形成规划，并促成其实施。在实施区域经济发展规划方案过程中，必然会遇到许多未发现的新问题或认识不足之处，从而有必要对区域经济发展规划进行调整或进行新的规划。

（二）区域经济发展规划工作步骤

根据系统分析和系统综合的要求，区域经济发展规划工作主要包括七个步骤：

1. 区域经济发展的现状调查与资料收集

调查区域经济发展现状和收集有关影响区域社会经济发展各种条件、各种要素的基础资料，并加以分析研究，认识区域经济发展的本质特征、区域经济发展的演变过程，明确区域经济发展的优势和限制因素，找出区域经济发展中的关键问题和潜力，为研究区域经济发展战略、制定区域经济发展目标及设计区域经济发展规划方案提供依据。

2. 确定区域经济发展目标

区域经济发展目标是区域经济发展战略中的核心部分。区域经济发展目标是区域经济发展的导向。在区域经济发展规划方案设计之前，必须首先确定区域经济发展的总体目标，明确区域经济发展方向。有了区域经济发展目标，才能研究区域经济发展方针，组织合理的结构，提出实现区域经济发展的目标对策和建设方案。确定区域经济发展目标，实质是对规划区域提出区域经济发展的意想状态，可以采用“形势发展的需要为原则”，也可以采用“地方的发展条件和资源的可能性为原则”，或者是两者结合。区域经济发展目标有高目标、低目标和适中目标等多种层次。为决定区域经济发展目标，需要根据社会发展的总趋势、区域内外的条件和资源状况，对区域未来发展变化进行大量的预测。

3. 区域经济发展的课题与对策研究

课题研究实际是对区域各经济部门和重大建设项目或重点开发区域、不许开发的保护区域的深化研究，这是生产力总体布局的工作基础。区域经济发展的研究课题一般是根据历史发展背景、自然环境、未来的发展目标、重大建设项目而提出来的。通常的课题有：水、土、林业、矿产资源的开发利用，人口增长，主导产业，经济结构，交通运输系统，就业问题，自然保护区，生态与环境保护，重点开发区域等。

4. 规划方案设计

根据区域经济发展战略和课题研究的对策，规划工作者综合各种各样的设想和方案，拟订区域经济发展的总体方案。这是规划工作者在规划中最富有创造力和想象力的阶段。他们要使各个部门、区域的各个部分尽可能协调、和谐、有效地发展，要设计出可供选择、比较的若干个方案。规划设计时既要有部门发展的专项规划方案，也要有综合的总体规划方案。他们通常是以规划图来表示，同时编写区域经济发展规划报告或附上规划说明，往往还同时附上其他有关的图表和研究资料作为补充。

5. 规划方案评估

这一步骤可分为两个不相连的阶段。第一阶段是在规划方案未决定之前，对若干个供比较、选择的方案进行评估，以判断规划设想或规划方案构想的合理性和优劣性。在评估的基础上，选定出较为适当的方案。第二阶段是在规划方案初步拟订后，请当地政府的负责人、业务主管部门和各方面的专家，对规划方案进行评估、论证或评审。

6. 规划定案

根据规划评估、论证或评审意见，认真研究，做必要的修改，最后形成规划文件。规划成果应按有关规定程序，报上级主管机构或政府权力部门审批，方具有实施的权威。

7. 实施阶段

在实施区域经济发展规划方案的过程中，要经常检查规划的可行性和实际效益，根据新发现的情况和问题，对原规划方案做出必要的调整、补充或修改。

第三节　案例分析
——黑龙江省县域经济发展战略与规划

本战略规划主要以《黑龙江省国民经济和社会发展第十二个五年规划》为依据，以进一步深入推进“八大经济区”和“十大工程”建设目标为方向，结合黑龙江省县域经济发展实际情况编制。主要阐明黑龙江省县域经济的发展基础、发展潜力、主要挑战、发展机遇、总体要求、发展目标、主要任务和保障措施等。

一、发展基础

（一）黑龙江省得天独厚的土地资源优势，有利于县域经济做大做强

黑龙江省土地条件居全国之首，农用土地面积达 40 万平方公里，全省黑土、黑钙土和草甸土等占耕地的 60%以上，农业生产条件较好的松嫩平原和三江平原的面积分别达到 13 万平方公里和 7.5 万平方公里，是世界著名的三大黑土带之一；肥沃的寒地黑土、优良的生态造就了黑龙江省农牧业发达、物产丰富，粮食产量和绿色食品产量均居全国首位；绿色食品种植面积达 6430.2 万亩，为黑龙江省农产品加工业，特别是绿色农产品加工业的发展提供了不可多得的条件；黑龙江省作为全国拥有大草原的 10 个省份之一，草原占全省土地总面积的 11.2%，为黑龙江省畜牧业的发展奠定了基础，这些资源禀赋有利于县域经济农产品加工业更快发展。

（二）黑龙江省得天独厚的森林矿产资源优势，有利于县域经济做特做新

黑龙江省拥有森林面积 3175 万公顷，森林面积、森林总蓄积和木材产量均居全国前列，是我国最重要的国有林区和最大的木材生产基地；煤炭储量居东北三省第一位；已发现的矿产达 130 多种，已探明储量的矿产有 80 多种，石油、石墨、矽线石、铸石玄武岩、岩棉用玄武岩、水泥用大理岩、黄黏土、火山灰、玻璃用大理岩和钾长石 10 种矿产的储量居全国之首，已开发利用的矿产达 70 多种，各类矿产年产值居全国第二位。丰富的自然资源，为黑龙江省煤化、石化、矿产经济、林产品加工业、生物、能源等工业产业的发展准备了良好的资源条件。

（三）黑龙江省得天独厚的区位资源优势，有利于县域经济做好做精

黑龙江省与俄罗斯有 3000 多公里的边境线，处于东北亚经济贸易区的中心位置，是国内通往俄罗斯的重要通道。全省沿边共有 35 个市县对俄开放，有绥芬河、黑河等 20 多个对俄国家一级边境贸易口岸，为开展同东北亚各国贸易往来提供了独特的地缘优势。省内铁路、航空、水运条件良好，具备了发展贸易的交通优势，对俄及东北亚贸易及合作提供了新的机遇。

（四）黑龙江省得天独厚的地理气候优势，有利于县域经济旅游业做美做亮

黑龙江省地域辽阔，四季分明，有冰雪夏都的气候优势，加之大山大水的原生态地貌和多民族的异域风情，使黑龙江省旅游资源特色鲜明，森林、冰雪、大湿地、湖泊、草原、石油、农业观光旅游、熔岩等都积聚在县域之内，世界旅游组织专家把凉爽怡人的气候、独特神奇的生态旅游资源和独具地域民族特色的人文景观的黑龙江高度概括为“中国旅游 COOL（酷）省”，这些都是黑龙江大力发展旅游业的明显优势，更是县域经济寻求新的产业重要突破点。

二、发展潜力

发展速度加快说明县域经济具有较大发展潜力。黑龙江省县域经济总量与全国其他省份和本省非县域经济相比都有较大差距，但这种差距在快速缩小。黑龙江省县域经济的三次产业发展都具有较大上升空间。随着公众对食品安全关注度的上升，绿色食品的浪潮已经袭来，农业和食品加工行业即将面临重新排序，为黑龙江省发展绿色经济，发挥生态和环境优势，发展绿色生态农业和循环经济提供了难得的机遇。随着黑龙江省工业化、信息化、市场化、城镇化步伐的加快，推动区域经济、产业分工和经济结构调整不断向更高层次发展，特别是新型工业化、新型城镇化和农业现代化同步加快推进，对生产性服务业的需求将会快速扩张，必然推动第三产业的快速发展。县域三次产业的发展将会为黑龙江省县域经济加速发展提供强大的发展动力。这说明黑龙江省县域经济具有较强的发展潜力。

三、主要挑战

复杂多变的国内外经济环境将会影响县域经济发展。当前国际经济环境严峻复杂，世界经济放缓、全球通货膨胀压力增大、各国失业率普遍提高、欧债危机呈现进一步扩散和恶化的趋势，国际金融市场动荡不已，发达经济体需要实施结构调整、削减财政赤字、应对危机，导致贸易政策空间萎缩等因素，增加了全球经济增长的艰巨性、复杂性、不确定性。与此同时，以绿色、智能和可持续发展为特征的新一轮科技革命和产业革命带来的产业发展竞争更趋激烈，这对于我国来说即面临着充满变数的外部经济环境又面临着发达经济体对我国崛起的围堵打压等多重因素挤压，我国和黑龙江省经济增长将面临更加严峻复杂的国际环境。从国内看，受国际经济形势影响，近年来我国出口形势十分严峻，经济增长速度有所放缓，结构性物价上涨压力较大；与此同时，国内经济运行中又需要妥善化解房地产市场、地方财政系统、金融行业等领域存在的各类风险。加快发展和经济转型的双重压力将制约县域经济发展。黑龙江省是农业大省，但是县域经济发展实力不强，由于缺乏大的项目带动，没有形成县域主导产业，导致县域工业发展缓慢，综合实力并不强，对全省经济贡献率低，与先进省份，甚至与吉林、辽宁相比，在地区生产总值、人均地区生产总值、农民人均纯收入以及地方一般预算财政收入都存在经济总量小，发展速度较慢的较大差距。因此，加快发展，是黑龙江省县域经济亟待解决的关键问题；同时，黑龙江省新兴项目、高端产业主要集中在大中城市，县域经济的产业层次普遍偏低，二、三产业的发展不足，所占比例明显偏低，高新技术和战略性新兴产业更是稀缺。随着工业化、城镇化步伐加快，资源、能源的供需矛盾日益突出，劳动力、资源成本进入上升通道，依靠资源消耗的粗放型增长模式难以为继。二、三产业因生产要素和资源环境的约束，节能减排的压力加大，生态环境保护任务更加艰巨，收益空间也将缩小。因此，实施转型，是黑龙江省县域经济需要亟待解决的问题。可见，黑龙江省县域经济面临着加快发展和加快转型的双重任务和压力。

四、发展机遇

宏观经济政策给黑龙江省县域经济发展带来了巨大机遇。在国家政策层面上，我国加大力度实施东北老工业基地振兴战略；坚持工业反哺农业、城市支持农村和多予少取放活方针；加快发展现代农业，健全农产品价格保护制度；千亿斤粮食产能巩固提高工程；加大粮食主产区投入和利益补偿机制；国家财政向农业大省倾斜等宏观经济发展政策，将会给黑龙江省县域经济的发展带来难得的机遇。在黑龙江省政策层面上，县域经济是黑龙江省经济发展的一块短板，省委、省政府提出做大做强县域经济，并不断加大政策支持；中央政府和黑龙江省政府都提出了强县扩权的体制改革，县域发展的自主权不断扩大；《黑龙江省“十二五”规划》更是系统规划了县域经济发展方向；黑龙江省提出的“八大经济区”和“十大工程”建设战略，以及城乡一体化发展目标，都是强力推进县域经济发展的利好政策因素，强力推进县域经济发展的政策环境，把县域经济作为新的经济增长点。国际经济发展放缓将强化农业的基础地位，更好地促进县域经济发展。国外经济环境的恶化，使粮食安全问题更加突出，我国食品安全问题，会使黑龙江省绿色食品生产更加突出。黑龙江省县域经济中第一产业的发展受到国内外经济环境的负面影响较小。同时，由于黑龙江省毗邻俄罗斯，尽管国际经济环境复杂，但中俄关系依然良好。

五、总体要求和发展目标

坚持以科学发展观为主题，以转变经济发展方式为主线，以“八大经济区”和“十大工程”发展战略为支撑，以新型工业化、农业产业化和经济外向化为方向，以招商引资、园区建设、结构调整、优势突出为原则，进一步发挥“十大重点产业”的牵动作用，在加快县域工业化上实施突破，把资源变产业、生态变产品、存量变增量，分工协作、错位发展，加快培育壮大县域特色优势主导产业，推进农业现代化、县域经济工业化、农村城镇化、区域经济一体化，推进全省县域经济跨越式发展，到 2016 年实现总量翻番，GDP 达 8400 亿元左右，年均增长 16%以上，占全省 GDP 总量的 45%以上，占全省比重提高 5 到 7 个百分点，努力走出一条具有黑龙江特色的县域经济科学发展之路。

六、基本原则

（一）坚持产业立县、强县富民的原则

县域经济是强省富民的基石，只有县域经济发展了，居民富裕了，全省才能富裕。尽管黑龙江省县域经济发展不平衡，但多数县域都有自己的资源优势。就县域个体而言，应围绕《黑龙江省“十二五”规划》和“十大重点产业”和“八大经济区”和“十大工程”发展战略，依托县域内的农业资源、矿产资源、工业资源、生态资源以及文化旅游等资源，以产业化为主导方向，以农业为基础，以工业化为核心，以城镇化为有力支撑，延长主导产业链，围绕高效益综合开发利用，进行大力度的整合，加快培育支撑县域经济发展的优势支柱产业。实现资源的高效利用、产业强劲、持续发展，为更多的居民提供就业机会，增加居民的经营性和工资性收入，实现强县富民的目标。

（二）坚持统筹发展、强化合作的原则

统筹发展是加快转变经济发展方式的根本方法。促进经济社会发展相协调、城乡区域发展相协调，努力实现各个区域相互融合、重点领域相互促进、关键环节相互衔接。坚持县域间合作原则。县域之间和县域内要注重对市场需求和产业发展方向的把握，统筹规划，积极推进区域化合作。鼓励资源优势相同的县域协同发展。坚持城乡统筹，加快推进城镇化进度，强化城镇产业支撑，加强城镇基础设施和社会事业建设，加强城镇管理，推进城乡一体化发展，实现以工促农、以城带乡，扎实推进新农村建设。推进城乡社会制度改革，促进各类要素向县市聚集，增强县域经济发展活力。

（三）坚持市场导向、政府引导的原则

坚持市场导向，充分发挥市场机制在黑龙江省县域经济资源配置中的基础性作用，立足于用市场的办法解决县域经济发展出现的各种问题。发挥政府对地方经济发展的引导作用，通过宏观经济政策引导县域经济向科学合理的方向发展，实现国家、黑龙江省以及县域级经济发展规划。加快转变政府职能，加强政府的规划、产业政策引导和服务功能，培育自主经营、竞争力强的市场主体。改革和完善县域经济建设评价考核制度，实行各有侧重的绩效评价，按照不同区域的主体功能定位，实行差别化的评价考核制度。

（四）坚持绿色经济、持续发展的原则

以绿色经济理念和原则发展农业，推动黑龙江省向绿色农产品生产基地转变。以生态环保原则发展黑龙江省县域工业和服务业，始终坚持我国生态环境保护的基本原则，把建设资源节约型、环境友好型社会作为加快和转变黑龙江省县域经济发展方式的重要着力点，大力发展低碳经济、循环经济、生态经济，加大绿色投入、倡导绿色消费，促进绿色经济增长，实现经济增长与生态环保并重，推动黑龙江省县域经济发展健康持续发展。

七、主要任务

（一）注重科技带动，发展产业集群

围绕黑龙江省农业发展优势，引进、推广、应用先进的农业技术，发展品质优良、特色明显、附加值高的优势农产品，扶持发展农产品加工业、休闲农业、乡村旅游、森林旅游和农村服务业，力争形成一批优势突出、特色鲜明的产业带、产业群。以科技为先导，稳步推进农村第二、三产业的发展，实现新型工业化的目标。各地在推进产业集聚发展时，应在资源整合中放大特色，在技术进步中提升特色，围绕县域主导产业，着力引进和培育领军企业，推动集群内企业联合重组，积极发展补链、配套产业，延长产业链，推进产业集聚、集群发展。

（二）培育壮大农产品加工龙头企业，打造农产品全产业链条

培育有一定影响力的农产品加工企业做大做强，包括粮食加工、肉制品、乳制品、山特制品以及特色渔业等在内的农产品加工企业。本着先做大再做强的原则，给予企业多方位的优惠政策支持。精心谋划主导产业链上的龙头产业，通过龙头产业带动项目的延伸和拓展，全省每年谋划 10 个重大产业链。主打安全无公害的农产品，打造在全国具有影响力的农产品加工企业。按照安全绿色食品强省的发展目标，鼓励和支持无公害农资研发、生产及销售，扩大绿色无公害农业生产园区规模和数量，大力扶持后期加工储存、销售的农产品流通企业。加强各个环节的监管力度，按照相应的法律法规进行严格的监管，确保食品绿色安全。

（三）依托边境优势，发展外向经济

黑龙江省与俄罗斯拥有 3000 多公里的边境线，拥有外向经济发展的基础。充分发挥边境城市资源优势、区位优势，吸引各类企业注资和发展，促进边境城市经济的发展，对促进外向经济的发展具有重要的作用。完善边境城市基础设施建设，给企业发展提供保障，吸引外向型企业的入驻和发展。依托黑龙江省劳动力资源丰富的现状，做好劳动力输出培训，鼓励和支持对外的农村剩余劳动力输出。加强与国外的农业合作和外向型农业发展，一方面，转移出剩余劳动力，增加农民收入，解决黑龙江省富余劳动力的就业问题，另一方面，边境口岸优势得以发挥，国际合作加强，促进黑龙江省外向经济的发展。通过边境口岸城市的特殊区位优势，做好跨国合作项目，使口岸城市的产业得到发展。强化口岸城市商贸业的繁荣和发展，充分发挥两国市场的优势，促进边境口岸城市的商贸业发展。

（四）实施重点园区牵动战略，统筹重点园区与县域经济发展

今后一段时间，应着力统筹园区与县域经济的建设和发展，整体推进重点园区的发展，重点培育 30 家县域重点工业园区，集中力量在大项目、好项目、产业集群项目等方面取得新的突破，推动产业集群，培育优势企业。各县市、区工业园区充分发挥各自资源和区位优势，紧紧围绕黑龙江省重点培育的产业，特别是“十大重点产业”，明确园区发展定位，体现园区产业特色，着力打造园区特色产业群。作为农业第一大省，农产品加工业必将成为全省县域经济的主导产业，有关县域工业园区应将农产品加工业作为园区建设的重点，把同类产品企业相对集中在园区，实现规模经营，树立特色品牌，推动农产品加工业的发展。推动十大产业向园区集聚，如黑龙江垦区的绿色农产品深加工基地、肇东经济开发区的农副产品加工产业、安达经济开发区的精细化工、石化工业等产业，提高园区单位面积用地产出效率，努力实现一个重点园区建设同时带动几个县域产业发展。

八、保障措施

（一）促进县域优势产业集群发展

围绕黑龙江省县域农业发展优势，引进、推广、应用先进的农业技术，发展品质优良、特色明显、附加值高的优势农产品，扶持发展农产品加工业、休闲农业、乡村旅游、森林旅游和农村服务业，力争形成一批优势突出、特色鲜明的产业带、产业群。以科技为先导，稳步推进黑龙江省县域第二、三产业的发展，实现新型工业化的目标。围绕县域主导产业，着力引进和培育领军企业，推动集群内企业联合重组，积极发展补链、配套产业，延长产业链，推进产业集聚、集群发展。

（二）提升县域园区产业带动能力

县域重点工业园区建设要集中力量，优先建设一批县域重点工业园区。黑龙江省县域工业重点打造食品、装备、石化、亚麻、木材、医药6个专业产业园，各县（市）要更加注重县域工业发展载体建设，引导产业向开发区和园区聚集，提高产业集约发展水平，在园区建设中，坚持布局合理，功能明确，用地节约，要素集聚，加快园区整合步伐。推进园区标准化厂房和公共服务平台建设；完善基础设施，形成生产服务基础设施配套、功能完备的综合功能的园区；加强园区的行政管理，增强园区的服务功能，增强园区对吸引企业和项目的吸引力。推动工业园区上规模、上水平，努力提高园区的产业发展承载力，发挥园区推动县域经济的增长极作用。

（三）完善县域重点项目招商质量

依托黑龙江省各县域资源禀赋分布不同的特点，以农为主县域重点推进农业产业化发展招商，以工业为主的县域，重点推进工业及生产性服务业发展招商，以商贸或口岸经济为主的县域，重点推进商贸企业引进，实现因地制宜地发展经济。突出各县产业园区建设和发展的优势招商；吸引和承接关联产业项目，形成产业聚集；突出绿色环保的资源基础，发挥生态产业优势，促进生态环保企业发展，打响生态产业品牌。强化县域的知名度和影响力，广泛宣传各县域的资源优势，吸引国内外企业认识和进行投资选择，助力改善招商质量，创新招商方式。

（四）创新黑龙江省县域合作机制

创新本省县域与国内外、省内外的县域合作机制，支持区域内企业间开展技术、生产、投资合作，联合举办对外招商活动，提升合作层次，鼓励发展飞地经济、异地经济、结算经济、总部经济等模式，建立产业互动、利益共享、合作共赢的发展格局。完善省内各县市（区）的协作机制，开展跨区域重大基础设施项目、产业布局以及区域协调发展等多领域、高层次重大问题的交流与合作，提升合作层次，拓宽合作领域，深化合作内容，促进本省县域经济的共同发展。积极参与多种类型主体的合作，鼓励与科研院校的深度合作，实现项目、技术、企业以及人才水平的提升，孵化出更多、更强、更具有创新力的企业。

参考文献

[1] 石敏俊. 现代区域经济学 [M]. 北京：科学出版社，2013.

[2] 安虎森. 新区域经济学 [D]. 东北财经大学，2010.

[3] 李文星. 地方政府间跨区域经济合作研究 [D]. 四川大学，2004.

[4] 沈月琴. 天保地区森林资源保护与经济社会协调发展的机理和模式研究 [D]. 北京林业大学，2005.

[5] 黄文芳. 大城市郊区农村的价值研究 [D]. 复旦大学，2005.

[6] 杨筠. 生态建设与区域经济发展研究 [D]. 四川大学，2005.

[7] 吕勇斌. 中小企业发展的区域差异性研究 [D]. 华中农业大学，2005.

[8] 陈文福. 西南喀斯特地区经济可持续发展研究 [D]. 四川大学，2005.

[9] 仲雷. GIS 支持下的安徽省区域发展均衡性分析 [D]. 安徽师范大学，2004.

[10] 赵全超. 我国三大经济圈城市群能级分布研究 [D]. 天津大学，2004.

[11] 介小兵. 陇南山区经济发展及其产业、空间结构优化研究 [D]. 西北师范大学，2004.

[12] 李燕. 东西部区域经济合作研究 [D]. 西北师范大学，2004.

[13] 林琳. 区域人口发展决策支持系统的分析与设计 [D]. 大连理工大学，2004.

[14] 李玮娜. 山东省旅游资源非优区及开发研究 [D]. 青岛大学，2004.

[15] 李晓萍. 基于区间判断的 AHP 理论与应用研究 [D]. 南京理工大学，2004.

[16] 杨忠臣. 区域空间布局的理论与方法——以江苏省高淳县为例 [D]. 南京师范大学，2004.

[17] 马丽卿. 浙江海洋旅游产业区位分析及空间重构 [J]. 中国海洋学会 2007 年学术年会论文集（下册），2007.

[18] 舒沁沁. 对我国区域经济发展战略的再思考 [J]. 新西部（下半月），2009（11）.

[19] 杨金凤. 关于加速我国城镇化建设的几点思考 [J]. 中国建设教育，2006.

[20] 周园. 以循环经济助推区域经济发展 [J]. 环境保护与循环经济，2009（11）.

[21] 刘运动，宋守君. 从区域经济发展背景下谈城市竞争力 [J]. 中国建设教育，2007（3）.

[22] 孙久文，叶裕民. 区域经济学教程 [M]. 北京：中国人民大学出版社，2013.

第十一章　区域可持续发展与区域创新系统

区域可持续发展问题是当今世界所共同关注的重大问题。随着科技进步和经济全球化，人类社会取得了辉煌的成就，但同时其生存和发展也面临越来越严峻的挑战：片面追求GDP增长、人口过度膨胀、自然资源短缺、生态环境恶化等。实现区域可持续发展已经成为人们在区域发展领域的共识。现阶段，我国正处于经济社会发展的关键时期，经济增长和社会发展面临着一系列挑战。探寻一条经济、社会、自然协调发展、良性循环的可持续发展之路已迫在眉睫。

区域可持续发展的实现需要以人为核心，通过运用人的智力，创造性地变革、协调与其他支持系统的关系，实现走内涵式发展的道路，通过区域结构的调整和区域运行机制的变革来实现区域可持续发展。因此，区域的创新活动对于实现区域可持续发展起着至关重要的作用。如今，区域经济竞争优势与社会发展越来越源于本土的创新潜力。创新成为区域经济发展的“引擎”和“助推器”，知识成为区域经济发展的主要因素，也逐渐在全世界范围内达成共识。区域创新正在成为越来越多的经济发达国家与地区提高区域整体竞争力，实现区域经济发展的基本形式。而研究区域创新系统的现象与规律是促进区域实现创新的重要组成部分，进而是实现区域可持续发展的重要举措。因此，区域创新系统研究不仅有着较强的现实意义，对丰富区域经济学理论体系和拓展学科领域也有着重要的理论价值。

第一节　区域可持续发展的内涵与原则

一、可持续发展理念的提出

可持续发展概念和理论的提出与构建始于人们对环境问题的关注以及对环境和可持续

发展之间联系的认识和研究。第二次工业革命以来，受“人类中心主义”思想的支配以及技术的滥用，人类盲目地以追求 GDP 的高速增长为目的，以牺牲环境、资源为代价，从而产生没有发展的增长，甚至没有增长或负增长，并导致严重的资源浪费、环境污染以及生态破坏。20 世纪 60 年代，人类开始对片面追求经济增长的发展道路进行反思和较深入的总结。1972 年，联合国于瑞典斯德哥尔摩召开了第一次世界环境大会，发表了第一个“人类环境宣言”，提出了可持续发展的思想。1980 年，世界自然保护联盟（IUCN）、联合国环境规划署（UNEP）和世界野生动物基金会（WWF）共同发表的《世界自然保护大纲》，第一次提出了“可持续发展”这一名称，并比较系统地阐明了可持续发展的战略思想，提出了可持续发展的明确目标。1983 年，联合国成立了世界环境与发展委员会（Commission on Sustainable Development，UNCSD）。1987 年，该委员会在《我们共同的未来》的报告中，第一次对可持续发展做了全面、详细的阐述，并给出可持续发展的权威性定义，即“可持续发展是指既能满足当代人的需要，而又不对后代人满足其需要的能力构成危害的发展”，这标志着可持续发展理论的正式形成。1992 年，联合国环境与发展大会在巴西里约热内卢召开了“地球高峰会议”，通过了《里约热内卢环境与发展宣言》和《21 世纪议程》两个纲领性文件及相关的国际公约，要求各国制定和组织实施相应的可持续发展战略、计划和政策，迎接人类社会面临的共同挑战。至此，可持续发展理论已得到了世界各国的普遍认同。

在我国，国家政府于 1994 年 3 月批准了《中国 21 世纪议程——中国 21 世纪人口、环境与发展白皮书》，从具体国情出发提出了中国可持续发展的总体战略、对策及行动方案。在 21 世纪初，为了全面推动可持续发展战略的实施，明确 21 世纪初我国实施可持续发展战略的目标、基本原则、重点领域及保障措施，保证我国国民经济和社会发展第三部战略目标的顺利实现，在总结以往成就和经验的基础上，根据新的形势和可持续发展的新要求，又制定了《中国 21 世纪初可持续发展行动纲要》。

二、可持续发展的内涵与原则

地球上的人类无论是现在还是将来，都生存在一定地域空间范围内（即一定区域内），而且区域是一个不断发展着的多层次空间系统，区域结构是一个具有开放性和自身组织性的耗散结构，从而决定了区域经济和社会同人口、资源、环境之间保持着经常性的特定的相互关系。区域发展问题又是一个具体的现实问题，任何一个区域都是全球或全国的重要组成部分，又是比区域更小的若干系统的综合，具有承上启下的作用。因而，区域可持续发展既是国家乃至全球可持续发展的基础，又是比区域更小的地域生产系统可持续发展的综合，它是实现可持续发展的关键环节，人类可持续发展的战略思想和新模式最终需要通过在一个个区域的推行来体现。

此外，可持续发展的地区差异性特点也要求建立区域可持续发展模式。这是因为：第一，发展在地域上是不均衡的。人们无法在地球表面上找到任何两个完全相同的地方，地区之间资源的丰度、自然环境的适宜性、区位的优劣等，都存在不同程度的差异，由此所孕育的“发展状态”和“发展水平”自然也不可能是均衡的。第二，人类社会发展的进程本质上也要求这种不均衡的存在。在一个完全没有差异的空间中，物质的迁移、能量的交换、信息的流动将会全部陷入停滞，这其实不是社会的进步和发展，而是对发展活力的扼杀。因此，不刻意追求理想状态的“均衡”，保持合理的区域发展梯度，把区域的空间差异规范在某个临界阈值之内，在差异不超出这一阈值的情况下，寻求各区域的良性可持续发展，这才是正确的战略选择。

所以，要实现人类社会可持续发展，既要在全球或国家的宏观背景上把握全局，又要在区域尺度上开展基础性工作，这样才能真正实现整个人类社会的和谐发展。于是，区域可持续发展应运而生。

区域可持续发展有多种相似提法，如区域的可持续发展、可持续的区域发展等。这些概念只是语言表述的差异，但它们的内涵基本上是一致的，均是从区域角度来探讨可持续发展问题。由于区域可持续发展涉及的内容多、范围广，其研究处于起步阶段，其概念目前学术界尚未达成共识。主要观点有以下几种：

（1）在可持续发展本质的基础上，进一步演绎了区域可持续发展的内涵，即区域可持续发展是指既满足当代人的需要又不危及后代人和相关区域的人满足其需求的发展。

（2）从动态的角度来看，考虑到可持续发展的时空公平原则和区域的复合系统性质，可以把可持续发展定义为：在不危害后代人和其他区域满足其需要能力的前提下，以满足当代人的福利需求为目标，通过实践引导特定区域复合系统向更加均衡、和谐和互补状态演化的定向动态过程，因而区域可持续发展的实质就是区域复合系统发展条件的不断改善，即区域复合系统不断地克服限制因子的过程。

（3）从系统的角度来看，区域可持续发展是指在一定时空尺度区域内，人类通过能动地控制区域这个复杂大系统，在不断提高人类的生活质量，又不超越资源环境承载力的条件下，既满足当代人和本区域发展的需求，又不对后代人和其他区域满足其需求的能力构成危害的发展。因而，判定一个区域的发展是否属于可持续发展的主要标准为：一是自然资源系统的开发利用是否合理；二是经济系统是否高效；三是社会系统是否健康；四是生态环境系统是否能实现良性循环。

（4）从区域生态的角度来看，区域可持续发展是一种以保证区域资源生态环境永续利用为基础，以激励区域经济持续稳定增长为前提和条件，以改善区域内部人类生活质量为目标的发展模式和战略目标。正如 F.Kuhann 所认为的区域可持续发展的基本内涵就是使

"区域保持长期发展能力"，协调好人口、资源、环境与发展之间的关系和行为。

(5) 从区域可持续发展的最终效果来看，区域可持续发展是指不同尺度区域在较长一段时期内（如10年、20年乃至更长时间），经济和社会同人类、资源生态环境之间保持和谐、高效、优化、有序的发展，亦即是确保其经济和社会获得稳定增长的同时，谋求人口增长得到有效控制，自然资源得到合理开发利用，生态环境保持良性循环。

(6) 结合可持续发展的基本原则和区域发展的特点，可将区域可持续发展定义为特定的区域在对人类有意义的时间跨度内，不以破坏本区域或其他区域现实的或将来的满足公众需求的能力的发展过程。或者说，在人类依赖一定的空间范围而生存发展的情况下，该空间范围内的发展能保持持续的最优状态，即区域发展的进程永不中断且与区外的交流有序进行，并且不对外部区域的发展造成损害。

通过上面的表述可以看出，不管对区域可持续发展做如何表述，其基本内涵都是指在一定时空尺度区域内，协调好区域内人口、资源、环境与发展之间的关系和行为，在既满足当代人的需要又不危及后代人和相关区域的人满足其需求的基础上，使区域走向更加均衡、和谐、有序、高效、持续的发展过程。其实质是在区域经济发展过程中要兼顾局部利益和全局利益、眼前利益和长远利益。经济的发展要充分考虑到区域自然资源的长期供给能力和生态环境的长期承受能力，不要为一时、一事、一地的利益而损害将来和全局的利益，既要满足当代人的现实需要，又要足以支撑或有利于后代人的潜在需要。因此，区域可持续发展除了具备可持续发展的一般特性以外，还可以从以下几个方面来理解：

1. 区域可持续发展要重视其地域性

地域分异规律是地球表层区域等级与层次分化所遵循的基本规律。在地域分异规律制约下，不同尺度的区域各有特点，正是这些区域特性导致了区域发展的不平衡性。区域发展的不平衡性不仅表现在不同区域以自然条件为基础的生产力和生产方式的差异，还表现在特定地区的人们各具特点的生活水准、消费水平和消费倾向，也表现在人类改造自然满足自身需求过程中面临的环境、资源、人口、经济和社会发展等问题，最终表现为各个区域具有不同的持续发展潜力和途径。因此，抓住区域的特色，研究本区域和不同区域的可持续发展，协调区域之间的联系，寻找适合区域特性的持续发展模式是区域发展的核心。唯有如此，才能够因地制宜地制定区域持续发展的战略对策与措施。

2. 要从整体上把握区域可持续发展

任何区域都是由自然、社会、经济、文化等多因素组成的复合系统，它们相互联系、相互制约，融合形成一个不可分割的统一整体。它的持续性或最优发展都是以其他子系统为基础或前提的。因此，区域整体水平的优化或持续性才是区域发展的最高利益，这就导致区域内部的性质和功能趋于一致，形成区域同一性。因此，一个区域的可持续发展要从区域整体着眼，从全局的角度进行综合分析和宏观调控；构成区域的各要素只有在整体功能强化的前提下才能实现协调发展，实现区域内利益的一致性。

3. 区域可持续发展具有可调控性

由于人类活动的参与，区域可持续发展过程实质上是一个自组织、组织合作的过程，人们可以通过决策，选择不同的发展模式对区域发展过程进行干预。人类对区域的可持续发展进程具有双向调控作用，可能促进区域的可持续发展，也可能延缓或破坏区域的可持续发展，这要根据阈值而定。所谓阈值，是指生态系统稳定与不稳定的节点，也可理解为系统要素或子系统的极限，即在此极限内系统可以稳定在一定的状态。从区域系统持续发展的子系统或要素来看，包括区域资源承载力、环境自净（缓冲）能力、生产支持能力与社会承受能力等。任何一种超潜力（或能力）的发展都将破坏区域的持续性。人们可以通过实践活动去认识和掌握这些阈值，通过决策，做出理性的选择，建立一个充分利用区域系统各种潜力的调控系统，引导区域可持续发展的实现。

4. 从动态的角度来理解区域可持续发展

区域可持续发展是一个开放的系统，时时刻刻处于动态变化中。也就是系统与区域外部环境中的其他系统之间、系统内部各子系统之间、子系统内部各要素之间进行着物质和能量的交换，处于不断运动变化之中。也就是说，区域可持续发展是一个动态的发展过程。因此，区域可持续发展的能力不是局限于现状，而是注重发展潜力的培养，关键在于对区域可持续动态发展的监测、分析和调控。

5. 区域可持续发展同样要追求效益

可持续发展是满足同代人及各代人的需求。这一需求的满足预示着在区域发展中经济社会的进步，而经济社会的进步涉及资源的利用与对环境的影响。因此，可持续性发展是一个区域人口、资源、环境与经济复合系统的有机增长问题，这一有机增长的结果通过效益的高低来衡量。区域可持续发展的效益不仅仅是根据区域经济生产率来衡量的，更重要的是根据人们的基本需求所得到的满足程度来衡量，是人类整体发展的综合和整体的高效性，是社会效益、经济效益和生态效益的统一。对于物质生产来讲，高效性是指在区域生态系统容许的界限内，达到在时空上对资源的最大利用效率和以尽可能低的代价产出尽可能多的效益；对于非物质生产来讲，高效性包括能充分吸收利用人类一切先进文明成果，形成有利于实践活动实现高效率的社会文化价值和经济运行机制。只有全面优化区域发展的效益，才能保证区域高效、稳定、持续发展。

6. 区域可持续发展的阶段性

对同一区域来讲，从时间轴来看，其区域可持续发展又具有阶段性的特点，是一个起步期—成长期—成熟期—顶极期的渐进过程。在不同的发展阶段就应该实行相应的发展措施，不能超越阶段限制采取不合理的发展战略，更不能照搬照抄其他地区的发展模式。

7. 区域可持续发展是更高层次区域可持续发展的主要组成部分

任何区域都是更高层次区域系统中的特定组成部分，它具有一定的范围与界限，一个区域的活动与它所推行的政策都会在不同程度上影响其他区域以及更高层次区域，它的发展也会在不同程度上受到更高层次区域经济社会活动的影响。所以，区域可持续发展目标的制定必须与更高层次区域可持续发展的大目标保持一致，只有在保证更高层次区域总体目标顺利实现的前提下，区域可持续发展目标的实现才有意义。所以，区域可持续发展是既满足本地人口的需要，又不危害更高层次区域人口满足需要能力的发展。

可持续发展作为一种新的生存发展方式，不但要体现在以资源利用和环境保护为主的环境生活领域，更要体现到作为发展源头的经济生活和社会生活中去。贯彻可持续发展战略必须遵从一些基本原则：

（1）公平性原则（Fairness）。可持续发展强调发展应该追求两个方面的公平：一是本代人的公平，即代内平等。可持续发展要满足全体人民的基本需求和给全体人民机会以满足他们较好生活的愿望。当今世界的现实是一部分人富足，而占世界 1/5 的人口处于贫困状态；占全球人口 26%的发达国家耗用了占全球 80%的能源、钢铁和纸张等。这种贫富悬殊、两极分化的世界不可能实现可持续发展。因此，要给世界以公平的分配和公平的发展权，要把消除贫困作为可持续发展进程中特别优先的问题来考虑。二是代际公平，即世代平等。要认识到人类赖以生存的自然资源是有限的。本代人不能因为自己的发展与需求而损害人类世世代代满足需求的条件——自然资源与环境。要给世世代代以公平利用自然资源的权利。

（2）持续性原则（Sustainability）。持续性原则的核心思想是，人类的经济建设和社会发展不能超越自然资源与生态环境的承载能力。这意味着，可持续发展不仅要求人与人之间的公平，还要顾及人与自然之间的公平。资源和环境是人类生存与发展的基础，离开了资源和环境，就无从谈及人类的生存与发展。可持续发展主张建立在保护地球自然系统基础上的发展，因此发展必须有一定的限制因素。人类发展对自然资源的耗竭速率应充分顾及资源的临界性，应以不损害支持地球生命的大气、水、土壤、生物等自然系统为前提。换句话说，人类需要根据持续性原则调整自己的生活方式、确定自己的消耗标准，而不是过度生产和过度消费。发展一旦破坏了人类生存的物质基础，发展本身也就衰退了。

（3）共同性原则（Common）。鉴于世界各国历史、文化和发展水平的差异，可持续发展的具体目标、政策和实施步骤不可能是唯一的。但是，可持续发展作为全球发展的总目标，所体现的公平性原则和持续性原则是应该共同遵从的。要实现可持续发展的总目标，就必须采取全球共同的联合行动，认识到我们的家园——地球的整体性和相互依赖性。从根本上说，贯彻可持续发展就是要促进人类之间及人类与自然之间的和谐。如果每个人都能真诚地按“共同性原则”办事，那么人类内部及人与自然之间就能保持互惠共生的关系，从而实现可持续发展。

三、 可持续发展的主要内容与基本理论

在具体内容方面，可持续发展涉及可持续经济、可持续生态和可持续社会三个方面的协调统一，要求人类在发展中讲究经济效率、关注生态和谐与追求社会公平，最终达到人的全面发展。这表明，可持续发展虽然缘起于环境保护问题，但作为一个指导人类走向21世纪的发展理论，它已经超越了单纯的环境保护。它将环境问题与发展问题有机地结合起来，已经成为一个有关社会经济发展的全面性战略。具体地说：

（1）经济可持续发展方面：可持续发展鼓励经济增长而不是以环境保护为名取消经济增长，因为经济发展是国家实力和社会财富的基础。但可持续发展不仅重视经济增长的数量，更追求经济发展的质量。可持续发展要求改变传统的以“高投入、高消耗、高污染”为特征的生产模式和消费模式，实施清洁生产和文明消费，以提高经济活动中的效益、节约资源和减少废物。从某种角度上可以说，集约型的经济增长方式就是可持续发展在经济方面的体现。

（2）生态可持续发展方面：可持续发展要求经济建设和社会发展与自然承载能力相协调。发展的同时必须保护和改善地球生态环境，保证以可持续的方式使用自然资源和环境成本，使人类的发展控制在地球承载能力之内。因此，可持续发展强调了发展是有限制的，没有限制就没有发展的持续。生态可持续发展同样强调环境保护，但不同于以往将环境保护与社会发展对立的做法，可持续发展要求通过转变发展模式，从人类发展的源头、从根本上解决环境问题。

（3）社会可持续发展方面：可持续发展强调社会公平是环境保护得以实现的机制和目标。可持续发展指出世界各国的发展阶段可以不同，发展的具体目标也可各不相同，但发展的本质应包括改善人类生活质量、提高人类健康水平，以及创造一个保障人们平等、自由、教育、人权和免受暴力的社会环境。这就是说，在人类可持续发展系统中，经济可持续是基础，生态可持续是条件，社会可持续才是目的。21世纪人类应该共同追求的是以人为本位的自然—经济—社会复合系统的持续、稳定、健康发展。

作为一个具有强大综合性和交叉性的研究领域，可持续发展涉及众多的学科，可以有不同重点地展开。例如，生态学家着重从自然方面把握可持续发展，理解可持续发展是不超越环境系统更新能力的人类社会的发展；经济学家着重从经济方面把握可持续发展，理解可持续发展是在保持自然资源质量和其持久供应能力的前提下，使经济增长的净利益增加到最大限度；社会学家从社会角度把握可持续发展，理解可持续发展是在不超出维持生态系统涵容能力的情况下，尽可能地改善人类的生活品质；科技工作者则更多地

从技术角度把握可持续发展，把可持续发展理解为建立极少产生废料和污染物的绿色工艺或技术系统。

可持续发展的基本理论可以分为基础理论和核心理论两大部分。

（一）可持续发展的基础理论

1. 经济学理论

（1）增长的极限理论。该理论是在《增长的极限》一书中提出的有关可持续发展的理论。该理论的基本要点是：运用系统动力学的方法，将支配世界系统的物质关系、经济关系和社会关系进行综合，提出人口不断增长、消费日益提高而资源却不断减少、污染却日益严重，这制约了生产的增长；虽然科技不断进步能起到促进生产的作用，但这种作用是有一定限度的，因此生产的增长是有限的。

（2）知识经济理论。该理论认为，经济发展的主要驱动力是知识和信息技术，知识经济将是未来人类可持续发展的基础。

2. 生态学理论

所谓生态学理论，是指根据生态系统的可持续性要求，人类的经济社会发展要遵循生态学的三个定律：一是高效原理，即能源的高效利用和废弃物的循环再生产；二是和谐原理，即系统中各个组成部分之间的和睦共生、协同进化；三是自我调节原理，即协同的进化着眼于其内部各组织的自我调节功能的完善和持续性，而非外部的控制或结构的单纯增长。

3. 人口承载力理论

所谓人口承载力理论，是指地球系统的资源与环境由于自身的自组织与自我恢复能力存在一个阈值，在特定技术水平和发展阶段下对于人口的承载能力是有限的。人口数量以及特定数量人口的社会经济活动对于地球系统的影响必须控制在这个限度之内，否则，就会影响或危及人类的持续生存与发展。这一理论被喻为20世纪人类最重要的三大发现之一。

4. 人地系统理论

所谓人地系统理论，是指人类社会是地球系统的一个组成部分，是生物圈的重要组成部分，是地球系统的主要子系统。它是由地球系统所产生的，同时又与地球系统的各个子系统之间存在相互联系、相互制约、相互影响的密切关系。人类社会的一切活动，包括经济活动，都受到地球系统的气候（大气圈）、水文与海洋（水圈）、土地与矿产资源（岩石圈）及生物资源（生物圈）的影响，地球系统是人类赖以生存和社会经济可持续发展的物质基础和必要条件；而人类的社会活动和经济活动又直接或间接影响了大气圈（大气污染、温室效应、臭氧空洞）、岩石圈（矿产资源枯竭、沙漠化、土壤退化）及生物圈（森林减少、物种灭绝）的状态。人地系统理论是地球系统科学理论的核心，是陆地系统科学理论的重要组成部分，是可持续发展的理论基础。

（二）可持续发展的核心理论

可持续发展的核心理论尚处于探索和形成之中。目前已具雏形的流派大致可分为以下几种：

1. 资源永续利用理论

资源永续利用理论流派的认识论基础在于：认为人类社会能否可持续发展取决于人类社会赖以生存和发展的自然资源是否可以被永远地使用下去。基于这一认识，该流派致力于探讨使自然资源得到永续利用的理论与方法。

2. 外部性理论

外部性理论流派的认识论基础在于：认为环境日益恶化与人类社会出现不可持续发展现象和趋势的根源是，人类迄今为止一直把自然（资源和环境）视为可以免费享用的“公共物品”，不承认自然资源具有经济学意义上的价值，并在经济生活中把自然的投入排除在经济核算体系之外。基于这一认识，该流派致力于从经济学的角度探讨把自然资源纳入经济核算体系的理论与方法。

3. 财富代际公平分配理论

财富代际公平分配理论流派的认识论基础在于：认为人类社会出现不可持续发展现象和趋势的根源是，当代人过多地占有和使用了本应属于后代人的财富，特别是自然财富。基于这一认识，该流派致力于探讨财富（包括自然财富）在代际之间能够得到公平分配的理论与方法。

4. 三种生产理论

三种生产理论流派的认识论基础在于：认为人类社会可持续发展的物质基础在于人类社会和自然环境组成的世界系统中物质的流动是否通畅并构成良性循环。他们把人与自然组成的世界系统的物质运动分为三大“生产”活动，即人的生产、物资生产和环境生产，该流派致力于探讨三大生产活动之间和谐运行的理论与方法。

第二节　区域可持续发展能力的建设

于1992年里约会议通过的联合国《21世纪议程》，对可持续发展的能力建设曾有过这样具体详细的阐述：一个国家的可持续发展能力在很大程度上取决于在其生态和地理条件下人民和体制的能力。具体地说，能力建设包括一个国家在人力、科学、技术、组织、机构和资源方面的能力的培养和增强。能力建设的基本目标就是提高对政策和发展模式评价和选择的能力。这个能力提高的过程是建立在其国家的人民对环境限制与发展需要之间关系的正确认识的基础上的。所有国家都有必要增强这个意义上的国家能力。

由此可见，可持续发展能力建设包含的基本内容有：第一，生态和地理条件是可持续发展能力的基础。国家所处的自然条件、资源储备等自然系统的供给能力是可持续发展的物质前提条件。第二，可持续发展能力必须要有体制性保障。强调体制对实施可持续发展战略的作用，主要原因在于不同的体制对可持续发展战略的实施会有不同的效果。第三，可持续发展能力建设依靠科学技术进步。可持续发展能力强调了科学技术的能力，通过技术进步能够提高资源利用效率，减少人类生产活动对环境的污染和破坏程度。第四，可持续发展能力建设的基本目标是选择发展模式和提高发展能力。重视人力资本与体制资本（或者更广义上的社会资本）的积累，强调人的综合能力，包括对自然过程的认知和把握能力、对问题迅速反应及解决能力等。第五，可持续发展能力建设要求全球共同采取行动。这与可持续发展的共同性原则完全吻合。任何一个国家和区域，不可能仅仅依靠自己的力量取得成功，必须联合其他国家和区域共同走可持续发展的道路。只有采取共同行动，才有可能实现可持续发展的目标。

因此，可持续发展的能力建设就是在资源基础与环境容量的约束下，通过技术进步、社会管理、公众参与意识等途径，在满足人类发展需要的基础上，提高人类的发展模式评价和选择能力的一种社会活动。这项社会活动是可持续发展具体目标得以实现的必要保证。一个国家和区域的可持续发展在很大程度上依赖于这个国家和区域的政府和人民通过技术的、观念的、体制的因素表现出来的能力。可持续发展的能力建设具体包括决策、管理、法制、政策、科技、教育、人力资源、公众参与等基本内容。

对于发展中区域而言，区域可持续发展能力的最重要的环节是经济发展能力。它包括经济系统内部的持续发展能力和经济发展环境的持续能力两个方面。经济系统内部的持续发展能力是由经济系统的结构与功能所决定的经济再生产能力，是人类协调自身与自然之间关系的力量的总和。经济发展环境的持续能力是指经济发展所需要的生态环境资源和社会环境资源的可持续能力。因此，区域可持续发展能力建设就是对经济系统内部的持续发展能力和经济发展环境的持续能力进行建设。

区域可持续发展能力建设的途径具体包括生态环境建设、管理决策体系建设、法制体系建设、科技创新能力建设、公众参与意识培养等多个方面。

一、可持续发展的法制体系建设

可持续发展的法制体系建设是可持续发展战略具体化、法制化的途径，是可持续发展战略付诸实现的重要保障。可持续发展要求通过法制体系的建立与实施，实现自然资源的合理利用，使生态破坏与环境污染得到控制，以保障经济社会的可持续发展。

可持续发展战略已经成为中国一项基本国策，它的实施必须依赖法律的保障。随着社会主义法制的健全，加强环境保护和维护生态平衡的法律、法规逐渐出台，已经初步形成以宪法有关规定为指导思想，《中华人民共和国环境保护法》（以下简称《环境保护法》）为基本法律文件和与许多专门性法律法规相结合的较为完整的可持续发展的法律体系，能够发挥有力的法律保障作用。

《宪法》第 9 条规定："中国保障自然资源的合理利用，保护珍贵的动物和植物，禁止任何组织或者个人用任何手段侵占或者破坏自然。"第 25 条规定："国家推行计划生育，使人口的增长同经济和社会发展计划相适应。"第 26 条规定："国家保护和改善生活环境和生态环境，防治污染和其他社会公害，国家组织和鼓励植树造林、保护林木。"宪法的这些规定以根本大法的形式确立了对可持续发展战略的法律保障，也为其他法律、法规奠定了立法的法律基础。于 1989 年 12 月 26 日全国人大常委会通过并生效的《环境保护法》，是中国保护环境的一部基本法律。该法是根据宪法有关规定而制定的，规定了中国环保工作中的基本原则和制度等根本性问题，所以该法又是制定各种单行环保法规和地方法规的直接法律依据。

依法管理是国家管理各类事务中遵循的一个基本原则，可持续发展的执法同样需要依法管理作为保障。中国可持续发展的法制体系不断健全，但执法过程中仍然存在不少问题，阻碍了可持续发展战略的推进速度。这一点在环境执法中表现得最为突出。改革开放以来，中国环境法制建设取得了巨大成就，逐步建立了国家、省、市、县四级环境执法体系，制定了国家、省、市、县四级环保法律、法规、规章及规范性文件。在这种背景下，环境执法仍然难以实现制度化、法制化、经常化，使得正常的行政执法表现为突击检查式的"运动"。要提高可持续发展的法制保障能力，目前亟待解决以下主要问题：

（1）有关可持续发展方面的一些法律、法规滞后，法律责任不具有可操作性。现行环境资源法律一方面是缺乏法律原则，对企业特别是对地方政府没有明显的约束力、威慑力，另一方面是环境执法监管滞后。由于刑法中对"破坏环境资源保护罪"的司法解释没有出台，在环境执法实践中，以罚代管过多、过乱，企业环境违法处罚过轻，加上地方政府充当违法企业的"保护伞"，真正的"破坏环境资源保护"的大户逍遥法外，使得许多单位和个人根本不理会法律责任"构成犯罪的，依法追究刑事责任"的有关规定，最终削弱了法律对可持续发展的保障能力。

（2）法律责任追究机制不健全。《环境保护法》第 16 条规定："地方各级人民政府，应当对本辖区的环境质量负责，采取措施改善环境质量。"地方政府是区域生态环境的主要责任主体，但是在中国的现实社会背景下，难以追求地方政府的法律责任。有些地方政府领导，为了在自己任内实现利益最大化，不惜以生态和环境为代价。另外一个重要的原因是环保执法机构只是接受国家环保部门的业务指导，不是垂直领导关系，人事和财务都属于地方政府管理。因此，根本无法发挥环境资源执法机构的应有功能。

（3）环保部门缺乏必要的行政强制权。由于缺乏行政强制权，环保部门对于违法和违规的企业的处理必须同其他部门协商解决，凸显环境执法的无奈。

（4）地方政府狭隘的集体主义思想。地方政府往往为了本地的经济利益，想方设法规避环境执法检查，有时甚至授意地方环保部门出具虚假的环保验收报告，蒙骗国家环保部门的检查。

二、可持续发展的管理决策体系建设

实现可持续发展需要有一个非常有效的管理决策体系。历史与现实表明，环境与发展不协调的众多问题是由决策与管理的不当造成的，因此提高决策与管理能力就成为可持续发展能力建设的重要途径。可持续发展的管理决策体系建设要求培养高素质的决策人员与管理人员，综合运用规划、法制、行政、经济等众多手段，建立和完善可持续发展的组织结构，形成综合决策与协调管理的机制。

可持续发展的管理决策体系建设，对政府能力是有一定要求的。由于环境与自然资源通常具有公共物品的独特特征，环境与自然资源的开发使用不能完全按照市场规律配置，应当由政府根据可持续发展的基本原则进行管理，实现代际和区际的公平配置。要实现这个目标，必须以强大的制度力量作为保障，否则可持续发展战略的实施效果就不会如人们所期望的那样。只有通过完善的法制和拥有强有力调控手段的政府，才能保证制度能够有效地维持资源与环境的可持续利用。

可持续发展能力建设要求建立完善和科学的管理决策体系，通过提高制度效能而实现。提高制度效能的主要方面就是通过体制改革、机制构建，通过有效的组织、明确的产权关系等规则和规范形成一种激励效应，从而减少交易成本，使私人效益接近社会效益，同时对经济发展的速度和模式产生重要影响。

三、可持续发展的生态环境建设

生态环境是一个区域社会经济赖以发展的最基本的条件。人类要想实现可持续发展，即生态经济社会的协调发展，就必须在经济发展过程中对生态环境进行建设，使生态发展和经济发展保持协调。

生态环境建设有多种途径，如退耕还林还草、退牧还草、天然林保护、防沙治沙、沙漠化治理、水环境污染治理以及城市污染综合治理等。许多地区的生态环境问题与经济发展问题之间存在一个“累积因果关系”的恶性循环。要有效解决这些地区的生态环境问题，就首先必须打破这个循环怪圈。生态发展是一个重要的突破口。

生态发展的基本含义可以这样概括：以生态建设为基础，以人工生态模拟为条件并通过一定的生态技术、生物技术、化学技术、工程技术、经济技术等手段建立起来的生态经济系统，不仅应具有维持人类的生态条件、提高人民生活质量的效用，而且还应有较高的经济产出和伴随着经济产出的增加对人类的经济结构和收入结构产生明显有利的影响，同时有利于新型产业（生态产业、水土保持产业、沙产业、林产业、草产业等）的形成，通过新型产业形成促进区域特色经济的发展，从而达到充分地、科学地利用水、土、热、光等自然资源、激活贫困地区的造血功能以解决贫困落后的目的。

生态发展并不等于生态平衡，但包含着生态平衡；而生态平衡却不意味着生态发展，更不意味着经济发展。一般意义上的“自然生态平衡”的概念较多地关注生态经济系统中自然生态子系统的生态功能性问题；而生态发展的概念则较多地关注生态经济系统中生态子系统与经济子系统的协调一致性，即如何充分利用生态经济系统中的生态功能性去实现经济性目标，特别强调生态系统的经济目标特性的实现以及人类生态行为的经济目标性，特别强调运用生态工程等技术规划、设计生态系统并以经济手段加强对生态系统的管理；特别关注如何通过人为的规划、设计充分发挥生态系统的经济生产力这一对于西部地区农村经济发展和脱贫致富更具现实意义的关键问题。

四、可持续发展的科技创新能力建设

科学技术是可持续发展的主要基础之一。没有较高水平的科学技术支持，可持续发展的目标就不能实现。科学技术对可持续发展的作用是多方面的。它可以有效地为可持续发展的决策提供依据和手段，促进可持续发展管理水平的提高，加深人类对人与自然关系的理解，扩大自然资源的可供给范围，提高资源利用效率和经济效益，提供保护生态环境和控制环境污染的有效手段。因此，科技创新能力建设是区域可持续发展能力建设的重要途径。

科技创新能力是一种特殊的能力，它不但要求科技成果的创新，而且要求科技成果通过市场交易的方式转让给企业家，由企业家把科技创新成果应用到实际的经济生产中，转化为现实的经济生产力。这样才能称为一个完整的科技创新过程。因此，科技创新能力是创新、投资、生产三种独立能力的综合表现，是影响区域可持续发展及市场竞争力的根本因素之一。

区域的科技能力反映了一个地区的知识和信息积累能力。只有真正的企业家才能最终把科技能力创造地运用于生产，实现科技创新。西部地区应当建立一整套的技术创新、获取、消化机制。建立区域性的技术市场，集中最新技术成果的供给与需求，使科技成果的价值尽可能得以实现。同时，要加强各省市区常设技术市场、技术交易所、技术商城、技术中介服务机构建设，建立各技术市场之间相互衔接、相互协作、相互配套的网络体系。西部地区一些地方的科学技术人才存量相当大，但是始终未能转化为推动西部地区经济增长与发展的重要力量，这一点值得深思。

人力资源的开发应始终作为可持续发展的根本方面。地区人才的开发要通过人才环境的改善，发挥现有人才的潜力作用。一些生态欠发达地区人才外流现象也比较严重，这虽然有自然环境因素的影响，但更重要的是体制性的束缚。解决问题的出路在于通过产、学、研结合，通过大力发展民办科技企业等制度创新，释放现有人才的潜能。对于必须从区外引进的人才，可采用“候鸟”式等灵活方式，“不求所有，但求所用”，充分发挥人力资源在科技创新中的作用。

第三节　区域创新系统

一、创新与创新系统

创新已经被世界各国和地区公认为提高国家竞争力、促进经济长期发展的重要手段。在中国，自主创新战略已经成为国家战略。创新是一个多种力量均衡的结果，因为创新是一个“新思想的产生—研究开发—实验验证—工程化—小批量—大批量—市场投放”的过程。在这一过程中，用户需求的确定、新思想的可行性、制造问题的解决、融资解决方案，都制约着创新的成与败。创新是一个市场失灵的领域，是一个社会回报高于私有回报的过程（Arrow，1970）。创新过程面临着多种不确定性，而这种不确定性的消除，仅靠政府解决或者公司自己解决都是不够的，因此区域创新需要以不同知识的网络化为依靠。

一方面，由于创新的本质是多种新要素、多种知识的碰撞和相互作用，因此，在一个地理边界内，从国家到地区，创新的实现需要社会部门的参与，需要多种融资方式的产生和配合，需要大学、研究所、企业的合作。另一方面，开放的创新，国内外的技术转移与合作，会大大提高一个区域的创新能力。地理边界内创新生态系统的建立，包括企业的特质、产业的发达程度、产业的集群度、科技教育的综合水平、技能的供给，也影响着创新能力的实现。因此，创新不是由一种力量或一种资源推动实现的，而是多种力量均衡作用与网络协同的结果。

20世纪80年代以来，越来越多的学者认识到：理解创新，把握创新，以创新作为政策工具，必须从系统的角度出发才能有效驾驭创新。国家创新系统（National Innovation System）和区域创新系统（Regional Innovation System）的随之提出，成为创新研究的重要发展。它为利用创新促进经济发展提供了一个很好的分析框架。在此基础上，可以把区域创新系统定义为：一个企业和其他组织在一个给定的制度背景下，以系统及嵌入的方式参与互动学习的体系。换句话说，它是一个知识从产生到发展再到商业化的系统。

二、国家创新系统和区域创新系统的提出

哈佛大学的波特（Porter，1985）教授认为，解释一个国家产业竞争力的关键是该国能否有效地形成竞争性环境以推动创新。他于1990年出版的《国家竞争优势》一书中指出，一个国家的优势取决于四个重要因素：①要素条件，如熟练劳动力的供给；②需求条件，如产品需求；③相关支持产业；④企业战略与竞争情况。除此之外，对竞争力影响最大的是机遇和国家作用。为此，他提出了国家创新系统的“钻石”理论模式，将国家创新系统的微观机构与宏观运行绩效有机地结合起来，在经济全球化的大背景下研究国家创新系统。

伦德威尔（Lundevall，1992）将国家创新系统定义为：产生、扩散和使用经济上适应的新知识过程中相互作用的要素及其相互联系。这些要素和联系包括根植于国内的，也包括地处国外的。他认为国家创新系统主要包括：企业内部组织、企业间关系，公共部门作用，金融部门及企业部门的作用、研究开发部门。

经济合作与发展组织（OECD）在1996年发表的《国家创新系统》报告中将国家创新系统界定为：公共和私人部门中的组织结构网络，这些部门的活动和相互作用决定着一个国家扩散知识和技术的能力，并影响着国家的创新业绩。

虽然以上说法不一，但基本上都突出了国家创新系统的要素及其相互作用。这里，可以把国家创新系统定义为：由共同或独立从事或服务于知识、技能和新产品的开发与扩散，为政府提供用以制定和执行创新干预政策框架的一系列相互联系构成的一个系统。

作为国家创新系统的重要组成部分，区域创新系统的概念随后出现，且得到了学术界的重视并加以研究。英国的Metcalfe（1995）教授认为，以国家为单位来分析一个技术体系的动态图像可能太大了。因此“应该考虑一组有特色的、以技术为基础的体系，其中的每一个体系均以一个国家地理和制度为边界，而它们之间又进行连接，支撑国家或国际创新系统的发展”。

区域创新系统研究得到重视的一个重要原因是当时美国硅谷的崛起。硅谷的神奇使人们认识到区域在区域创新系统中扮演着重要角色。学者们对此进行了大量的讨论，美国的

Saxenian 教授是其中的代表。她分析了硅谷与“麻省 128 号公路”的发展经历的不同。她的问题是为什么硅谷的发展会好于“麻省 128 号公路”。她的结论是，硅谷是一个区域网络化的产业系统，这一系统促进了专业化厂商的集体学习能力以及相互适应能力的提升。区域内密集的社会网络、开放的劳动力市场促进了各种新探索的创业的产生。各公司之间既相互竞争，又不断在新技术方面互相学习，且企业内外水平式的沟通非常多，有利于企业与供应商、客户、大学等的交流（Saxenian，1994）。

与国家创新系统相比，区域创新系统的建设有一个独特优点：通过区域创新系统的建设，可形成一个区域的创新文化；通过集体学习而形成的价值观、态度以及进行创新实践，是国家创新系统建设的功能中所不具备的（Cooke，2006）。

对中国而言，区域创新研究同样重要，且要比其他国家更为重要。中国人口多、地域广，如何发挥地区在创新方面的能动性，如何发挥各个有特色的创新文化和创新系统的作用，是国家创新系统建设的关键。把握、理解和利用区域创新的变化和差异，是未来区域创新研究的重要方向。区域创新系统是国家创新系统的重要组成部分，区域创新系统的多样性是国家创新系统的活力所在。特别是在当今全球经济一体化的趋势下，产业的空间聚集已经成为一种客观规律，它不仅是创造优势和保持优势的重要手段，而且也是大国参与全球产业分工的主要载体。因此，强调建设区域创新系统和发展区域创新能力，具有极其重要的现实意义。

（1）中国地域广大、人口众多、历史悠久、地理多样性高、民族较多，强调区域多样性可为创新提供更多更大的空间。例如，在南方人们更加注重发挥小企业的作用，家族文化在创新中起着重要作用，突出了灵活的经营模式；上海市则非常注重大企业的作用；北京市则强调了高科技中小企业的作用。在沿海地区，几千年来的贸易文化使其更加注重外向型经济的作用，而内陆地区则更加强调本地优势的发挥。所有这些都为区域创新系统的构建创造了条件。换言之，区域创新系统的构建可为区域经济发展提供新的思路，摆脱长期困扰中国经济发展中的区域趋同现象。

因此，国家应注重发挥各地的创新积极性，把创新的差异性作为制度设计和政策制定的基本出发点。要通过与地方共建若干创新基地的形式，带动区域性经济的发展。要注意培育跨省市的区域创新系统，以及以产业集群为核心的区域创新系统。各地高新技术开发区是地方创新的密集区，要加强高新技术开发区在地方技术转移和高技术产业化中的龙头作用，从而提高地方的创新能力。

（2）为地方政府推动地方经济工作提供新的模式。许多地方政府的工作模式仍带有计划的色彩，即注重项目，直接支持企业。许多地方的企业仍然有一种强烈的“等靠要”的依赖倾向，缺乏创业创新精神。许多地方通过地方市场封锁来保护产业，而不是靠核心竞争力的形成来获得市场。通过区域创新系统观念的传播，可帮助地方政府寻找新的、面向市场的政府工作模式。区域创新系统强调要促进本地创新要素，如企业、大学、科研院所、金融部门等的互动，强调创新环境的重要性，强调区域专有因素的重要作用，强调产业的集群。

三、区域创新系统的内涵

区域创新系统作为国家创新系统的一个子系统，在20世纪90年代后才被提出来。它是一个区域内具有各自特征和功能的组织要素相互联系、相互作用而形成的一个创新网络。其目的是根据区域环境的变化，不断进行要素的新组合及创新活动，实现区域资源的有效配置，增强区域竞争力，促进区域经济的协调发展。

英国卡迪夫大学库克（Cooke，1990，1994，1998）教授对区域创新系统进行了较早和较全面的理论及实证研究。在库克、布拉茨克和海登里希（Cooke、Braczyk and Heiden-reich，1996）主编的《区域创新系统：全球化背景下区域政府管理的作用》一书中，库克对区域创新系统的概念进行了较为详细的阐述，认为区域创新系统主要是由在地理上相互分工与关联的生产企业、研究机构和高等教育机构等构成的区域性组织体系，由这种体系支持并产生创新。魏格（Wig，1995）在探讨区域创新系统的概念时，认为广义的区域创新系统应包括：①进行创新产品生产供应的生产企业群；②进行创新人才培养的教育机构；③进行创新知识与技术生产的研究机构；④对创新活动进行金融、政策法规约束与支持的政府机构；⑤金融、商业等创新服务机构。其他一些学者，如阿希姆（Asheim，1997）、卡希奥拉托（Cassilato，1999）和卡尔松（KarLsson，1999）等，也从不同角度论述了区域创新系统的概念。

综合分析后，我们可以把区域创新系统定义为：一个区域内由参与技术发展和扩散的企业、大学和研究机构组成，并有市场中介服务组织广泛介入和政府适当参与的一个为创造、储备和转让知识、技能和新产品而形成的创新网络系统。至少应包括以下基本内涵：

（1）具有一定的地域空间范围和开放的边界。

（2）以生产企业、研究与开发机构、高等院校、地方政府机构和服务机构为创新主要单元。

（3）不同创新单位之间通过关联，构成创新系统的组织结构和空间结构。

（4）创新新单元通过创新（组织和空间）结构自身组织及其与环境的相互作用而实现创新功能，并对区域社会、经济、生态产生影响。

（5）通过与环境的作用和系统自组织作用维持创新的运行和实现创新的持续发展。

广义的区域创新系统涵盖全球创新系统（Global Innovation System）、国际创新系统（International Innovation System）、国家创新系统（National Innovation System）、区域（狭

义）创新系统（Regional Innovation System）和地方创新系统（Local Innovation System）等；狭义的区域创新系统是指介于国家创新系统和地方创新系统之间的空间创新系统，如省、市、区级区域创新系统等。

区域创新系统作为一个综合性的系统，本身具有复杂性。因此，对其特征的研究需要从不同的层面进行仔细剖析。

首先，区域创新系统作为一般系统，具有整体性、有序性、集合性、关联性等特征：

（1）整体性。区域创新系统作为整体，不仅其功能大于各构成部分功能的总和，而且各构成部分之间存在有机的联系。

（2）有序性。区域创新系统并不是由各构成部分杂乱无章地凑合而成，而是由各构成部分有序组合而成的，并形成一定的结构。

（3）集合性。区域创新系统并不是由单一要素组成的，而是由多个部分构成的。

（4）关联性。区域创新系统各构成部分并不是彼此独立的，而是相互依存、相互制约的。

其次，区域创新系统作为社会系统，具有目的性、环境适应性和环境改造性等特征：

（1）目的性。区域创新系统各构成部分是为了完成系统整体的目标而协同工作的，而不是无目的的组合体。

（2）环境适应性。区域创新系统并不是一成不变的，而是能适应其环境的变化而变化。

（3）环境改造性。区域创新系统是有人参与的能主动改造其环境的社会系统。

再次，作为创新系统，区域创新系统具有整体有效性、协同性、动态性和开放性等特征：

（1）整体有效性。区域创新系统不仅各构成部分要具有活力，而且作为整体也必须具有活力。

（2）协同性。区域创新系统各构成部分必须进行有效的相互联系和合作，在整体上相互协同。

（3）动态性。区域创新系统并不是静止的，而是随着经济和社会的进步也在不断发展和完善。

（4）开放性。区域创新系统是一个开放的系统，与其环境有着密切的联系和交流。

最后，作为区域层次的创新系统，区域创新系统又具有地域性、独立性、多样性等特征：

（1）地域性。区域创新系统总是位于一定的地域空间之上的，受所在区域条件的制约和影响。

（2）独立性。区域创新系统都相对独立，区域创新系统之间存在界面分割。

（3）多样性。区域创新系统相互之间总有差异，存在多种多样的区域创新系统。

英国教授 Cooke 对区域创新系统做了系统的划分。从区域治理维度出发，区域创新系统分为基层型区域创新系统、网络型区域创新系统和统制型区域创新系统。在基层型区域创新系统里，技术转移活动的开端是在当地进行的，资金筹集是分散的，研究能力是偏重于应用或靠近市场的，系统的协调是低的，技术专业化水平也是低的。在网络型区域创新系统里，技术转移活动的开端是多层次的，资金筹集是被银行、政府机构和企业之间的协议指导的，研究能力是纯理论与应用混合的，系统的协调是高度的，技术专业化水平是有弹性的。在统制型区域创新系统里，技术转移活动的开端是中央政府政策的产物，资金筹集是中央决定的，研究能力是基础性的或根本性的，系统的协调水平是很高的，技术专业化水平也是高的。

从企业创新维度出发，区域创新系统分为本地型区域创新系统、互动型区域创新系统和全球型区域创新系统。在本地型区域创新系统里，很少有大的企业或外资企业大的分支机构，研究范围不大，很少有公共创新或研究与开发（R&D）资源，企业之间以及企业与区域政策制定者之间的联系是较高的。在互动型区域创新系统里，大型企业与中小型企业基本上是平衡的，研究范围是变化的，公共的研究机构和私有的研究机构也是平衡的，企业之间以及企业与区域政策制定者的联系是高于平均水平的。在全球型区域创新系统里，跨国公司占支配地位，研究范围是大的，私有研究机构超过公共研究机构，企业之间以及企业与区域政策制定者之间的联系是缺乏的。

我国文献上尚未对区域创新系统进行系统的类型划分。一般地，依据区域优势产业维度，可以把区域创新系统分为高新技术产业型区域创新系统、传统产业区域创新系统和混合产业型区域创新系统。依据创新资源的配置机制，可以把区域创新系统分为政府主导型区域创新系统、政府与市场共推型区域创新系统和市场主导型区域创新系统。政府主导型区域创新系统，创新资源配置主要由政府推动；政府与市场共推型区域创新系统，创新资源配置由政府与市场共同推动；市场主导型区域创新系统，创新资源配置主要由市场推动。

第四节　区域创新系统的构造与模式分类

一、区域创新系统的构造

区域创新系统的基本要素，是指直接参与或作用于区域创新活动，构成创新活动投入、活动过程和活动结果重要组成的不可再分的区域经济要素。一般说来，主要包括创新资金（或资本）、创新人员（人才与劳动力）、创新资源与产品、创新技术及创新管理等。其具体内容如下：

（1）创新资金（或资本）。它是指直接参与创新活动的资金，主要包括创新活动的资金筹集与投入（Funding）、开支（Expenditure）、创新活动成果转化与销售的资金收入（Revenue）等。

（2）创新人员（人才与劳动力）。狭义的创新人员是指直接从事研究与开发活动的人员（R&D Staff），尤其是其中的科学家、工程师；广义的创新人员还包括创新产品的生产、销售、管理及服务人员。

（3）创新资源与产品。它是指用于创新活动资源。狭义的创新资源是指用于研究与开发活动的物质实体（原料、辅助材料、初级产品与中间品、设备等）和信息；广义的创新资源包括各创新机构从事创新活动的所有投入要素，包括物资、人员、资金、信息、技术等。

（4）创新技术。它是指用于创新活动的技术手段、方法、设备、资料等。狭义的创新技术主要指创新生产技术；广义的创新技术还包括创新营销技术（Marketing Technique）、管理技术（Management Technique）、服务技术（Service Technique）、教育与培训技术（Education & Training Technique）等。

（5）创新管理。它是指对创新进行组织、领导、规划、维持、保护等内容的活动。狭义的创新管理主要指对技术研究与开发的管理；广义的创新管理是指对创新各类机构进行的管理。

从纵向上看，区域创新系统由地域内的次级子系统构成，不同层次的区域创新系统排成由简单到复杂、由低级到高级的等级序列，如科技园区区域创新系统、城市区域创新系统、省级区域创新系统、跨省区区域创新系统等；从横向上看，区域创新系统的分系统有企业分系统、科研机构分系统、高等院校分系统和政府分系统。

各层次区域创新系统均由企业、科研机构、高等院校、政府四个主体要素构成。这些要素在区域创新系统中的地位与功能不同，既有分工，又有合作，形成一个相互促进的网络系统。其中，企业将各种创新思想转变成为合乎市场需求的产品或服务。因此，企业是区域创新系统的中心要素，决定整个创新系统的创新效率。其他主体如大学、科研机构、政府都从事支持性活动，为非中心要素。

一般说来，各系统要素的功能是确定的：企业是技术创新的主体，是社会物质产品的最终提供者，任何技术只有进入企业，转化为现实的生产力，才能推动社会的进步，也才能证明其自身存在的价值和意义；科研院所主要从事科学研究与技术开发活动，大学主要从事创新人才的培养以及知识生产和传播活动，它们都是企业创新活动重要的知识源泉；

政府制定有关政策，激励和规范系统要素的创新活动，对创新过程进行宏观调控，为开展创新活动创造良好环境，保证系统有序运行。随着系统的运行，要素的边界会发生变化。例如，随着科学技术的发展，科学—技术—生产之间的联系日益紧密，一部分科学研究活动和大部分技术开发活动进入企业。创新活动就是在创新系统的内部因素、环境因素以及内部各要素之间的相互影响和相互作用中形成和展开的。

区域创新系统主要由区域技术创新系统、区域制度创新系统和区域管理创新系统组成。

1. 区域技术创新

科学技术产生的效应不仅能促使区域经济、社会、环境协调发展，还能促使复合系统较快地进入可持续发展的轨道，也能推动其从一种低层次的可持续发展状态提升或飞跃到另一种更高层次的可持续发展状态，是一种基于以可持续发展为前提的技术创新过程。这要求技术创新所包含的技术发展不仅不能掠夺资源和破坏环境，而且必须能实现资源的再生和持续利用，实现对资源的维护和保护；要求其技术创新所创造的效应涵盖经济、社会和生态等方面的综合效益。

2. 区域制度创新

区域经济的发展和增长、社会的文明和进步、生态的平衡和维护，除了需要区域发展的行为主体积极参与外，还需要各行为主体借助各自丰富的知识、科学技术水平和科学管理方法来带动，更需要有正确的制度变迁所激发的冲击力来推动。制度创新就是对与技术创新有关的制度进行调整、完善，进而形成一套有利于技术创新的基础性规则。

3. 区域管理创新

区域管理创新是指在已达到一定管理水平的基础上，为主动适应外部环境、提高管理整体效能，而有意识地推动管理要素在质和量上发生新的变化和新的组合。它一般表现在环境的自适应与开拓、组织的调整和革新、生产要素的提高和量的优化组合、管理职能的分解与协作、管理制度的改造与重建、管理技术的进步和管理方法的科学化等方面。其核心内容是通过管理思想、管理组织、管理手段、管理方法、管理人员的现代化演进，增强企业对环境的适应能力，实现在不增加或少增加生产要素的前提下，通过质和量的提高和科学组合，以提高生产效率和经济效益。它具体可以分为管理要素创新和结构创新。从管理要素角度来看，管理创新又可以分为经营管理理念创新、管理组织创新、管理方法创新、管理工具创新、经营机制创新、管理模式创新等。

二、区域创新系统的运行机制

机制也称为机理，原意是指机器的构造和工作原理，现已在各门学科中广泛引申应用。区域创新系统的运行机制是指特定的区域创新系统内部创新活动主体之间及其与创新环境之间相互作用过程的原理。

在这里，我们从区域创新系统内创新资源的配置上、区域创新活动主体的互动和促进区域经济发展三方面来对区域创新系统的运行机制进行研究。

首先，从区域创新系统内创新资源的配置上来看，区域创新系统的运行机制包括市场机制、宏观调控机制和信任机制。

（1）市场机制。在市场经济体制下，市场机制是经济运行的基本机制，在资源的配置上起着基础性的作用，当然也在创新资源的配置上起着基础性的作用。然而，市场机制能否对特定区域的创新资源起到优化配置的作用，与该区域市场体系的健全与否关系密切。

（2）宏观调控机制。创新资源的配置，不仅与一般资源的配置一样存在“市场失灵”，而且从创新系统的角度来看，还存在“系统失灵”。创新资源配置的这两类“失灵”，都需要宏观调控机制来克服。宏观调控机制是通过创新战略、创新计划和相应的创新政策、创新法律发挥作用的，引导、促进创新资源的优化配置。

（3）信任机制。无论是市场机制，还是宏观调控机制，都无法解决创新活动主体在彼此合作、交流中的信任问题。因此，在区域创新系统的运行中，还存在信任机制。信任机制是通过社会舆论发挥作用的，也对创新资源的优化配置起着积极的作用。显然，在区域创新系统的运行中，市场机制、宏观调控机制和信任机制是相互弥补的，综合地对创新资源的优化配置发挥着作用。

其次，从区域创新活动主体的互动上来看，区域创新系统的运行机制包括协作机制、竞争机制、学习机制和开放机制。

（1）协作机制。协作机制是指区域内创新活动主体之间和区域之间在区域创新中共同合作的机制。协作机制涉及各类区域创新活动主体在区域创新活动中的合作关系，如常见到的创新活动中的“产、学、研”结合、大企业与中小企业合作等。协作机制也涉及同一区域内不同小区域之间以及区域与区域外其他区域之间在区域创新活动中的合作关系，如福建省内的山区与沿海之间，以及福建省与外省、国外区域之间在区域创新活动中的合作关系。

（2）竞争机制。竞争机制是指区域内创新活动主体之间和区域之间在区域创新中相互竞争的机制。竞争机制涉及各类区域创新活动主体在区域创新活动中的竞争关系，其中以企业之间的竞争最为重要。竞争机制也涉及同一区域内不同小区域之间以及区域与区域外其他区域之间在区域创新活动中的竞争关系。

（3）学习机制。学习机制是指区域内创新活动主体之间和区域之间在区域创新中相互学习的机制。学习机制涉及区域创新参与人员（主要是创新人才）的个体学习（如“在干中学、在用中学、在培训中学”等），也涉及区域创新活动主体的组织学习，还涉及区域创新活动主体之间的集体学习。

（4）开放机制。开放机制是指区域创新系统在区域创新中对外部区域（包括国内其他区域和国外区域）开放的机制。开放机制表现区域创新系统的对外联系，区域创新系统的开放包括对国内其他区域的开放和对国外区域的开放。

在区域创新系统的运行中，协作机制、竞争机制、学习机制和开放机制是同时发生作用的，综合地产生区域创新活动主体的互动作用。

最后，区域创新系统促进区域经济发展的机制可以用创新带动区域经济增长、转变区域经济增长方式、提高区域经济竞争力和促进区域产业结构调整来解释。

（1）带动区域经济增长。区域经济发展固然可以凭借区域内的自然资源优势、已有产业优势和区域经济分工上的优势发展本区域的经济，但区域经济的快速发展和经济增长质量的提高，需要依托区域创新系统不断开拓区域经济的新增长点。带动作用的机理是：第一，区域创新可以优化、整合区域内的创新资源，提高区域的创新能力，形成区域的创新合力，从而保证区域内的市场创新，保证区域内经济增长质量；第二，区域创新系统的建设必然促进区域内高科技企业和高科技园区的发展，而高科技企业和园区的发展则导致区域内新兴产业和新经济增长点的形成；第三，区域创新系统不仅可以提高企业自身对先进技术的消化、吸收能力，还有利于逐步提高企业的自主创新能力，使区域内新产品和科技含量高的产品不断增加。

（2）转变区域经济增长方式。选取以技术创新为主导的发展模式是实现经济增长方式由粗放向集约转变的关键。推动以技术创新为主导的发展模式，能有效地促进科技创新活动与经济活动的“双赢”互动，加快科学技术转化为现实生产力的进程，降低对自然资源的依赖程度和对环境的破坏程度，以最少的投入获取最大的效益，推动经济的可持续发展。

（3）提高区域经济竞争力。区域创新系统不仅促进了区域内经济增长，而且有助于提高区域竞争能力。第一，区域创新系统有利于新知识和新技术的增长，并把经济的增长建立在知识创新和技术创新的基础之上，而知识和技术具有“边际效益递增”的特性；第二，区域创新系统强调培养创新型人才和高素质劳动者，并把此项活动作为经济持续增长的基础，增强了区域经济对国内外市场变化的适应能力，而适应能力是区域经济竞争力的重要体现。

（4）促进区域产业结构调整。实践证明，一个国家或地区能否顺利进行产业结构的调整，实现产业结构升级，取决于该国家或地区创新系统的优劣。第一，区域产业结构的升级遵循劳动密集型、资金密集型、资金技术密集型和知识密集型的发展方向，而区域创新系统为知识密集型、技术密集型产业的发展创造了条件；第二，技术创新有力推动了传统产业的改造。

三、区域创新系统中企业创新的模式

在区域创新系统的机构创新中，同独立研究与开发机构创新、高等院校创新、政府机构创新和服务机构创新相比，只有企业能够将创新活动最终转化成可以为社会所利用的创新产品，在区域创新系统中具有更为重要的地位。企业的创新发展模式与区域整体创新发展模式有着密切联系。而企业技术创新是企业整体创新活动的重要组成部分，它影响着企业的管理创新、组织创新、制度创新和文化创新，也是企业整体创新的最根本的检验标准。企业技术创新的模式深刻地影响着企业的整体创新发展模式。因此，我们把企业技术创新模式作为区域创新模式确立的理论基础。企业技术创新模式主要有以下三种：

1. 企业技术的自主创新

企业技术的自主创新，是指企业通过自身的努力和探索生产技术突破，攻破技术难关，并在此基础上依靠自身的能力推动创新的后续环节，完成技术的商品化，获取商业利润，达到预期目标的创新活动。自主创新具有技术突破的内在性、技术与市场方面的领先性、知识与能力支持的内在性。企业选择技术创新的自主发展模式，至少应包括五个主要依据：①企业具有自主进行其所需技术的研究与开发能力；②企业生产所必需，而国内、国际尚未有同类可借鉴的技术成果；③获取该类成果超越企业现有的经济与技术能力；④通过技术创新可以在相应技术的产品开发中获得具有垄断的商业性利润；⑤减少技术的对外依赖性。

2. 企业技术的模仿创新

企业技术的模仿创新，是指企业通过学习模仿率先创新者的创新思路和创新行为，吸取率先者成果的经验和失败教训，引进、购买或破译率先者的核心技术和技术秘密，并在此基础上改进完善，进一步开发，在后续环节上投入主要力量，确立在创新产品开发方面的竞争地位，从而获取经济利益的行为。企业选择技术创新的模仿发展模式，包括五个主要依据：①企业尚未具有自主进行技术研究与开发能力；②企业生产所需技术在国内、国际已经有同类可借鉴的研究成果；③获取该类技术成果不会超越企业现有的经济与技术能力；④通过技术模仿可以减少技术开发带来的经济风险；⑤通过技术模仿可以确立在技术开发和创新产品销售等方面的相对优势。

3. 企业技术的合作创新

企业技术的合作创新，是指企业之间或企业与科研机构、高等院校之间的联合创新行为。这种技术创新的联合以合作伙伴的共同利益为基础，以技术开发的资源共享或优势互补为前提，有明确的合作目标、合作期限和合作规则。合作各方在技术创新的全过程或某些环节共同投入、共同参与、共享成果、共担风险。企业选择技术创新的合作发展模式，包括五个主要依据：①企业在技术研究与开发方面存在一定的专业化特长；②企业在技术研究与开发方面与其他企业、高等院校、科研机构之间存在互补性；③企业与其他企业、高等院校、科研机构之间在技术交流与合作方面不存在大的非经济技术障碍因素；④技术合作与自主性和模仿性技术开发相比，具有经济合理性和技术可能性；⑤通过技术合作可以确立合作伙伴之间在技术基础研究、应用与开发研究的整体优势，进而加强企业对合作集体之外的技术竞争能力与风险抵御能力。

自主创新、模仿创新与合作创新虽是企业技术创新的主要模式，这些模式具有更为普遍的适用意义，其深层内涵是指创新主体在创新决策中采取的基本态度，是依靠创新主体本身，还是向其他创新者学习，或与之进行合作。区域创新系统，通过一系列创新机构的相互作用，形成了一个具有高层次的区域创新整体。其整体性的创新、发展模式，可以参照企业技术创新模式，形成区域自主创新发展模式、区域模仿创新发展模式和区域合作创新发展模式。

（1）自主创新发展模式。美国硅谷以斯坦福大学为主的高等院校教育为研究开发机构，与进行高新技术产业化开发的中小企业建立各种实用的联系渠道，通过坚持自己的分散灵活及以公司之间交流、竞争、频繁合作为风格的创新机制，在电子信息技术产业的技术开发与产品销售方面逐步超越麻省 128 号公路地区，也抵御住了后来日本在电子信息领域的模仿式发展后来居上所带来的竞争，成为自主创新发展模式的典型范例。

区域创新系统的自主发展模式，是指区域通过自己的探索与努力，建设具有自身特色的创新系统，并使其产生具有相对领先的区域创新功能的系统发展模式。其具体内容应包括以下内容的部分或全部：在技术研究与开发领域具有独创性和超前性，在技术应用与产品生产与销售等方面具有独特性，在技术创新的管理与服务方面具有独特性，建立创新机构间的独具特色的运行机制，与特殊的区域创新环境建立相互适应的关系，建立具有地域特色和创新竞争力的系统。

（2）模仿创新发展模式。日本为提高国家整体及首都地区科学技术水平，自 1970 年起在东京附近建立起筑波科学城，随后分别由国家的国土管理主管机构和通商产业省等部门负责，进行了一系列高新技术产业园区的建设。其建设模式基本上以美国和欧洲的重点高新技术研究与开发中心及产业化基地为样板，但注意根据自身发展过程中的经验进行总结与积累，对于科技园区的建设内容和形式进行积极改进与提高，为战后日本经济的持续发展和技术强国形象的确立奠定了基础。

区域创新系统的模仿发展模式，是指区域通过向已有的具有成功经验的创新区域学习，模仿其发展过程中的合理成分，结合自身特点发展具有能够进行赶超和竞争的创新系统的发展模式。其具体内容应包括以下内容的部分或全部：在技术研究与开发领域进行追踪研究，并进行模仿；在系统运行机制的建立方面进行改革，深入研究并借鉴，结合自己情况进行嫁接或改造，形成自己的系统运行机制；模仿并不等于照搬，利用由于后发展而具有的可以直接采用新近技术与管理模式的优势，建立具有相对优势的创新环节，如在创新产品的质量、风格、品种、服务等方面建立优势；模仿并不等于甘于落后，在进行模仿对方发展的同时进行自己创新能力的培育，尤其是加大在基础创新领域的投入，以期通过模仿实现超越。

（3）合作创新发展模式。欧洲联盟是这种模式的范例。欧洲联盟委员会从 20 世纪 90 年代开始，启动了其旨在进行合作创新发展的进程，于 1995 年正式颁布了《欧洲创新绿皮书》，到 1999 年，已执行了 4 次欧洲创新发展框架计划，使欧洲合作创新在坚实地向前发展。约翰松（Johnson，1997）在欧洲联盟委员会委托的《创新系统与欧洲一体化》研究报告中对于欧洲各成员国创新系统与欧洲整体创新系统的关系进行了详细论述。欧洲的整体创新主要包括三个层面，即国家各自的创新系统建设，国家之间进行的双边与多边创新合作，欧洲联盟共同制订的整体合作计划与行动纲领。

区域创新系统的合作发展模式是指区域通过与其他区域的合作，通过优势互补，在更大范围内共享和配置科学技术资源，壮大整体对外竞争能力，实现自己创新发展的模式。其具体内容应包括以下内容的部分或全部：进行企业间、高等院校间、独立研究与开发机构间的跨区域技术合作，如进行联合与兼并，实施共同 R&D 活动，进行人才的交流与培训等；企业、高等院校、独立研究与开发机构之间的跨区域合作；服务机构的合作，尤其跨区域信息、金融、人才交流网络的相互对接与联合；政府机构间的合作，主要指政府在创新管理方面的协调与合作；进行整体的创新合作，走向创新活动的区域一体化。

在区域内部，区域创新各行为主体交互作用，又形成了三种较为典型的区域创新理论模式：三重螺旋理论模式、企业群理论模式和网络理论模式。

三重螺旋理论是由埃兹科维茨提出的，主要用来描述产业界、学术界和政府这三者之间交互缠结、协同进化发展的关系。研究人员发现，学术界、产业界和政府部门之间的边界在改变，它们之间相互缠结，各自的重心正在发生变化，相互之间形成了一种新的组合。在这种新组合中，学术界与企业群体之间关系的传统观点，即这种关系是以线性创新为依据的，且认为由学术研究知识只能对经济发挥长期作用，正改变为学术界、产业界和政府之间存在多重反馈关系的交互关系（Interactive Region）。特别是地理上邻近、空间上集中更容易形成学习、知识（创新）扩散、信任和合作，在区域经济发展中发挥了积极作用，从而提高该区域的整体经济水平。但是三重螺旋的成功运行需要一定的环境，通过互利原则达到各主体利益的一致性是最基本的要求。在实践中，有些地区，特别是经济落后地区会出现一些问题，如权限问题、信任问题、如何发挥学术界的潜能问题、合作模式选择问题、利益分配机制问题、科技成果应用度问题等影响了区域创新三重螺旋模式的运行，决定了它不是一个能普遍适用的区域创新模式。

企业群的基本特征是：①企业之间以及与其他组织之间在空间上是彼此相邻的，并且是部门专业化的，企业、教育和研究机构、金融和其他商业机构的地理邻近性，提高了创新过程的有效性。但企业群彼此独立，按市场原则进行产品交易，而不是像企业集团的母子公司之间的关系。②经济代理人之间存在多层次、多方向的联系，这种联系以产品、信息和人员的市场及非市场交流为基础，这意味着企业间的关系可以是正式的契约关系，也可以是非正式的契约关系。③具有共同的文化和社会背景，这保证了它们之间的理解和信任，同时，它们在互动的过程中创造了自己的行为密码（意会知识）。④具有支撑企业群的公共和私人地方机构组织，并且区域中企业和支撑技术及商业基础设施的联系越紧密，对创新和企业群增长的刺激越大。⑤企业群是演化的，企业群的演化性与企业的演化性相关，企业要进行学习、适应、探索、变异、选择等，正是这种演化性质保证了企业和企业群的动态性、灵活性和活力。⑥企业之间存在极强的学习效应，它把企业紧紧联系在一起。⑦企业群越大，则自给自足的水平越高，越没有必要向外部企业购买核心功能，即利益更少向企业群以外渗漏。但企业群的成功运行也需要一定的条件和环境，如信任、人力资源、区域创新基础设施和创新资源、区域制度环境、长期停驻力（Staying Power）等。

区域创新的网络模式是对区域中各创新主体之间复杂的交互作用，特别是企业间关系的一种形象描述，不同领域的学者对区域创新网络内涵、区域网络的演化规律、网络的优劣势等理论和区域创新网络实证都进行了分析。区域创新网络的形成不是规划的结果，甚至不是有意识的结果，而是偶然出现的，是社会、经济、政治等多种因素综合作用的结果：技术的飞速发展是网络出现的催化剂，它要求企业组织结构适应技术变化的要求；传统科层组织是福特式企业结构，不能适应新形势的要求，合作成为主流；竞争的激烈要求企业从单打独斗到集体竞争；网络是有效配置资源的中间组织；网络为不发达地区开辟了一条新的发展道路。区域创新网络是一定地域范围内各主体相互合作的一种组织模式，正式或非正式合作网络有利于传递和扩散意会知识，推动人力资本和知识产生的社会化过程，加速知识创新速率，有效地保持与增强区域的竞争优势。

四、我国构建区域创新系统的对策

目前，我国地方政府都十分关注区域创新系统的建设。许多地方积极行动，并积累了宝贵的经验。比如，在构建区域创新系统时要加强创新中介服务体系的建设；促进地方企业与研究机构、大学的合作；抓好重点产业技术创新能力的培育；加强企业在技术创新中的主体地位；强化政府对企业技术创新的引导和服务功能；等等。但同时在构建过程中也存在技术创新区域试点工作缺乏整体规划，区域创新的环境不够完善，区域试点中发展支柱优势产业的倾向不够突出等一些共性的问题。这些问题影响了区域创新系统的持续发展完善。为此，我们应该从以下几个方面予以改进：

1. 地方政府的高度重视和跨地区政府的协作

重视地方政府在区域创新系统中的作用，地方政府要树立以创新发展地方经济的思想，减少政府部门垂直组织的层次，注重通过政府来引导企业的创新，促使地方的经济、科技、金融等部门密切配合，形成创新的合力。同时，要跳出梯队转移发展模式的狭隘思路，正视区域差异，倡导区域创新，尊重市场的力量，发挥次级政府的作用，实行跨政府合作，善用区域内知识资源，培育创新网络，发展范围区域创新经济。

2. 培育区域创新网络

一般认为，区域创新网络的培育应注意以下几点：

（1）坚持以市场为导向。在成功的创新区域中，市场因素是区域创新活动的驱动力。区域内企业之间的活动，以市场价格为行为的信号，以追求企业经济效益或企业价值最大化为行为目标。因而任何妨碍市场价格形成或干扰企业实现其最终目标的行为都不利于激发企业的创新动力，都会阻碍区域经济的发展，区域创新也就无从谈起。

（2）促进网络多样化。凡是存在经济活动的地方，就会有复杂的网络关系；而有了多样化的网络关系，创新才更容易发生。将各个新型的组织单元以网络方式连接起来，在创新动力机制的作用下，能活化沉淀的科技资源，创造新的科技资源和商业潜力。

（3）形成利益共同体。加强创新主体相互间的沟通和相互作用，形成在网络联系之下的功能分化、各司其职的利益共同体。这种交流和联系，要以遵循市场经济规律为前提，以提高协同创新能力，促进科技成果向现实生产力转化为目的。

（4）加强信息交流。信息交流往往激发新思想，导致创新发生。创新资源流动的交汇形成新的网络结点。网络结点既可以是网络中的一个组织单元，也可以是组织单元之间通过交流而产生的具有进一步扩散价值和作用的事物和行为，如新的思想、合作研究的新成果等。交流越频繁，则结点越多；有效联系的结点越多，则创新能力越强。

3. 建设区域创新主体

民营科技企业经过短短几年的时间，已经成为区域经济发展的重要力量，应继续给予鼓励和支持。和大型企业相比，中小企业更具创新活力，是未来经济竞争力的重要源泉，但综合实力弱，缺乏强大的经济实力作为技术创新的后盾，也需要给予支持。大学和研究机构拥有学科人才、信息、科研成果、基础设施（包括图书馆、实验室、工程研究中心等）等优势。不仅应为企业提供高层次的人才和科研成果，更应该与企业进行多种形式的合作，让社会各界充分利用其优势，因此，我们应该加快大学和研究机构面向市场的改革，实现大学及研究机构资源的市场化。

4. 培育区域创新环境

虽然区域创新环境，尤其是创新文化，与当地的历史文化密切相关，但许多环境条件，如政府管理的宏观环境，道路交通的硬件环境，教育、信息、人才的软件环境是后天可以创造的。因此，我们应该积极优化区域创新的硬件、软件环境，为区域发展和创新营造良好环境。

5. 培育地方优势产业

培育优势产业集群，可以促进信息交流，提高创新能力和生产效率。一方面，培育地方优势产业易于在地区内形成产业集群，便于企业间信息沟通，先进经验、技术和技能的外溢更加迅速，更加彻底，使企业很快地采用新技术；另一方面，集群内的企业通常更容易找到创新所需要的物品和条件，供应商和合作者们也容易参与创新过程，从而确保更适应消费者的需求，提高区域整体创新能力。

第五节 案例分析

——江苏省以人才强省工程推动区域创新能力提升

中国科技发展战略研究小组于 2013 年 12 月发布了《中国区域创新能力报告 2013》，该报告从知识创造、知识获取、企业创新、创新环境、创新绩效五个方面，对全国各省、自治区、直辖市创新能力予以评价。报告显示，江苏省凭借卓越的商业氛围、企业创新环境和长三角经济体的联动，连续五年蝉联“全国创新能力最强的地区”。

多年来，江苏省把区域创新能力摆在发展全局的核心位置，科技进步贡献率超过 56%，知识产权综合指数增长率全国第一，人才竞争力位居全国前列。特别是在一些重点领域成绩卓著，2013 年，江苏省规模以上工业企业建有研发机构 14548 家，是 2010 年的 3 倍，全国第一；中国医药创新力 20 强企业江苏包揽前 4 位，医药产业产值首次超越山东居全国第一；新认定高新技术企业 3152 家、累计达 6245 家，比 2010 年翻了一番；新获批 4 个国家级高新区、总数达 10 家、居全国首位。这充分表明创新已经成为江苏省经济社会发展的核心驱动力。

在提升区域创新能力的过程中，江苏省紧紧围绕经济社会发展需求，实施人才强省工程，识才、爱才、敬才、用才，努力使人才优势转化为发展优势、竞争优势，加快从人力资源大省向人才强省提升，人才已成为全省经济社会发展和区域创新能力提升强有力的后盾和支撑。

首先，创新人才机制，强化服务意识。

一是重视对人才工作的领导和规划。目前，江苏省已形成党委一把手、政府一把手、组织部长三个“一把手”共同抓人才的工作格局。各级党委、政府把人才工作作为推进经济转型升级的重要抓手，牢固树立抓经济工作先抓人才工作，抓要素投入先抓人才投入，抓“第一资源”先抓“第一把手”的理念，坚持人才优先发展、优先投入。人才已成为全省各地经济社会发展考核的重要指标，在“十二五”经济社会发展规划 30 个核心指标中，人才科技指标占了 7 个。

二是坚持市场导向，创新人才工作体制机制。尊重市场经济规律和人才成长规律，推进人才工作市场化、数据化、社会化，努力使江苏成为各类人才创新创业的热土。设立省创业投资引导基金，成立千人计划创投中心等 404 家风投机构，管理基金规模 660 亿元；实施税收减免、贴息等政策，鼓励企业按照不低于销售收入 0.6%设立人才发展专项资金。坚持以海量、客观的“大数据”为支撑，构建人才考评大数据平台；省、市、县逐年发布人才发展统计公报，市县人才工作考评开始由定性向定量、隐性向显性、部门向社会转变。积极探索政府向社会购买服务的人才工作方式，2012 年成立江苏省中青年人才创业促进会，逐步有序地将人才项目申报、人才评价等职能交给人才社会组织承担。

三是强化服务意识，持续优化创新环境。通过建设创业社区、科技孵化器，打造优势学科、重点实验室等方式，为人才搭建事业平台。在人才培养开发、评价发现、选拔任用、流动配置、激励保障等方面，加大政策创新步伐，鼓励各地加快人才管理改革试验区建设，出台一系列有利于人才创新创业的产学研合作、科技金融等政策，创新人才户籍、社保、住房、税收等政策。不断改进财政资金支持人才项目的方式，探索建立以风险补偿等金融手段支持科技人才研发和产业化的财政支持新模式，构建政府、用人单位、个人和社会多元化的人才发展投入机制。各地普遍建立高层次人才服务机构、服务窗口，为创新创业人才提供注册登记、高新认定、专利信息、融资贷款等“一条龙”服务。营造鼓励创新、宽容失败的工作环境和待遇优厚、无后顾之忧的生活环境。

其次，广招海内外人才，提升人才集聚度。

江苏广开进贤之路、广纳天下英才，高度重视集聚创新人才，积极参与国际人才竞争，充分开发利用国内国际人才资源，敞开大门招四方之才。

在国家“千人计划”和江苏省“双创计划”引领下，目前全省各地已出台了 93 个专项引才计划，资助引进高层次人才 1.5 万多人。形成“引进一批人才、发展一批企业、带动一个产业、催生一个经济增长点”的链式效应，为全省创新创业注入了极大活力。自 2007 年开始，江苏省主动融入国家和全球创新体系，在全国率先实施“高层次创业创新人才引进计划”，吸引海内外高层次人才和团队到江苏创新创业。省财政每年拿出 2 亿元（2010 年增至 4 亿元）专项资金，面向海内外引进 200 名左右高层次创新创业人才。经过 7 年坚持，“双创计划”已起到了良好的导向作用，全省 13 个省辖市全部出台引才计划，形成了全方位、多层次、上下联动竞相引才的格局。

2010年起，江苏改革人才引进模式，作为双创计划升级版出台了双创团队计划，以“大师领军+团队作战”的模式引才。双创团队计划由全省11个部门统筹合作、联合发力，实现人才资金和项目资金、产业资金的合作，保证“有人才、有项目、有平台”，形成“引进一个团队、带动一个重点实验室、发展一个优势学科、催生一个高新企业”的产出效应。截至2014年上半年，全省共引进140个国际一流水平的双创团队，其中8个团队由诺贝尔奖得主、外国院士领衔，有力推动了全省战略性新兴产业的快速发展。

除了加大高层次人才引进力度，江苏省还大规模启动本土重点人才培训计划，加速人才国际化进程，连续十多年选派1万多人次赴境外名校培训研修。2013年，通过“333工程”、科技企业家培育工程等重点培养8000多名创新领军人才。2014年7月，江苏省首次发布《2014年江苏地区博士后科研工作站、省博士后创新实践基地招收人员专题目录》，全省13市面向全国招揽博士后，最高年薪达50万元。至此，全省已设有博士后流动站268个，博士后工作站298个，省博士后创新实践基地320个，累计招收博士后人员近万名。

经过多年的人才优先发展、优先投入，江苏省已成为各类优秀人才集聚高地。目前，全省近61万各类高层次人才已经成为科技创新主体。2013年全省人才贡献率达34.8%，高新技术产业产值比2012年增长15%，发明专利授权量突破1.6万件，区域创新能力连续五年保持全国第一。2014年3月我国首次发布的人才绿皮书——《中国人才集聚报告（2014年）》显示，江苏人才集聚度位居全国第二。

最后，引才突出需求导向，坚持以用为本。

“人能尽其才则百事兴。”人才的价值在于使用，重视人才应“以用为本”，给予其施展才华的舞台，由此才能开创百业兴旺、欣欣向荣的局面。江苏省人才工作坚持“以用为本”的原则，引才突出需求导向，优化结构，提高人才引进与经济社会发展匹配度，不搞形象工程、不搞盲目攀比。将用好用活人才作为人才工作的永恒主题，让人才各尽其能、才尽其用，为谱写中国梦江苏篇章提供了有力的人才支撑和智力保证。

坚持面向企业、面向产业、面向经济发展的主阵地引才聚才。江苏省紧紧围绕创新驱动战略和经济转型升级，人才引进以《“十二五”培育和发展战略性新兴产业规划》提出重点发展的十大战略性新兴产业为基础，明确构筑人才高地是为加快发展新兴产业、现代服务业和传统产业而服务。江苏省“双创计划”资助引进的2300余名人才中，九成以上在企业工作，以此让世界最顶尖的智力向江苏转移、成果到江苏省转化。截至2013年底，“双创计划”引进人才创办企业1045家，其中96家创业企业被认定为国家高新技术企业，40多家创业企业销售收入超亿元，促进了高层次人才、高科技成果、高新技术产业的“三高联动”，为提升江苏省自主创新能力、推动经济转型升级做出了重要贡献。

让人才资源在一线焕发活力。江苏省让人才走进全省经济社会发展的主战场，打通产学研壁垒，释放科技人才的巨大能量，促进潜在生产力转化为现实生产力。例如，选派科技镇长团、产业教授、科技副总，推动校地校企高层次人才双向交流挂职等。2013 年，全省组织选派科技镇长团、科技副总、产业教授以及名校优生到基层、企业、苏北工作，推进共建研发平台、共担科技项目、共享创新成果“三项合作”。698 名专家从全国各地来到江苏省基层挂职，建设了 7000 多个校企联盟，实施了 1 万多个产学研项目，推动了校企协同创新，促进了校地校企合作，真正把创新资源布局到企业，把创新工作延伸到基层，使人才与经济社会发展实现无缝对接。2014 年 9 月，省委组织部又下派第 7 批科技镇长团，794 人奔赴乡镇挂职锻炼，其中近一半是来自江苏省外的名校院所。“科技镇长团”已成为全省基层人才科技战线的重要生力军，推动了基层科技创新、经济社会的发展。

除了人力资本上的投入，江苏省在研发资金投入上所的持续快速增长，也有力保证了其区域创新水平在全国的领先地位。

1. 研发投入强度

企业研发投入强度可反映自主研发投入情况（见表 11-1）。从纵向来看，2005 年江苏省企业的研发经费内部支出为 270.30 亿元，到了 2012 年已经增长到 1288.02 亿元，增长了 3.77 倍。在 2005~2012 年，江苏省研发支出经费占地区生产总值比重（即研发投入强度）也呈逐步上升的趋势，从 1.48%上升到 2.3%。从横向来看，2012 年全国研发强度为 1.98%，江苏省 2.30%的水平大于全国平均水平，即江苏省企业有意识的研发资金投入领先于全国水平，自主研发意识更强。

表 11-1 2005~2012 年江苏省研发投入强度

单位：亿元，%

项目＼年份	2005	2006	2007	2008	2009	2010	2011	2012
研发资金投入	270.30	346.05	430.20	594.57	717.12	857.95	1071.96	1288.02
占 GDP 比	1.48	1.60	1.68	1.93	2.08	2.10	2.20	2.30

资料来源：《江苏省统计年鉴》（2013）。

2. 科研经费投入来源

大中型工业企业已成为社会研发投入主体，通过《江苏省统计年鉴》中的相关统计数据，我们了解到工业企业科研经费的资金来源主要有以下三个方面：上级拨款、金融机构贷款和企业自筹资金，不同来源的投入具有不同的投资目的。对于经费来源中的上级拨款，是政府为了支持企业的科研活动投入的资金，目的旨在促进企业的技术进步、带动企业增加投入并对科研方向加以引导。对于经费来源中的金融机构贷款，一方面，配合国家鼓励技术创新政策对企业的贷款，另一方面，工业企业固定资产占资产份额较高，可作为抵押资产，因此债权能得到较好的保障，并且科研经费贷款规模较大，研发期限长，能给金融机构在一定期间内带来稳定的经济利益流入。对于经费来源中的自筹资金，是企业投入到科研活动中的自有资金，是企业为了追求经济利益、增强企业竞争力而投入的资金。

表 11-2 是历年江苏省工业企业科研经费投入，各种来源经费的绝对额和它们在科研经费投入总额中的占比。从总的科技经费投入看，江苏省工业企业 1999~2008 年科技经费投入从 76.24 亿元增长到 769.99 亿元，增长了 9.10 倍。

表 11-2　1999~2008 年主要年份不同来源科研经费投入

单位：亿元，%

项目 \ 年份	1999	2000	2004	2005	2006	2007	2008
科技经费投入总额	76.24	95.39	309.48	389.79	480.39	661.50	769.99
上级拨款绝对数	3.00	3.58	4.88	8.00	11.25	13.19	18.51
上级拨款占比	3.93	3.75	1.58	2.05	2.34	1.99	2.40
金融机构贷款绝对数	9.85	10.51	25.53	43.09	60.05	67.29	56.61
金融机构贷款占比	12.92	11.02	8.25	11.05	12.50	10.17	7.35
本企业自筹绝对数	61.78	77.36	271.17	324.39	401.90	571.20	684.84
本企业自筹占比	81.03	81.10	87.62	83.22	83.66	86.35	88.94

资料来源：《江苏省统计年鉴》(2013)，由于 2008 年后统计口径发生改变，数据仅统计至 2008 年。

从历年的上级拨款来看，虽然绝对值在不断上升，从 1999 年的 3 亿元增长到 2008 年的 185 亿元，但是在科研经费投入总额中的比重却从 3.93%下降到 2.40%，说明政府非常重视大中型工业企业的研发活动，不断增加拨款，但由于企业其他来源的资金增幅更大，因此在总投入中，政府资金的比重有所下降。

从金融机构贷款来看，金融机构贷款的绝对额从 1999 年的 9.85 亿元增长到 2008 年的 56.61 亿元，增长了 4.75 倍，但 2008 年与 2007 年相比略有下降。其占科研经费总额的比重波动不大，平均为 10.47%，只有在 2008 年达到最低值 7.35%，这主要是因为金融危机的影响，金融机构为了债权资产安全减少了对企业科研经费的贷款。

从企业自筹经费来看，自筹经费的绝对额从 1999 年的 61.78 亿元增长到 2008 年的 684.84 亿元，增长了 10.09 倍。其占科研经费总额的比重均在 80%以上，从 1999 年的 81.03%增长到 2008 年的 88.94%。企业自筹经费绝对额和占比的持续增长体现了企业对研发活动的重视和意愿，在市场经济普遍不景气的情况下，最先开发出先进技术的企业就能主导市场，提升企业的竞争力，获得垄断利润。

参考文献

[1] 李钒. 区域经济学 [M]. 天津：天津大学出版社，2013.

[2] 孙久文. 区域经济学[M]. 北京：首都经济贸易出版社，2014.

[3] 孙久文，叶裕民. 区域经济学教程 [M]. 北京：中国人民大学出版社，2013.

[4] 魏后凯. 现代区域经济学 [M]. 北京：经济管理出版社，2011.

[5] 吴殿廷. 区域经济学 [M]. 北京：科学出版社，2003.

[6] 陈秀山，张可云. 区域经济理论 [M]. 北京：商务印书馆，2003.

[7] 高洪深. 区域经济学 [M]. 北京：中国人民大学出版社，2011.

[8] 吴传清. 区域经济学原理 [M]. 武汉：武汉大学出版社，2008.

[9] 张秀生. 区域经济学 [M]. 武汉：武汉大学出版社，2013.

[10] 张宁. 区域创新能力全国“五连冠”的背后——江苏人才强省工程述评 [J]. 群众，2014 (11).

[11] 罗正英，徐艳洁. 江苏省区域创新能力提升成效——基于研发投入视角的分析 [J]. 中国统计，2014 (4).

第十二章　区域经济发展政策

第一节　区域经济发展政策的概念和作用

一、区域经济发展政策的概念

政府对区域经济活动的引导和干预所采取的各项规定或措施，就是区域经济发展政策。区域经济发展政策作为宏观经济政策的组成部分，对于国民经济的发展将发挥至关重要的作用，它同时也构成区域经济学研究的基本内容。对于区域经济发展政策研究通常包括政策目标、政策手段（工具）和政策效应三个主要部分，这三个部分相互联系并相互作用。

事实上，发达国家的区域经济政策是为了纠正“市场失灵”而出现的，但在改革开放以前的我国，区域经济政策是为了替代“市场机制”而出现的。因此，发达国家的区域政策带有“补偿”性特点，而改革开放以前我国的区域经济政策具有“主导”性特征。在完全竞争市场中，在市场机制引导下，各种生产要素尽可能向适合于自身的产业部门转移，最终实现资源要素的有效配置。但在市场机制作用下，资源要素总流向那些要素回报率较高的部门或地区，因而常导致公平与效率的相悖。为解决这种矛盾，政府常采取一些强制性的措施“补偿”市场的失灵。在以计划替代市场机制的情况下，政府考虑的是社会目标，但政府不是全知全能的主体，不可能形成与整个社会需求相一致的社会偏好，并在适当的时机以适当的方式干预经济活动。因此，政府的这种干预往往以资源配置效率的损失来换取社会的公平。

所谓区域经济政策，是政府（主要是指中央政府）干预区域经济的重要工具之一。它通过政府的集中安排，有目的地对某些类型的问题区域实行倾斜，以改变由市场机制作用所形成的一些空间结果，促使区域经济发展与区域格局协调并保持区域分配合理。

区域经济政策有多种称谓，如地区发展政策、区域发展政策等，一般简称为区域政策。一般理解的区域政策除指区域经济政策外，还可能包括区域社会政策、区域创新与技术政策、区域人口政策、区域环境政策和区域文化政策等。区域经济政策尽管是运用经济手段解决区域问题与协调区域矛盾的主要工具，但实际上，完善的区域经济政策需要考虑到区域开发对政治、社会、技术、人口、文化、环境与资源等多方面的影响。而且在很多国家，区域经济政策包括了这些方面的内容。例如，美国与欧盟国家的区域经济政策都包括了社会与环境等方面的措施。

二、区域经济发展政策的作用

区域经济发展政策是干预区域经济、促进区域经济健康发展的重要手段。区域经济发展政策在协调区域格局、防止区域间差距过大、保持区域间分配合理方面发挥重大作用。区域经济发展政策的总目标是追求经济效益和社会公平的最大化。

1. 产业集聚作用

导向性的区域政策会对企业产生巨大的吸引力，有利于促进企业在区域间的迁移。一般来说，发达区域对营业执照颁发的标准越严格，就越能够促进企业向欠发达区域搬移；而欠发达区域的企业优惠政策与补助越多、区域差异越明显，也就越能推动企业向欠发达区域迁移。企业的区域性迁移能够促进同行业、同类型的企业逐渐向一个区域集中，形成产业齐聚效应，产业集群可以推动产业加快升级、信息加快交流、成本趋于最小化，也会扩大对外界区域的影响。

2. 资源配置作用

适宜的区域政策可以引导区域内部的有限资源流向效益高的行业、产业以及其他具备先导性的行业、产业。具备一定政策导向的区域政策可以对区域内部的物力、人力与财力产生极大的吸引力，有助于推动其向上游行业、产业移动，从而实现区域内部资源的最优化配置与使用。

3. 资源增值作用

区域政策的资源增值作用指的是政策将集聚产业内部的资源加工成深度加工产品，实现资源增值的功能。随着区域政策对产业集聚作用的不断增强，区域从产业集聚中获取经济效益的可能性就越大。也就是说，经济活动在区域内的集中及其相互配合，可以为地区带来各种费用上的节约或是经济效益上的提升。这就大大增强了资源的增值作用，从而促使区域在市场竞争中占据更加有利的位置。

4. 就业创造作用

就业创造是区域政策的一个重要目标。区域政策可以引导区域内部的资源实现最优化配置、最合理利用、国民收入增加，随着欠发到地区的经济发展，各个区域间的差距必然缩小，相应地，也会创造出很多就业机会。同时，区域政策能够引导财政资金与私人投资资金向新兴产业或是可以容纳更多劳力的产业流动，为区域内部的剩余劳力创造就业机会，也会有助于区域产业的升级、优化。

5. 地区自强作用

地区自强作用是指区域政策在促进产业集聚与资源增值的过程中，地区自身综合实力不断增强的效能。例如，由于区域政策的产业集聚作用，大量的企业势必需要一系列为之服务的非生产型与生产型行业，从而使得这些行业也在本地区获得高速发展，行业的发展会引发区域人口的大量增加，而人口的增加会引发其他的一系列为之服务的产业获得相应的发展，从而促成区域综合实力的增强。

6. 区域扩散作用

区域扩散作用是指区域政策促使形成的产品或是技术，除了可以供给本区域人民消费与使用之外，还可以有选择地供给其他地区的人民。其他区域为了取得更多的发展资源，也会开发部分产品，以扩大区域的生产能力。随着区域政策推动地区向更高的层次发展，地区必须从更大的范围中取得越来越多的矿产品、农副产品等初级的原材料，这就需要利用技术转让、对外投资等扩散形式推动广大的区域增加对这些产品的生产量，促进地区的产业升级，从而提升其综合实力。

第二节　区域经济发展政策的类型

区域经济政策是一套复杂的政策体系，由一系列相互联系、相互协调、功能各异的单项政策组成，涵盖区域经济布局、区域经济发展、区域经济组织和区域经济调控诸方面。这里主要分析区域财政政策、区域金融政策、区域产业政策、区域投资政策、区域协调发展政策、区域创新政策。

一、区域财政政策

区域财政政策主要是通过调整财政收入与支出的格局，以预定的方式影响各个区域的经济活动，以达到缩小地区差距和促进区域经济发展的目的。财政政策是国民经济总量调控的重要手段，也是配合产业政策和投资政策促进区域产业合理分工和区域经济协调有序发展的重要手段。区域财政政策主要包括区域税收政策和区域财政转移支付政策。

1. 区域税收政策

区域税收政策是世界上大多数市场经济国家的中央政府经常实施的一种国家区域经济政策。其核心内容是在政府希望通过区域开发、加速经济更快发展的地区，通过政府税收部门对全部企业或部分企业实行一定范围的税收减免，进而实现对区域经济发展的调控和促进。国家区域税收政策的主要职能是通过改变特定区域企业发展的外部环境，为特定区域企业提供更多的发展机会，使得它们能够尽快地担负起带动区域经济发展的作用。区域税收政策的作用对象主要是两类地区：一类是企业发展外部环境较差的地区；另一类是需要加速发展的地区。

区域税收政策的主要内容包括：①减免企业本应缴纳的全部或部分企业所得税。这里分两种情形：一种情形是在不同地区之间企业发展的外部条件差别很大时，中央政府可实行差异化的国家区域经济政策，缩小或减缓区域经济差异，从各方面改善企业发展外部条件较差地区的投资环境。其中，最重要的措施之一是中央政府实施国家区域税收政策，减免某些企业本应缴纳的全部或部分所得税，提供外部条件较差地区企业的盈利水平，增强这些地区对区外企业投资的吸引力。另一种情形是当中央政府出于某种原因需要加速某些特定地区的经济发展时，国家区域税收政策所能起到的作用还要更大一些。如果是在企业发展的外部条件本来就比较好的地区，在充分利用国家区域税收政策所赋予的权力，减免企业的一部分税收，将会更有利于推动企业的成长，并促进当地经济的快速发展。②减免一部分或全部的进出口关税。这种形式的区域税收政策常通过在一国国内设立出口加工区、自由贸易区或自由港等形式来实行，对于入驻从事外贸生产、经营的企业给予税收优惠。由于进出口关税对外贸企业、出口加工企业的影响更大，因而涉及进出口关税减免的区域税收政策的力度要大于仅仅涉及所得税减免的区域税收政策。尤其是对于设法吸引国外企业前来需要较快发展的特定地区投资时，国家区域税收政策必然要扩大到进出口关税的减免。

由于区域税收政策并不会给制定有关政策的中央政府带来额外的财政负担，这种政策在经济发展水平不高、中央政府财政能力较弱的国家往往成为最重要国家区域经济政策。西方发达国家也有利用区域税收政策来调整地区经济发展的情况。但是，大多数西方发达国家的中央政府在行使其权利时要受到较多的限制，使得它们所实行的国家区域税收政策的力度往往比较小。

区域税收政策的实施应有一定的时限。获得国家区域税收政策扶持的企业同其他企业相比，由于具备了一些相对优势，使得它们可以很快崛起并走向成熟。在这些地区的企业发展起来之后，再继续实行区域税收政策会带来很多副作用，如削弱中央政府的财政能力，导致经济活动的过度集中，引起不同地区的企业之间的不平等竞争等。因此，应根据情势，逐步减少或取消差异性税收政策。

2. 区域财政转移支付政策

财政转移支付政策是为解决由于中央和地方之间的纵向不平衡和各地区之间的横向不平衡而产生的某些区域、某些产业和某些人口发展的落后问题，是国家为实现区域间各项社会经济事业协调发展而采取的一项区域经济政策。其核心内容是经财政部门向国内特定的地方政府，主要是欠发达地区的地方政府提供额外的财政资金，实现对区域经济发展的调控。

财政转移支付是各国政府解决区域问题的重要手段之一，也是常用手段。在现代国家制度中，地方政府具有依法行使相应的权力和承担相应的义务的职能，这必然需要一定的财政支出。地方政府的收入主要是地方税收收入，但各地由于经济发展水平不一，获取收入的能力存在较大差异。有些地区能保证收支平衡，甚至结余，有些地区则可能连维持政府运作的财政能力都不具备，在这种情况下，就需要上级财政部门的转移支付。财政转移支付除帮助维持落后地区地方政府的基本运作外，还通过地方政府其他形式的支出进入当地的经济系统，带动当地经济的发展。

实行财政转移支付，包括三个方面的内容：①缩小地区差距方面的转移支付。即按各地区人均 GDP 水平排序，有区别地分配中央财政援助额，同时考虑各方面因素，以便缩小地区差距。②基本公共服务设施建设方面的转移支付。转移支付的目的是使贫困地区能够达到全国性基本公共服务水准，即全国基本公共服务标准均等化。这一标准是全国公共服务和公共投资的最低标准。中央政府及相关部门只负责援助那些低于全国最低标准的地区，而不负责已高于全国最低标准的地区，使中央有限的财政资源最大限度地发挥其所承担的在全社会范围内的公平分配的职能。③扶贫方面的转移支付。在区域经济发展中，贫困人口问题始终困扰着地方政府。中央政府帮助地方政府解决贫困人口问题，主要采取转移支付的区域经济政策。在市场经济转型过程中，中央政府对欠发达地区的援助，其目的是促进和帮助这些地方政府实现中央的经济发展目标和社会发展目标，转移支付资金一般用于人力资源开发和解决贫困人口的基本生产和生活问题。扶贫的转移支付由无条件援助转变为有条件援助，是市场经济条件下转移支付的新形式。

二、区域金融政策

区域金融政策主要是通过对区域之间货币和资本的供给与流通状况进行调控来影响区域经济发展空间格局的政策。金融是现代经济中一切与投资、货币资金运用、货币借贷有关的事务，是经济发展的助推器与润滑剂。不同经济区域市场化、货币化程度不同，导致了区域经济特征和金融特征的差异。要改善区域经济差距，进行区域金融调节也是重要的选择手段之一。

区域金融政策包括以下几个方面的内容：

1. 区域货币政策

区域货币政策就是政府通过对货币的供给和流通状况进行调控，来影响区域经济活动水平的经济政策。在市场经济条件下，货币的充裕性如何是影响一个地区发展速度的重要因素。货币流动性充足，产业的投资就比较充分，企业正常的生产经营活动也可以得到充分保证；反之，就影响产业投资和企业，尤其是中小企业的生产经营。不同区域，由于自然、经济、社会条件的差异，在资金获取上是有很大差异的，发达地区由于各方面环境条件好，往往成为资金的净流入地区，而落后地区则成为资金净输出地区。针对这种情况可实行区域性货币调控政策，主要有：降低欠发达地区商业银行的法定准备金率、适当放宽商业银行再贷款的条件、降低欠发达地区企业获取贷款时自由资本的比率。

2. 区域信贷政策

区域信贷政策是指为促进区域发展而实施的对某些特定区域的信贷倾斜政策，它是各国为控制区域经济差距过大而普遍采取的政策措施。它主要有区域信贷倾斜政策、区域型优惠利率政策等。我国从“九五”时期开始，国家制定了对中西部地区实行信贷区域倾斜的政策，要求银行对中西部贷款的增长速度高于全国的平均增长速度。优惠利率政策目前在我国实行的主要是贷款类，针对的是少数民族贸易贷款、老少边穷地区经济发展贷款和民族用品定点企业贷款等。

3. 区域资本政策

区域资本政策主要是通过对区域资本市场的培育和发展，进行内部积累、横向集中和社会化控制等资本经营，来实现企业制度创新、经营机制转换和资源优化配置的一系列政策。资本经营，可以推动企业走向市场、实现产权制度的改革和现代企业制度的建立。同时，通过区域资本政策的引导，资本经营全面展开，在企业和区域中逐渐形成资本的有机组合机制、竞争机制和增值机制，进而使增量资本的投向和存量资本的调整都按市场经济和规模经济的要求进行运作，使区域经济的运行和发展进入一个全新局面。区域性资本政策涉及降低落后地区金融机构的设立条件、增加区域性商业银行和非银行金融机构的数量与规模、设立政策性银行、鼓励外资银行设立分支机构等。

4. 区域融资政策

区域融资政策是为推动区域经济发展而采取的区域性筹集资金的优惠政策。可选择的政策工具有：在证券交易方面实行特税的政策；在期货交易方面出台特殊的区域性政策；对“扶持”地区的企业上市在条件上适当倾斜；对申请设立基金、发行企业债券和可转换债券在额度上给予倾斜；鼓励优先进行金融制度与金融工具方面的创新等。

三、区域产业政策

在市场经济体制上，生产要素在生产者之间、行业之间、产业之间、地区及区位之间的分布组合主要是经济主体通过要素市场来进行的，但市场调节不能解决总量与结构问题，它需要政府运用产业政策来调节。

区域产业政策是以区域经济各产业为对象，通过对各产业的保护、扶持、调整和完善，直接或间接参与产业或企业的生产经营活动。产业政策的意义不仅在于调整资源配置结构，更在于加快结构合理化与高级化和经济发展的步伐。

产业政策包括三个方面的内容：

1. 产业结构政策

产业结构政策是指政府调节资源在产业间配置的构成及其关联性政策，涉及结构协调和结构进化两个问题。其目的是要形成符合合理区域分工和政府愿望的地区产业分工格局。对于经济发展较快的国家，必然形成发达地区与落后地区的产业发展上的差别，即发达地区生产高附加值的产品，落后地区生产低级产品、低附加值产品，在区域分工中处于不利地位。因此，必须对落后地区实施强有力的产业政策，使地区的产业结构逐步趋近于发达地区的产业结构，并具有自己的特色和优势。促进落后地区支柱产业的发展可采用多种政策措施，包括提高技术水平和扩大市场份额；政府财政资金的支持，用于技术开发、技术引进，各种补贴和奖励；提供低息贷款；支持企业的合作、兼并行为等。

2. 产业组织政策

产业组织政策是指调控一个产业内的资源配置结构的政策，解决规模经济与竞争资产的矛盾。产业组织政策主要是关于“产业内”的结构问题，即产业内的企业间如何分配生产要素。在激烈的市场竞争下，企业必然会扩大规模、降低成本和采用先进技术，同时，劣势企业会被淘汰，生产要素加速向优势企业集中。集中是竞争的必然结果，它有利于形成规模经济效益，但过于集中则会形成垄断。垄断则是破坏公平竞争的条件，干扰资源的有效、合理的配置，丧失竞争效益，这便是规模经济和竞争效益的“两难”抉择。在制定产业组织政策时，应倾向于发展规模经济，即政府支持支柱产业的重点企业扩大合理的生产规模，以获得规模经济效益。但倾斜应当适当，以不破坏企业竞争活力为下限。

3. 产业布局政策

产业布局政策是指调整资源在地理空间上配置结构的政策。其目标是既要提高区域经济整体效益，又要缩小地区间经济发展水平的差距。如果生产要素在空间上聚集，形成地方化经济，取得集聚规模效益，但同时也会引起区域差异的拉大。产业布局目标的选择应以经济开发为主，把启动当地经济的内在活力、追求区域系统综合效益的优化作为产业布局的中心目标，促进落后地区社会经济加速发展和人民生活水平稳步提高。在产业建设上，坚持基础产业优先的方针，因地制宜，发挥地区比较优势，建立适合国情的合理、高效的产业布局模式。产业布局的空间选择应统筹规划，突出重点，坚持点轴开发与协调发展相结合，非农业布局与城镇体系建设相结合，促进地区间合理分工和城乡的相互支持，从打通对外通道、改善交通、流通入手，把发挥地区比较优势和开拓国内外两个市场结合起来，逐步建立外向型经济体系，带动资源开发、基础建设和产业发展。

四、区域投资政策

区域投资政策是国家用来调整区域投资总量、资金的区域分布、优化区域投资结构的一项区域经济政策。区域投资政策有两种类型：一是国家直接投资，即中央政府利用其在基础设施及生产性项目建设上的投资决策权，选择一部分地区作为基础设施及生产性项目建设的重点投资地区，通过其所属的投资机构注入建设资金来促进这些特定地区的经济发展。意大利的“南方发展基金”、巴西的“亚马逊投资基金”、法国的“农村改革基金”等都属于这一类型。二是国家间接投资，即中央政府综合利用经济杠杆，通过制定若干政策和采取相应措施，诱导、调节、规范各种利益主体的投资行为，以促进投资结构优化。主要方式有：①中央政府对到特定地区投资的企业予以补贴；②中央政府通过加强交通、通信、能源等基础设施的建设，消除经济发展的“瓶颈”，改善区域投资环境；③中央政府放宽一些特定区域利用外资的限制，吸引外来资金投资。

在区域投资政策中应特别注意投资环境建设。投资环境包括硬环境和软环境。硬环境主要指交通运输业、通信业、金融业等行业，它们是区域内、区域间经济联系的手段，这些行业一般具有外部经济性和规模经济性的特点，一次性投资大，应由政府投资或融资、集资建设。软环境包括区域发展战略研究，完善法律、法规，制定市场规则，维护市场秩序，保障生产者和消费者权益等方面。在投资产业的选择上，应尽可能延长产品链条，提高支柱产业的产业素质，保持、巩固其已有的支柱作用，积极发展基础性产业特别是其中的“瓶颈”产业，克服其对地区经济的制约作用；扶持潜在主导产业，使原有主导产业因条件的变化，主导作用削弱以后，新的主导产业可以及时接替上来，保证区域经济系统的正常新陈代谢。

五、区域协调发展政策

国家利用手中掌握的人力、物力和财力，通过对政策的运用协调地区的发展，是区域经济政策的一个重要作用。区域协调发展政策，可以分为两个方面。

1. 区域经济协调发展政策

区域经济协调发展，是指在区域开放的前提下，各地区实现相互促进、相互适应、相互依存的状态和过程。它包括各地区经济发展水平、速度和总量协调；区内外的产业发展合理化与协调；各区域之间的利益关系、交换关系、地位关系和经济关系的协调。

要实现区域的协调发展，不可能完全靠区域之间的协商关系，而必须靠中央的权威和财力的影响。通过中央的政策作用，达到三个目的：①建立合理的中央与地方的关系，增强中央的调控能力，使中央政府成为地方经济发展的协调人；②理顺地区的利益关系，克服因产业结构差异和发展水平差距而造成的区域利益和地区人民收入的不平等；③调整产业布局，克服因资源分布不合理而造成的产业布局的矛盾，特别注意调整国家重点项目的地区分布，尽量防止因经济发展水平和产业布局因素而产生的区域经济水平的严重两极分化。

2. 区域合作政策

区域合作政策是区域协调的延伸和拓展。区域合作政策的作用重点是克服由于区域利益矛盾引起的区域经济冲突，达成一种和谐与合理分工。

通过实施区域经济合作政策达成的区域合作，有五个方面的标志：①各区域通过专业化分工，经济优势都能够得到充分发挥；②通过发挥各自的优势，都能形成较强的自我发展能力；③在自我发展的过程中，生产要素能够在区域间自由流动；④通过各类生产要素的流动和产品的自由销售，形成全国的统一大市场，并促使区域间互相开放市场；⑤经过长期的合作、发展，使各区域的经济效益和经济利益都得到提高，各地区的经济发展水平和人民收入水平也都得到提高。

六、环境补偿政策

对于受自然条件影响较大的区域，可以按照实际功能定位，划分功能区，制定发展规划。由于生态环境恶化已经限制了经济和社会发展的区域，因此需要制定生态环境补偿机制。一些特殊自然条件限制区域，如水源保护区、森林涵养区等，会在进行自然环境保护的同时形成正的外部效应，使其他区域享受到良好环境带来的发展优势，因此需要向具有正外部性效应的区域提供补偿。其主要手段包括直接补偿、转移支付等。这些都是区域和谐发展的重要组成部分。

第三节 地方政府的经济职能

区域经济政策的制定是中央和地方政府的责任，区域经济政策的实施主要靠地方政府的主动行为。地方政府是执行区域经济政策的主体，而区域经济政策能否实施，与地方政府的经济职能是否完善有密不可分的关系。

一、地方政府的区域经济利益主体地位

地方政府作为利益主体，主要反映在对地方所拥有的各类资源的事实上的支配权和对于国有企业的所有权等方面。

1. 地方政府拥有资源的所有权

由土地、矿产等组成的自然资源，管理者是国家。但除了少数特大型矿山由国家直接开发外，这些资源的管理者和开发者，是各级地方政府。地方政府可以通过对各类资源的开发利用，获得经济利益，取得建设用的资金。特别是土地资源，随着土地所有权与经营权的分离，土地资源的价格相差很大。发达的城市，通过对土地的开发利用，可以获得大量的建设资金。这种拥有资源、开发资源、获取利益等一系列经济活动的本身和结果，就说明了地方政府已经取得了利益主体的地位。

2. 地方政府拥有对国有控股企业的所有权

以中国为例，国有企业的形成，或者是原来由国家投资兴建，随着调整中央与地方的关系，转隶给地方政府，或者是地方政府利用自己的资金或贷款兴建。无论是哪种来源，地方政府是企业的真正所有者。国有企业的股份制改造，并不是要取消地方政府对企业的拥有权，而是通过股份制改造，增强企业的活力。地方政府自然是企业当中国有股份的拥有者，是代表国家和全体人民来行使这种拥有权。当然，股份的拥有权和企业的经营权是两回事，二者应当分离。只有这样，企业才能真正按照市场规律运行，负有使国有股份保值和增值的责任。

地方政府的这种利益主体地位，是推动地区经济发展的一种动力。各级政府从自己地区经济发展的愿望出发，对本地区老百姓负责，有义务使人民的生活水平不断提高；为增强本身的经济实力，有必要使国有经济保值增值。地方政府利益主体地位的加强，是对地区经济发展的责任的加强，是地方政府在中央政府的领导下，独立行使人民所赋予的各项权力，为当地人民谋福利。

3. 地方政府是地区经济运行的主体之一

任何一个地区的经济发展，从基础设施的建设到技术进步，增加投资，制定区域经济发展战略，都要依靠政府来组织，并通过政府运用各种手段去促进和规范。

中国的地区经济运行，其主要的调节机制是市场。在市场经济中运行的各类企业，是由多种所有制成分构成的。其包括国有企业、集体企业、私营企业、“三资”企业等，地方政府所代表的国有成分，是一个地区经济发展的主导成分，代表着一个地区经济发展的方向和经济增长的主力。国有经济的运行，规范和影响着其他经济成分的运行。而股份制的企业集团的运行，由于其影响力和经济实力的增强，更能够达到影响其他经济成分运行的作用。

不仅如此，地方政府日益增长的支出数量，也对地区的经济运行有极大的影响。地方政府的支出，包括生产性的投资和支出，如基础建设投资、企业技改投资等；也包括非生产性支出，如工作人员的工资、为机关单位和事业单位的行政业务支出等，都增加了全社会的经济活动的总量，增加了对各种产品的最终需求，促进了社会上货币的流通，也促进了市场的发育。

4. 地方政府同时也是地区经济调控的主体

地方政府一方面通过自身的经济活动和对国有企业的管理来影响经济的运行，成为运行的主体；另一方面又通过对其他经济成分经济运行的调控，促进市场发育和经济增长。

中国目前在市场经济体制确立之后，企业是以多种所有制共存、国有经济成分为主导。在市场经济发展的过程中，地方政府不是唯一的运行主体，还有许多其他的经济运行主体。也就是说，经济运行不完全是政府行为，而更多的是企业行为。政府要保持对一个地区经济发展的控制能力，使之不至于陷入无政府的混乱状态，增强政府对经济发展的调控能力，增强调控的手段，是十分有必要的。

二、地方政府在区域经济发展中的职能

（一）制定区域经济增长的目标

地区经济发展，必须要有明确的目标，并保持经济发展的连续性，这就要求地方政府必须有一个长期的发展战略规划。

地区经济增长的目标，必须符合当地的实际情况，并应与国家的经济发展目标相衔接。

1. 制定经济增长的目标

地区经济发展的目标体系当中，总量目标和速度目标，是地方政府最关心的两个方面。地区经济发展总量目标，是一个地区在未来一段时间内经济发展的总体规模，是地区经济实力的体现，也是地方政府政绩的主要体现。总量目标的制定，需要地方政府根据本

地各种生产要素的拥有量及生产要素的区际流通量的多少，以及生产要素的利用效率等来科学地制定。速度目标则是地方政府实现总量目标的具体安排。一般来讲，地区经济发展的速度不可能完全与国家在一定时期内的发展速度相一致。这主要是由于各地区经济发展水平和各种生产要素供应量的不同，可能高于或者低于国家制定的一定时期的经济增长速度。但是，如果各地区制定的发展速度普遍超过国家的经济发展速度，就不是十分正常的现象，能否实现就有很大的疑问。以中国为例，各地区制定的发展目标的经济增长速度普遍过高，这种现象有其必然性。东部地区由于2013年经济发展快，从历史来看，其经济发展速度普遍超过全国的平均速度，因此，制定的未来发展速度往往超过国家制定的发展速度。中西部地区由于其经济发展与东部沿海地区有差距，主观上希望缩小地区差距，所以，其制定的未来发展速度也较快。需要指出的是，中西部的发展速度近年有所加快，而东部地区由于经济总量的速度已经较大，经济增长的速度已经开始出现减缓的趋势。但是，东部地区的经济增长主要靠自身的能力实现，中西部的增长则更多地依靠国家的投入。

2. 为实现目标而采用的手段

地方政府要实现其经济增长的目标，必须制定一定时期的经济发展战略，运用自己掌握的手段来实现自己的目标。

（1）通过对区域内的经济发展的优势和劣势进行具体分析，制定出科学的发展战略和具体规划。应当注意的事项，是区域性的发展战略规划如何与全国的发展战略与规划相一致，通过地区发展战略的实现和经济增长，推动全国经济发展总体目标的实现。

（2）通过政府财政手段的使用，协调地区内的区域、企业和个人的关系。区域经济发展是为了一个地区的整体利益，整体与部分之间，政府、企业和个人之间的利益关系，只有通过政府所运用的各种手段，才能真正协调起来。由于经济发展不平衡规律在一个地区内同样存在，某些区域的优先发展，某些产业部门的快速增长，都是可能出现的。不能因发展某一个区域或某一类部门，而使另外的区域或部门的利益受到损害，也不同意完全的平均化的观点，追求极端意义上的“公平”。政府在采取倾斜发展政策时，利用自己所能运用的财政手段来协调和调控。

如果地方政府在某一段时期内是采取加快发展速度、提高经济效益、追赶先进水平的战略，则发展的重点应放在条件好的先进地区，地方政府的投资也必然要集中在这里。然而，为了不过分扩大区域差异，地方政府亦可通过地区内的财政补贴等手段，使落后区域的生活水平，不至于与先进地区产生过大的差距。相反，如果地方政府采取的是扶贫帮困、优先发展落后地区的战略，实现生活水平的差距减少是主要目标，政府的主要财政支出，都用来帮助落后地区改善投资环境，或对有关企业进行支持，就应当同时注意先进地区的经济发展，使之依靠自我能力，保持一定的经济发展速度，而不应进行过多的“平调”。总之，政府的调节是一种动态平衡的机制，不应有太大的刚性。

（3）通过对基础设施的投资，引导地区企业的发展方向，以达到调整产业结构与布局的目的。一个地区内各项基础设施的建设，包括水、电、交通、通信等，基本上属政府的投资范畴，或者地方政府通过BOT等方式，吸引社会资本或国外资本投入。其中，为企业服务的生产性基础设施的建设，往往带有强烈的倾向性，反映出地方政府在一定时期对某种企业的发展的态度。为了鼓励各种资金投向地方政府所希望的领域或者区域，常见的情况是地方政府投资修筑一些道路以及供电、供水设施，以改善这些领域或区域的投资环境。目前，中国各城市所拥有的经济技术开发区、工业园区、工业小区，基本上都属于此类目的的产物。

（4）通过对地方政府所拥有的各种经济手段的使用，平衡地区关系，促进区内落后地区的发展。发展本地区的落后地区，帮助一部分人脱贫致富，是许多地方政府的重要任务。目前，中国尚有6000多万人没有脱贫，还有500多个贫困县。如果我们不把扶贫当作地方政府的一个重要经济职能来看待，就会背离经济发展的根本宗旨，也就不符合我国社会主义的经济性质。到现在为止，扶贫仍然是许多地方政府日常工作表中名列前茅的项目。

（二）开发自然资源

通过开发自然资源，达到发挥地区优势的目的，从而促进地区经济的发展。地方政府在这其中，扮演着重要的角色。

1. 各级政府对自然资源的客观配置

公共的自然资源归国家所有。国家的具体体现，就是政府。政府拥有对自然资源的开发、配置和管理权，是政府承担国家经济建设职责的具体体现。

各级政府作为资源配置的主体，是由于政府代表全体人民来管理国家，维护主权，发展经济。政府行使的是宪法赋予的权力，是代表全国各民族人民的利益的。政府承担资源配置的主体，是因为政府可以通过对资源利用的长期规划，合理利用资源，使资源的利用能够成为经济建设的基础和获取物质财富的源泉。由于政府所拥有的行政权威及其公正性，只有政府拥有配置资源的权力，才符合人民群众的利益。

资源本身是稀缺的和有限的。只有政府有计划的合理配置，才能防止资源的枯竭，达到可持续发展的目的。

自然资源可分为三类，见图12–1。

在这里，耗竭性资源是远古地质时代的遗留物，用一点就少一点，所以必须节约使用。周期性自然资源是按周期变化的，如果破坏了其变化的条件，则将改变其变化的周期。而易变性自然资源是按周期变化的，如果破坏了其变化的条件，则将改变其变化的周期。易变性自然资源是通过自然界来进行补充、自动平衡的，我们如果过量使用，将使资

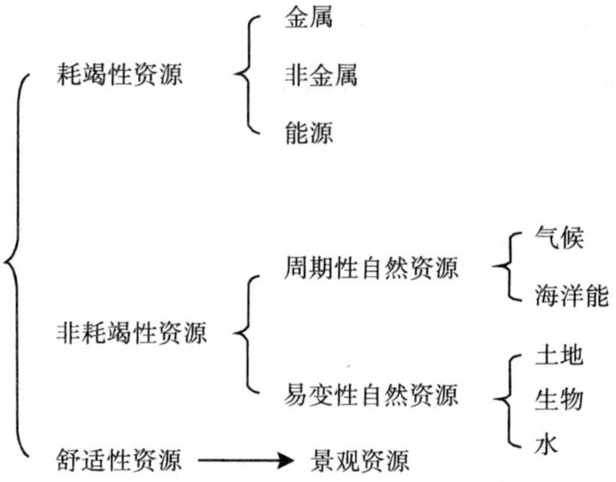

图 12–1　自然资源的分类

源得不到补充，从而濒于枯竭。所以，资源本身的属性，要求对资源进行保护性、节约性的开发利用，任何个人或集团，从其追求自身利益的角度出发，都不可能节约资源，永续利用。作为资源的主人——全体人民，也不可能将其交给他们去任意破坏。只有政府才能够代表人民的利益，从人民的长远利益出发去管理和利用资源。

当然，政府作为自然资源的配置主体，并不一定是直接经营或开发资源，而是利用政府的地位和影响，编制资源利用的长远规划，并按有偿使用的原则，使资源得到有效的、逐步的开发。政府不能代表企业，也不能取代市场。市场机制建立以后，政府对自然资源的配置作用，也必须符合市场规律，真正做到有偿开发，有偿使用，杜绝过去的无偿占用的现象。

2. 政府对自然资源配置的分级管理

同“合理分工，分级管理”的方式相适应，政府对自然资源的管理也是逐步下放到地方的各级政府。如果地方的财力不断增加，中央直接掌管的财力的比重不断下降，则国家开发资源的能力也受到一定限制。因此，对资源的开发，也宜采取分级的管理模式。

（1）国家直接开发的自然资源。已经在开发当中的，如大庆的石油资源、山西的煤炭资源等，目前正在开发建设当中的，如三峡的水能、新疆的石油、陕北的天然气等。但目前的开发，仍然要有地方政府的配合。有些资源，由于其对国民经济的意义极大，或对开发的资本金要求极高，只能由国家投入，组建开发公司来开发，如三峡工程、海上石油的勘探和开发等。这一类项目一般是数目少、单体的投资巨大。也有一部分国家级的开发项目，要由国家和地方共同投资。这部分项目没有前一类规模大，对地区的发展有很大的促进作用，开发之后，当地收益较大。

（2）地方开发的自然资源。地方开发的自然资源，一般规模小一些，但却代表了地方的优势条件，是一些资源丰富地区经济发展的启动器。特别是在落后地区，本区域所拥有的自然资源，是许多地方与别人合作的最大资本。

地方政府对自然资源的开发，一方面成为本地区产业发展的主要方向，另一方面成为政府财政的主要来源。地区的产业发展，依据其所拥有的优势条件，分为资金引导型、技术导向型和资源导向型。资源导向型的发展顺序是：资源→产品→市场→技术→资金的流向，也就是说，有什么样的资源，就发展什么样的产业，根据可能发展的规模，去寻找可能的资金。而地方政府的财政收入，要靠本地区的企业提供。开采资源的小企业，投资少，见效快，产品有销路。

（3）正确处理中央与地方在资源开发上的关系。中央让利和地方顾全大局，是解决资源开发上产生的诸多问题的唯一可行的方案。目前，中国中央政府对资源的开发，仍旧是“条条”式的，即以某个专门的主管部门为中心成立的开发总公司来承担。这种开发管理方式，如果只注意本系统的利益而忽视地方的利益，则达不到促进资源开发区经济发展的目的。比如，如果我们在开采煤炭资源的同时，不去注意如何提高矿区当地人民的生活水平，发展相应的产业，脱贫致富，一旦该地的煤炭开采完毕，将陷入“永世不能翻身”的贫困状态。

地方上顾全大局与中央让利是相辅相成的。地方不应只顾本地利益，干扰国家重点项目的建设与生产。地方小型矿的开采，应该在国家大型矿的范围之外进行，以防止由于小型矿技术落后，影响到国家大型矿。近年来，河北、广东等地都有关于地方小煤矿由于不合理开采煤炭，造成矿井地下水灌入国有大矿，造成巨额损失的报道，我们必须吸取经验教训。

（三）完善经济运行机制

建立完善的市场机制，是地方政府重要的经济职能。所谓市场机制，一方面是完善的市场体系，另一方面是畅通的流通渠道。

1. 市场体系的建立和管理

以中国为例，市场体系的建立，必须要由政府来组织和管理。市场的形成，除个别自发形成的农贸市场外，一般意义的专业市场和商品市场，都是地方政府根据本地区经济发展的实际，以本地的专业化生产为依托而组建的，且启动资金一般都来自于政府。浙江义乌的小商品市场、温州龙港再生腈纶制品市场、福建福安的打火机市场、河北辛集的皮衣市场等，都属此类。在一般的情况下，地方政府创建市场的目的，不外乎两个方面：或者是主要销售本地的产品，或者是以市场为动力，推动本地区商品流通的发展。在乡镇企业比较发达的江浙一带，销售本地产品的目的更明显些。原因是本地或附近的一些乡镇以专业生产某一种商品为主，产品多，价格低，有一定的优势条件，创建统一的销售市场，可以避免无序竞争，为生产企业提供就近的销售地点。在北方的一些省份，如河北省，专业市场一般规模较大，形成较大范围内的主要供货地点，本身就成为一个重要的产业。辛集的皮衣市场，甚至成为北京一些大型商场的主要进货渠道。市场的创建，促进了商品流通，也同时带动本地第三产业和第二产业的发展。

对各类市场的管理，是地方政府的一项重要的日常经济功能。地方政府的工商、税务等部门，是管理市场的主要职能部门。政府对市场的管理，主要体现在维护公平、维持秩序、维系经济关系等方面。市场运行的情况如何，市场吸引范围的大小，都与市场管理的水平分不开。地方政府必须加强对市场的管理，并借助现代的管理手段和传媒技术，扩大市场的影响。

2. 生产要素的组织和流通

生产要素包括资金、物资和劳动力等方面。生产要素的供给和流通，是地区经济运行的前提条件。各种生产要素的运行都有其自身的规律，地方政府的经济职能，是有效地组织这些生产要素，形成完善的生产要素流通体制和要素市场，并通过区际贸易获取本地区缺少的那些生产要素。

（四）调节各种经济活动

地方政府调节经济活动，是指地方政府通过发布行政命令，并通过职能部门贯彻这些命令，达到管理经济活动的目的。

1. 行政手段调节的特点

（1）行政手段的调节，具有直接性。地方政府通过行政系统而直接将行政命令作用于调节对象，一般情况下借助于其他的中心环节，或者将指导性的行政政策直接宣传到调节对象，使之对政府的意图有明确的了解。

行政调节手段的运用，与政府行政管理经济的规模有直接关系。市场经济越发达，政府担负的经济职责的比重越小，行政调节手段的运用规模也就越小。

（2）行政手段的调节，具有相对规范性。行政手段对经济活动的调节，是通过政府的职能部门进行。各级职能部门经过多年的运作，已经形成了一整套运行的规范，并且向上一级部门负责，接受监督机构的检查。作为规范的行政机构，一般是用规范的行政模式来调节经济活动，因此具有规范性。但是，由于经济活动的相对易变性，使用行政性的规范调节，有时会将经济活动限制过死，不利于经济活动的创新和发展。

（3）行政手段的调节，具有有序性。行政调节的倾向性，表现为政府将优先发展的主导产业或支柱产业，或者重点发展的区域作为主要调节对象，在政策上和生产上对其进行倾斜，以引导地区经济聚集到预订的部门和特定的地区。

市场调节一般是无序的，容易产生经济活动的无政府状态。行政调节的有序性，就在于它可以克服这种无政府状态，使市场调节循着一条有序的道路发展。政府确定的主导产业和重点发展地区，通过市场调节而获得集中的发展，成为地方的新经济增长点。

2. 行政调节经济的主要部门

对日常经济活动的管理，是各级地方政府的重要工作任务。有许多地方政府的行政部门是为管理日常的经济活动而设立的。

第一类是管理国有资产的部门。地方政府管理的国有资产，遍及地区的各个方面。城市建设、能源供应、交通运输、生产企业、销售企业等，都有归口的部门来管理。地方政府负有对国有资产保值和增值的责任，也同时负有为社会服务和本身盈利两个目标。

第二类是指导并管理非国有资产的部门。地方的一些非国有资产的生产部门，也有相应的归口管理部门。但管理的方法与第一类有区别，不是直接的生产管理，而是通过提供一定的服务，运用一定的政策，来影响其发展的方向和生产的行为。如各地区对乡镇企业的管理，工商局对私营企业的管理等，都属于此类。

第三类是综合的或专业性的指导和管理部门。如各地区的计委、农业局、水利局、规划局、城建委等，往往并没有直接隶属的企业，但是，担负着审批立项、协调关系等多方面的任务，在地区经济发展中所处的地位很高。

地方政府通过对自己属下的各类职能部门的控制和调动，由这些职能部门运用自己的行政命令或政策引导去指导或影响地区每天的经济活动。

3. 行政调节经济活动的范围

（1）社会基础产业。其主要包括能源、交通、通信、原材料工业和农业。基础产业的建设投入大，周期长，回报率低，有时跨部门、跨行业、跨区域。这种类型的产业，从兴建到管理，都要接受政府的行政调节。

（2）国有企业。国有企业是国家或地方政府投资兴办的企业，一般都隶属某一个职能部门。股份制改造后，国有股份仍将占主导地位，也必须接受地方政府的行政调节。

（3）资源产业。资源产业一般都归国家所有，接受国家或地方政府职能部门的管理。资源产业主要指各类能源、矿产开发部门。

（五）做好扶贫工作

地方政府的扶贫政策，可以从多个方面来体现，因此，脱贫的途径也有很多。

第一，正确使用扶贫资金。国家和各级政府都有一笔数目可观的扶贫资金，作为财政转移或者用于帮助极端困难的农村居民改善生活条件。应当以投入到贫困地区的生产领域为主，生活领域为辅。更不应当用做贫困地区政府的日常行政开支。增加扶贫资金的数量，是各级政府帮助贫困地区行动的具体体现。

第二，资助贫困地区的技术培训和职业教育。这是地方政府扶贫的一项行之有效的政策措施。贫困地区的技术和教育落后是主要原因之一。贫困地区企业除发展慢、缺少资金外，缺少技术是主要原因。为了使贫困地区的产业结构向现代社会的产业结构转化，造就大批有文化、有技术的劳动大军十分有必要。地方政府可以运用本身所拥有的号召力和行政能力，动员社会各界力量，帮助贫困地区的教育、科技事业的发展。

第三，正确分配地方政府的行政性和生活性支出，以此来促进落后地区的产业发展。